权威·前沿·原创

皮书系列为
“十二五”“十三五”国家重点图书出版规划项目

中国社会科学院创新工程学术出版项目

贵州蓝皮书
BLUE BOOK OF GUIZHOU

贵州法治发展报告（2019）

ANNUAL REPORT ON DEVELOPMENT OF RULE OF LAW IN GUIZHOU (2019)

主　编／吴大华

社会科学文献出版社
SOCIAL SCIENCES ACADEMIC PRESS (CHINA)

图书在版编目（CIP）数据

贵州法治发展报告．2019／吴大华主编．－－北京：
社会科学文献出版社，2019.6
（贵州蓝皮书）
ISBN 978－7－5201－4513－8

Ⅰ．①贵…　Ⅱ．①吴…　Ⅲ．①社会主义法治－研究报
告－贵州－2019　Ⅳ．①D927.73

中国版本图书馆CIP数据核字（2019）第049177号

贵州蓝皮书
贵州法治发展报告（2019）

主　　编／吴大华

出 版 人／谢寿光
责任编辑／薛铭洁
文稿编辑／周爱民

出　　版／社会科学文献出版社·皮书出版分社（010）59367127
地址：北京市北三环中路甲29号院华龙大厦　邮编：100029
网址：www.ssap.com.cn
发　　行／市场营销中心（010）59367081　59367083
印　　装／三河市东方印刷有限公司

规　　格／开　本：787mm×1092mm　1/16
印　张：27　字　数：405千字
版　　次／2019年6月第1版　2019年6月第1次印刷
书　　号／ISBN 978－7－5201－4513－8
定　　价／158.00元

贵州蓝皮书·法治卷编委会

主要编撰者简介

吴大华　男，1963 年生，侗族，法学博士后，经济学博士后；贵州省社会科学院院长，贵州省法治研究与评估中心主任，贵州省社会科学院大数据政策法律创新研究中心主任，二级研究员；华南理工大学、云南大学、贵州民族大学、贵州师范大学博士生导师；国家哲学社会科学“万人计划”领军人才、全国文化名家暨“四个一批”人才、国务院政府特殊津贴专家、贵州省核心专家。主要研究方向：刑法学、民族法学（法律人类学）、犯罪学、马克思主义法学、循环经济。主要社会兼职：中国法学会常务理事、中国法学会民族法学研究会常务副会长、中国人类学民族学研究会副会长暨法律人类学专业委员会主任委员、贵州省法学会副会长兼学术委员会主任、贵阳仲裁委员会副主任，以及贵州省人大常委会、贵州省人民政府、贵州省高级人民法院、贵州省人民检察院咨询专家，法律顾问。

先后出版《中国少数民族犯罪与对策研究》《依法治省方略研究》等个人专著 13 部，合著《法治中国视野下的政法工作研究》《侗族习惯法研究》等 35 部，主编 23 部；发表法学论（译）文 300 余篇；主持国家社科基金重大项目“建设社会主义民族法治体系、维护民族大团结研究”、中宣部马工程重点课题暨国家哲学社会科学重点项目“贵州省牢牢守住生态与发展两条底线研究”、国家社科基金重点项目“中国共产党民族法制思想研究”等国家级科研课题 6 项，“中国少数民族传统法律文化及其现代转型研究”等省部级科研课题十余项。

王　飞　男，1973 年生，汉族，贵州省社会科学院法律研究所所长、研究员、法学博士，兼任贵州省法治研究与评估中心研究员，贵州师范大学、贵州民族大学硕士生导师，国家民委首届民族问题研究中青年专家、贵州省人民政府特殊津贴专家、贵州省甲秀文化人才。主要研究方向：刑事法学、民族法学、地方法制。主要社会兼职：中国人类学民族学研究会法律人类学专业委员会副主任委员。主持国家社科基金课题1项，出版《犯罪与矫正——对两所监狱少数民族服刑人员的法律人类学考察》等专著2部，发表《论少数民族习惯法的自主发展与人权保障》《关于城市少数民族流动人口权益保障的思考》等学术论文50余篇。

潘志成 男，1981年生，汉族，贵州民族大学法学院教授、硕士生导师、法学博士、中国社会科学院法学研究所·贵州省社会科学院博士后，兼任贵州省法治研究与评估中心研究员。主要研究方向：法律史学、民族法学。主要社会兼职：中国人类学民族学研究会法律人类学专业委员会秘书长。出版《西南民族传统法文化的历史与现状考察》《清代贵州苗疆的法律控制与地域秩序》，合著或副主编10部，发表学术论文20余篇，主持或参与国家级、省部级课题5项。

摘　要

本报告立足于贵州省人大常委会、省高级人民法院、省人民检察院、省司法厅、省公安厅等有关部门的资料，关注贵州省法治建设和依法治省的重大举措，全面反映2018年贵州省法治发展的进程，深入解读其中的重点、难点和热点问题，对贵州省今后的法治发展形势予以分析，并在此基础上提出对策建议。

本报告认为，2018年以来，贵州省地方法治建设紧密围绕贵州省委重大决策部署，取得了多方面的成就，科学立法工作取得新成效，法治政府建设持续推进，司法改革取得突出成就，为服务全省经济跨越发展、维护社会公平正义、促进社会和谐稳定营造了良好的法治环境。

针对当前贵州省在法治建设中面临的突出矛盾和问题，本报告提出了进一步推动贵州地方法治建设的对策建议：其一，创新科学立法实践，助力贵州后发赶超；其二，深化行政法治改革，助推廉洁政府建设；其三，围绕中心服务大局，维护社会公平正义；其四，健全大扶贫法规体系，决战决胜脱贫攻坚；其五，保持大数据法治领跑，建设大数据综合试验区；其六，纵深推进大生态法治，建设生态文明试验区；其七，构筑大健康法治体系，建设美丽康养贵州；其八，完善大旅游法治保障，建设醉美多彩贵州；其九，营造大开放法治环境，建设内陆开放型经济试验区。

Abstract

Based on the relevant data collected from such departments as People's Standing Congress Committee of Legal Affairs of Guizhou Province, People's High Court of Guizhou Province, People's Procuratorate of Guizhou Province, Justice Department of Guizhou and Department of Public Security of Guizhou, this report is concentrated on the major initiatives of the development of the rule of law and the law-based governance in Guizhou Province. Having analyzed the important, difficult and hot issues with a full reflection of the progress in promoting the rule of law in 2018 and predicting future development of the rule of law in Guizhou, this report proposes some suggestions.

It is held in this report that since the year of 2018, the local construction of the rule of law in Guizhou Province has been carried out closely around the major decisions of the provincial committee and provincial government, and that the achievement has been obtained, concerning the improvement of local legislation, steady pushing forward of the construction of law-based government and development of judicial reform, and rule of law in the field of ecology civilization. Favorable legal environment has been created to serve the leaping-forward economy development, to maintain the social fairness and justice and to ensure the harmonious development.

In view of the current prominent conflicts and problems facing the construction of the rule of law in Guizhou Province, this report has put forward some suggestion. Firstly, innovating and scientific methods should be adopted in legislation practice to ensure the post-transcendent development of Guizhou. Secondly, reform regarding administrative law should be further deepened to assist the construction of a clean and honest government. Thirdly, all work should be carried out around the main and central task and justice and fairness should be maintained. Fourthly, it is important a legal system in the area of poverty alleviation be established and improved. Fifthly, Big Data legislation should be further developed in the construction of Big Data Comprehensive Experimental Zone. Sixthly, the rule of law in ecology civilization should be continually developed in the construction of Ecology Civilization Experimental Zone. Seventhly, the legal system concerning health industry should be established. Eighthly, it is important to provide a sound legal guarantee to the development of tourism industry. Finally, an open legal environment should be established in the construction of an Experiment Zone for Inland Opening Economy.

目　录

Ⅰ　总报告

Ⅱ　专题研究报告

Ⅲ 调研报告

Ⅳ 附录

皮书数据库阅读**使用指南**

CONTENTS

I General Report

II Subject Reports

Ⅲ Investigation Reports

Ⅳ Appendices

总 报 告

General Report

B.1

2018～2019年贵州法治发展现状及对策*

贵州省社会科学院课题组**

摘 要： 本报告对2018～2019年度贵州地方法治发展的基本情况进行

---

* 本报告系贵州省社会科学院2019年创新工程创新团队项目“法学理论与应用研究”成果，贵州省法治研究与评估中心项目成果。

** 执笔人：潘善斌、王飞、兰元富、张帆、郭婧、张可、孟庆艳、吴月冠、贾梦嫣。课题组成员：吴大华（贵州省社会科学院院长，贵州省法治研究与评估中心主任，二级研究员、法学博士、博士生导师）、潘善斌（贵州民族大学法学院教授，贵州省法治研究与评估中心研究员，法学博士）、王飞（贵州省社会科学院法律研究所所长，贵州省法治研究与评估中心研究员，法学博士）、兰元富（贵州民族大学法学院副书记、副教授，贵州省法治研究与评估中心研究员）、潘志成（贵州民族大学法学院教授，贵州省法治研究与评估中心研究员，法学博士，中国社会科学院法学研究所贵州省社会科学院博士后）、胡月军（贵州省社会科学院法律研究所副研究员，贵州省法治研究与评估中心研究员）、胡长兵（贵州省社会科学院法律研究所副研究员，贵州省法治研究与评估中心研究员，法学博士）、张帆（贵州民族大学法学院教授，贵州省法治研究与评估中心研究员，法学博士）、郭婧（贵州民族大学副教授，贵州省法治研究与评估中心研究员，法学博士，中国社会科学院民族学与人类学研究所在站博士后）、张可（贵州省社会科学院法律研究所副研究员，贵州省法治研究与评估中心研究员，法学博士）、孟庆艳（贵州省社会科学院法律研究所副研究员，贵州省法治研究与评估中心研究员）、吴月冠（贵州省社会科学院大数据政策法律创新研究中心副主任，副研究员）、贾梦嫣（贵州省社会科学院法律研究所副研究员，贵州省法治研究与评估中心研究员）、王向南（贵州省社会科学院法律研究所助理研究员）、张雁琳（贵州民族大学法学院硕士研究生）。

了总结，并在此基础上提出了进一步推动贵州法治建设的对策建议：一是创新科学立法实践，助力贵州后发赶超；二是深化行政法治改革，助推廉洁政府建设；三是围绕中心服务大局，维护社会公平正义；四是健全大扶贫法规体系，决战决胜脱贫攻坚；五是保持大数据法治领跑，建设大数据综合试验区；六是纵深推进大生态法治，建设生态文明试验区；七是构筑大健康法治体系，建设美丽康养贵州；八是完善大旅游法治保障，建设醉美多彩贵州；九是营造大开放法治环境，建设内陆开放型经济试验区。

关键词： 贵州　法治发展　大扶贫　大数据　大生态

一　创新科学立法实践，助力贵州后发赶超

2018 年，贵州各级人大及其常委会始终坚持党对立法工作的领导，树牢“四个意识”，坚定“四个自信”，坚决做到“两个维护”，坚决贯彻落实中央和省委的决策部署，严格落实重大事项向党委请示报告制度。一年来，贵州积极适应全面依法治国新形势新要求，努力回答新课题、履行新使命、做出新贡献，自觉把党中央国务院对贵州的关怀关爱，转化为做好地方立法工作的强大动力，牢记嘱托、感恩奋进，紧紧围绕守好发展和生态两条底线，科学谋划扎实推进新时代地方立法工作，助力贵州后发赶超。2018 年，贵州省人大及其常委会制定地方性法规 2 件、批准 17 件、修改 23 件、废止 6 件，内容涉及生态文明建设、大数据建设、民生保障、历史文化保护等各个方面，为坚定不移推动新时代贵州改革再出发提供了有力的法治保障。

（一）立法成效

纵观 2018 年贵州地方立法，概括来说取得以下几方面的立法成效。

1. 着力将社会主义核心价值观融入地方立法

贵州各级人大及其常委会结合实际，认真贯彻落实中共中央印发的《社会主义核心价值观融入法治建设立法修法规划》，以习近平新时代中国特色社会主义思想为指导，坚持全面依法治国，坚持社会主义核心价值体系，着力将社会主义核心价值观融入地方性法规的立改废释全过程，无论是生态环境保护领域方面的立法，还是传统文化保护、大数据、社会经济民生领域方面的立法，都始终将社会主义核心价值观融入其中，使这些地方性法规更好体现国家的价值目标、社会的价值取向和公民的价值准则。

2. 聚焦生态环境保护领域方面的立法

党的十九大对加强生态文明建设、建设美丽中国做出了全面部署，贵州按照党中央决策部署，强力实施大生态战略行动，守好发展和生态两条底线，确立了“百姓富、生态美”的发展目标，生态环境保护取得显著成效。但是由于贵州原本就存在生态环境脆弱的实际情况，并且存在发展不足和保护不够等问题，尤其是环境污染问题历史欠账较多，所以从整体上看保护的复杂性和艰巨性还没有完全改变。因此，2018 年省人大及其常委会围绕大生态战略行动，为了解决突出生态环境问题，打好打赢污染防治攻坚战，出台了《贵州省人民代表大会常务委员会关于依法推进打好污染防治攻坚战开创百姓富生态美多彩贵州新未来的决议》。

同时，为了更有效地保护贵州的生态环境，贵州各级人大及其常委会制定了《贵州省林木种苗条例》《贵州省国有林场条例》《毕节市百里杜鹃风景名胜区条例》《铜仁市梵净山保护条例》《黔南布依族苗族自治州天然林保护条例》《黔东南苗族侗族自治州施秉喀斯特世界自然遗产保护条例》《关岭布依族苗族自治县森林资源保护管理条例》《沿河土家族自治县古茶树保护条例》8 件地方性法规；修改了《贵州省大气污染防治条例》《贵州省绿化条例》《贵州省森林条例》《贵州省土地管理条例》《贵州省夜郎湖水资源环境保护条例》《贵州省林地管理条例》《贵州省渔业条例》《贵州省地质环境管理条例》《贵州省风景名胜区条例》《贵州省气象灾害防御条例》《贵州省红枫湖百花湖水资源环境保护条例》《贵州省赤水河流域保护条例》《贵州省水土保持条例》《贵州省森林防火条例》《贵州省生态文明建设促进条例》《贵州省水资源保护条例》《贵州省水污染防治条例》《贵州省新型墙体材料促进条例》《贵州省民用建筑节能条例》《贵州省牲畜屠宰条例》等与生态保护有关的地方性法规20件；废止《贵州省林木种苗管理条例》1件；批准《印江土家族苗族自治县第八届人民代表大会第二次会议关于废止〈印江土家族苗族自治县非耕地开发管理条例〉的决定》1件。

3. 强力推进历史文化保护方面的立法

制定《遵义市海龙屯保护条例》《安顺市亚鲁王非物质文化遗产保护条例》《黔南布依族苗族自治州水书文化保护条例》《黔南布依族苗族自治州民族医药保护发展条例》《黔东南苗族侗族自治州锦屏文书保护条例》《务川仡佬族苗族自治县龙潭古寨保护条例》6件。

4. 继续推进大数据方面的立法

制定《贵阳市大数据安全管理条例》《贵阳市健康医疗大数据应用发展条例》等2件。《贵阳市大数据安全管理条例》是全国首部大数据安全管理地方性法规，是继2017年出台的《贵阳市政府数据共享开放条例》后，在大数据方面立法的又一次有益探索。《贵阳市健康医疗大数据应用发展条例》是全国首部作为健康医疗大数据应用发展的地方性法规，标志着贵阳市健康医疗大数据应用发展各项工作纳入了法治化轨道，开启了健康医疗大数据应用发展有法可依的新篇章，其将有力促进贵阳市医疗健康大数据的采集汇聚，有力推动贵阳市医疗健康信息的互通共享，有力提升医疗卫生机构信息化水平，有力保障贵阳医疗健康大数据的应用发展。

5. 进一步加强社会经济民生领域的立法

制定《贵阳市社区戒毒康复条例》《贵阳市城市轨道交通条例》《六盘水市村寨规划条例》3件，修改《贵州省人口与计划生育条例》《贵州省实施〈中华人民共和国归侨侨眷权益保护法〉办法》《贵州省教师条例》3件，废止《贵州省流动人口服务管理条例》《贵州省酒类生产流通管理条例》《贵州省个体工商户私营企业条例》3件，省人大常委会批准《贵阳市人民代表大会常务委员会关于废止〈贵阳市蔬菜基地建设保护办法〉的决定》1 件。

6. 积极推进科学立法、民主立法、依法立法

2018 年，贵州人大及其常委会充分发挥人大在立法工作中的主导作用，制定了《贵州省第十三届人大常委会立法规划》，明确了本届常委会的立法任务，具体为条件比较成熟、拟提请审议的 49 件，需要抓紧工作、条件成熟时提请审议的 14 件，立法条件尚不完全具备、需要继续调研的 27 件；制定了《贵州省人大常委会 2018 年立法计划》，明确了 2018 年提请审议项目 10 件、开展立法调研项目 25 件。对《贵州省生态环境保护条例（草案）》《贵州省电梯安全管理条例（草案）》《贵州省城镇燃气管理条例（草案）》《贵州省固体废物污染防治条例（草案）》《贵州省河道管理条例（草案）》《贵州省宗教事务条例（修改）》《贵州省全民阅读促进条例（草案）》《贵州省国有林场管理条例（草案）》《贵州省无线电管理条例（草案）》《贵州省全民阅读促进条例（草案）》《贵州省林木种苗条例（草案）》等多个法规草案，向社会公开征求意见，同时加大了立法调研力度。

（二）存在的问题及对策建议

1. 存在的问题

纵观贵州 2018 年的立法，还存在以下不足：一是地方立法应有作用尚未得到有效发挥，需要进一步加强地方立法的引导、推动、规范和保障等方面的作用，以引领和推动全面深化改革；二是全方位、多层次营商环境的地方性法规体系还没有完全形成，使立法引领和推动营商环境优化的作用没有得到充分发挥；三是生态环境保护领域的立法还有较大空间，尤其还需加强对影响环境的主要领域的立法，充分发挥立法引领和推动生态文明建设的作用；四是民生领域方面的立法还存在不小差距，有关教育、住房、医疗、养老、食品安全、脱贫等民生问题等方面的立法还有待加强；五是立法贯穿和融入社会主义核心价值观方面还有待进一步加强。

2. 对策建议

为了充分发挥立法助力贵州后发赶超的作用，更好地做好贵州的地方立法工作，提出以下建议。

首先，要深入贯彻习近平总书记关于全面依法治国系列新理念新思想新战略、关于立法工作系列重要论述和指示，作为加强改进新时代立法的基本遵循；认真贯彻落实中共中央印发的《社会主义核心价值观融入法治建设立法修法规划》精神，切实将社会主义核心价值观融入贵州的地方立法中，贵州省人大常委会应出台相关的配套措施，进一步完善工作机制，深入分析社会主义核心价值观的立法需求，完善立法项目征集和论证制度，制定立法规划计划，积极引领社会道德风尚，体现贵州地方特色，推动践行“团结奋进、拼搏创新、苦干实干、后发赶超”的新时代贵州精神。

其次，要认真学习贯彻好2018年全国人大常委会立法工作会议、第二十四次全国地方立法工作座谈会精神，围绕中心、突出重点，立足实际、针对问题，反映民意、回应关切，不断加强和改进立法工作，着力提高立法质量和实效，充分发挥地方立法促进发展、保障善治的积极作用。

再次，要有所为有所不为，围绕贵州大扶贫、大数据、大生态三大战略行动，在立法工作中要聚焦重点领域，着力体现贵州特色，努力形成脱贫攻坚、全面小康、民生保障和改善、社会治理、乡村振兴地方法规样本，大数据地方法规框架，生态文明系列地方法规。加快对乌江流域保护、循环经济促进等方面进行立法调研，确定立法项目，虽然在生态文明建设法治保障方面贵州走在了全国的前列，但是立法保护生态环境，只有进行时，没有完成时，应以更为完善的法规体系，来保障贵州的绿水青山。

最后，要紧跟党中央新部署、呼应人民群众新关切，通过立法从体制机制上破解贵州发展难点问题。主要从以下几个方面发力：一是及时清理不适应改革的地方性法规和规章，充分发挥立法引导、推动、规范和保障全面深化改革的作用；二是充分发挥立法引领和推动营商环境优化的作用，加强营商环境方面的地方性法规体系建设；三是加强影响环境的主要领域和重点项目方面的立法，充分发挥立法引领和推动生态文明建设的作用；四是进一步推进脱贫、医疗、养老、教育、住房、食品安全等民生领域方面的立法，充分发挥立法引领和推动补齐民生领域短板的作用。

综上所述，做好贵州省今后几年的立法工作，对于守好发展和生态两条底线，决战脱贫攻坚、决胜同步小康，推进法治贵州建设进程，开创“百姓富、生态美”的多彩贵州新未来，具有十分重要的意义。

二 深化行政法治改革，助推廉洁政府建设

（一）2018年政府法治建设的主要成绩

1. 深化机构改革，促进政府职能科学设置

根据《中共中央关于深化党和国家机构改革的决定》《深化党和国家机构改革方案》和《关于地方机构改革有关问题的指导意见》，贵州省制定《贵州省机构改革方案》并报党中央、国务院批准。《贵州省机构改革方案》提出，“在确保省市县主要机构设置同中央保持基本对应的基础上，因地制宜设置一些机构，构建运行顺畅、充满活力、令行禁止的工作体系……积极构建系统完备、科学规范、运行高效的机构职能体系，为强力实施大扶贫、大数据、大生态三大战略行动，加快建设百姓富、生态美的多彩贵州提供有力的体制机制保障”,[①] 并要求“确保省级党政机构改革在2018 年年底前基本落实到位……全省机构改革工作在 2019 年 3 月底前基本完成”。[②] 除对应党中央、国务院机构改革调整优化相应机构和职能，重新组建省司法厅，整合省司法厅、省政府法制办的职责等外，还因地制宜地组建省大数据发展局、省生态移民局等机构。改革后，共设置政府机构 43 个，其中，省政府办公厅和组成部门 24 个，直属特设机构 1 个，直属机构 13 个，部门管理机构 5 个。本次机构改革特别提出，要“坚持以法治方式

① 《〈贵州省机构改革方案〉全文公布》,《贵州日报》2018 年 11 月 5 日，第 1 版。
② 《〈贵州省机构改革方案〉全文公布》,《贵州日报》2018 年 11 月 5 日，第 1 版。

推进改革”，通过整合、组建相关机构，进一步促进政府职能设置更加科学。

2. 深入推进科学、民主、依法立法，加快法治政府建设

一是2018年5月18日，省政府办公厅发布《关于印发〈贵州省人民政府2018～2022年立法规划及2018年立法工作计划的通知〉》（黔府办发〔2018〕19号）。以“深入贯彻党的十九大精神，以习近平新时代中国特色社会主义思想为指导，按照省委、省政府总体部署和要求，深入推进科学立法、民主立法、依法立法，着力提高立法质量和效率，以良法善治助推我省经济社会跨越式发展，统筹推进大扶贫、大数据、大生态三大战略行动，全面推进依法行政，加快建设法治政府，努力为守好发展和生态两条底线，开创百姓富、生态美的多彩贵州新未来提供法治保障”为指导思想，对2018～2022年政府立法工作进行规划安排。根据立法规划要求，2018～2022年，拟提请省人大常委会审议《贵州省社会信用信息管理条例（草案）》《贵州民办教育促进条例（草案）》等27件地方性法规，拟由省人民政府制定发布《贵州省科学技术奖励办法（修订草案）》等规章9件，力争提请省人大常委会审议《贵州省政府投资条例（草案）》等地方性法规19件，并对《贵州省法治政府建设条例（草案）》《贵州省行政裁决条例（草案）》《贵州省行政执法案卷评查条例（草案）》《贵州省行政复议条例（修订草案）》等57个地方性法规、《贵州省重大建设项目稽察办法（草案）》等13项省政府规章开展立法调研工作。

二是自2018年3月1日起实施《贵州省政府立法第三方起草和评估办法》（2017年第181号政府令，2017年12月27日发布），在地方性法规、政府规章立项评估、起草、立法后评估等阶段引入第三方机构，对立法项目的必要性、可行性等问题开展评估，为编制立法计划提供依据，进一步推动科学立法、民主立法。

3. 开展规范性文件、相关证明的备案、清理工作，推动构建权责法定政府

一是继续开展规范性文件备案、登记情况通报工作。根据贵州省政府法制办公室和省司法厅公布的情况，2018年第一季度省政府法制办共收到各

市、州政府、省直部门、省直管市（县）报送备案的规范性文件51件，逾期1件；第二季度共收到报送备案的规范性文件63件，逾期8件；第三季度省司法厅共收到报送备案的规范性文件59件，逾期11件。[①]

二是开展规范性文件专项清理工作。根据全国人大常委会法制工作委员会《对有关著名商标制度地方性法规的研究意见》、国务院法制办和国家工商行政管理总局《关于开展涉及著名商标制度的地方政府规章和规范性文件专项清理工作的通知》（国法〔2018〕5号）要求，印发了《贵州省开展涉及著名商标制度的政府规章和规范性文件专项清理工作通知》（黔府法发〔2018〕4号），针对涉及著名商标制度的政府规章和规范性文件进行专项清理。经清理甄别，拟废止《贵州省著名商标认定和保护办法》（省人民政府令第135号）、省工商局制定的涉及著名商标制度的《关于印发贵州省工商行政管理局〈贵州省著名商标认定和保护办法实施细则〉的通知》（黔工商商〔2012〕8号）、《省工商局关于印发〈贵州省著名商标管理办法〉的通知》（黔工商商〔2013〕312号）等规章及规范性文件。

三是开展证明事项清理汇总工作。根据《国务院办公厅关于做好证明事项清理工作的通知》（国办发〔2018〕47号）、《关于推进审批服务便民化深化"放管服"改革的意见》（黔委厅字〔2018〕55号）、《省人民政府办公厅关于开展证明事项清理工作的通知》（黔府办发电〔2018〕118号）、《司法部办公厅关于做好证明事项清理有关工作的通知》（司办通〔2018〕132号）等要求，对贵州省自行设置的证明事项进行了清理，并在全国首创《证明材料保留清单》和《证明材料取消清单》"两张清单"管理制度，要求凡无法律、法规、规章依据设定的证明材料一律取消。[②]

---

① 根据贵州省人民政府法制办公室网站数据整理，http://www.gzfzb.gov.cn/。

② 《贵州省开展"减证便民"行动追踪》，2018年1月6日，贵州省人民政府网站，http://www.gzgov.gov.cn/xwdt/gzyw/201801/t20180106_1089653.html；《贵州开展"减证便民"行动"两张清单"管理制度全国首创》，2018年1月10日，中央人民政府网站，http://www.gov.cn/zhengce/2018-01/10/content_5255325.htm。

4. 进一步推进大数据、互联网与政务工作结合，构建公开公正、廉洁高效政府

一是持续推进“互联网+政务服务”试点工作。自2016年被列为全国“互联网+政务服务”试点示范省后，贵州持续推进“互联网+政务服务”工作。除实现省政府政务服务中心网上办事大厅“线上线下合一、前后台贯通”外，2018年，各地继续将互联网政务服务向基层延伸。2018年6月，贵州省政府发布《关于促进大数据云计算人工智能创新发展加快建设数字贵州的意见》（以下简称《意见》）（黔府发〔2018〕14号），提出“全面推进国家‘互联网+政务服务’试点示范省建设，制定网上办事服务管理办法及服务标准，推进政务服务标准化数字化，建设全省统一的网上办事实名认证系统和证照批文库，推进智慧审批，大力推动贵州省网上办事大厅向乡（镇、街道）、村（社区）延伸，实现公众和企业网上办事‘单点登录、一次认证、多点互联、全网通办’，提升政务服务便捷化水平。到2020年，依托网上办事大厅，政务服务事项基本实现一站式办理，‘零跑腿’政务服务事项达到50%以上”的发展目标。①

二是继续筑牢“数据牢笼”，助推廉洁政府建设。例如，从2017年2月开始，借助信息化手段创新监督方式，开展纪律监督“数据铁笼”试点工程建设。依托大数据技术，在民生资金、“三公”经费、执纪执法审查等重点领域、关键环节建立4个监督系统，实现资金流转、权力运行的全程记录、追溯和预警，有效助推廉洁政府建设。②

（二）2019年贵州省法治政府建设展望

根据《法治政府建设实施纲要（2015～2020年）》《贵州省法治政府建设实施方案（2017～2020年）》要求，到2020年，贵州省应当“与全国同

---

① 参见《意见》第三条。

② 《贵州借助信息化手段创新监督方式“数据铁笼”让监督执纪快而准》，中央纪律检察委员会、国家监察委员会网站，2018年4月7日，http://www.ccdi.gov.cn/yaowen/201804/t20180417_170090.html。

步基本建成职能科学、权责法定、执法严明、公开公正、廉洁高效、守法诚信的法治政府”，2019 年将是贵州省法治政府建设的关键一年。从相关方案要求和规划安排来看，将从以下方面进一步推进法治政府建设。

一是将大数据和互联网发展与法治政府建设的各个环节紧密结合，除推进“互联网＋政务服务”进一步向基层延伸，打通各级各部门自建政务服务信息系统和专网系统外，在行政执法领域、信息公开领域，都将充分运用大数据和互联网技术及思维，推进行政执法规范化建设，加大政府信息公开的深度、广度，进一步推进政府数据共享服务。

二是对政府立法工作科学化、民主化要求将进一步提高，除在政府立法立项、起草、论证、协调、审议、后评估等领域引入第三方机构外，普通民众也能更多地通过听证、征求意见等方式切实参与到政府立法中来，社会成员也将成为法治政府建设真正的参与者。

三是对行政权力运行的制约和监督体系将愈加健全。随着互联网的发展和传播渠道的增多，社会各界对于行政权力的监督愈加直接。此外，“互联网＋行政复议”、权力清单、责任清单动态管理、人民法院司法建议、人民检察院检察建议反馈制度、省以下审计机关人财物管理改革等制度的健全和发展，也将进一步推动对行政权力的制约和监督。

三　围绕中心服务大局，维护社会公平正义

2018 年，贵州省高级人民法院、省人民检察院在省委的领导、省人大及其常委会的监督和省政府、省政协及社会各界的大力支持下，始终坚持以习近平新时代中国特色社会主义思想为指导，深入贯彻落实习近平总书记全面依法治国新理念新思想新战略，紧紧围绕“五位一体”总体布局和“四个全面”战略布局，各项司法工作都取得了长足的进步。

（一）生态环境司法取得显著成效

贵州是经济落后地区，又是国家生态文明试验区，“守好发展和生态两

条底线”显得尤为重要。省法院制定了《关于服务和保障国家生态文明试验区（贵州）建设的意见》《关于深入推进生态环境保护司法管辖全覆盖的意见》等文件，为贵州省生态文明建设提供司法服务。2018 年全省各级法院共审结涉环境资源类案件 4368 件，在全国率先对生态环境损害赔偿协议进行司法确认。全省各级检察院采取有力措施，加大线索摸排力度，积极推动公益诉讼有序开展。遵义市播州区法院、清镇市法院、江口县检察院办理的公益诉讼案、非法生产制毒物品污染环境案，分别入选最高人民法院、最高人民检察院经典案例和保障长江经济带高质量发展十大典型案例。通过以案释法，有效地推动了贵州生态文明建设的发展。

（二）切实保护民营企业健康发展

2018 年，省法院、省检察院、省公安厅、省工商联联合下发了《服务保障民营经济发展联系协作工作办法》，省法院、省检察院制定了《关于服务保障产业大招商、优化营商环境战略为经济社会持续健康发展提供有力司法保障的意见》《关于进一步依法服务和保障民营经济健康发展的实施意见》，坚决贯彻落实习近平总书记在民营企业座谈会上重要讲话精神，全省法院依法审结涉民营企业案件 48294 件，结案标的金额 278.88 亿元，保护民营企业健康成长，为企业家创业专心、投资放心、经营安心营造良好法治环境和社会氛围。全省检察机关积极营造鼓励创新、宽容失败的社会氛围，对企业家涉嫌犯罪不捕 337 人、不诉 320 人，切实维护企业家合法权益。

（三）依法开展扫黑除恶专项斗争

扫黑除恶专项斗争启动以来，全省各级司法机关深入贯彻落实中央和省委、省政府决策部署，依法严惩了一批黑恶势力违法犯罪。省检察院出台《关于建立扫黑除恶协作配合机制的意见》，被最高人民检察院转发全国检察机关学习借鉴。全省检察机关强化程序意识和证据意识，提前介入侦查 350 件（次）、不捕 224 人、不诉 60 人，确保每一个案件都经得起法律和历史的检验。坚持有黑扫黑，有恶除恶，有乱治乱。重拳出击，“破网打伞”，深挖细查涉黑涉恶犯罪背后腐败问题线索 139 条，确保扫黑与打击“保护伞”同步进行。全省法院 2018 年依法审结涉黑犯罪案件 27 件 282 人、涉恶犯罪案件 1756 件 5364 人。通过扫黑除恶，全省社会治安秩序明显好转，人民群众安全感明显提升。

（四）坚决打赢“基本解决执行难”攻坚战

人民法院执行工作是确保当事人通过司法程序实现权益的最终落实。全省法院坚决完成最高人民法院关于“基本解决执行难”的要求，在加大执行工作力度上狠下功夫，打响“雷霆风暴”执行专项行动，获得多家媒体全程直播，在社会上产生强烈反响。全省法院 2018 年共受理执行案件 167141 件，执结 149073 件，执行到位标的金额 306. 6 亿元，同比分别上升 30. 1% 、33. 32% 和 92. 69% 。依法加大对失信被执行人强制措施适用力度，纳入失信“黑名单”52300 人，限制高消费 110461 人，罚款 406 人，司法拘留 6409 人，移送追究刑事责任 144 人。通过全省各级法院顽强拼搏，攻坚克难，“基本解决执行难”攻坚战取得重大进展，有力维护了当事人合法权益，捍卫了法律权威和尊严。

（五）不断推进司法体制改革工作

全省法院进一步深化落实司法责任制，“让审理者裁判、由裁判者负责”，坚持有序放权和有效监督相统一，回应社会关切的司法改革后如何监督的问题；强化入额院领导办案责任，科学调整员额法官比例，适应案件迅速增长需要；进一步完善职级保障、薪酬保障、执业保障等制度配套；全面推进以审判为中心的刑事诉讼制度改革，深化多元化纠纷解决机制改革，推进“简案快审、繁案精审”。全省检察机关积极支持配合国家监察体制改革工作，实现监委调查程序与检察机关刑事诉讼程序无缝衔接；设置刑事公诉、民事检察、行政检察、公益诉讼、生态检察等专门办案组，构建以检察官为核心、以检察业务需求为导向的专业化新型办案团队。

（六）充分运用大数据打造“智慧司法”

借助贵州省大数据的优势，全省法院强化网上庭审直播和生效裁判文书上网，推动实现“一张网”全覆盖。扩大办案移动终端在办案中的应用，实现案件网上流转，随案生成电子卷宗，裁判文书一键上网。法院绩效考核评估系统和业务系统信息数据的整合、汇聚、分析全部在网上实现。省法院研发的“法院云”在2018年中国国际大数据产业博览会上荣获“贵州省大数据与实体经济十大融合推介案例”奖，并获得最高人民法院领导和省委领导的高度肯定。省检察院研发的大数据智能辅助办案“工具化”软件和智能研判三书比对系统，荣获全国政法智能化建设智慧检务十大创新案例。2018年全国“两会”代表通道专门推送了贵州省检察机关运用大数据的做法，获得广泛关注和好评。

2019年是中华人民共和国成立70周年，是贵州脱贫攻坚决战之年。全省各级司法机关在省委的领导下，坚持以习近平新时代中国特色社会主义思想为指导，深入贯彻落实习近平总书记全面依法治国新理念新思想新战略，全面贯彻落实中央、省委和最高人民法院、最高人民检察院的决策部署，忠实履行宪法法律赋予的职责，自觉主动接受人大监督，充分发挥审判职能和检察职能，努力开创新时代司法工作新局面，为百姓富、生态美的多彩贵州新未来创造良好的法治环境。为此，本课题组对2019年全省司法工作提出如下对策和建议。

一是进一步强化全局思维，围绕中心大局发挥司法职能。充分发挥审判和检察职能作用，围绕党中央和省委的中心工作，在脱贫攻坚、扫黑除恶、保护企业家合法权益、服务经济高质量发展、生态环境司法、切实解决执行难等专项重点工作上聚焦发力，务求取得更大实效。

二是进一步发扬创新精神，全面纵深推进司法体制改革。按照中央政法委、最高人民法院、最高人民检察院的要求，加大工作督察力度，全面落实《人民法院改革纲要》《检察改革工作规划》，不断提高司法质量、司法效率和司法公信力。

三是进一步加强队伍建设，打造一支合格过硬的司法队伍。全面落实从严治警，大力开展各项培训教育活动，坚持政治过硬、业务过硬、责任过硬、纪律过硬、作风过硬的要求，提升学习的本领、司法的本领、落实的本领、做群众工作的本领、创新的本领。切实加强司法干警正规化、专业化、职业化建设，努力打造一支让党放心、让人民群众满意的司法队伍。

四　健全大扶贫法规体系，决战决胜脱贫攻坚

2018年，贵州省连续发起了春风行动、夏秋攻势、冬季充电等战役，脱贫攻坚取得了关键之年的决定性胜利。这必然得益于贵州省法治扶贫行动的保驾护航。贵州省法治助推扶贫工作一直走在全国前列，积极探索创新通过"法治扶贫"破解脱贫攻坚难题。经过一年的实践探索，根据《中共中央国务院关于打赢脱贫攻坚战的决定》（中发〔2015〕34号）关于"推进扶贫开发法治建设"的要求，由贵州省政府法制办起草，省法治政府建设专题组会议研究，报省政府主要领导同意，贵州省于2018年7月4日印发了《贵州省全面推进依法行政工作领导小组办公室关于开展法治扶贫六大行动的通知》（黔法办〔2018〕4号），即"法治扶贫六大行动"，包括制度保障、执法监督、法治宣传、决策参谋、纠纷化解、法律顾问六个方面举措。[①] 该行动在全省全面推开了法治扶贫工作。"法治扶贫六大行动"是对落实党的十九大精神、习近平总书记在深度贫困地区脱贫攻坚座谈会重要讲话精神的内在要求，是对贵州省委、省政府关于脱贫攻坚重大决策部署的有效推进。

（一）扶贫制度保障行动

扶贫制度保障行动具体包含健全扶贫立法、完善扶贫规范性文件体

① 代晓龙：《我省法治扶贫"六大行动"显成效》，《贵阳日报》2018年12月30日，第5版。

系、加强扶贫规范性文件清理3项内容。据课题组统计，2018年，贵州省先后出台了相关“扶贫”或“脱贫”工作的地方性法规1部，地方规范性文件216部。2018年3月30日，贵州省第十三届人民代表大会常务委员会通过《贵州省人民代表大会常务委员会关于修改〈贵州省人口与计划生育条例〉等地方性法规个别条款的决定》（第六次修正）。该条例继续保留了实行计划生育要与新阶段扶贫开发相结合，重点扶持贫困地区、少数民族地区的计划生育事业人口与计划生育经费的投入等规定。地方规范性文件重点体现了对扶贫工作作风治理，如《毕节市人民政府办公室关于进一步做好扶贫专线工作的通知》《贵阳市2018年农业产业扶贫、结构调整、“泉涌”工程考核方案》；扶贫开发项目评审，如《黔东南州与杭州市东西部扶贫协作项目管理办法》《黔东南州与杭州市东西部扶贫协作资金使用管理办法》等；扶贫工程建设，如《贵州省生态扶贫实施方案（2017～2020年）》《六盘水市深度贫困地区教育扶贫三年攻坚实施方案》《贵阳市2018年农业产业扶贫、结构调整、“泉涌”工程考核方案》等；移民搬迁实施，如《毕节市恒大集团帮扶实施易地扶贫搬迁工程项目管理办法》《黔西南州2018年推进户籍制度改革实施方案》；产业化扶贫项目管理，如《毕节市电子商务助推精准扶贫工作方案》等。对于这些扶贫工作方面的规范性文件“扶贫制度保障行动”要求审查备案工作，并对涉及扶贫领域的规范性文件进行严格审查，防止规范性文件内容与法律法规、国家政策规定不一致的情况。若发生不一致的内容，要废止或修订。2018年审核脱贫攻坚规范性文件400余件，清理扶贫领域的规范性文件113件，其中，废止10件、修订9件。①

（二）扶贫执法监督行动

扶贫执法监督行动要求加大扶贫领域行政执法监督力度、切实加强个

① 《贵州：“法治扶贫六大行动”开花结果》，http://www.gzfzb.gov.cn/xwzx/zwyw/201812/t20181206_3706624.html，发布日期：2018年12月5日。

案监督、促进行政执法与刑事司法有效衔接、依法推动扶贫公开。主要是对扶贫领域的行政执法行为加大监督，严格执行项目招投标和政府采购法律法规；严格按照相关法律法规规章规定依法追究违法责任；依法妥善审理涉及脱贫攻坚领域的各类民商事案件，既保护当事人合法权益，又避免涉及农户因案件致贫返贫，营造良好的脱贫攻坚环境。①

2018年贵州省启动“访村寨、重监督、助攻坚”专项行动，着力惩治扶贫领域腐败和作风问题。该行动以贫困县、贫困乡镇、贫困村、贫困户为重点，由省、市、县纪委领导班子带头走访村寨，重点发现脱贫攻坚工作中存在的损害群众利益的问题线索，并及时予以查处。据报道，2018年1～8月，贵州省查处扶贫领域涉黑涉恶腐败和“保护伞”问题有38个，有36人移送司法机关。② 2018年全年，贵州省开展扶贫专项执法检查92次、案卷评查2056卷、个案监督175起。③

（三）扶贫法治宣传行动

扶贫法治宣传行动要求“谁执法谁普法”，包含以宪法为核心的扶贫法治宣传，创新拓展扶贫法治宣传模式，突出扶贫法治宣传重点等。例如，贵州省印江土家族苗族自治县通过召开院坝会、开设法治小喇叭、宣传单等形式，做好三农、扶贫帮扶等政策和农村生产生活中常用法律知识的宣讲，使贫困村群众知晓自己的权利义务；开展巡回审判、“以案说法”、“法治电影放映”、“法治文艺演出”等形式多样、群众性强的普法宣传教育活动；积极宣讲《农村土地承包法》《赡养法》《婚姻法》等与农村群众生产生活密

① 《〈省全面推进依法行政工作领导小组办公室关于开展法治扶贫六大行动的通知〉解读》，http：//www.gzfzb.gov.cn/ywgz/yfxz/201809/t20180928_3589089.html，发布日期：2018年9月28日。

② 《〈省全面推进依法行政工作领导小组办公室关于开展法治扶贫六大行动的通知〉解读》，http：//www.gzfzb.gov.cn/ywgz/yfxz/201809/t20180928_3589089.html，发布日期：2018年9月28日。

③ 《贵州：“法治扶贫六大行动”开花结果》，http：//www.gzfzb.gov.cn/xwzx/zwyw/201812/t20181206_3706624.html，发布日期：2018年12月5日。

切相关的法律法规。[①] 关岭县人民法院充分利用“8651”结对帮扶的优势，在农闲时节、红白喜事、龙虎大地集市、布依族“六月六”以及春节等时间节点，通过组织全院干警参与“庆新春送对联”、“以案释法”、免费发放普法读物等形式开展法治宣传活动。[②]

（四）扶贫决策参谋行动

扶贫决策参谋行动包括重大扶贫决策法制审核、搭建重大行政决策公众参与平台、积极开展扶贫法治理论研究等3项内容。[③] 这对各级部门善于运用法治思维和法治方式推进扶贫开发工作提出了要求。

例如，松桃苗族自治县建立了行政机关内部重大决策合法性审查机制。未经合法性审查或经审查不合法的事项，不得提交行政机关讨论。对于社会上具有较高关注度的事项，或者与扶贫对象直接相关的决策事项，行政机关必须认真听取利害关系人的意见，尤其是注意听取乡镇、村和贫困群众的意见。在必要时，行政机关可以组织召开论证会或举行听证。另外，为了给脱贫攻坚行动的重大决策、重大事项、重大活动、重大项目提供智力支持，松桃苗族自治县还鼓励对农村土地、自然资源、基础设施、创新扶贫、“三变”改革等方面的法治理论研究。[④]

（五）扶贫纠纷化解行动

扶贫纠纷化解行动即建立健全矛盾纠纷多元化解机制、充分发挥人民调解员作用、依法化解行政争议等3项内容。该行动是将扶贫工作与完善行政

① 《推进平安建设　护航脱贫攻坚——印江中兴街道办事处社会治安治理工作纪实》，http：//www.tongren.gov.cn/2018/1112/168612.shtml，发布日期：2018年11月12日。

② 《提升法治思维，助力脱贫攻坚——关岭法院法治扶贫工作纪实》，http：//bbs1.people.com.cn/post/1/1/2/166854209.html，发布日期：2018年3月27日。

③ 《〈省全面推进依法行政工作领导小组办公室关于开展法治扶贫六大行动的通知〉解读》，http：//www.gzfzb.gov.cn/ywgz/yfxz/201809/t20180928_3589089.html，发布日期：2018年9月28日。

④ 胡小林、孙振：《松桃：“法治+6”护航脱贫攻坚》，《法制生活报》2018年12月7日，第1版。

调解、仲裁、行政裁决、行政复议、行政诉讼等有机衔接、相互协调的多元化扶贫矛盾纠纷化解机制进行结合。

2018年，贵州省各级各部门紧紧围绕坚持发展“枫桥经验”积极探索创新，努力把矛盾化解在基层，把问题解决在当地，把隐患消除在萌芽状态，结合贵州扶贫工作，实践出了很多新时代“枫桥经验”贵州样本。

都匀市人民法院在“脱贫攻坚春风行动”中选派了4名优秀干警进驻结对帮扶村，开展走访帮扶、宣传惠民政策、调解纠纷等工作。2018年2～5月，该市法院扶贫工作队进驻结对帮扶村，共协助村委会调解组织调解宅基地、山林、土地、婚姻、赡养等各类纠纷60余次。① 福泉市人民法院基层法官通过能动司法，巡回调解案件，有效解决家事纠纷，避免在判决后可能因强制执行而加剧矛盾，促进了乡村的和谐稳定，为精准扶贫工作提供了有效的司法保障。② 雷山县市场监督管理局等地方行政部门在引导信访人员依法维权、理性维权中，通过行政复议、行政诉讼等法定渠道来助力化解行政争议。截至2018年9月，黔东南苗族侗族自治州一方面将山林纠纷的化解重心基本实现下移；另一方面充分贯彻“调解为主，裁决为辅”的化解原则：共化解山林纠纷181起，化解新增纠纷169起、化解旧存纠纷12起，新增纠纷化解率为80.86%。按层级划分，其中村级化解12起、乡级化解103起、县级化解64起、州级化解2起。化解方式裁决41起、调解140起。③

（六）扶贫法律顾问行动

扶贫法律顾问行动具体包含了逐步实现贫困村法律顾问制度全覆盖、立

① 《都匀市法院扶贫工作队协助村委会调解各类纠纷60余次》，http：//www.yxguizhou.com/article－4554－1.html。

② 《贵州福泉：调解执行一气办　矛盾纠纷一刀断》，http：//www.chinacourt.org/article/detail/2018/10/id/3536865.shtml。

③ 《黔东南州2018年成功化解181起山林纠纷》，http：//www.qdn.gov.cn/xwzx/bmdt/201809/t20180930_ 2265189.html。

足职能主动提供法律服务、持续拓宽法律服务援助范围以及防范扶贫合同风险等4项内容。

贵州省召开了全省城镇化建设律师服务团法治扶贫行动推进会。该推进会由贵州省住建厅、司法厅、省律师协会组织。会议要求建立为农村危房改造和住房保障、乡村振兴等提供法律服务的“城镇化建设律师服务团”。另外，贵州省司法厅与贵州省扶贫办共同出台了《贵州省法律援助精准扶贫项目实施方案》，要求建立法律援助精准扶贫项目常态化的监督检查考核机制。据报道，2018年全年，20家帮扶律师事务所共计在驻点帮扶地解答群众法律咨询4000多人次，办理法律援助案件近百件，化解社会矛盾纠纷250多件，涉及人数近2000人，为脱贫工程项目提供法律意见、审查合同280多件次，涉及金额10多亿元，产生了较好的社会影响。另外，贫困农村存在部分农民维权意识差、合约意识淡薄的问题，以及个别涉农企业利用合同漏洞坑农害农等法治难题。为解决这些问题，贵州省司法厅在全国首次组织起草了《脱贫攻坚涉农系列合同示范文本》。该范本采取政府购买服务方式委托贵州省本地律师事务所完成。文本汇聚了常见的合同文本，为基层贫困群众提供了全面、实用的合同指引，预防、减少不必要的争议。示范合同文本简单实用、操作性强，现已交法律出版社出版，提供给贵州省全省1156个乡（镇）13436个村免费使用，同时将合同文本通过互联网方式发布，提供村民下载使用。①

（七）协同、创新法治之路，决胜贵州脱贫攻坚

作为全国首个以“法治扶贫六大行动”探索扶贫新路的省份，贵州省得到司法部领导高度肯定。2018年，原贵州省政府法制办以“法治扶贫六大行动”为主要内容申报的课题《法治扶贫研究》入选司法部《2018年度全国司法行政系统理论研究规划课题》。2019年，作为全国脱贫攻坚主战场

① 《贵州：“法治扶贫六大行动”开花结果》，http：//www.gzfzb.gov.cn/xwzx/zwyw/201812/t20181206_3706624.html。

的贵州省已进入全面建成小康社会的关键时期，进入打赢脱贫攻坚战和实施乡村振兴战略的历史交汇期，攻克深度贫困堡垒，事关脱贫攻坚战成败。贵州省法治扶贫“六大行动”势必继续为“决战之年”保驾护航，继续着眼贵州省情和脱贫攻坚的迫切需要，从制度建设、执法监督、法治宣传、风险规避、法律服务和纠纷化解探索创新贵州扶贫法治“药方”。为此，我们还需要为此“药方”提出以下建议。

在宏观层面，将法治扶贫与法治乡村振兴相结合，实现法治助推扶贫向助推法治乡村振兴逐渐转变。乡村振兴战略是一个复杂系统，包括政治、经济、社会、文化、生态和党的建设等方方面面。党的十九大提出“乡村振兴战略”，其中扶贫攻坚是其核心内容之一。贵州省法治助推扶贫开发虽然在近年来获得了巨大的反贫困成就，但也即将面临深刻的机制创新与战略转型。在决战之年，贵州省还需加强发挥法律的长效机制，同时通过加强乡村振兴产业、人才、组织等的法治化协同作用，为贵州农村改革发展保驾护航。

在微观层面，针对脱贫地区社会矛盾纠纷出现的新型特征，亟待充分发挥有效的矛盾纠纷多元解决机制。传统农村的矛盾纠纷多体现为个人与个人之间的借贷、婚姻、继承、赡养、地界、林权等民间纠纷。近年来，在扶贫过程中，贵州省扶贫地区，因个体享受扶贫政策的差异性出现了新的纠纷类型。如2018年，毕节市七星关区滑石村石门槛组的村民罗某按规定享受国家脱贫攻坚政策，获得20余万元的易地扶贫搬迁建房补助款，但建好新房子后必须按照时限将位于滑石村石门槛组的老房子拆除。弟弟罗某军和大哥罗某全便以罗某宣多年来未赡养老人为借口，不同意拆除老房子。故两兄弟因为扶贫款发生打架斗殴案件。[①] 2018年6月28日，天柱县桥坪村林桥组村民罗某钧准备依照扶贫产业政策，在冲水土地坳地界开发种植油茶树，

① 《贵州毕节：因扶贫款引发纠纷，弟弟提钢钎打伤哥哥》，http://www.sohu.com/a/232583829_259450。

却因林地权属纠纷与邻村村民发生纠纷。① 加上前些年就存在的政府信任危机，导致某些地区甚至出现驻村干部被辱骂和被殴打的情况。在脱贫攻坚阶段，无论是政府、驻村干部还是村民，提高应对、化解纠纷风险能力都是一个具有挑战性的需要。基于此，在提高基层政府、驻村干部、村委以及村民的化解纠纷能力之外，需要对脱贫政策有更深层次的耐心与对“命运共同体”的理解。同时，有必要充分发挥基层纠纷解决机制专业人士的力量，加强多元矛盾纠纷解决机制的“联合治理”“灵活有效”的特性。这需要纠纷解决联合部门无论是通过“面对面”方式还是通过运用大数据，发挥法治“温情”的一面，到纠纷的“第一现场”去恢复社会秩序。

五　保持大数据法治领跑，建设大数据综合试验区

（一）突出大数据领域保障性立法，创新法治工作大数据应用

贵州省委、省人大、省政府和省政协都高度重视大数据发展应用的规范化、制度化、法制化工作，共同推动贵州大数据立法继续在全国领跑。2018年贵州省陆续出台了有关数据安全的地方性法规《贵阳市大数据安全条例》、有关行业领域大数据专门法规《贵阳市健康医疗大数据应用发展条例》，颁布了地方政府规章《贵阳市政府数据共享开放考核暂行办法》和《贵阳市政府数据共享开放实施办法》。分别从大数据共享、开放、安全、健康医疗领域制定法律效力性规范，保障和促进贵州大数据发展应用和大数据产业健康持续发展。贵州大数据立法工作正随着大数据战略行动向纵深发展。当前，贵州省人大常委会正在有序推进全省层面的大数据安全保障地方法规制定工作，为国家数据安全保障探索贵州样本。此外，贵州省还陆续出

① 《天柱：扶贫产业起纠纷　人民调解促发展》，http：//gz.mzyfz.com/detail.asp？dfid=23&cid=44&id=381368。

台相关激励引导政策，鼓励大数据与实体经济深度融合，实施万企融合行动、打好数字经济攻坚战，探索公共信息资源开放试点工作，合力推进大数据“聚通用”。

贵州在法治贵州建设过程中强化大数据应用，取得明显成效。加强数据铁笼建设工程，使权力运作全过程留痕，规范执法。贵州检察系统构建12309网上网下一体化服务平台，统一服务窗口，对检察工作流程进行全过程监管，提升了检察工作效率和满意度，使司法公正让人民群众看得见。贵州法院系统加强大数据司法应用，加强数据共享，有效降低诉讼参与人时间成本，提高了群众满意度，维护司法权威。贵州公安系统在交通管理、治安管理等行政执法领域探索大数据应用，探索精准执法，有效提升了管理效率和管理水平，增强了群众安全感。

（二）夯实大数据领域法治工作，为纵深推进大数据战略提供更好法治保障

1. 在全省层面继续推进大数据安全立法

大数据安全是大数据发展应用的底线，贵州大数据在大力发展应用的同时，必须做好大数据安全保障工作。一方面，不断通过新技术、新标准、新方法的应用，从技术上提高大数据安全保障能力；另一方面，也要从法规政策上不断创新大数据安全行为规范，从制度上提高大数据安全保障能力。在《贵阳市大数据安全条例》《贵阳市健康医疗大数据应用发展条例》等地方立法样本探索基础上，审慎推进贵州省大数据安全保障立法工作。将省级大数据安全立法做实、做细、做新，突出对全省乃至全国数据安全的保障作用。创新大数据安全保障体制，突出发挥网络安全和信息化部门在大数据安全工作中的统筹主管作用，调动和协调好公安机关、工业和信息化部门等其他行政机关数据安全职能作用，突出司法机关大数据安全保障和救济职能作用。合理设置大数据平台安全保障责任，激励与约束机制并举。以创新灵活的法律责任条款，全过程释放大数据安全保障作用。通过设置约谈、责令暂停相关业务、停业整顿、关闭网站、吊销相关业务许可或者吊销营业执照等

方式，充分实现法的预防、治理、制止违法行为的功能，实现法律规制与产业健康发展良性互动。

2. 继续运用法治思维和法治方式破解大数据领域基石性问题

继续抓好贵州首个国家大数据综合试验区制度试验平台机遇，发挥地方立法的灵活机动优势，在大数据领域产权、交易、标准、共享、开放、安全等基石性问题上进行创造性探索。对于暂时无法破解的大数据法治国家立法规定，只要符合大数据发展大势、有可控保障措施、有科学论证，可以大胆争取国家在大数据综合试验区调整部分法律规范的适用。以试验性政策法规软环境优势，在为国家提供相关经验的同时，为国家大数据（贵州）综合试验区创新大数据发展应用提供宽松环境，为大数据企业发展赢得法律政策先机，使大数据发展应用创新更少顾虑、大数据共享开放更少壁垒、大数据产业发展更多机遇。对于大数据产权法律保障问题，除推出尊重和保障数据产权的政策规定外，对于迫切的数据产权保障司法诉求，可以用好现有司法机关向最高司法机关请示机制予以探索。比如，对于数据产权保障的诉讼案件，省法院可以探索对其在立案、司法裁判、生效判决执行、生效仲裁裁决执行等环节中的疑难问题请示最高人民法院答复，以此反向推动贵州数据产权保护工作。对于大数据安全保障中的刑事法律责任追究，省检察院同样可以就其中疑难、新型问题请示最高人民检察院答复，以此反向推动贵州大数据安全保障工作。其他基石性问题，同样需要创新法治思维方法，以创造性探索性的积极作为予以直面和破解，从而为贵州大数据发展应用再添新的竞争优势。

3. 深入推进大数据在法治贵州细分领域的创新应用

当前，贵州经济社会发展各领域的大数据红利正在逐步释放，法治贵州建设过程中存在很多可以释放的大数据红利空间。在立法领域，可以通过公共大数据关联分析，找出贵州经济社会发展中的痛点难点数据集，从中提炼出地方立法项目，使问题导向的立法原则扎实落地；在法规规章草案征求意见阶段，运用大数据手段感知社会关切条文，生成规范条文社会关注度热力图，针对性扩展和完善有关法规规章条文设计，在法规起草阶段即回应好社会关切；在执行法规规章阶段，运用大数据关联分析手段，分析法规规章条文的适用频次、适用领域、适用对象，生成法规规章条文成效热力图，科学支撑法律实施后评估，指导法律制定和修订活动。在执法领域，可以把大数据手段应用到各个细分领域的执法过程和环节之中。比如，贵阳市将大数据手段应用到社会治安防控执法过程和环节之中，显著提高了公共场所违法犯罪行为的机会成本，有效降低公共场所违法犯罪发生率。交通运输部门运用大数据手段分析查处道路运输非法运营行为，可以有效遏制黑车载客行为，维护了公共出行安全。其他行政执法领域都蕴含着可观的大数据红利释放空间，很有必要扎实、创新推进这些领域的大数据应用相关举措。在司法领域，贵州法院、检察院系统创新大数据应用的举措给本系统更好服务大局、服务群众、服务经济社会发展带来新气象，很有必要将已经搭建好的大数据司法应用框架做实、做细、做强，推进大数据在司法领域体系化应用，进而助推司法现代化。在守法领域，继续做强统一的信用大数据，引导个人、企业和其他组织不断通过守信推进守法、通过守法推进守信。在法律监督领域，运用大数据手段开展错案预警、纠偏推送等活动，使法律监督活动智能化、自动化、客观化、全过程化，助推法律监督效能提升。

六 纵深推进大生态法治，建设生态文明试验区

（一）贵州生态文明法治建设纵深推进

2018 年对于贵州生态文明而言，注定是不平凡的一年。7 月 30 日，贵州省生态环境保护大会暨国家生态文明试验区（贵州）建设推进会在贵阳召开。9 月 28 日，贵州省对外公开中央环境保护督察整改情况，坚决扛起中央环保督察整改政治责任，扎实推进中央环保督察反馈问题整改。12 月 27 日，中共贵州省委、贵州省人民政府通报中央环境保护督察移交生态环境损害责任追究问题问责情况。坚持以责任追究倒逼履责尽责和督察整改，

坚决查处生态环境保护方面不作为、慢作为、乱作为以及损害生态环境的行为。这些重要事件表明，贵州生态文明建设已进入一个新的历史阶段和新的高度。一年来，贵州在生态文明法治建设的各个领域均取得较大成就，生态环保立法日趋完备，环境司法改革持续推进，环境执法体制不断健全完善，生态环境损害赔偿试点取得新突破。

1. 生态环境保护立法不断完善

（1）一大批生态环境法规纳入了立法规划。2018 年 3 月 30 日贵州省第十三届人大常委会第二次会议通过贵州省第十三届人大常委会立法规划，涉及立法项目 90 件。其中，与生态环境保护相关的法规就有《贵州省环境保护条例》等 20 余部。

（2）一大批生态环境法规得到进一步完善。2018 年 11 月 29 日，省十三届人大常委会第七次会议第三次全体会议表决通过了《贵州省人民代表大会常务委员会关于修改〈贵州省大气污染防治条例〉等地方性法规个别条款的决定》，涉及 20 件法规 83 个条款修改。

（3）部分重要生态环境保护法规即将出台。如《贵州省生态环境保护条例（草案）》《贵州省固体废物污染防治条例（草案）》已进入人大最后征求意见阶段，有望不久将出台实施。特别是《贵州省生态环境保护条例（草案）》，如出台后，该条例不仅在贵州生态环境保护地方性法规体系中具有统帅地位，也将是全国第一部省级层面上对生态环境进行一体化保护的地方性法规。

2. 环境司法领域改革持续推进

（1）生态环境和资源保护审判专门化机构实现全覆盖。全省环境资源审判庭统一更名工作全面完成，省市县三级法院专门化环境资源审判机构由 10 个扩展为 29 个，实现了中级法院全覆盖，每个中院辖区内由 1 ~ 3 个基层法院分片跨县级行政区域集中管辖，成为自 2007 年法院环境司法专门化 10 年之后的又一次跨越式发展。2017 年 6 月至 2018 年 5 月，贵州全省各级法院共受理各类涉环境资源刑事案件 1020 件，行政案件 4116 件，民事案件 194 件，环境公益诉讼案件 29 件，各项指标居全国前列，取得了良好的法律效果、社会效果和生态效果。

（2）生态检察体制和环境公益诉讼取得了新的进展。2018 年 6 月 27 日，贵州省委省政府出台了《关于支持检察机关依法开展公益诉讼工作的实施意见》，10 月，贵州省检察院出台了《关于全面加强新时代公益诉讼工作的意见》。注重衔接配合，构建生态环境保护检察工作的体制机制，与公安、林业、环保等环境执法部门建立工作衔接机制，依托大数据建设了“两法衔接”信息共享平台，实现行政执法和刑事司法的无缝衔接。积极探索与自然保护区的协作配合，与梵净山、麻阳河、佛顶山三个国家级自然保护区管理局签订了《关于在国家级自然保护区生态环境保护工作中加强协作配合的若干意见》，加大联合执法监督力度，不断探索跨地区生态检察协作。作为最高人民检察院确定的 13 个改革试点省份之一，2018 年 3 月，贵州省人民检察院发布了“锦屏县环境保护局案”“德江县国土资源局案”等一批涉生态环境和资源保护的行政公益诉讼典型案例。2018 年 3 月最高人民检察院发布了十大检察公益诉讼典型案例，“贵州省铜仁市江口县人民检察院诉铜仁市国土资源局、贵州梵净山国家级自然保护区管理局不依法履职案”入选。

（3）构建渝川滇黔四省市检察机关赤水河乌江流域生态保护检察协作机制。2018 年 11 月 16 日，在最高人民检院的组织下，由贵州检察机关首倡并提议召开的渝川滇黔四省市检察机关赤水河乌江流域生态保护联席会议在赤水市召开，会议的一个重要成果是四省市共同签订了《关于赤水河乌江流域跨区域生态环境保护检察协作机制的意见》，开启了四省市检察机关对“两河流域”齐抓共管的先河，凝聚了检察合力共筑长江上游生态环境保护司法屏障。

3. 生态环境执法体制不断健全

（1）统一行使生态和城乡各类污染排放监管与行政执法职责。2018 年 11 月，《贵州省机构改革方案》得到中央批准。组建省生态环境厅，统一行使生态和城乡各类污染排放监管与行政执法职责。

（2）开展生态环境保护司法执法联动行动。2018 年，贵州省政府印发实施《守护多彩贵州严打环境犯罪 2018～2020 年执法专项行动方案》，开展环保执法“利剑”行动，环保、公安、检察院、法院实行司法执法联动。

（3）构建和完善生态环境监测网络与机制。2018 年 2 月，《贵州省生态环境监测网络与机制建设方案》出台，按照“全面设点、全省联网、自动预警、依法追责”的要求，充分运用大数据、“互联网 +”等新技术，建立全省环境在线监测体系，对重点行业企业、各个污染源治理情况进行全覆盖、无死角实时监测。

4. 生态环境损害赔偿试点取得新突破

（1）出台《贵州省生态环境损害赔偿制度改革实施方案》。从 2018 年 1 月 1 日起，在全省范围内试行生态环境损害赔偿制度。出台全国首部省级政府制定的生态环境损害赔偿磋商规范性文件——《贵州省生态环境损害赔偿磋商办法》，探索创新了第三方组织磋商、公众监督磋商、司法确认磋商协议等积极有效的方式。出台《关于审理生态环境损害赔偿案件的诉讼规程（试行）的通知》（黔高法〔2018〕51 号），规范了生态环境损害诉讼规程。

（2）全国首例生态环境损害赔偿磋商案达成协议并获得司法确认。生态环境损害赔偿磋商制度，旨在使政府与污染者之间通过和平磋商的方式就生态环境损害相关问题达成一致，高效快捷地明确污染者责任、修复生态环境。贵州省政府作为国务院授权的赔偿权利人，在第三方磋商机构贵州省律师协会指派律师的主持下，委托贵州省环境保护厅与赔偿义务人开磷公司和诚诚公司就损害结果、生态修复、生态修复期间的功能损失、环境损害赔偿方式及期限等进行磋商，磋商达成的《生态环境损害赔偿协议》经清镇市人民法院进行司法确认。

（二）加强贵州生态文明法治建设对策建议

（1）建立“一府两院”向人大专题汇报生态文明法治建设报告制度，充分发挥人大职能，全力推进生态文明法治建设。

（2）加快推进生态环境保护法规立法进程及相关配套制度的完善，健全生态环境保护法治体系，发挥法治保障作用。加快《贵州生态环境保护条例》《贵州省环境影响评价条例》《贵州省固体废物污染环境防治条例》等出台，加强乡村生态环境保护立法，加快《贵州省乡村清洁条例》立法进程，探索制定《贵州省乡村人居环境治理条例》，切实解决广大乡村垃圾治理、生活污水处理、农业面源污染治理和村容镇貌管理等问题；加快制定《贵州省生态文明教育条例》《贵州省绿色消费促进条例》等，切实加强全民生态文明教育，推动全民绿色消费行动。同时，出台相关生态环境保护、绿色发展等配套制度，确保生态环境保护法律法规落地生根、有效实施。

（3）贵州省人民政府应当建立健全生态环保督察机制，制定生态环境保护督察问题清单和整改方案，明确督办内容、流程、时限，对整改和督办不力的纳入政府核查问责范围。通过梳理总结中央环保督察组进驻贵州期间的基本做法，2017 年贵州省印发了《贵州省加强环境保护督察机制建设的八条意见》，但仅有这八条意见远远不够，要根据新时期生态环境保护督察工作的需要，在 2016 年 8 月省委、省政府印发实施《贵州省环境保护督察方案（试行)》的基础上，将其上升为地方性法规，增加其强制力和规范性。

（4）加强贵州生态文明法治智库建设，加大人大、政府、司法与高校及科研院所的密切合作，充分发挥高校及科研院所相关人才的智囊作用。生态文明法治智库是主要研究生态文明法治建设和发展规律的专业化智库，它聚焦生态文明法治建设中的战略性、全局性、紧迫性问题，进行法治政策层面的咨政建言、学理层面的战略研究和实践层面的研究探索。与福建、江西、浙江等省相比较，贵州生态文明法治研究力量相对薄弱，且资源分散，难以形成合力。建议贵州省人大常委会率先在省内研究基础较好、相关人才较为集中的高校和科研院所，成立贵州省人大常委会立法服务基地，可借鉴广东省地方立法研究评估与咨询服务基地的运作模式，充分利用高校和科研院所服务人大立法工作法律人才资源，切实提供生态文明法治建设的贵州智慧、讲好生态文明法治建设的贵州故事、发出生态文明法治建设的贵州声音。

七　构筑大健康法治体系，建设美丽康养贵州

党的十八届五中全会将“健康中国”上升为国家战略，相继出台了一系列关于加快发展健康产业的政策措施，为大健康产业带来了重大发展机遇。为此，贵州省委、省政府为了充分利用贵州大健康产业发展得天独厚的优势，相继出台了一系列关于加快发展“大健康”产业的政策措施。① 这些政策措施的出台，彰显了每一个公民所应享有的健康权和基本人权。

（一）贵州省大健康产业的发展现状

为加快贵州省大健康产业的发展，贵州省政府针对该发展计划印发了黔健康发〔2018〕2号文件，即《贵州省大健康产业发展新一轮六项行动计划（2018～2020年）》，该文件的主要内容涵盖了“医、养、管、游、食”等方面。其中，健康医药医疗产业以“医”为支撑、健康养老产业以“养”为支撑、健康运动产业以“健”为支撑、健康管理产业以“管”为支撑、健康旅游产业以“游”为支撑、健康药食材产业以“食”为支撑，基本形成了大健康全产业链。该产业链还能与大扶贫、大数据、大生态、大旅游相互融合，同时还能深入推动这些产业的发展，基本形成了贵州省大健康产业发展的全新格局。可见，大健康产业已成为全省新的经济增长点和支柱产业。

2018年全省上下齐心协力推动大健康产业跨越发展，主要体现在以下方面。

1. 大健康产业项目

2018年贵阳市大健康办印发了《关于开展2018年贵阳市大健康产业项

---

① 这些文件包括《省人民政府印发〈贵州省关于加快推进新医药产业发展的指导意见〉、〈贵州省新医药产业发展规划（2014～2017年）〉的通知》（黔府发〔2014〕24号）、《省人民政府印发〈关于支持健康养生产业发展若干政策措施的意见〉、〈贵州省健康养生产业发展规划（2015～2020年）的通知〉》（黔府发〔2015〕8号）、《贵州省人民政府办公厅关于印发贵州省医药产业、健康养生产业发展任务清单的通知》（黔府办函〔2015〕40号）、省人民政府办公厅《关于印发贵州省大健康医药产业发展六项实施计划的通知》（黔府办发〔2015〕26号）、《贵州省大健康产业“十三五”发展规划》（黔发改社会〔2017〕334号）等。

目调度工作的通知》，开展大健康产业项目调度项目120个（其中，列入省大健康产业“6个50”重点工程和重点项目24个、重大工程包项目4个），总投资619.26亿元，年度计划投资138.52亿元。截至2018年3月底，累计完成投资156.89亿元，占总投资的25.33%。2018年1~3月完成投资39.27亿元，占年度计划投资28.35%。黔西南州实施大健康产业“六项实施计划”和大项目、大平台、大企业“三大行动”，着力构建“医、养、健、管、药、食”融合发展全产业链，打造“康养黔西南，四季花园城”大健康品牌，推动大健康产业快速、稳定、高质量发展。

2. 大健康医药产业

在贵安新区、乌当区等10个贵州省大健康医药产业发展示范区（县、市、特区）的基础上，作为贵州省大健康医药产业扶贫示范基地，丹寨县昌昊金煌中药材公司采取“公司+合作社+农户”的产业扶贫运营模式，带动丹寨县114个村产业合作社种植中药材万余亩，年产15000吨中药饮片和精制中药饮片，实现产值8亿元，年产10000吨中药提取物及配方颗粒，实现产值20亿元。覆盖贫困群众5000余户，直接带动贫困群众2.3万余人脱贫。按照《遵义市推进“千企引进”工程行动方案（2018~2020年）》文件，遵义市召开大健康医药产业招商引资专题组工作协调会，讨论了《遵义市大健康医药产业专题招商工作实施意见》的征求意见稿。安顺市按照“大数据+”“大生态+”“大旅游+”的理念，结合《贵州省政府关于支持安顺市大健康医药产业加快发展的意见》，逐步加强大健康与大数据、大生态、大旅游相融合，进一步促进大健康产业的业态创新、技术创新、模式创新以及体制机制创新，获得省政府支持建成全省大健康医药产业特色聚集区。修文县秉承贵州发展大健康产业的东风，按照“一轴两翼多园”的空间布局，实施大健康“六项行动”，重点推进健康医药、健康药食材、健康养生和健康运动四大业态发展，协同发展健康养老和健康医疗两大业态，被省人民政府命名为贵州省大健康医药产业发展示范区。安龙县大力发展康养药食材种植，全县中药材种植面积21.55万亩（含野生资源），其中野生资源占比10%左右。全县中药材总产量达5万吨以上，产值达6.25亿元，产业受益人数12.7万，其中涉及贫困户2096户。

3. 大健康市场营销产业

贵州省各市为构建“产、供、销”一体化营销体系，积极探索“产前签订单、产中靠技术、产后抓营销”的生产组织模式。如2018年毕节市依托农业大数据中心，构建了“合作社+营销经纪人+网络信息平台+产品批发市场”的马铃薯市场立体营销网络，规范化种植马铃薯面积达523.11万亩，产量720万吨，扶持带动795个贫困村“出列”、24.82万贫困人口脱贫。威宁县仅通过发展早熟马铃薯“三膜覆盖”这一劳动密集型产业，为当地提供固定就业岗位1000个以上，提供季节性就业岗位超过10万个。盘州市按照“五链联动”的工作思路，以刺梨为代表的健康药食材产业蓬勃发展，全市刺梨全产业链投资实现60亿元。目前已建成刺梨加工企业3家。其中，宏财集团投资近16亿元，规划建设50万吨级的盘州刺梨产研中心，其占地161.2亩，投资5.57亿元，2018年1月获贵州省农业产业化经营重点龙头企业称号。

4. 大健康康养产业

赤水市推动“康养+休闲度假”“康养+休闲运动”“康养+食药养生”等产业融合发展，2018年规划230平方公里国家级康养旅游示范基地。目前9个山地休闲度假区项目扎实推进，天鹅堡、天岛湖等4个度假区开业运营，力争每年4~9月日均吸纳3万余人居住，被评为“中国长寿之乡康养示范基地”；该市11个乡村度假园区加快建设，涌现了一批集汽车露营、农场体验、民俗客栈、休闲观光、文化娱乐于一体的乡村度假业态，被农业部、国家旅游局评为“全国休闲农业与乡村旅游示范点”，该市累计建设康养度假房100余万平方米，实现康养度假收入140亿元。同时该市编制了《赤水市山地体育旅游休闲运动基地总体规划》，实现了县、乡、村级公共体育设施全覆盖，形成了涵盖水、陆、空的立体休闲运动业态，被评为“中国长寿之乡养生名优产品”。安龙石斛谷森林康养基地通过省林业厅组织的专家考核，被正式授予“省级森林康养基地”称号。毕节市探索“候鸟式”和“旅居式”养老模式，作为省级首批医养结合试点示范单位，康养一体化让大健康产业充满活力。2018年全省基本形成特色鲜明、布局合理、结构优化、优势突出的大健康产业结构。当然，贵州大健康产业的发展还需要政策法治化保障。

（二）贵州省大健康产业发展领域存在的法律问题

对2018年度贵州省大健康产业发展的情况分析，我们发现大健康产业在发展过程中还存在相关的法律问题。

1. 缺乏配套的地方性法律法规制度

资料显示，贵州省人大针对大健康产业在法律领域尚没有专门针对环境与健康方面的法规制度，还缺少与公共卫生方面的综合性法规制度，依法平等保护各种产业产权需求的法治化营商环境不够。

2. 大健康发展产业的政策不健全

贵州省大健康产业各环节还需要保持政策连续性和系统性，贵州省各级政府当前政策的制定只顾着眼前的利益，前后政策不连贯，出现了“断层”现象。配置要素不合理，与构建“协调、平衡”的产业生态系统还不相适应，同时地方政策支撑不足，如新药审批、进医保、进基药、进招标等准入门槛难以突破，社会资本进入医疗、养老、体育场馆建设领域不足。

3. 大健康产业体制机制不健全

大健康产业决策机制、激励机制、约束机制、诚信管理机制不健全，产业监管部门、行业协会、企业之间的沟通机制不健全，产业技术创新、业态创新不够，缺乏强有力的协调推进机制以及法律监督机制。

4. 明确大健康产业发展领域违法的法律责任

大健康产业发展过程中，各领域统计监测评估较弱，会存在违法行为。目前该方面的法律责任追究不明确。

（三）完善贵州省大健康产业发展的政策法治化对策

贵州省大健康产业发展法治化保障不仅需要相应的政策，同时也需要地方配套的法律规范制度，以营造大健康产业发展的外部法治环境。

1. 提高公民享有健康权的法律意识

大多数公民对所享受的健康权利以及如何维护自己的健康权利等漠不关心。为此，贵州省各级政府要充分利用广播、电视、报刊和网络等媒体重点宣传与大健康相关的法律法规知识，让公民正确认识健康权是《宪法》赋予公民应该享有的基本权利，各部门法律工作者要积极向公民提供大健康产业发展的法律援助等。充分调动广大公民积极参与大健康产业发展的积极性，扩大贵州大健康产业发展在全国的影响力。

2. 完善大健康产业发展领域的相关政策

贵州省委和省政府为加快构建高质量的产业生态，积极推行“政策供给、要素保障”是大健康产业发展领域的两大支撑。一方面，把健康融入所有政策，加强各部门各行业的协作与沟通，形成促进大健康产业发展的合力。加快推进大健康产业发展领域扶持政策的落实，贵州省委和省政府加大政策的支持力度，具体表现在“财政支持、市场准入、土地供给、人才队伍建设、技术创新、税收优惠、投融资政策”等方面。另一方面，大力培养医药、医疗、护理、运动健身等大健康产业人才，加快打造一支满足贵州大健康产业需求的人才队伍。完善健康筹资机制，建立以政府投资为引导、以市场融资为基础的多层次、多渠道、多形式的投融资体制。

3. 健全大健康产业发展领域的法律法规体系

随着法治贵州建设的稳步推进，贵州省人大结合贵州实际，亟须健全与大健康产业发展相配套的地方性法律法规制度。如《贵州省发展中医药条例》《贵州省健康保险条例》《贵州省温泉管理办法》等，为国家在大健康领域立法提供借鉴，为贵州大健康产业发展法治化治理提供有力的法治保障。

4. 完善大健康产业体制机制

重点加强试点示范建设，在大健康产业技术创新、业态创新和体制机制创新方面，逐步探索与实践有效的经验和模式，加快培育一批大健康新兴业态。加强大健康产业发展领域的决策机制、激励机制、约束机制，健全大健康产业诚信管理机制，改善市场诚信环境。完善监管部门、行业协会、企业沟通机制，积极支持行业协会开展大健康产业运行的监测分析、大健康产业发展的战略研究和大健康产业领域相关行业的信息发布，强化有力的协调推进机制。同时在大健康产业发展领域构建一体化、广覆盖、专业化、高效率、全社会共同治理横向到边、纵向到底的法律监督监管体系。

5. 落实大健康产业发展各领域违法行为的法律责任

鉴于我国当前环境违法成本较低以及对违法者的震慑作用不足的实际，不利于形成执法领域工作人员法律责任的明确。譬如，在贵州省环境污染健康损害评价标准、环境污染健康损害判定标准、电磁辐射卫生评价标准、饮用水与室内空气卫生评价标准、环境健康影响评价标准、环境污染健康影响监测标准、环境健康影响风险评估标准等执法领域，对环境损害的认定方案和健全环境损害的赔偿机制，保障环境违法责任等需要严格执行。

八　完善大旅游法治保障，建设醉美多彩贵州

（一）贵州省旅游行业现状

近年来，贵州省国民经济发展在全国取得了令人瞩目的成绩，旅游业发展强势，大大提高了贵州省在国内外的知名度。近年来，贵州交通发生巨变，9 个市州通航机场全覆盖，88 个县全部贯通高速公路，以贵阳为枢纽已建成 5 条高速铁路，在建 1 条，辐射周边 3 亿人口的旅游市场。2018 年贵州省贵阳市在中国十大避暑名城中位列第二，仅次于云南省昆明市。此外，入围前十的还有贵州省的“凉都”六盘水市，“爽爽的贵阳，避暑的天堂”“走遍大地神州，醉美多彩贵州”已经成为贵州旅游业发展的响亮名片，贵州的旅游发展迎来了新的历史机遇。

以 2018 年国庆节长假七天为例，贵州全省共接待境内外游客 4934. 1 万人次，实现旅游收入 332. 11 亿元，与 2017 年国庆节长假七天相比分别增长 32. 74%、35. 76%。全省纳入监测的 103 个主要旅游景区（点），共接待游客 819. 2 万人次。全省纳入监测的 138 家旅游饭店平均出租率超过 80% 的有 52 家，平均出租率超过 90% 的有 24 家。据民航、铁路部门统计信息，假日

期间全省航空累计进出港3196个航班，进出港旅客432174人次；铁路累计进出2599趟列车，进出人数1789707人次，其中，高铁累计进出1697趟列车，进出人数1184134人次。贵州省旅游态势不管从客流量还是实现的旅游收入来看都呈井喷式发展的趋势。

2019年1月25日，贵州省文化和旅游厅2019年第一次新闻发布会在贵阳召开。会议通报，2018年全省接待游客9.69亿人次，实现旅游总收入9400多亿元，同比分别增长30.2%、33.1%，带动30.3万贫困人口实现受益增收。2019年春节七天假日，贵州全省共实现旅游总收入155.8亿元，同比增长34.6%；接待旅客2384.9万人次，同比增长24.1%。旅游业已成为贵州省国民经济发展重要的支柱型产业。

2018年7月2日，铜仁梵净山成功列入世界自然遗产名录，贵州成为中国世界自然遗产最多的省份，合计4处；10月29日，国家文化和旅游部正式授牌梵净山景区为国家5A级旅游景区，至此，贵州省共有6家国家5A级旅游景区，4A级景区也达到70家。与之相适应，2018年《贵州省旅游资源管理办法（试行）》实施，该办法对贵州省内各类各级旅游景区旅游资源开发、保护管理、旅游资源经营权出让组织管理、监督管理进行明确规定。

（二）贵州省旅游业发展存在的问题

1. 旅游硬件设施有待进一步提高

虽然近年来贵州省的交通条件、旅游景点设施有了很大的改善，促进了旅游业的发展，但我们应该看到仍有问题存在。比如部分景区内部路线规划缺乏科学性，景点与景点之间的服务站数量及酒店住房在高峰期无法满足游客需求，景点厕所的改进工作未完善等，这些硬件方面存在的问题在某种程度上制约着贵州旅游业的进一步发展。

2. 旅游服务业整体素质水平参差不齐

在景点、景区周围，随着旅游业的发展，人流量和消费量不断聚集，旅游服务业应运而生。在这些服务提供者中，大部分是当地的村民，其服务形式较为单一，提供的品种重复率高，管理又相对比较落后，难以形成一定的规模，多处于自发自律状态，对当地旅游服务业发展带来很大的困扰。

3. 旅游资源的政策法规保护有待加强

贵州的旅游资源主要集中在山水、岩洞等自然和原生态风光中。但是随着游客数量的不断攀升，景区也面临着人为的破坏和环境污染问题。2017年，一名男性成年游客在游览贵州省铜仁潜龙洞景区钟乳洞时，竟对一根上亿年才形成的钟乳石石笋连续踢3脚，导致一根珍贵石笋直接被踹断。同时，部分地方政府急于发展当地旅游业，在旅游资源的利用规划方面缺乏科学性、整体性和长期稳定性，容易给当地旅游业的可持续发展带来负面影响。因此，贵州省应从生态资源保护、旅游规划等方面加强对资源的保护和加大对破坏行为的惩罚力度。

（三）完善旅游业发展法治保障的对策建议

面对贵州旅游的蓬勃发展，我们应该清醒地看到：景区公共服务设施存在不足之处，旅游从业企业和人员整体素质水平还有待提高，高科技互联网＋手段还有很大的运用空间。旅游经济发展的好与坏，很大程度上取决于游客的旅游体验，随着生活水平的提高，游客对旅游体验的要求也与日俱增，对贵州省旅游服务业整体水平提出了更高的要求。

1. 加强诚信体系建设，提升旅游服务质量

作为旅游产品的提供者、服务者，应尽量站在游客的角度考虑旅游产品的设计和布局，对旅游产品和旅游市场各主体进行规范性管理。完善景区景点周边消费配套设施，确保公路、停车场、自来水、公厕、通信、网络等能充分满足游客和市场经营主体运营需求，为游客消费提供基本保障，营造良好环境，为游客提供优质的旅游体验。根据贵州省旅发委2018年12月提供的关于贵州省乡村旅游经营单位（户）厨房、卫生间达标情况统计表的结果，毕节市、贵安新区处于整改中，其余市（州）已达标。因此，硬件设施的改进和完善还有待进一步提高。

同时，进一步完善贵州旅游信用信息系统建设，对旅游企业、导游人员、旅游商品经营管理者的信用信息进行及时登录和管理、反馈，更好地约

束和规范旅游市场主体的信用行为。

2. 利用大数据、“互联网 +”等手段助力贵州旅游业发展

将“智慧”因素融入旅游业。大数据产业为贵州省发展旅游业提供了软实力方面的条件支持，通过对旅客流量、旅客消费偏好、旅客购买力、旅客来源地分析等可以进一步优化贵州省的旅游产业布局；通过对旅客投诉内容分类分析，可以找出下一步发展和改善的重点。类似的情况还有很多，都可以充分开发和利用大数据的优势，助力贵州旅游业更好更快地发展。

3. 完善旅游政策服务保障体系

2017 年贵州省制定实施了《贵州省乡村旅游村寨建设与管理标准》《贵州省乡村旅游经营户服务质量等级划分与评定标准》《贵州省乡村旅游客栈建设与管理标准》等 3 个地方标准和《贵州省乡村旅游村寨、经营户（农家乐）、客栈质量等级评定管理办法》等文件，还配套编印了贵州省乡村旅游厕所、厨房等系列读本，帮助指导乡村旅游发展的环境卫生、生态保护等工作，进一步提高乡村旅游工作品质。2018 年贵州省制定了《贵州省实施旅游“1 +5 个 100 工程”管理办法》《贵州省旅游厕所质量等级管理办法》《贵州省人民政府办公厅关于加快温泉旅游产业发展的意见》等规范性文件，对贵州省旅游基础设施建设发展从制度上进行了规划管理，更希望在落实的过程中能加快步伐，不落后于人。

对于旅游市场的主体，主要是规范旅游服务产品提供者的行业行为。对有必要设立市场准入制度的行业则必须建立准入机制；对于一般产品提供者，如景区周边的当地摊贩，政府鼓励当地居民、村民通过劳动致富，同时也是政府扶贫工作的重要组成部分。对此政府部门应该加强卫生、安全等管理，确保旅客吃住放心；不断提高服务者的诚信意识，倡导文明经商、阳光消费，严厉打击欺瞒旅客行为，为旅客提供一个放心、舒心的旅游体验环境。

贵州省首批 12 个旅游法庭自挂牌以来，在处理涉及游客人身财产损害、旅游服务、交通住宿等纠纷方面发挥了较大作用。法庭所在景区在贵州省有较大知名度、影响力，且旅客流量持续增加，发生矛盾纠纷的数量相对较多。而旅游法庭“化解纠纷快、便民服务全、联动机制活”这些特征能有

效地解决纠纷，减少旅客因此而付出的额外时间和精力，从而不断提高其旅游体验的舒适度。

4. 开展法律知识培训，提高旅游从业者法治意识

针对《中华人民共和国旅游法》《旅游行政处罚办法》《旅行社条例》《旅行社条例实施细则》《贵州省旅游条例》《导游人员管理条例》等法律法规，依托各种宣传媒介和手段，开发和利用各种便于学习的软件，使从业者可以灵活自主地学习相关法律知识，提高完善投诉处理机制，依法化解旅游矛盾纠纷。贵州省制定了《关于做好旅游投诉处理工作的意见》《关于开展旅游投诉处理工作督办追责工作的通知》《关于进一步发挥综合监管机制全面规范受理旅游投诉的通知》等文件，对旅游投诉处理工作的目标、原则及要求做了规定，并按照及时办理、程序规范、游客满意、首问责任制原则严格投诉案件的受理、办理。对每一季度的投诉处理工作在省旅发委官网上进行公开曝光，根据被投诉次数、被投诉内容需要分别进行约谈整改，以此倒逼各旅游主体提升服务质量，提高游客满意度。

九　营造大开放法治环境，建设内陆开放型经济试验区

（一）贵州推进大开放政策法治概况

2018 年，贵州省在推进大开放政策法治建设上的总体概况是，围绕全省招商引资省外到位资金达到 9500 亿元的目标，着力建设“内陆开放型经济试验区”，深度融入“一带一路”建设等国家重大战略，加快完善大开放政策法治，不断推进大开放深入实施。营商环境不断优化，外资引进质量不断提高，对外经贸合作不断加强。

1. 完善民营经济发展政策法治

打造一流营商环境，对进一步释放民营经济发展动能至关重要。贵州省着力建设稳定、公平、透明、可预期的营商环境，出台了一系列促进对外大

开放的政策法治措施。

（1）在营商环境大整治上，将2018年作为贵州产业大招商和营商环境整治年，出台了《贵州省2018产业大招商突破年行动方案》和《贵州省优化营商环境集中整治行动方案》，全面优化全省营商环境和推动全省产业招商取得新突破。《贵州省2018产业大招商突破年行动方案》明确，建立“省带头、市州推动、县市区落实”的产业大招商突破年行动推进机制，10位省领导分别定点指导9个市州和贵安新区开展各项工作。在优化营商环境方面，主动对接世界银行标准，对营商环境开展第三方评估，发布了2018年《贵州省民营经济发展环境指数调查报告》。

（2）在促进民营经济发展方面，贵州省出台了《关于进一步促进民营经济发展的政策措施》，明确了“降低民营企业经营成本”“缓解民营企业融资难题”“全面放开民间投资限制”“推动民营企业转型升级”“优化公平高效市场环境”“加强民营企业队伍建设”“保护民营企业合法权益”“构建亲清新型政商关系”“提升服务保障民营经济发展能力”等九方面措施，进一步释放民营企业发展动能，全力支持民营企业做大做强做优，着力为贵州民营经济发展指明前进方向、注入强大动力，推动贵州民营经济高质量健康发展。

（3）在外商投资保障机制方面，贵州省在实施外商投资准入前国民待遇的同时，还全面推行了“对负面清单之外领域实施备案制管理”的负面清单制度。投资便利化水平不断提升，利用外资方式不断创新，外商投资企业设立申请“一窗受理”制度运行良好，外商投资企业出口退税机制进一步便利化，外商投资股权投资企业试点工作不断推进，瑞树基金作为首只外商投资股权投资基金成功在贵阳综保区落地。

2. 完善对外开放体制机制设施平台

（1）构建外贸可持续发展新机制。国际贸易“单一窗口”建成，贸易便利化水平不断提高，口岸“管得住”和“通得快”成效不断提升，口岸功能进一步完善。获批建设贵州（双龙）检验检疫试验区，形成“1+2”开放口岸（包括作为主导的贵阳龙洞堡机场口岸，作为支撑的遵义新舟机场和铜仁凤凰机场临时口岸）。国际空中交通进一步便利，新开通贵阳—莫斯科、贵阳—巴黎直飞航线，形成了多条国际航线。通关便利化水平全面提高，在海关特殊监管区全部实现先入区、后报关等通关便利化政策。推动实现供港澳蔬菜等产品出口直放。推进“开发区＋外贸基地”发展模式，贸易竞争新优势培育水平提升。贵州全省建成国家级外贸基地3个、国家级出口商品质量安全示范区15个，省级外贸基地38个、省级出口商品示范区21个。推动服务贸易加快发展和外贸转型升级，获批建设跨境电子商务综合试验区（贵阳）、服务贸易创新发展试点（贵安新区）。

（2）深化与“一带一路”国家合作。贵州省着力打造我国西部地区“一带一路”重要连接线，加快推进“一带一路”建设，不断深化与“一带一路”沿线国家的合作。贵州全省共有17条高速公路出省通道；14条铁路出省通道，形成贵阳至周边省会城市及成渝、珠三角、长三角、京津冀等地区2～8小时高铁交通圈；9个市（州）通航机场实现全覆盖；乌江高等级航道实现通航，北入长江水上大通道成功打通。中欧班列（贵阳—杜伊斯堡）开通并列入国家规划，川贵广—南亚物流大通道等大型综合物流枢纽加快建设。国际陆海贸易新通道建设有序推进，成功开行了贵阳至钦州港、贵阳至防城港和钦州港至遵义测试班列。经贸合作不断加强，与160多个国家和地区建立了经贸关系；国际交流合作不断深入，国际友好城市和友好省州达到17对。成功举办数博会等重大国际活动，进一步深化了贵州与“一带一路”国家和地区的交流与合作，成立中国—东盟清镇职教中心、中国（贵州）东盟留学生服务中心等一批双边、多边合作平台。

（3）基本形成对外开放主阵地，建立“走出去”战略新体制。在对外开放主阵地建设上，“1＋8”[①] 国家级开放创新平台是贵州省改革开放的先行者、探索者和排头兵，集聚了贵州全省最为优质的要素和最为优惠的政策。

---

① “1”即贵安新区，“8”即贵州双龙航空港经济区、贵阳国家高新技术产业开发区、贵阳国家经济技术开发区、遵义国家经济技术开发区、安顺国家高新技术产业开发区、贵阳综合保税区、贵安综合保税区、遵义综合保税区。

贵州省大力推进行政职能精简化、经济发展生态化、产业聚集高端化、投资贸易便利化、营商环境国际化等工作，加快建设“1+8”国家级开放创新平台，基本形成对外开放主阵地。在促进“走出去”战略新体制建设上，贵州省加快建设境外经贸合作平台，在瑞士、肯尼亚等国家设立商务代表处，不断加强对外经贸合作。贵州加快省内优势企业“走出去”步伐，加速在“一带一路”沿线国家和地区等布局，全省“走出去”企业达到142家。

（二）进一步推进贵州大开放政策法治建议

习近平总书记在2018年11月5日首届中国国际进口博览会上的重要讲话中指出，今后中国开放的五大任务之一，就是要进一步建设开放高地。贵州内陆开放型经济试验区建设，需要继续把体制机制创新作为首要任务，把开放带动作为贵州培植后发优势、奋力后发赶超的重要动力，坚持开放引领，积极参与“一带一路”建设、长江经济带发展和国际产能合作，既“引进来”又“走出去”。

1. 着力营造良好的营商环境，进一步创新民营企业投融资体制，抓好民营企业招商引资工作

（1）不折不扣落实习近平总书记重要讲话精神和贵州省委、省政府决策部署，进一步创新工作方式、转变工作作风，以“双千工程”为抓手，以供给侧结构性改革为主线，全力促进全省民营经济高质量发展。坚决把中央和省委关于民营经济发展的政策措施落实到位，深入贯彻习近平总书记在民营企业座谈会上的讲话提出的“抓好6个方面政策举措落实”要求，认真落实国家各项减税降费政策，深入实施政策落实等“六大专项行动”，进一步推介贵州省优势资源、优惠政策、优强项目，宣传贵州营商环境整治，不断营造良好的经营环境、市场环境、法治环境、服务环境等民营经济发展环境。

（2）不断降低民营企业经营成本，着力解决民营企业融资难融资贵问题。在降低民营企业经营成本上，继续维持贵州省工商业用电价格处于全国较低水平，进一步降低民营企业用能、用地、物流运输等成本，进一步落实政府部门委托的涉企技术性中介服务费用一律由政府部门支付、省级涉企行

政事业“零收费”等政策规定。在解决民营企业融资难融资贵上，每年各专项财政资金用于支持民营企业发展的比例不低于60%，逐步提高贵州地方金融机构新增公司类贷款对民营企业贷款的比例，通过“黔微贷”“贵工贷”等融资政策产品激励对小微企业贷款，支持低利率向符合条件的民营企业（小微企业）发放贷款。

（3）营造民营企业公平参与竞争的市场环境，给民营企业发展创造充足市场空间。进一步创新民营企业投资体制，抓好民营企业招商引资工作，全面放开民间投资限制，不得在无法律法规依据情况下，对民间投资设置附加条件和准入门槛。通过政府投资补助、基金注资等政府资金优先支持引入社会资本项目的扶持方式，引导支持民间资本投资重点领域。进一步加强民营企业、民营经济政策法治的落实和执行，不断消除政策法治实施“中梗阻”，打通政策法治执行的“最后一公里”。

2. 着力建设贵州企业沿着“一带一路”方向“走出去”体制机制

（1）不断扩大对外开放，进一步推动贵州企业沿着“一带一路”方向“走出去”。切实落实《贵州省推动企业沿着“一带一路”方向“走出去”行动计划（2018～2020年）》（黔府办发〔2018〕36号）要求，在尊重市场规律的基础上，充分发挥政府宏观规划、政策引导和指导服务作用，推动企业沿着“一带一路”方向“走出去”。以对外承揽工程和制造业对外投资为重点，与“一带一路”沿线国家经贸合作取得新成果，大力帮助协调解决本地企业“走出去”所面临的困难和问题，为贵州国有、民营企业“走出去”提供便利的条件和周到的服务。

（2）推进贵州企业“走出去”规划，鼓励贵州优强优势企业到国（境）外投资。力争2019年新增1～2家“走出去”企业，推动1～2个国（境）外重大项目开工建设。支持贵州企业通过绿地投资、并购投资、联合投资等形式，在“一带一路”沿线国家、地区等投资布局一批项目，建立境外生产加工基地，设立境外研发机构、设计中心和高新技术企业，建立商贸物流工业园等。

（3）深化贵州企业“走出去”机制改革，加强企业“走出去”政务服务。持续深化对外投资合作领域“放管服”改革，将企业境外投资备案权限依法下放到各市（州）及贵安新区，严格执行对外承包工程项目备案制，减少企业跑腿和时间成本，实行网上办理、网上审批，并在3个工作日内“一站式”办结，优先办理并限时办结开展“一带一路”项目洽谈等因公出国（境）手续，不断推进人员、货物出入境和通关手续便利化、高效率。

专题研究报告

Subject Reports

B.2

贵州检察体制改革评析

宋 强 杨承志*

摘 要： 贵州检察机关在新一轮检察体制改革中，直面困难、勇于探索，以检察人员分类管理为基础，以建立健全司法责任制为重点，探索形成了“择优入额、清单授权、扁平增效、全程留痕、终身负责”五位一体模式和“大数据助力司法办案”等可借鉴、可复制、可推广的“贵州经验”，取得的成绩得到其他省份的肯定，也受到中央政法委、最高人民检察院的赞扬。但改革中存在的“分类管理不够精细化、权力清单落实不到位、职业保障不足、人财物管理效率较低”等问题也

---

* 本文是“贵州省检察体制改革绩效第三方评估报告”课题阶段性成果，西南民族地区社会治理法治建设方向博士人才培养项目成果。本文涉及数据截至2017年12月。宋强，贵州民族大学法学院教授，法学博士，博士生导师，主要研究方向为刑事诉讼法学、司法制度；杨承志，贵州省人民检察院副检察长，主要研究方向为刑事诉讼法学、司法制度。

需要高度重视，着力解决。

关键词： 贵州　检察体制　改革

2014 年 12 月，贵州省作为全国首批司法体制改革试点省份之一，率先拉开司改大幕。贵州省检察机关在中央政法委、最高人民检察院领导下，在贵州省委高度重视、全力支持下，有计划稳步推进此项工作。经过三年的实践，取得了可喜的成绩。

一　贵州检察体制改革取得的成效

（一）围绕四项改革任务，积极稳妥推进司法体制改革

1. 坚持择优入额

检察官员额制是实现检察官专业化、职业化的重要基础，是实行司法责任制的前提，目的是把最优秀的人才吸引到办案一线，以提高办案质量、效率和公信力。为实现这一目的，贵州省检察机关严格遴选标准，严守遴选程序，确保过程公正，实现遴选目的。

一是合理设计员额管理方式。科学合理设计员额分配机制。根据中央批复的贵州司法体制改革试点工作实施方案规定的 39%、46% 和 15% 三类人员总体比例，在全面分析队伍情况、业务工作现状的基础上，省检察院提出了"省级统筹、二次分配、条块结合、动态管理"的原则，即：省检察院以政法编制数的 39% 为基准，核算全省检察机关员额总数，提出各市州的检察官员额数；各市州根据省检察院下达的员额数，提出本院、所辖各基层院员额数及首次遴选预留员额数。同时，省检察院根据各市州队伍情况和业务工作情况，全省调剂使用预留员额数，力求不同地区之间检察官员额数与工作量大体平衡。

二是建立公正透明的遴选机制。自改革试点以来，按照省委的统一安排部署，在省检察官遴选委员会的领导下，各级检察院严格遵循中央确定的员额控制目标，对班子成员和检察委员会专职委员采取考核方式遴选员额制检察官，对检察委员会委员、检察员、助理检察员采取“考核 + 考试 + 答辩”方式遴选员额制检察官。从遴选结果看，整个遴选公开透明，结果客观公正，符合遴选预期，实现了人员平稳过渡，得到广大干警的普遍认同。

2. 坚持清单授权

权力清单是落实司法责任制的核心，是克服司法行政化、检察官执法主体地位不落实、办案责任机制模糊等一系列弊端的基础。贵州省检察机关克服“不敢放权”的思想，根据最高人民检察院制定下发的《关于完善人民检察院司法责任制的若干意见》，在综合考虑检察业务类别、办案组织形式、不同级别检察院职能范围等因素的基础上，按照各项职权不同性质和特点，在全国率先制定下发了省、市、县三级检察院权力清单。权力清单全面梳理了检察机关统一业务应用系统中的 1606 项权限配置，对不同级别检察院的检察官权限内容进行了划分，以正面清单的方式列举了检察长行使或委托行使的 12 个业务类别 127 项权力，其余未明确的各项审批权，采取一般性授权的方式，授权给检察官，使“检察官—检察长”成为检察权行使的载体和责任链条，实现办案主体与决策主体的统一，检察一体与检察独立较好结合，形成了权责明确、关系清晰、授权合理的权力分配体系，为落实“谁决定谁负责、谁办案谁负责”提供了法律依据。

3. 坚持扁平增效

针对领导层级和工作环节过多、职能分工重叠、司法行政化、工作效率不高等问题，贵州省检察机关根据权力清单，将大多数程序性事务决定权和案件决定权授予检察官，减少审批环节，实现了“检察长—检察官”的扁平化管理模式，真正发挥了员额制检察官依法定权限独立办案、独立承担司法责任的作用。一是打破部门界限、减少管理层级，促进检察资源优化配置。试点检察院在组织机构上，除刑事检察部、职务犯罪侦查部、综合管理部外，还设置了诉讼监督部专司诉讼监督，设置案件管理部专司案件管理，由过去的一人一科唱“独角戏”，变为现在的多部同演“大合唱”，变“单兵种”单打独斗为“多兵种”协同作战，真正实现了“1 +1 >2”的效果。在组织运行上，根据诉讼工作和诉讼监督、案件办理和案件管理的不同规律，重新设计工作流程。中层以上干部包括检察长、副检察长都亲自办案，实现了检察权的优化配置。二是健全办案组织。按照最高人民检察院《关于完善人民检察院司法责任制的若干意见》，贵州省检察机关以员额制检察官为核心，建立了检察官办案组和独任检察官两类办案组织。通过权力清单，赋予员额制检察官在布置工作任务、调度办案资源、掌握案件进程、定夺处理上的自主权，改变了以往“三级呈报审批”的行政化办案模式，充分发挥员额制检察官的主观能动性，确保检察权的高效运行。

4. 坚持全程留痕

在遵循司法规律的前提下，贵州省检察机关坚持“放权不放任、监督不代替”的原则，依托信息化，完善对检察官履职的全程监督，做到检察官履职全程留痕。一是对所有案件进行全程、实时、动态监督。改革后，全部案件实现在统一业务应用系统上运行，重要执法事项、重点执法环节都在应用系统上操作，实现了“全程留痕”，使执法规范的软约束变成信息化运行下的硬约束，实现了执法办案的全程、统一、实时、动态管理和监督。二是建立节点控制和预警纠错机制。改革后，检察机关依托统一业务应用系统，用数字技术对办案流程进行统一的规范化设计，实现了执法办案质量监控由事后监督逐步向流程、质量并重的动态监督模式转变，切实防止程序违法、案件超期等情况发生。

5. 坚持终身负责

坚持“谁承办谁负责、谁主管谁负责”的执法办案质量终身负责制，完善对检察官履职的事后监督、检查和评估，落实责任追究，强化检察官责任意识，为防止冤假错案提供了有力的制度保障，努力让人民群众在每一个司法案件中感受到公平正义。一是建立健全常态化案件质量评查机制，健全监督制约格局。根据省委“今后案件质量评查活动要常态化，对员额制法官检察官办理的案件要进行重点评查，充分发挥最大监督效能”的要求，省检察院制定下发了《贵州省检察机关案件质量评查办法（试行）》，建立了普遍评查与重点评查相结合的工作制度。同时，每季度形成员额制检察官案件质量评查报告，对评查中发现的问题，分析原因，提出处理意见和整改措施，对典型问题全省通报。通过质量评查，强化对检察官执法办案的监督管理、考核考评。

为推动案件评查常态化，落实“一案一评查”的要求，省检察院认真贯彻时任中共贵州省委书记陈敏尔“要把制度创新和科技进步作为动力，要一手抓改革，一手抓科技强检”的要求，紧紧围绕以司法责任制为核心的制度创新和以信息化为基础的科技强检，充分发力，在全国率先开发了案件质量评查系统，做到司法责任制与评查系统同部署、同建设，为司法责任制建立后检察官执法办案考评监督提供了信息化平台支持，为案件质量评查常态化奠定了坚实的技术基础。贵定县人民检察院创新司法质量评查机制，与律师事务所、高校法学院合作建立第三方司法质量独立评查机制，开展季度评查，2016 年全年及 2017 年第一季度对该院办理的 299 件案件进行了评查，占全院案件总数的 66.4%。[①] 二是搭建咨询平台，为办案决策提供参考。改革层层审批的办案模式，检察官成为相对独立的办案主体和责任主体后，建立咨询参谋平台，既是保障案件质量的重要举措，也是强化监督的重要途径。省检察院制定了检察官联席会议制度，明确 9 类重大疑难复杂案件必须经联席会议讨论研究。联席会议对重大、疑难、复杂案件“集体会诊”，为检察官提供咨询性意见，帮助检察官把好案件质量关。三是建立司法档案，充分发挥考核评价功能。为解决检察官考评资料分散，记录不全面、不及时的问题，贵州省检察机关普遍制定了员额制检察官司法档案管理办法，一人一档案，客观记录办案数量、质量、效率、效果等基本情况，特别是案件质量评查、司法规范化检查、责任追究等体现司法能力的相关内

① 陈卫东、程雷：《十八大以来四项基础性司法体制改革成效评估》，《法制日报》2017 年 7 月 9 日。

容，作为对检察官考评的依据、监督的手段和追责的基础。司法档案为评价检察官的执法业绩提供客观、全面、真实的基础材料，是检察官业绩评价和办案绩效奖金发放的基本依据，为建立检察官退出机制奠定了基础，防止了办多办少一个样、办好办坏一个样的“大锅饭”。

作为全国司法体制改革首批试点省份，三年多来，贵州检察机关紧紧牵住“责任制”这一“牛鼻子”，摸索推进各项改革措施，改革探索的良好效果正逐步显现。一是检察活力明显释放。检察机关三类人员各归其位，各尽其才。一大批法学功底好、综合素质高的中青年骨干被选入员额直接投身办案，入额院领导亲自带头办案，优质办案资源向一线集聚趋势明显，一线办案力量明显增强。特别是随着“授权”到位和薪酬兑现，检察人员的职业尊荣感和改革获得感普遍增强，干事创业的主动性和积极性明显提振，队伍整体面貌焕然一新。二是检察官责任意识明显增强。通过拧紧责任螺丝，压实主体责任，“谁办案谁负责，谁决定谁负责”的理念深入人心。自2016年11月以来，全省三级检察院绝大多数批捕案件和起诉案件由检察官独立作出处理决定，提交检察委员会审议案件数量下降。检察官的责任意识、担当精神明显增强，钻研业务的氛围空前浓厚，规范执法的自觉逐步养成，自我提升的内心驱动不断增强，实现了过去向领导汇报“你觉得该怎么办”到现在“我认为该怎么办”的转变。检察官指控犯罪更加精准，规范执法更加精密，文书起草更加精细。三是办案质量明显提高。2016年11月以来，公安机关对全省三级检察院审查逮捕案件提出复议复核的数量下降，全省涉检信访案件同比下降。通过案件质量评查，司法不规范等瑕疵问题比改革前下降，没有发生一起办案安全事故。省委政法委对第一、第二批9个试点检察院开展了案件质量评查，所查案件全部合格，省委政法委检查组对此给予了充分肯定。四是办案效率明显提升。全省三级检察院大幅减少了审批事项，事务性文书签发、风险评估等程序性事项均由检察官直接处理，缩减了内部审核程序，形成“检察官—检察长（副检察长）”的“扁平化”办案模式。自2016年11月以来，批捕案件办案时限平均缩短20.16%，起诉案件办案时限平均缩短27.05%，民事行政案件的办案时限平均缩短32%，执行案件的办案时限平均缩短 18.17%。[①] 五是诉讼监督明显强化。自 2016 年 11 月以来，监督撤案、刑事抗诉、民行抗诉同比分别上升 6.8%、3.4%、3.85%，民事诉讼再审裁判改变率达 76%，奖励举报人数量同比上升 45.61%，三大诉讼监督均衡发展。[②] 六是检察公信力明显提升。2016 年以来，全省三级检察院共对外公布法律文书、案件程序性信息 11.8 万件，通过 12309 检察服务平台提供查询、预约、咨询等服务 3800 余次，人民群众对司法公正的期待得到较好回应。省人大代表对检察工作的赞成率逐年提高，2017 年为 96.36%，为十年最高。人民群众对检察工作的满意度 2017 年为 98.28%[③]，为十年之最，人民群众从改革中实实在在地感受到公平正义。

（二）大数据助力司法办案

从诉讼规律与司法理论的层面来看，现代信息技术在司法改革中的应用植根于我国司法传统与实践现状，是对中国特色社会主义司法制度理论的重要丰富与发展，对于实现国家治理体系与治理能力的现代化具有重要价值。[④] 2017 年是贵州省检察院确定的大数据应用推进年，司法办案辅助系统、案件智能研判系统、数据分析服务系统这三大数据应用系统在全省各个检察院全部上线，并拓展延伸建设公诉出庭支持模块。贵州检察大数据已经积累了 34 万余件的案件信息，包括约 1268 万份的法律文书以及约 12 万册 920 万页的卷宗数据。

1. 大数据助推以审判为中心的诉讼制度改革

（1）2016 年 4 月，贵州省公、检、法联合下发《普通刑事犯罪证据基本要求》，明确了贵州常见、高发的六种刑事犯罪中的常见证据，强化证据

① 数据来源于贵州省人民检察院统计数据。

② 数据来源于贵州省人民检察院统计数据。

③ 数据来源于贵州省人民检察院 2016 年检察工作满意度测评统计数据。

④ 陈卫东、程雷：《十八大以来四项基础性司法体制改革成效评估》，《法制日报》2017 年 7 月 9 日。

意识。

（2）贵州省检察机关在《普通刑事犯罪证据基本要求》的基础上，结合检察工作实际逐步细化形成《证据审查指引》和《证据风险评估指引》，镶嵌进办案辅助系统，发现证据材料缺失或存在风险的，系统自动进行预警，提高了案件证据材料的审查质量和水平。

（3）在贵州省检察机关收案和送案环节制定检查校验规则，由计算机自动进行比对校验。对于不符合收案条件的案件，由系统控制退回侦查机关。对于不符合送案条件的案件，由系统控制退回补全完善后重新移送。通过计算机在收、送案关键节点进行程序控制，有效防止不符合要求的案件进入下一诉讼环节，较好解决了过去“起点错、跟着错、错到底”的难题。

2. 大数据助力提高办案质量

（1）创建犯罪构成知识图谱。通过将犯罪事实梳理细化分解为定罪要素和量刑要素等案件要素，建立起犯罪事实—案件要素—证据材料—证据要求之间的关系，客观反映犯罪事实与证据之间的法律关联关系，逐步实现快速检索、分析甄别、类案推送、质量分析、趋势发现、预警预测、评估研判、决策辅助等智能服务。

（2）创建司法办案辅助系统。将检察官的案件审查过程通过证据摘要、证据分析、证据关联、证明要素等方式全程记录留痕，在起到“阅卷笔录”作用的同时，通过建立“没有证据材料就不能认定案件要素”“证据材料之间存在矛盾的必须做出是否能够合理排除”等业务规则，由计算机程序控制，夯实检察官的司法责任。

（3）创建案件智能研判系统。通过“证据偏离度”“要素偏离度”“量刑偏离度”等数据，客观反映出案件证据材料、犯罪事实在侦查机关、检察机关、审判机关之间的采信和认定差异情况，以及个案与同类案件的差异情况，为案件分析研判提供靶标。

（4）强化司法办案出庭支持。通过大数据司法办案辅助系统出庭支持模块，在出庭准备和出庭运用中，将案件审查过程中形成的全案数据，按犯罪事实、犯罪嫌疑人等不同维度提供给公诉人，便于公诉人全面把握案件全貌；同时提供法律法规库、案例库、出庭知识库（如答辩技巧、鉴定知识）等数据快速查询检索功能和答辩提纲模板等，辅助公诉人编写答辩提纲。

3. 大数据破解案多人少矛盾

（1）司法办案辅助系统审查模块的运用。通过大数据司法办案辅助系统审查模块，对案件审查进行繁简分离，简案快办，繁案精办，实现人力资源有效调配。

（2）统一政法平台的共享。通过建立统一政法共享平台，规范交换数据标准，检察机关实现与公安机关、法院、监狱的网上案件移送。前一诉讼环节产生的数据（包括案卡信息、文书信息和电子卷宗等），可以通过数据交换自动带入下一诉讼环节的办案系统，减少干警重复数据录入工作量。

（3）证据程序性审查模块的运用。通过大数据司法办案辅助系统证据程序性审查模块，将侦查机关移送过来的案件数据，按照提前定义的业务规则，由计算机系统自动进行规则校验，如讯问时间是否早于立案时间，见证人是否多次在其他案件中出现等，对于不符合规定的证据，以及可能存在风险的证据由计算机系统自动进行预警，减轻检察官的证据程序性审核工作量。

（4）强化办案辅助工具多样化。通过智能匹配案件要素，为检察官办案精准提供阅卷笔录、类案推送、法条关联、文书辅助编写、量刑计算、智能检索，以及出庭案例库、知识库、多媒体出庭示证等司法办案辅助智能化服务，检察官在办案中按需使用，提升办案效率。

4. 大数据提升科学决策和办案活动监督管理

（1）运用大数据提升科学决策。通过抓取“核心数据”“常规数据”，对全部业务条线全部重点指标项“全景扫描”，各级检察院通过同地区对比，同时期对比，以便实时、直观地发现工作中的薄弱点和落后项；通过总体、常规、专项分析报告，自动更新和生成分析报告，实现对特定业务条线、特定办案环节、特定犯罪类别进行“深度透析”，聚焦重点问题，以便精准决策；根据罪名、犯罪嫌疑人数量、卷宗册数、讯问情况等测算案件复杂度，为深入反映检察权的运行状况，进行定量和定性数据分析，为决策提供了可靠依据。2015 年以来，连续两年对全省检察工作进行全面检视和系统分析，形成近 16 万字的《贵州省检察机关司法办案年度报告》，有针对性地提出改进检察工作的意见。目前，该系统已在全省三级检察院上线运行，涵盖 10 余个业务条线，5000 余个数据指标，形成各类专题分析报告 30 余个，产生并分析数据 1.36 亿条。

（2）运用大数据强化办案活动监督管理。2017 年 5 月全省三级检察院增加了根据业务规则由计算机自动将案件分配到办案单元等轮案功能。依托统一业务系统，全省配套上线运行了流程监控系统、案件质量评查系统和执法办案考核系统。流程监控系统对检察官办理案件的各个节点、办案程序，特别是强制措施、涉案财物处理、诉讼权利保障、办案期限等方面存在的群众反映强烈的司法不规范问题，进行实时跟踪、预警和监控，及时发现和督促纠正违法办案情形。质量评查系统对已办结案件从事实认定、证据采信、法律适用、办案程序、风险评估、文书质量、办案效果等不同维度进行客观量化评价。执法办案考核系统将检察机关案件分为 10 个条线 79 种办案类型，10 种办案强度，100 余项正向评价指标和 500 余项负向评价指标，以执法办案为基础对办案人员进行动态考核。通过案件网上办理、网上流转、网上监督、网上考评，做到检察官、检察官助理履职全程数据留痕和闭环管理。

（3）实现了案件办理“事前预警、事中监控、事后甄别”。截至目前，全省各市州及基层院 283 名检察长、副检察长组成 441 个办案单元参与计算机自动轮案；全省三级检察院一审公诉案件全部纳入流程监控，实现了执法办案监控由事后监督逐步向流程、质量并重的动态监督模式转变。

二　贵州检察体制改革存在的问题及建议

（一）检察人员分类管理方面的问题及建议

1. 检察辅助人员的细化分类管理制度不够完善

检察辅助人员包括检察官助理、书记员、专业技术人员和司法警察四类，种类较多，各类检察辅助人员之间差异性大，须对这四类检察辅助人员制定不同的细化管理办法，对这四类检察辅助人员实行精细化的不同管理模式，才有利于这四类检察辅助人员的职业发展。但在贵州省检察机关司法体制改革中，针对以上四类检察辅助人员的细化分类管理制度还不够完善。具体而言，检察官助理是协助检察官行使检察权、办理检察法律事务、向检察官负责的办案助手，相当于“候补检察官”，对于检察官助理的管理模式应类似检察官，以专业化和精英化为导向，任职条件和工资待遇应介于检察官和普通公务员之间；并在检察官与检察官助理之间建立常规化、合理化的双向流动机制，打通两者之间的进入通道，以形成检察官优进劣退机制和检察官助理晋升途径；由于书记员和司法警察的职权并未直接涉及检察权的行使、检察法律事务的办理，可探索实施向社会公开招聘雇员的聘用制；至于检察技术人员其工作专业性、技术性较强，对其可参照专业技术类公务员的管理办法进行，实施专业技术职称和等级制度，确保其待遇与专业技术职务配套衔接。在贵州省检察机关司法体制改革中，只有部分地区如贵阳市云岩区人民检察院制定了本院的《检察辅助人员和司法行政人员分类定岗方案》，专门针对四类检察辅助人员分别明确了其不同的工作职责、设置比例、任职条件，初步建立了四类检察辅助人员分类管理制度，但现有制度还比较粗疏。建议在贵州省各地检察院改革试点和探索的基础上，由省检察院出台针对四类检察辅助人员的细化科学的分类管理办法。

2. 检察官遴选机制不够完善和全面

检察官遴选机制是对具有担任检察官职务能力的司法人员进行选拔，给予被选上的人员以检察官基本身份的机制。检察官遴选是建设整个优秀检察官队伍的基础，也是检察官逐级遴选和晋升制度良好运行的前提条件。完善、健全的检察官遴选机制是保证检察官专业化、职业化、精英化的关键之一。在贵州省检察机关司法体制改革中，检察官遴选条件、遴选程序及遴选途径、遴选方式等具体制度还不够完善和全面。应提高检察官遴选条件，以通过国家统一法律职业资格考试并具有法律职业资格及取得检察官职业培训合格证作为检察官任职资格的基本和必备条件，并适当提高检察官的任职年龄、法律工作年限；规范检察官遴选程序，严格“按照报名—签诚信考试承诺书—资格审查—笔试—面试—报检察官遴选委员会审核”程序进行；拓宽检察官的遴选渠道，确保参选人员多元化，除了从检察官助理中择优遴选，还应从优秀资深的律师、具有法律职业资格的法学学者等法律职业人才中公开选拔或调任，确保检察官遴选的精英化；优化竞争性遴选机制，设计科学合理的考试和考核制度。最终提高贵州省检察官整体水平，为贵州省检察官队伍专业化、职业化、精英化发展奠定坚实的基础。

3. 对检察官之外的其他检察人员尚未实行与其职业特点相符的分级管理

贵州省检察机关司法体制改革中已对员额制检察官按照国家有关规定进行了等级划分，对员额制检察官实行了分级管理，但对于检察官之外的其他检察人员尚未实行与其职业特点相符的分级管理。《贵州省人民检察院检察体制改革实施方案》中规定，检察辅助人员中的检察官助理和书记员按综合管理类公务员管理；检察辅助人员中的专业技术人员按专业技术类公务员管理；检察辅助人员中的司法警察参照公安机关实行单独警察职务序列管理；司法行政人员按综合管理类公务员管理。但检察辅助人员中的检察官助理的地位和身份特殊，其是协助检察官行使检察权、办理实体性检察法律事务、向检察官负责的办案助手。因此，对于检察官助理的管理模式应类似于检察官；而检察辅助人员中的书记员不同于普通的公务员，其主要承担程序性检察法律事务，对其管理模式也应当与检察官助理有所区别，比如采取聘任制管理模式。

（二）检察官办案责任制方面的问题及建议

1. 检察机关办案组织构建方面还不够完善和全面

首先，贵州省检察机关司法体制改革中，部分地区检察机关办案组织中检察官助理和书记员岗位人员存在配备不足的现象。检察机关办案组织构建的要点是为检察官配备数量足、素质高的检察辅助人员，形成以检察官为核心的办案组织，检察官、检察官助理、书记员比例应达到1∶1∶1。但据贵州省部分检察院反映，实行检察官员额制后，由于检察官助理和书记员严重缺乏，办案组织中三类人员远未达到以上比例，影响了办案组织的有效建立和正常运行。员额制检察官在从事办案工作时，不得不兼顾繁重的办案辅助事务，加剧了案多人少的矛盾，影响了办案效率和质量。为此，提出如下建议：一是可立足现实，合理搭建办案组织。根据检察业务类型、案件复杂程度来配备辅助人员。现阶段办案组织不一定要单独设置、固定搭配检察辅助人员，可以采取各办案组织共用检察辅助人员的形式，以缓解检察辅助人员配置不足的问题，并提高对检察辅助人员的使用效率。二是抓好聘用制检察辅助人员的招录和管理工作，及时补充力量。最终根本性解决检察辅助人员不足这一问题。

其次，虽然贵州省各地区检察机关对本院固定性的办案组织（独任检察官和固定的检察官办案组）的设立和组成等都制定了具体细致的方案，但对于临时检察官办案组及临时组织跨部门的检察官组成专案办案组的组建程序却未做出明确的规定，这容易造成重大疑难案件成立临时检察官办案组或专案办案组的随意性，影响案件处理质量。

最后，实践中尤其是基层检察机关，一般除了反贪污贿赂部门的案件适用检察官办案组外，其他部门的案件通常适用独任检察官办案。随着检察机关反贪、反渎和预防部门转隶到监察委相关工作的完成，今后大部分案件都将适用独任检察官办案形式。然而少数检察人员素质能力还不能适应司法体制改革的新要求，司法办案理念、方式等需要进一步转变。除此以外，虽然对案件处理的独立自主权更大，但由于某些员额制检察官业务能力不足，对案件的把控能力较差，会影响办案质量。建议省检察院针对以上问题出台相关的规定或政策。

2. 检察机关业务保障部门员额制检察官办案数量核算方法和考核办法不明确

办案数量是衡量、考核员额制检察官执法业绩的一个重要标尺。相比法院，检察机关行政属性较强，既有两侦、两刑、民行等直接办理案件的业务部门，又有案件管理、法律政策研究、检委办等综合业务部门，只有各部门相互配合，才能保障案件办理规范、高效运行。部分检察院反映，由于综合业务部门员额制检察官办案数量核算方法和考核办法不明确，其从事的司法调研、案件评查等工作办案量计算没有明确标准。建议省检察院结合检察工作实际，尽快出台各业务条线办案数量核算和考核办法，确保各业务部门员额制检察官各就其位、各尽其责。

3. 部分地区检察机关检察官权力清单制度实施和落实还不到位

总体而言，贵州省检察机关司法体制改革中权力清单制度的实施和落实较好，但也有部分检察院反映，在本院权力清单制度的实施中，仍存在着“放权怕滥用”和“授权不敢用”两种不良心态。有的检察院领导干部对授权检察官心存顾虑，为确保办案质量，对员额制检察官在授权范围内决定的案件，仍然采取“审批制”；而有的检察官不愿或害怕承担责任，应当决定的案件不决定，遇有稍微重大疑难复杂的案件或有办案风险的案件，采取矛盾上交的做法，将案件决定权推卸给分管检察长或检察委员会。建议省检察院及时修订完善省、市、县三级权力清单，进一步完善司法责任制的有关规定，明确检察官权限，建立对检察官案件决定权行使情况的考核机制，监督和制止检察官不行使案件决定权的不作为行为以及滥用案件决定权的乱作为行为，更好地实现贵州省检察官权力清单制度改革的要求和目标。

（三）检察人员职业保障方面的问题及建议

1. 部分地区检察机关事业编制和聘用制检察辅助人员的工资待遇保障不到位

在贵州省检察体制改革中，由于三级检察院事业编制司法行政人员和聘用制检察辅助人员不属于司改三类人员范围，对他们如何归类、如何管理等问题未予以明确，造成地位和身份尴尬，工资待遇保障不到位的问题。

（1）事业编制人员未享受到绩效考核奖。事业编制人员大多在综合行政部门履职，因未享受到绩效考核奖金，一定程度上影响了其工作积极性和主动性。建议加以完善。

（2）聘用制检察辅助人员包括聘任制书记员的工资得不到保障。改革前，聘用制检察辅助人员包括聘任制书记员工资待遇是由基层检察院通过协调地方政府进行落实，但标准不一，县级经费上划市财政统管后，按规定此部分人员经费一并上划，但部分县没有严格执行，导致经费上划后其待遇难以落实，一些基层检察院连续几月难以兑现聘用人员工资。

建议省级层面制定事业编制司法行政人员和聘用制检察辅助人员相关配套管理制度，出台事业编制人员相关绩效考核激励措施，解决聘用制检察辅助人员包括聘任制书记员的工资待遇保障问题。还可借鉴其他省份在改革中的创新性措施，如某省检察机关规定聘用制检察辅助人员的薪酬由基本工资、绩效工资、岗位津贴和工龄工资构成，基本工资不得低于当地最低工资收入标准的 1.2 倍，绩效工资则由各检察机关根据岗位目标考核完成情况而定；医疗、养老、制服、休假等职业保障与正式干警一视同仁。某省财政厅还在财政经费中增设了“人员分类管理制度改革专项经费”项目，专门用于聘用制辅助人员的职业保障。

2. 检察人员履职保障制度不够全面和具体

首先，关于身份保障制度。由于检察官身份非终身制，检察官一旦退休，其在职期间所享有的检察官职务和等级也就此终结。

建议建立细化的检察官身份保障制度，健全检察官等级制度，明确检察官等级终身保留制，以保障检察官身份和职级的稳定。

其次，关于安全保障制度。随着近年来刑事案件数量激增，案情复杂程度加大，检察官的执法环境也越发严峻，检察人员所承受的职业压力和职业风险越来越大，检察人员的人身安全保障问题不容忽视，亟待完善。

建议将检察官法中关于检察官享受保险待遇的规定落到实处，除对检察官实行医疗、工伤等社会保险制度外，还应当实行检察官职业安全保险或团体人身意外伤害保险制度，保障检察官的执业安全。如可以探索引入商业保险来加强检察官人身安全保障。此外，各级检察机关还应进一步采取有效措施，预防和制止一切针对检察人员的打击、报复行为，依法维护其合法权益。如可建立各级检察院保护检察人员依法履职情况报告制度，促使各级检察机关更加重视相关工作。

3. 尚未完全建立符合检察工作特点的退休保障制度

当前，我国检察人员的退休年龄与其他行政机关工作人员一样，男性 60 岁退休，女性 55 岁退休，并没有考虑到要根据检察工作的特点和检察机关的实际需要做出变通性的调整，使检察机关办案人员尤其是资深优秀检察官严重不足的问题更加突出。

建议贵州省检察机关司法体制改革可积极探索检察人员尤其是检察官的退休留用或退休返聘等替代性延迟退休制度，让经验丰富、业绩突出、身体健康的一线检察官延迟退休时间3～5年。延迟退休须经本人申请、组织同意，延迟退休的检察官不占检察官员额，延迟退休期间继续享受检察官待遇。

（四）省以下地方检察机关人财物统一管理方面的问题及建议

1. 市（州）、县（市、区、特区）两级检察机关编制使用效率较低

按照《贵州省检察体制改革实施方案》的规定，全省检察机关机构、人员编制由省编委办统一管理，市（州）、县（市、区、特区）编制部门不再承担检察机关编制管理职责。市（州）、县（市、区、特区）两级检察机关机构及人员编制交省级统一管理后，市（州）、县（市、区、特区）两级检察机关日常业务（如人员变动列编手续、工资发放审核）仍委托市、县编办办理，用编计划统一交由省编办审批。但在实际操作中，据贵州省某州检察院反映，市（州）、县（市、区、特区）两级检察院按照省编办审批后的用编计划用编时，仍需经市（州）一级编办部门在编委会上审议通过后才能使用编制，如此大大降低编制使用效率和工作效率，影响市（州）、县（市、区、特区）两级检察机关工作的正常开展和进行。建议省检察院与省编办进行纠正，统一下文对以上问题予以解决。

2. 编制省级统管后市、县两级检察机关人员编制管理欠缺必要的灵活性

省以下检察机关人员编制实行省级统一管理是贵州省检察机关司法体制改革的重要内容，目前，全省省以下检察机关人员编制收归省检察院统一管理调配工作已基本完成，这项举措对于省以下检察机关去地方化、消除地方保护主义和地方行政干预具有重大意义，但同时也使市、县两级检察机关人员编制管理欠缺必要的灵活性。市、县两级检察机关不能根据自身具体或特殊情况调配人员，给市、县两级检察机关人员招录、对外遴选、人才引进等

工作带来很大限制，不利于市、县两级检察队伍梯队化和专业化建设。

建议省检察院与省编办根据市、县两级检察院工作实际，针对市、县两级检察机关人员编制灵活性不足的问题，制定更加符合省以下检察机关实际、更具灵活性和自主性的人员招录、调配等编制管理配套制度。

3. 部分市（州）检察机关经费得不到有力保障

建立省以下检察机关经费省级统管机制是贵州省检察机关司法体制改革的重要内容。《贵州省检察体制改革实施方案》中规定，经市、县检察机关和同级财政共同审核，按本级财政保障水平，由市、县两级财政将市、县检察机关经费上划至省级财政，市、县检察机关各项经费由省级财政统一保障。其中，公用经费、办案经费的保障水平不低于现有水平。根据中央司法体制改革目标，考虑到贵州省经济发展不平衡、不同地方司法保障水平差别大等因素，从贵州省实际出发，省以下检察机关经费目前实行先由市（州）级统管，待条件成熟后再收归省级统管的体制。在经费市（州）级统管的背景下，贵州省少数地区检察机关经费还得不到有力保障。如有的地方，对检察机关经费保障标准大幅度提高认识不到位，影响检察机关经费落实进度。有的地方由于地方财政困难的客观原因，加之改革后相关经费支出前置审查主体未能及时调整和确定，也影响了检察机关经费保障的落实；有的地方公用经费保障标准偏低，还不能充分满足检察业务的正常开展需要。建议省检察院出台统一和有力的措施保障省以下检察机关的各项经费。

B.3
司法改革背景下强制执行的困境与出路
——以贵州法院“基本解决执行难”为视角

陈永兴　杨方程　薛雁升*

摘　要： 党的十八届四中全会对司法执行权改革提出了新要求。2016年3月，周强院长在全国人大工作会议上庄严承诺：“争取用两到三年时间基本解决执行难”，赋予了新时代司法改革背景下解决执行难的时代内涵。执行不能不等同于执行难。本文紧密围绕什么是执行难、基本解决执行难的内涵是什么、形成执行难的原因有哪些进行展开，落脚到如何解决执行难这一重点，提出解决执行难的对策措施。概括来讲，解决执行难，既要解决影响执行难的体制、机制问题，也要依托现代信息技术，形成解决执行难的合力，最终实现基本解决执行难的目标。

关键词： 司法改革　强制执行　困境　出路

一　现状概览：强制执行问题之实证考察

（一）贵州法院近三年执行工作之现状

自2015年以来，贵州法院案件呈现逐年攀升态势。2015年，审理各类

* 陈永兴，贵州省高级人民法院执行局局长；杨方程，贵州省高级人民法院三级高级法官；薛雁升，贵州财经大学副教授。

案件350113件，2016年审理各类案件430964件，2017年审理各类案件505721件，分别上升31.48%、23.09%和17.35%。单独就执行案件来看，在案件大幅上升的态势下，执行案件也呈上升势头。2015年，受理各类执行案件69760件，执结61100件，执结率为87.59%。2016年，受理各类执行案件95764件，执结88815件，执结率为92.74%，同比分别上升37.28%、45.36%和5.16个百分点。2017年，受理各类执行案件128469件，执结111816件，同比分别上升34.15%和25.9%；执结率为87.04%，同比下降5.71个百分点。

自2016年3月最高人民法院周强院长在十二届全国人大四次会议上的报告中提出“用两到三年时间基本解决执行难”问题以来，截至2018年3月全省法院共受理执行案件288995件，办结217036件，实际执行到位金额310亿余元。根据最高人民法院办公厅印发的《2017年全国法院审判执行工作情况通报》及执行指挥中心《全国法院考核指标情况（2017年度）》，贵州省法院数项核心指标全国排名相对靠前：全国法院执行案件实际执结率均值为42.48%，贵州为57.97%，排全国第5位；执行完毕率均值为30.59%，贵州为40.68%，排全国第6位；终本率均值39.11%，贵州为27.11%，排全国第7位；执行到位率均值14.43%，贵州为18.43%，排全国第11位。全省法院“基本解决执行难”工作取得阶段性重大进展。

执行案件（包括刑事、民事、行政、行政非诉、仲裁、公正债权文书、司法协助以及其他）中，民事执行案件占比最高（见表1）。

表1　2015～2017年执行案件收结案情况统计

年度	新收(件)	民事执行案件新收(件)	民事执行案件占比(%)
2015	65366	54061	82.71
2016	87104	71851	82.49
2017	121520	96012	79.01

民事执行案件中，婚姻家庭、合同、权属及侵权类案件占民事执行案件很大比例，而其他民事执行类案件占比较小（见表2）。

表 2　2015～2017 年民事执行案件类型统计

年度	婚姻家庭类		合同类		权属、侵权类		民事其他	
	新收（件）	审结（件）	新收（件）	审结（件）	新收（件）	审结（件）	新收（件）	审结（件）
2015	3635	3449	37365	34275	8607	8153	4454	4194
2016	3905	4069	51400	52645	8476	8979	8070	7892
2017	4429	4309	66954	60362	8910	8489	15719	13644

从民事执行案件的方式来看，共有不予执行、执行完毕（含自动履行、和解和强制执行）、终结以及其他等几种方式（见表 3）。

表 3　2015～2017 年民事执行案件结案方式统计

年度	结案总数(件)	不予执行(件)	执行完毕(件)	终结(件)	其他(件)
2015	50071	156	27762	21826	327
2016	73585	40	35816	37392	337
2017	86804	32	40193	42646	933

2015～2017 年，从上述执行案件统计表来看，近 3 年强制执行案件总体呈现以下特征。

一是总体上来看，执行案件收案多于结案。

二是从执结情况看，强制执行与其他执行方式相比，其所占比重较大、排名靠前。

三是从案件性质来看，强制执行所涉及的民事案件最多，司法协助案件最少。

四是从强制执行的案件执行对象上看，合同案件最为突出。

五是强制执行案件的增长率与和解、自动履行案件的增长率成反比。

六是强制执行案件的增长率与终结、其他类案件的增长率成正比。

（二）贵州法院“基本解决执行难”的具体举措

（1）依靠党委领导、人大监督，推动形成基本解决执行难工作格局。

一是省委出台文件，明确综合治理执行难问题。2016 年 9 月中办、国办印发关于惩戒失信被执行人的“中办发〔2016〕64 号”文件，根据文件精神并结合实际，2017 年 6 月省委办、省政府办印发了《关于加快推进失信被执行人信用监督、警示和惩戒机制建设的实施意见》，省委政法委印发了《关于建立省执行工作联席会议制度的通知》，成立了由省委政法委牵头，省委组织部、省发改委等 47 个部门参加的执行工作联席会议。二是省委召开基本解决执行难工作推进会，全力支持法院攻克执行难。2018 年 8 月 24 日，省委召开全省基本解决执行难工作推进会，时任副省长陈鸣明主持会议，省委副书记、时任省委政法委书记谌贻琴作重要讲话，省人大、省政协领导及 47 个省执行工作联席会议成员单位领导、全省各级法院院长等参会。谌贻琴指出，要提高政治站位，深刻认识基本解决执行难的重要性紧迫艰巨性，要掌握难在什么地方、为什么难、怎样解决执行难，要着力构建解决执行难的责任体系，形成综合治理工作格局，打赢基本解决执行难这场硬仗。2017 年 8 月 28 日，最高法院周强院长对贵州省委召开推进会作出批示：“贵州省的做法、成效及经验值得认真总结，在全国予以推广”。三是各级党委、人大、政府及相关部门关心支持，有力推动基本解决执行难工作的开展。遵义、毕节等地党委听取法院执行工作情况汇报、主持召开攻克执行难会议并出台专门文件；省人大常委会 2017 年 11 月听取并审议省法院执行工作情况报告，多地市、县人大常委会也听取审议当地法院执行工作情况报告；各级政府及相关部门协助配合法院执行，基本解决执行难工作格局已初步形成。

（2）推进执行信息化建设，为破解执行难提供信息技术支撑。一是上线运行执行案件流程信息系统，规范案件质效管理。从 2016 年 9 月起，八类执行案件一律在系统上运行，案件主要流程节点全程留痕，上级法院通过该系统实现了对下级法院案件整体质效及个案办理情况的监督。二是推进网络执行查控系统建设，实现对被执行人财产“一网打尽”。全省法院在充分运用最高人民法院“总对总”网络执行查控系统的同时，加快推进贵州“点对点”网络查控系统建设。除“总对总”系统已与国家工商总局、人民银行等 13 家单位及 3400 多家商业银行开通网络查控功能外，贵州“点对点”系统已开通与省内140家地方银行网络查控功能和贵阳市不动产查询专线；与省公安、国土、工商、人社、民政等部门签署了合作意见，正在加快信息共享平台建设。三是2014年10月省法院印发《网络司法拍卖（变卖）工作管理暂行规定》，在全国法院较早实行网络拍卖为常态、传统拍卖为例外的被执行人财产处置变现模式。通过网络拍卖，扩大了财产处置受众面，杜绝了人为干预因素，提高了溢价率，网拍投诉率为零。四是推行执行款一案一账号系统，实现对案款精准监管。省法院以统一部署、统一平台、统一使用的方式，于2017年6月在全省法院上线一案一账号系统，截至2018年3月，该系统到账总金额78.1亿余元。以“三统一”方式部署一案一账号系统，在全国法院尚属首家，得到最高人民法院的肯定。五是研发智慧执行管理指挥平台，为执行工作的统一管理和指挥提供有效服务。该平台在省法院指导下研发，由遵义市两级法院试点，其成效得到最高法院肯定。2018年3月，最高法院在全国法院推广应用该平台。

（3）突出执行工作强制性，依法加大对失信被执行人强制措施的适用力度。一是依法对失信被执行人处以罚款，让其付出应有代价。2016年至2018年3月，全省法院共对508名失信被执行人处以罚款。二是依法对失信被执行人采取拘留措施，形成强大的司法震慑。2016年至2018年3月，全省法院共对8750名失信被执行人进行了司法拘留。三是依法适用刑事法律，对触犯刑律的“老赖”予以惩处。2016年至2018年3月，全省法院共对31名失信被执行人以拒不执行法院判决裁定罪判处刑罚。据不完全统计，采取罚款、拘留措施后，分别有近50%、40%的失信被执行人部分或全额履行了法定义务；涉嫌拒不执行判决裁定罪被刑事拘留后，嫌疑人大多自行履行或请家属代为履行了偿债义务或达成执行和解协议。

（4）对失信被执行人实行联合信用惩戒，使其“一处失信、处处受限”。一是依法将失信被执行人纳入“黑名单”，使其信用受制。坚持应纳尽纳的原则，及时将失信被执行人纳入全国法院失信被执行人名单库。2016年至2018年3月，全省法院共将83198名失信被执行人纳入“黑名单”。据统计纳入“黑名单”后，有10%左右的失信被执行人部分或全部履行了义务。二是公布失信被执行人不履行义务信息，降低其社会信誉。根据民事诉讼法等规定，各级法院在新闻媒体、城镇户外电子显示屏或宣传栏，以及失信被执行人办公、住址附近公布其失信信息，对其形成心理压力，主动履行了义务。三是探索运用“数据铁笼”，对失信被执行人进行联合惩戒。根据中办、国办《意见》及贵州《实施意见》明确的100多项惩戒措施，在省法院的支持下，贵阳市委市政府在推进诚信体系建设中，以加大对失信被执行人联合信用惩戒为切入点，研发了具有“六个自动”功能的失信被执行人联合惩戒云平台。云平台自2018年9月上线以来，已与贵阳市36个党政部门工作系统联网，完成失信被执行人信息自动比对297634次，自动拦截492人次的业务办理。2017年10月25日最高人民法院作出《关于同意将贵州省贵阳市中级人民法院作为全国提请当地党委政府建立失信被执行人联合信用惩戒机制试点单位的批复》，贵阳市成为全国首个联合惩戒失信被执行人的试点城市。通过联合信用惩戒，促进了社会诚信体系建设。

（5）自加压力，力争提前实现“基本解决执行难”主要目标。2016年10月省法院党组提出，力争提前实现基本解决执行难主要目标。一是出台相关举措，强力推进基本解决执行难工作开展。在全省法院部署实施“四三二一”工作，清理积案18418件、执行到位12.58亿元；印发《关于全省法院力争两年时间“基本解决执行难”的三十三条措施》，从被执行人财产查控、执行管理等十三个方面，提出明确要求；为贯彻落实省委基本解决执行难推进会精神，2017年9月起，开展了“大战一百天”执行攻坚活动。二是根据最高人民法院委托中国社会科学院制定发布的《人民法院“基本解决执行难”第三方评估指标体系》，省法院与省社科院合作制定了《贵州省法院系统“‘基本解决执行难’第三方评估指标体系”细化考核指标》，有效地指导了全省法院有针对性地攻克执行难，属全国法院首家开展此项工作，受到最高人民法院肯定。三是签订责任状压实责任，分批推进力争提前基本解决执行难工作。2017年省法院分三批与全省98家中、基层法院院长签订了责任状，并对第一批20个法院基本解决执行难工作进行预评估，成效良好。

二 原因剖析：执行难成因之分析

执行难作为“顽疾”长期存在，因为执行问题涉及各个层面，既有法律制度层面的原因，也有法院内部原因，还有社会外部因素。

（一）立法层面的原因

一是法律规定不完善。现阶段，我国法律关于执行程序的规定只在《民事诉讼法》执行程序编的第224条至258条有所涉及，从条文来看，仅有34条涉及执行程序的规定。除《民事诉讼法》外，虽然还出台了一些执行相关的司法解释和指导性文件，但是涉及的方面也比较狭窄，完全不能满足司法实践的需求，单独的强制执行立法尚未出台。

二是强制执行强制措施不完善。对于被执行人来说，由于没有系统完善的强制执行操作体系，使被执行人有法律漏洞可寻，我国针对被执行人的强制执行措施主要是罚款和拘留，在被执行人本就没有可供执行财产的情况下，实行罚款形同虚设。司法实践中，主要采取的强制措施就是拘留。可见，我国执行的强制措施类型单一且强制力弱，造成通常所称的“老赖”违法成本较低，更有甚者向执行人员口出狂言，“拘留15天还不是要把我放了”。虽然在我国刑法中对拒不执行法院判决、裁定的行为规定了相应的罪名，但现实中该罪名的运用并不常用。有些情况下我们需要严酷的刑罚去剥夺行为不合法的人的自由乃至生命，但正是因为刑法的严酷，对人的惩罚也是不可逆的，所以刑法惩罚的行为都是有严重社会危害性的行为，适用刑法要更严谨、更规范的同时也不可滥用刑法。① 刑法所规定的拒不执行法院判决、裁定罪的客观要件是，当事人“有能力执行而拒不执行”法院的判决和裁定。但在司法实践中，如何认定“有能力执行而拒不执行”争议颇多，法官的定罪标准不同作出的判决也不相同，同时在强制执行工作中，对

① 季卫东：《重新定位执行权》，《中国法律评论》2017年第3期。

被执行人定罪无疑又增加了执行工作的任务量，使本就时间较长的执行流程更加复杂，司法实践中也很少有当事人因拒不执行法院的判决和裁定而被判刑。所以，由于强制执行法律的严重滞后和不完善，执行工作无法顺利有序进行，“老赖”在我们的日常生活中也就屡见不鲜。

三是债权人参与执行的法律途径封闭。对于申请执行人来说，其权利的实现只能依据《民事诉讼法》《最高人民法院关于民事执行中财产调查若干问题的规定》中相关规定来实现自己的债权。而《民事诉讼法》关于强制执行的相关规定对于申请执行人而言，执行标的的实际执行大多只能消极被动地依赖于执行人员，申请执行人享有的是申请的权利，最终的执行需要依靠法院才得以实现。这就导致了在执行时，申请执行人只能不断地向法院寻求救济，且只能单纯依靠债权是否实现来判断执行效果好坏，在其权益不能实现时，会将其不能的原因归咎于法院，导致司法的权威与公信力降低，严重的还会激化社会矛盾。

四是财产申报制度不完善。虽然我国法律规定了被执行人财产申报制度，但是规定的内容较为粗放，这与现实中自然人的财产和法人的资产状况复杂多样的现状不相适应。并且财产申报制度刚性不强，在被执行人不自动履行时，被执行人也不会主动按时报告财产状况。

五是法律对协助执行人协助义务的规定不明确。当今社会，财产类型的多样化，管理部门的多元性，导致执行工作需要相关部门的协助配合，如包括银行等金融机构、电信、证券、国土、工商、公安、建设等相关行业。由于法律没有对其协助义务做出具体明确规定，许多企业和单位存在部门保护主义，为了自身的利益而不给予积极配合协助，在执法人员查询当事人财产情况时，消极对待，甚至推三阻四，给执行工作增添了很大难度。

（二）司法层面的因素

一是法院地位欠缺独立性。在我国司法体制中，现行法院的财政和人事均受制于地方，地方政府对法律工作存在较大影响，行政权干涉司法权的行为也时有发生，究其原因来讲，是由于法院的审判权和执行权独立性缺位造成的。由于一定程度上受制于当地政府，造成在执行过程中，一些地方政府出于发展经济考虑，会对法院执行工作进行干预或消极配合，如在执行一些大要案如高达上亿元的企业中，因企业对本地经济发展税收贡献大，若一旦执行会影响企业发展，甚至影响地方政府 GDP，使地方政府不配合执行工作，甚至要求法院不予以执行等。

二是执行力量配置不到位。就执行案件数量来讲，每年都是上升趋势，有的地方甚至翻番，但司法实践中，大多数法院执行力量都在 15% 以下，有的甚至在 8% 以下。且在司法改革中，对执行部门配备的员额法官却更少，而把一些没有入额的原有法官却分流到执行部门。这造成执行部门员额法官数量少，同时总人数中没能入额的人却占较大比重，形成总体上执行力量配备不足，同时从质量上来看，配备人力资源素质亦有待提高。

三是执行检察监督缺位。根据法律规定，人民检察院履行执行监察的职能，法律的这一规定非常笼统，过于形式化，可操作性不强，仅规定了检察建议和不支持监督两种情形，造成现实中执行检察监督流于形式，应该说在我国仍处于探索阶段。执行监督检察程序如何启动，在不同的法院存在着不同的做法，形成各吹各的号，各唱各的调，导致执行监督程序很大程度上流于形式，其职能作用没有真正有效发挥。

（三）社会层面的原因

一是社会信用制度不完善。造成执行难的原因，除了法律和司法体制的原因外，同时还有一个重要原因就是社会信用体系不健全。社会信用是市场经济条件下个人、企业、社会组织的一个重要评价指标。在市场经济条件下，作为法律主体，不论是自然人还是法人，都涉及其信用的问题。对于自然人来说，如果其信用较差，那其在社会、经济交往中，直接会影响到与其他人的交往。而对于法人来说更是如此。市场经济条件下，信用就是交易的基础，一个信用不良的社会主体根本无法存在和发展。应该说，市场经济就是信用经济。但我国市场经济起步晚，对社会交往主体的信用评价体系没有根本建立。导致被执行人即使不履行法律文书确定的义务，对其社会信用的影响并不大。①

为将失信被执行人不履行法律文书义务的行为与其社会信用相连，最高人民法院在2017年出台了公布失信被执行人名单制度，形成“一处失信，处处受限”的良好社会诚信体系。该体系的建立有助于有效化解执行难题。

二是信息共享机制的不畅。现代信息社会，应该是信息共享。但由于我国各部门、各单位之间信息系统是孤岛，同时还存在信息壁垒，形成的信息不能共享共用。例如，近年来，金融、房地产、工商、公安等部门都分别建立了信息系统，但相互之间的信息系统不能资源共享，各自系统相互孤立，形不成信息共享机制，现代信息技术对执行工作未能充分发挥技术优势。各机构部门之间信息不通畅不共享，一定程度上给被执行人隐匿逃避财产带来了可乘之机。也造成执行人员在查询被执行人财产时，需要协助义务人支持配合，降低了执行效率，也增加了执行难度。

三是诚信意识不足。我国作为一个儒家传统社会，诚信系社会的一个传统。但近年来，随着经济快速发展，一方面为我们带来经济发展便利，提升了生活水平，但诚信意识却随着经济发展呈现下降趋势，产生了潜在的诚信危机。逐利成为现在普遍的社会现象，似乎“诚信”离我们越来越远。在执行环节亦是如此，被执行人为了逃避法律义务，更是与执行法官捉起了迷藏，千方百计转移财产、假离婚，甚至不惜成为“老赖”。这些现象说明，诚信缺失成为影响执行的因素。

三　对策建议：强制执行的困境与出路

执行难的存在是一个长期的社会现象，造成执行难的原因亦是多方面的。要解决执行难，亦需要全方位、系统地予以综合考虑，既要从立法、制度上进行顶层设计，亦要在具体执行措施方面下功夫，形成整体合力，使执

① 黄澍：《浅析民事执行难问题及解决对策》，《法制与社会》2011年第4期。

行制度、机制更完善合理，执行措施更有力，真正让执行难不再难，使“基本解决执行难这场硬仗”得以如期打赢。①

（一）树立全新的执行理念

要切实解决执行难，必须破除原有执行理念，站在全局高度，树立全新执行新理念，即依法治理、综合治理、系统治理、源头治理、专项治理相结合的新理念。

一是依法治理。依法治理就是指执行工作必须严格按照法律规定执行，要用法治为执行工作提供有力的法治保障。法治思维是执行工作的引领，执行工作必须在法律的框架下开展，要将执行权关进制度的“笼子”，切实做到有法可依。

二是综合治理。综合治理指对解决执行难要从全局出发，树立全局思维，综合运用政治、经济、法律、文化、道德等手段予以综合施策，形成综合合力。要通过强化内部运行机制建设，加强联合惩戒、诚信社会建设等多种手段，形成执行工作内外合力，从根本上、源头上解决执行难。具体来讲，要在党委坚强领导下，形成解决执行难的大格局，尽快完成惩戒系统的网络对接，实现自动比对、自动拦截、自动惩戒等功能，真正形成“一处失信，处处受限”的大格局。要加快推进社会诚信体系建设，健全完善配套机制，建立褒奖诚信、惩处失信的社会诚信体系。

三是系统治理。系统治理指解决执行难要有系统思维，形成在党委领导、法院主导下，鼓励支持社会各方积极参与，形成各方参与的大格局。要着眼长远，谋划彻底解决执行难的治本之策。要不断打牢切实解决执行难的治本基础。对近年来破解执行难的一系列行之有效的执行措施要及时加以总结，并予以推广。

四是源头治理。源头治理是指从源头上对执行难问题予以梳理，注重治本，做到从源头上治理执行难问题。建立源头治理机制，需要推动诚信守法

① 江必新：《如何打赢基本解决执行难这场硬仗》，《人民论坛》2017 年第 1 期。

环境。努力提高法律素养，形成自觉遵守法律、服从法律、信仰法律的意识，使诚信者步步顺畅，失信者步步难行，形成良好的诚信守法环境。[①] 要积极健全市场风险防范机制。市场机制条件下，市场主体的行为都存在一定程度的市场风险。要加强各类市场主体的风险防范意识，完善各类风险防范机制，引领市场主体不断增强市场风险防范意识，为执行难解决奠定基础。同时，要推动社会诚信体系建设，促进行为人自觉守信，同时，加大对失信的惩罚力度。要积极推动完善社会保险制度，通过保险机制分担风险、分担损失的功能，从源头上缓解执行难。在司法环节，要把立、审、执有机衔接起来，作为一盘棋予以统筹，在源头做好保全，为执行环节予以考虑。

五是专项治理。专项治理是指针对影响和制约执行的突出问题，要下猛药、出重拳，有针对性地采取专项措施进行集中治理。针对当前执行行为不规范、乱执行、抗拒执行较为突出的问题，专门开展反抗拒执行专项行动、反规避执行专项行动、反消极执行专项行动等。通过开展一系列专项行动，把当前影响执行的突出问题予以集中整治，竭力改变当前执行难的困难局面。

（二）进一步强化执行措施，切实解决执行工作中“怕”“懒”“乱”

一是增强主动性，强化执行工作强制性。案件进入执行程序后，执行人员要及时根据案情情况，第一时间依职权主动采取各项执行措施，积极开展调查、控制、处置等措施，使被执行人的财产第一时间受到控制，为保障执行工作顺利进行奠定坚实基础。据此，必须杜绝各种消极执行现象，对消极执行的，必须予以严惩，让消极执行没有市场。

二是增强执行工作透明度，提升执行规范化水平。增强执行工作透明度是现代执行工作的应有之义。特别是在现代信息技术条件下，通过信息手段

① 李科荣：《我国民事执行难的原因及对策研究》，《边疆经济与文化》2014 年第 3 期。

增加执行工作透明度亦是切实可行的。要加强执行信息公开平台建设，让执行申请人对执行工作看得见、能监督，也能赢得执行申请人对执行工作的理解。

三是依托信息化系统，增强执行智慧化。在信息化“互联网+”时代，执行工作必须运用信息化、依托信息化，促进推动攻克执行难。要把执行信息化的运用，作为攻克执行难的利器和牛鼻子。要完善执行大数据，对被执行人信息进行全景勾画，全方位掌握被执行人社会关系、出差住宿、高消费等情况，对被执行人履行能力进行全方位评估。同时建立与银行、公安、国土、房管等部门互联互通、资源共享的执行网络查控系统，以信息化的手段查控被执行人及其财产。辅助追查被执行人财产线索，监测失信被执行人动态。建立协调统一、快速反应的执行远程指挥系统，增强快速反应能力，接受上级法院指令，指挥协调本辖区内法院重大、紧急执行案件。充分发挥执行案件管理系统的作用，以信息化手段对执行案件进行监督和管理。

（三）改革完善执行运行机制，增强法院内部协调配合

一是健全完善立审执运行机制。执行环节虽然是整个案件中的最后一个环节，但执行工作能否顺利执行完毕，与案件前期的立案、审理环节亦紧密相连，若立案、审理环节不考虑裁判后的执行环节，可能会造成执行难问题。据此，立案阶段应加强诉讼指导、风险告知等法律释明工作，让当事人对诉讼风险有明确认知。同时，立案环节当事人申请诉前保全的，应依法及时采取措施开展财产保全工作，为后面环节执行打下基础。同样，审理环节亦如此，一方面应加强裁判文书说明，引导当事人自动履行法律义务，另一方面对当事人申请诉讼保全的，应及时采取保全措施开展工作。

二是强化监督管理，确保上下畅通。执行工作管理体制，要严格按照最高法院关于“统一管理、统一协调、统一指挥”的“三统一”管理模式，强化上级法院对下级法院的管理、指挥功能。上级法院要积极加强组织领导，对重大执行案件统一调度，统一指挥，下级法院要服务于上级法

院的调度指挥，强化政令畅通，令行禁止，确保上级法院的调度、指挥落到实处。

三是加大宣传力度，形成执行良好生态。执行工作需要赢得当事人、社会的理解支持，据此，法院执行工作要及时通过召开新闻发布会、专题报道等方式，将重大执行活动、典型执行案例等及时向社会通报，使社会公众了解执行工作，支持执行工作，形成全社会关注执行、支持执行的良好局面。

（四）大力推进执行机制改革，畅通执行运行机制

一是积极探索执行分权集约机制。执行权不同于审判权，有其特殊性。要形成执行合力，有时需要将执行权予以集中，如上级法院将几个下级法院执行力量予以整合，形成整体合力，增强执行力量。就同一法院内部来讲，执行裁决权与实施权应进行分离，但这两个权力应由同一分管领导分管，便于统筹协调。

二是合理配置执行资源。执行资源配置一定要从解决执行难这一大局出发，人、财、物要向执行部门倾斜，特别是在司法改革背景下，执行部门一定要配备适当的员额法官，同时，亦不能把那些未能进入员额的原有法官转到执行部门，一定要把符合执行工作的人调配到执行部门。同时，要强化执行信息化建设，通过现代信息技术手段为执行工作提供技术支援，变柜台执行、人工执行为鼠标执行、智能执行。

三是积极探索执转破机制。在被执行人财产不足以清偿全部债务的，要按照最高法院关于执转破的规定，及时将案件移交破产程序处理，这有利于化解执行客观不能的执行积案。

（五）紧紧依靠党委领导，建立解决执行难长效机制

一是建立打击拒不履行判决、裁定等犯罪行为协作机制。人民法院应与人民检察院和公安机关加强协作，对拒不履行人民法院生效法律文书确定的义务，构成犯罪的，应严格按照有关规定，依法追究刑事责任，形成共同打击拒不执行判决、裁定的合力，让以身试法的被执行人受到法律惩处，充分

发挥刑事法律的威慑力。①

二是充分发挥执行联动机制作用。执行工作要形成合力，要把中央纪律检查委员会等19个部门出台的《关于建立和完善执行联动机制若干问题的意见》落到实处，相关执行协助部门应积极协助人民法院开展执行工作，共同破解执行难。执行协助部门不应对生效法律文书和协助执行通知书等进行实体审查，如果有异议的，可以向人民法院建议，在人民法院未做出停止执行前，不得拒绝采取相应措施，更不得以各种借口干预、阻碍执行。

三是充分发挥失信惩戒威慑作用。对失信被执行人名单应依托法院失信被执行人信息公布与查询平台向社会公布，相关执行协助部门应建立信息共享平台，通过平台自动识别、自动拦截、自动关联失信被执行人信息，让失信被执行人寸步难行。②

结　语

执行难的彻底有效解决是一个长期过程也是一项系统工程，需要从法律制度的立法层面，法院内部运行机制、现代科技手段智慧执行的建设和运用，以及诚信社会体系建设，外部相关协助执行单位的协调配合等方面入手，形成解决执行难的合力。

① 江必新：《真抓实干确保基本解决执行难关键之年取得卓越成效》，《法律适用》2017年第9期。

② 江必新：《论国家治理现代化背景下执行难之破解》，《中国应用法学》2017年第2期。

B.4

贵州打造国家生态文明法治建设示范区实践研究

潘善斌*

摘　要： 打造国家生态文明法治建设示范区，开展生态文明法治建设创新试验，是《国家生态文明试验区（贵州）实施方案》中确立的战略定位和重点任务。自2017年10月《方案》批准实施以来，贵州坚持以习近平生态文明思想为指引，牢牢守好发展和生态两条底线，大胆创新、勇于实践，不断深化和拓展试验区建设，在生态文明立法、执法、司法、守法等领域不断创新实验，取得了一系列的丰硕成果，创造了多项全国第一，形成可借鉴、可推广的贵州经验和贵州模式，为生态文明建设的“中国方案”提供了“贵州智慧”。

关键词： 国家生态文明试验区　生态文明法治建设示范区　创新实验　贵州智慧

2017年10月，《国家生态文明试验区（贵州）实施方案》（以下简称《方案》）发布实施，《方案》明确，要在2020年前，将贵州建设成为“国家生态文明法治建设示范区”，开展生态文明法治建设创新试验，重点主要

* 潘善斌，贵州民族大学教育评估中心副主任（主持工作），法学博士，教授，博士生导师，主要研究方向为生态环境法治。

在四个方面[①]：一是进一步加强生态环境保护地方性立法；二是努力实现生态环境保护司法机构全覆盖；三是进一步健全生态环境保护行政执法体制；四是加快建立生态环境损害赔偿制度。经过一年多的努力，贵州在上述四个方面大胆创新、勇于实践，生态文明建设重点领域立法步伐不断加快，生态文明司法机构改革持续深化，生态环境保护行政执法体制日渐完善，生态环境损害赔偿制度日益健全，产出了一批可在全国复制推广的重大生态文明法治建设成果，基本实现了预期目标。尽管贵州在打造国家生态文明法治建设示范区中取得显著成就，但离中央对贵州的期盼、人民对日益增长的优美生态环境需要及生态文明法治建设的要求还有一定的差距。在接下来不到两年的时间里，贵州应坚持以习近平生态文明思想为指引，牢牢守好发展和生态两条底线，继续大胆创新、勇于实践，对标对表，全面建成生态文明法治示范区，为生态文明建设的“中国方案”提供“贵州智慧”。

一　生态文明建设法规制度的“四梁八柱”已基本形成

（一）制定生态环境保护、资源节约利用和绿色发展的省级层面上的法规

在颁布实施全国首部省级生态文明建设地方性法规[②]基础上，贵州省人大积极探索在生态环境保护领域先于国家进行立法，先后制定了一批地方性

① 《国家生态文明试验区（贵州）实施方案》提出，贵州要“加强涉及生态环境的地方性法规和政府规章的立改废释，推动省域环境资源保护司法机构全覆盖，完善行政执法与刑事司法协调联动机制，加快构建与生态文明建设相适应的地方生态环境法规体系和环境资源司法保护体系”“形成一批可在全国复制推广的重大制度成果”，《中办国办印发〈国家生态文明试验区（贵州）实施方案〉》，人民网，http：//politics. people. com. cn/n1/2017/1003/c1001 -29571829. html，2017 年 10 月 3 日。

② 2014 年 5 月 17 日，贵州省第十二届人民代表大会常务委员会第九次会议通过《贵州省生态文明建设促进条例》，该条例是全国首部生态文明建设省级地方性法规，该条例的实施是贵州生态文明立法史上的一个里程碑。

生态环境污染防治法规[1]，一批新法规草案[2]已进入省人大征求意见阶段，一批涉及生态环境保护的法规也进入省十三届人大常委会立法规划中。[3] 到2018年底，省级层面生态环境保护及绿色发展的地方性法规达到30余部，生态文明建设法规制度的“四梁八柱”已基本形成。其中，针对贵州省河道管理方面存在的诸如对河道保护管理缺乏规划约束、河道保护管理范围界定不清等问题，以及国家全面推行河（湖）长制后，河（湖）长制工作体制机制需要通过立法加以规范，河（湖）长制改革过程中的成功做法需要通过立法固化，用以指导工作，《贵州省河道管理条例（草案）》已进入省人大征求意见阶段。值得一提的是，《贵州省生态环境保护条例（草案）》将“生态环境”实行保护一体化立法模式，在省级立法层面上是一种立法创新，生态环境一体化保护立法模式既符合生态环境保护的客观规律，也与《宪法》相关规范及中央《关于全面加强生态环境保护　坚决打好污染防治攻坚战的意见》要求相吻合。

（二）完善不符合不衔接不适应法律规定、中央精神及时代要求的法规

随着经济社会的发展，国家对生态环境保护及绿色发展等有关法律、行政法规进行了修改完善，为有效解决地方性法规中不符合不衔接不适应法律规定、中央精神、时代要求等问题，2018年11月，贵州省人大对《贵州省水污染防治条例》等近20余部涉及生态环境保护、资源节约利用和促进绿

---

① 如《贵州省大气污染防治条例》（2016年7月）、《贵州省环境噪声污染防治条例》（2017年9月）、《贵州省水污染防治条例》（2017年11月）等。

② 如《贵州省固体废物污染环境防治条例（草案）》《贵州省生态环境保护条例（草案）》《贵州省河道管理条例（草案）》等。

③ 《贵州省环境影响评价条例》《贵州省世界自然遗产保护条例》《贵州省乡村清洁条例》《贵州省公共机构节能条例》《贵州省循环经济条例》《贵州省土壤污染防治条例》《贵州省节约用水条例》《贵州省公益林管理条例》《贵州省野生植物保护条例》等，《贵州省第十三届人大常委会立法规划》，贵州人大网，http：//www.gzrd.gov.cn/gzdt/lfgz/wnlfgh/33740.shtml，2018年4月20日。

色发展等省级层面的法规①进行了一揽子修订，覆盖了水、气、声、渣等环境污染要素和资源节约利用。

（三）省会城市、民族自治地方及设区的市将生态文明立法作为立法重点

贵阳市作为省会城市，在国内第一个出台生态文明城市建设条例，生态文明领域立法工作一直走在全国的前列。贵州民族自治地方高度重视生态文明领域的立法工作，出台了《黔东南苗族侗族自治州生态环境保护条例》《威宁彝族回族苗族自治县水资源保护管理条例》《道真仡佬族苗族自治县城镇绿化管理条例》等一批自治地方生态环境保护的单行条例，《黔东南苗族侗族自治州㵲阳河流域保护条例》《黔东南苗族侗族自治州农村人居环境保护条例》《黔南布依族苗族自治州天然林保护条例》《黔南布依族苗族自治州涟江河保护条例》《黔南布依族苗族自治州城乡集中式饮用水水源地保护条例》等已纳入立法计划。自获得立法权后，全省设区的市也都将生态文明立法作为地方立法的首选和重点。如，2017 年 3 月 30 日贵州省第十二届人民代表大会常务委员会第二十七次会议决定批准的《六盘水市水城河保护条例》《毕节市饮用水水源保护条例》，2017 年 8 月 3 日贵州省第十二届人民代表大会常务委员会第二十九次会议决定批准的《铜仁市锦江流域保护条例》《安顺市虹山湖公园管理条例》，2018 年 9 月 20 日贵州省第十三届人民代表大会常务委员会第五次会议批准《铜仁市梵净山保护条例》等。

---

① 2018 年 11 月 29 日，贵州省第十三届人民代表大会常务委员会第七次会议对《贵州省生态文明建设促进条例》《贵州省大气污染防治条例》《贵州省水资源保护条例》《贵州省水污染防治条例》《贵州省水土保持条例》《贵州省赤水河流域保护条例》《贵州省红枫湖百花湖水资源环境保护条例》《贵州省夜郎湖水资源环境保护条例》《贵州省绿化条例》《贵州省森林条例》《贵州省土地管理条例》《贵州省林地管理条例》《贵州省民用建筑节能条例》《贵州省新型墙体材料促进条例》《贵州省森林防火条例》《贵州省气象灾害防御条例》《贵州省风景名胜区条例》《贵州省地质环境管理条例》等进行了一揽子修订。

（四）制定生态环境保护政府规章及清理不符合法规和中央精神的规章

为进一步推进生态文明试验区建设，贵州省制定了一批生态环境政府规章。如，贵州省委省政府在全国率先制定《贵州省各级党委、政府及相关职能部门生态环境保护责任划分规定（试行）》，大力推进各级党委、政府及有关部门全面落实生态环境保护主体责任。出台《贵州省生态文明建设目标评价考核办法（试行）》，作为评价全省各级领导干部政绩、年度考核和选拔任用的重要依据。出台《关于生活垃圾强制分类实施方案（试行）》，强力推行生活垃圾强制分类。

为使政府生态文明建设领域的规章符合法律法规的规定、中央的精神和时代发展的要求，贵州省政府法制办组织实施《贵州省生态环境法规规章体系评估项目》，全面开展生态环境法规规章体系评估工作，在全国地方生态环境法规规章建设中起到引领示范作用。2017 年 7 月 7 日，贵州省环保厅正式印发《贵州省环境保护地方性法规、规章和规范性文件清理工作方案》，组织全省各级环保部门全面开展环境保护地方性法规、规章和规范性文件清理工作。专项清理的范围是，2017 年 6 月 30 日前，贵州省现行有效的，由各级环境保护部门牵头起草或制定的贵州省环境保护地方性法规、规章和规范性文件。2018 年 10 月，为认真贯彻落实《国务院办公厅关于开展生态环境保护法规、规章、规范性文件清理工作的通知》（国办发〔2018〕87 号）精神，根据《省人民政府办公厅关于开展生态环境保护规章、规范性文件清理工作的通知》（黔府办发电〔2018〕161 号），贵州省环境保护厅组织完成了对省人民政府制定的相关生态环境保护规章、规范性文件，以及省环境保护厅制定的规范性文件不符合习近平生态文明思想和党的十八大以来党中央、国务院有关生态环境保护文件精神内容的清理。同时，会同省政府法制办对省直各有关部门，各市、州政府制定的生态环境保护规章、规范性文件进行审核、汇总并按时上报。其中，省政府规章拟废止 8 件、拟修改 7 件；省政府及省政府办公厅规范性文件已废止或宣布失效31件、拟废止11件、拟修改7件；省政府各部门及直属机构规范性文件已废止17件、拟废止19件、拟修改16件；各市（州）政府、贵安新区管委会、各县（市、区、特区）政府及部门的规范性文件已废止65件、拟废止39件、拟修改14件。

二 基本实现生态环境保护司法机构的全覆盖

（一）生态环境和资源保护审判专门化机构实现全覆盖

在生态环境和资源保护审判领域，贵州大力推进审判机制探索，推动生态环境资源审判实现新的跨越。贵州率先在全国成立首家环保法庭，在此基础上，出台了《关于服务和保障国家生态文明试验区（贵州）建设的意见》《关于深入推进生态环境保护司法管辖全覆盖的意见》等，全省环境资源审判庭统一更名工作全面完成，省市县三级法院专门化环境资源审判机构由10个扩展为29个，实现了中级法院全覆盖。在每个中级法院的辖区内，根据各辖区面积大小、生态功能不同的定位、历年来生态环境案件数量的多少以及方便广大人民群众诉讼实际需求，由1～3个基层法院按照分片跨县级行政区域进行生态环境资源案件的集中管辖，成为国内最早形成审判机构布局合理同时也适度集中的生态环境资源审判机构体系的省份。生态环境和资源保护审判专门化机构改革及实现全覆盖，取得了十分显著的法律效果、生态效果和社会效果。①

① 2019年1月27日贵州省高级人民法院院长韩德洋在贵州省第十三届人民代表大会第二次会议上所作《贵州省高级人民法院工作报告》中指出：2018年全省共审结涉环境资源类案件4368件。播州区法院审理的关于贵州梵净山国家级自然保护区管理局行政公益诉讼案，入选最高法院公益诉讼典型案例；清镇市法院审理的确认合同无效纠纷案和非法生产制毒物品、污染环境案，分别入选最高法院服务保障新时代生态文明建设十大典型案例和人民法院环境资源审判保障长江经济带高质量发展十大典型案例。

（二）生态环保审判机构积极创新司法审判的生态环保理念

贵州省生态环保审判机构积极创新司法审判环保理念，最大化地保护了生态环境。[①] 传统裁判方式不利于生态环境的修复与治理。为此，贵州法院创新环境修复司法举措，采取补种复绿、增殖放流，还林还草，异地修复等方式进行判决，建立生态环境修复责任基地，建设司法生态公益林，湿地公园等，丰富了环境损害法律责任的具体内容，做到惩治违法犯罪，修复生态环境、赔偿经济损失"一判三赢"，实现了办理一案，解决一个环境问题目的，取得了良好的法律效果、生态效果和社会效果。

（三）生态检察体制和环境公益诉讼取得了新的进展

为进一步履行好检察机关在生态环境和资源保护中的职责，加大对环境犯罪的打击力度，贵州省检察院实行了一系列生态检察体制改革，如构建生态环境资源案件检察系统内部线索的移送机制，进一步规范环境公益诉讼的线索管理，进一步完善与公安、林业、环保等生态环境执法部门衔接机制，建立与审判机关、纪委监委协作机制等。探索建立跨区域环境污染案件会商、联席会议、情况通报、线索移送、司法联动等生态检察异地协作常态化机制，明确了生态检察异地信息共享、交流培训等制度，共同发力推进生态环境司法保护，形成惩治和预防跨区域生态环境犯罪工作合力。为了加强对赤水河乌江流域跨区域生态环境保护，贵州省检察院和重庆市、四川省、云南省检察机关共同构建了赤水河乌江流域生态保护检察协作机制，签署了《关于赤水河乌江流域跨区域生态环境保护检察协作机制的意见》，协作机制的建立意义十分重大，必将在全国开先河、创经验，为构建长江上游生态

---

① 如清镇法院对判处的罚金刑，尝试允许罪犯以对生态环境有益的积极劳动行为代偿罚金。遵义市中院会同检察院、公安机关、环保、国土等相关司法机构和行政部门，共同出台《关于办理环境资源犯罪案件实行生态修复的实施意见（试行）》，推动刑事案件中生态环境修复措施的积极运用。注重通过司法约谈、司法建议、司法联动等途径去解决行政行为背后的生态破坏或环境污染问题。

屏障提供强有力的司法保障。为了加大对国家级自然保护区生态环境的保护，铜仁市人民检察院与贵州省梵净山国家级自然保护区、贵州省麻阳河国家级自然保护区、贵州省佛顶山国家级自然保护区建立起生态环境保护协作机制，共同出台《关于在国家级自然保护区生态环境保护工作中加强协作配合的若干意见》。为进一步助推生态环境公益诉讼，贵州省出台了《关于支持检察机关依法开展公益诉讼工作的实施意见》。在此基础上，贵州省检察院出台《关于全面加强新时代公益诉讼工作的意见》，根据新时代环境公益诉讼新特点和新需求，提出一系列加强生态环境公益诉讼的新举措。① 针对新时代生态环境公益诉讼的新问题，意见提出，要加大对生态环境资源执法的监督力度，加大公益诉讼生效判决的执行情况跟踪监督力度，加大对责任主体自行采取补植复绿、增殖放流、劳役代偿、土地复垦等方式进行公益损害修复的督促力度等。作为最高人民检察院确定的 13 个改革试点省份之一，2018 年 3 月，贵州省人民检察院发布了“锦屏县环境保护局案”“德江县国土资源局案”等一批涉生态环境和资源保护的行政公益诉讼典型案例。2018 年 3 月，最高人民检察院发布了十大检察公益诉讼典型案例，“贵州省铜仁市江口县人民检察院诉铜仁市国土资源局、贵州梵净山国家级自然保护区管理局不依法履职案”入选。

（四）成立生态文明律师团和生态环境保护人民调解委员会

为更好地服务贵州生态文明建设，贵州省司法厅、环保厅联合成立全国首个专门为生态文明建设服务的律师团——贵州省生态文明律师服务团。国

① 《关于全面加强新时代公益诉讼工作的意见》提出，围绕大气污染、水污染、土壤污染、固废治理和农村环境综合治理等方面的违法行为，重点加强对生态环境、住房城乡建设、市容环境卫生、交通运输、自然资源等部门违法行使职权或不履行职权的监督，依法运用检察建议、支持起诉、提起公益诉讼等方式，督促行政机关依法履职。对于经诉前程序行政机关没有依法履行职责或相关社会组织没有提起诉讼的，要坚决提起公益诉讼；严督实查跟踪问效，加大跟踪监督公益诉讼生效判决的执行情况，督促行政机关通过提起诉讼、申请非诉执行等方式履行裁判；更加注重公益修复，坚持以公益保护为核心，督促责任主体自行采取补植复绿、增殖放流、劳役代偿、土地复垦等方式进行公益损害修复。

浩律师（贵阳）事务所生态环境保护人民调解委员会委员系全国首家专业的生态环境保护人民调解委员会。为更好地服务于贵州生态环境保护事业，国浩贵阳律师事务所还组建了专业法律服务律师团队，长期坚持从事环境公益活动，承办了二十多件环境公益诉讼案件，发起设立了全国首家专业的生态环境保护人民调解委员会，参与多项生态环境保护法规的起草及立法后评估工作，得到社会各界及新华网、中央电视台、法制日报、中国律师、黔讯网等全国及地方主流媒体的广泛关注。

三　健全生态环境资源保护行政执法体制机制

（一）统一生态环保执法职责行使

2018 年 11 月，《贵州省机构改革方案》得到中央批准。按照获准的方案组建了贵州省生态环境厅，整合相关部门污染防治和生态保护执法职责、队伍，相对集中行政执法权统筹执法资源和执法力量，统筹将原属于省环境保护厅的职责以及其他政府职能部门的生态环保职责，即生态和城乡各类污染排放监管与行政执法职责，由组建后的省生态环境厅统一行使，[①] 推动建立生态环境保护综合执法队伍。

（二）着力推进生态环境规范执法

贵州省委、省政府印发《关于严禁生态环境保护领域“一刀切”的通知》，坚决制止生态环境保护领域“一刀切”行为。制定《贵州省环保系统严格规范公正文明执法的意见》，组织各市（州）开展规范环保执法试点，

① 《贵州省机构改革方案》提出：“组建省生态环境厅。将省环境保护厅的职责，以及省发展和改革委员会的应对气候变化和减排职责，省国土资源厅的监督防止地下水污染职责，省水利厅的编制水功能区划、排污口设置管理、流域水环境保护职责，省农业委员会的监督指导农业面源污染治理职责等整合，组建省生态环境厅，作为省政府组成部门”。《贵州日报》2018 年 11 月 5 日。

推动全省环保系统严格规范公正文明执法。制定《贵州省环境保护厅重大行政执法决定法制审核办法（试行）》《贵州省环境保护行政处罚自由裁量基准（暂行）》《贵州省环境保护厅行政执法公示规定》《贵州省环境保护厅行政执法全过程记录办法》《贵州省分类处理环境信访诉求问题法定途径清单》等，编制并公布实施环保部门权责清单及行政权力运行标准化流程图，推进规范执法，依法处理中央环保督察反馈问题和信访投诉件。

（三）加强企业环境信用信息管理

强化企业环保社会责任，着力完善企业遵守环保法律的激励与惩戒机制。贵州构建使用全省统一的企业环境信用信息管理平台，全面规范采集、保存行政管理相对人的失信行为信息，率先在全国制定出台《贵州省环境保护失信黑名单管理办法（试行）》。制定出台《贵州省企业环境信用评价工作实施方案》，建立环境"守信激励、失信惩戒"机制，加强信用监管，坚持守信激励和失信惩戒相结合，将企业事业单位和其他生产经营者生态环境守法以及违法信息记入社会诚信档案，推行生态环境守法积分制度。率先在全国制定印发《关于在环保行政许可中实施信用承诺制度有关事项的通知（试行）》，全面推行环境信用承诺制度，完善环境信用修复机制。制定印发《贵州省企业环境信用评价指标体系及评价方法（试行）》，全面启动环境信用评价试点。初步建立以环境信用为基础的环境监管模式，引导排污单位自觉守法，降低违法行为的发生。

（四）构建和完善生态环境监测网络与机制

2018 年 2 月，《贵州省生态环境监测网络与机制建设方案》① 出台，充分运用大数据、"互联网 +" 等新技术，建立全省环境在线监测体系，大力推进非现场执法，加强智能监控和大数据监控，依托互联网、云计算、大数

① 《贵州省生态环境监测网络与机制建设方案》提出，按照"全面设点、全省联网、自动预警、依法追责"的要求，实现环境质量、重点污染源、生态状况监测全覆盖，建立全省统一的生态环境监测网络。

据等技术，对重点行业企业、各个污染源治理情况进行全覆盖、无死角实时监测。

（五）实行大气污染防治网格化精准管理

针对环境空气质量全省排名靠后的问题，毕节市七星关区建立三级网格包保制度，全面压实工作责任，强化整治措施，切实加强全区大气污染防治工作。一是建立行业包保网格。工能局、经开区负责包保火电、水泥、玻璃等工业企业，督促企业加强环境管理。住建和城管局负责建筑工地、道路扬尘管控，督促建筑工地落实“6 个 100%”扬尘防治措施。二是建立乡镇（街道）包保网格。落实属地管理责任，负责属地环保基础设施建设运行和拆迁工程扬尘污染防治工作，做好禁燃区、烟花爆竹禁放区宣传和管控工作，监督拆迁施工工地落实停工、覆盖措施，杜绝焚烧秸秆和垃圾行为，对辖区做到全方位监控。三是建立区环保局包保网格。按照监管职责，将中心城区划为若干网格，每个网格由 1 名环保局干部负责，对该网格大气污染防治进行精准监管和协调督导，并做好网格内工业企业、餐馆油烟污染防治工作。按照三级防控要求，全区建立科级包保网格 98 个、股级干部包保网格 200 个、村级包保网格 389 个。为确保三级网格包保责任落到实处，七星关区建立了严格考核机制，明确将包保情况纳入年终考核，如包保不到位，导致出现大气污染情况或被市大气污染防治攻坚办抽查发现管控不力的，将作为追责线索移送区纪委监委，对网格包保人进行问责。

（六）严肃查处一大批环境违法案件

配合中央环保督察整改，贵州持续在全省范围内开展环保“利剑”专项行动、“守护多彩贵州严打环境犯罪 2018 ~ 2020 执法专项行动”，严肃查处了一大批环境违法案件，得到人民群众的充分认可。2018 年，全省共检查企业 35008 家次，立案查处 2421 件环境违法案件，罚款金额 2.79 亿元，实施按日计罚 16 件，限产停产 344 家、查封扣押 202 家、关停取缔 228 家；移送适用行政拘留生态环境案件 260 件、拘留 137 人，移送涉嫌生态环境犯罪案件31件、侦破污染环境刑事案件28起，公安行政处罚环境类行政案件247起，申请法院强制执行83件；对突出环境问题实施挂牌督办117件。

四　创新生态环境损害赔偿机制

（一）出台省级《生态环境损害赔偿制度改革实施方案》

2018年7月，贵州省出台《生态环境损害赔偿制度改革实施方案》①（以下简称《方案》），该方案明确提出："从2018年1月1日起，在全省试行生态环境损害赔偿制度。到2020年，力争在全省范围内初步构建责任明确、途径畅通、技术规范、保障有力、赔偿到位、修复有效的生态环境损害赔偿制度。"方案实施以来，贵州率先建立了生态环境损害赔偿磋商制度，生态损害赔偿协议的司法登记确认制度，率先突破赔偿权利人主体资格限制，率先成立了生态环境保护人民调解委员会，初步构建生态环境损害修复治理机制，率先研究制定了生态环境损害的赔偿诉讼规则。初步探索建立了生态环境损害担责、追责体制机制，为国家全面试行生态环境损害赔偿制度提供了经验。

（二）全国首例生态环境损害赔偿磋商案达成协议并获司法确认

生态环境损害赔偿磋商制度，旨在使政府与污染者之间通过和平磋商的方式就生态环境损害相关问题达成一致，高效快捷地明确污染者责任、修复生态环境。贵州省政府作为国务院授权的赔偿权利人，在第三方磋商机构贵

① 《方案》提出9项重要试点内容：启动条件和管辖职责；明确赔偿范围；确定赔偿义务人；明确赔偿权利人；实施赔偿磋商；完善赔偿诉讼规则；执行和监督；规范生态环境损害鉴定评估；建立健全生态环境损害赔偿基金管理使用制度。《方案》结合贵州省实际，有着四大亮点和特色：一是明确赔偿权利人，积极开展赔偿权利人主体资格研究；二是建立行政协议司法登记确认制度，就突发环境、渔业污染、水土破坏、矿山生态地质环境破坏等事件，根据生态环境损害鉴定评估报告，达成赔偿协议；三是规范生态环境损害鉴定评估，对于生态损害较小，责任认定无争议，损害损失金额在50万元以下的案件，可采用专家证人出具专家意见的简易评估认定程序；四是设立贵州省生态环境损害赔偿基金会，加强生态环境损害赔偿基金管理。

州省律师协会指派律师的主持下，委托贵州省环境保护厅与赔偿义务人开磷公司和诚诚公司就损害结果、生态修复、生态修复期间的功能损失、环境损害赔偿方式及期限等进行磋商，磋商达成的《生态环境损害赔偿协议》经清镇市人民法院进行司法确认。该案的积极探索，为2018年1月1日在全国全面实行生态环境损害赔偿制积累了有益经验，贵州省在总结该案基础上，于2017年12月15日颁发了《贵州省生态环境损害赔偿磋商办法（试行)》，该项制度创新直接被纳入国家生态环境损害赔偿制度改革方案之中。①

（三）出台全国首部省级《生态环境损害赔偿磋商办法》

《贵州省生态环境损害赔偿磋商办法》（以下简称《办法》）是全国首部省级政府制定的生态环境损害赔偿磋商规范性文件，探索创新了第三方组织磋商、公众监督磋商、司法确认磋商协议等积极有效的方式。生态环境损害赔偿磋商是解决生态环境损害赔偿争议的主要途径。作为全国首部省级政府制定的生态环境损害赔偿磋商的规范性文件，《办法》是贵州在开展生态环境损害赔偿制度改革试点实践的基础上研究制定的，《办法》的出台为2018年1月1日起贵州全面试行《生态环境损害赔偿制度改革方案》奠定了坚实基础，同时，为其他地区建立生态环境损害赔偿磋商制度提供借鉴。

（四）规范生态环境损害诉讼规程和生态环境损害修复治理机制

贵州省高级人民法院出台《关于审理生态环境损害赔偿案件的诉讼规程（试行）的通知》(黔高法〔2018〕51号)，规范了生态环境损害诉讼规程。制定《贵州省生态环境损害赔偿制度改革试点工作实施方案》，积极推进检察机关提起生态损害赔偿诉讼，着力构建“补植复绿”、“矿山修复”、

---

① 2018年1月5日，中央电视台4频道以“贵州开创中国生态损害赔偿磋商先例”予以报道。2018年5月10日，该案被评为“中律评杯”2017年度十大生态环境案例。2018年6月5日世界环境日，中央电视台焦点访谈以“生态环境：谁损害谁赔偿”对该案进行报道。

异地修复、第三方替代修复、提供公益服务冲抵罚金等多种方式的生态环境损害修复治理机制。

五　加快国家生态文明法治示范区建设对策

（一）建立“一府两院”向人大专题汇报生态文明法治建设报告制度，充分发挥人大监督职能，全力推进生态文明法治建设

建立每年一度的“一府两院”向人大专题汇报生态文明法治建设报告的制度。在省级层面上，贵州省人民政府关于贵州省生态文明试验区建设和生态环境状况、贵州省高级人民法院关于生态环境资源审判工作情况、贵州省人民检察院关于生态检察工作情况均向贵州省人大及其常委会进行专题报告。同理，省级以下各级人大及其常委会要履行好宪法法律赋予的职责，依法行使立法权、监督权、决定权，坚持目标导向、问题导向，通过执法检查、听取审议工作报告、专题询问等监督方式，加大对水、大气、噪声、固废、土壤、湿地、森林等领域生态环境保护法律法规落实的监督力度。

（二）加快推进生态环境保护法规立法进程及相关配套制度的完善，健全生态环境保护法治体系，发挥法治保障作用

加快《贵州生态环境保护条例》《贵州省环境影响评价条例》《贵州省固体废物污染环境防治条例》等出台。农村生态文明立法体系探索依然滞后，在一定程度上制约了国家生态文明试验区建设。加强乡村生态环境保护立法，加快《贵州省乡村清洁条例》立法进程，探索制定《贵州省乡村人居环境治理条例》，切实解决广大乡村垃圾治理、生活污水处理、农业面源污染治理和村容镇貌管理等问题；针对农村环境综合整治，尤其是农村垃圾收集、转运、处理，研究制定农村垃圾清洁条例，加大对“农村白色垃圾、塑料薄膜、限制性施用化肥农药、畜禽零星（分散）养殖等领域”的地方性立法。研究制定《贵州省生态文明教育条例》《贵州省绿色消费促进条

例》等，切实加强全民生态文明教育，推动全民绿色消费行动。同时，出台相关生态环境保护、绿色发展等配套制度，确保生态环境保护法律法规落地生根、有效实施。

（三）完善相关规章制度建设，构建生态文明建设督察问责长效机制，切实保障生态环境保护执法效果

通过梳理总结中央环保督察组进驻贵州期间的基本做法，2017 年贵州省印发了《贵州省加强环境保护督察机制建设的八条意见》，但仅有这八条意见远远不够。要根据新时期生态环境保护督察工作的需要，在 2016 年 8 月省委、省政府印发实施《贵州省环境保护督察方案（试行）》的基础上，将其上升为地方性法规，增加其强制力和规范性。建议研究制定《贵州省环境保护督察办法》，作为贵州省级环境保护督察的制度规范，对省级环保督察的“督察对象、机构、形式及内容、督察程序、结果运用、工作要求”等做出具体规定，并明确将督察结果和整改结果纳入干部考核和绩效考核中。制定《贵州省生态环境保护量化问责规定》，对各级各部门的生态环境违法问题数量、环境质量目标完成比例，实行“问题型”“结果型”问责，逐级问责分管负责人、党政主要负责人。在生态环境保护问责中，不仅包括对环境污染和生态破坏的“后果追责”，也应包括违背中央、省委环境保护政策部署和国家及地方生态环境法律法规的“行为追责”。同时，出台《贵州省生态环境保护责任规定》，进一步完善《贵州省政府职能部门生态环境保护责任清单》（其中应包含审批检察机关的环保工作职责）。

（四）加强贵州生态文明法治智库建设，加大人大、政府、司法与高校及科研院所的密切合作，充分发挥高校及科研院所相关人才的智囊作用

生态文明法治智库是主要研究生态文明法治建设和发展规律的专业化智库，它聚焦生态文明法治建设中的战略性、全局性、紧迫性问题，进行法治政策层面的咨政建言、学理层面的战略研究和实践层面的研究探索。与福

建、江西、浙江等省相比较，贵州生态文明法治研究力量相对薄弱，且资源分散，难以形成合力。建议贵州省人大常委会率先在省内研究基础较好、相关人才较为集中的高校和科研院所，成立贵州省人大常委会立法服务基地，可借鉴广东省地方立法研究评估与咨询服务基地的运作模式，充分利用高校和科研院所服务人大立法工作法律人才资源，切实提供生态文明法治建设的贵州智慧、讲好生态文明法治建设的贵州故事、发出生态文明法治建设的贵州声音。

B.5
贵州残疾人事业法治建设研究

樊新周　聂 雪*

摘　要： 在贵州省委、省政府的高度重视下，近年来，特别是党的十八大以来，贵州省残疾人事业快速发展，残疾人生存状况日益改善，社会参与度不断提高，扶残助残氛围更加浓厚，残疾人脱贫攻坚取得突破性进展。残疾人事业的健康发展离不开法治建设的推动：法律制度建设是维护残疾人合法权益的基本保障，是有效推进残疾人康复、教育、就业、扶贫等具体工作的重要抓手，也是人道主义价值认同、扶助理念及社会氛围营造等方面工作的重要依据。加强残疾人事业法治建设既体现了国家对这一特殊弱势群体的关怀，又实现了法的价值和对法治理想的追求。虽然贵州省残疾人权益保障的法律政策体系已具雏形，但残疾人合法权益保障仍然存在立法粗疏滞后、法律内容操作性差、残疾人社会保障权利缺失、法律实施成效不理想等问题。残疾人事业法治建设尚需在立法、普法、执法与监督方面做大量工作，以进一步推动贵州省残疾人事业的稳步健康发展。

关键词： 贵州　残疾人事业　法治建设

* 樊新周，贵州省残疾人联合会办公室干部、贵州省法治研究与评估中心副研究员，贵州民族大学法学院 2018 级博士研究生；聂雪，贵州特殊教育中等职业技术学校办公室干部，贵州省社会科学院社会建设人才基地暨贵州特殊教育中等职业技术学校基地副研究员。

残疾人是特殊的弱势群体，需要特别关注关爱。残疾人事业是中国特色社会主义事业的重要组成部分。党和国家历来高度重视残疾人工作。党的十八大以来，习近平总书记先后对残疾人工作、残疾人事业作出近 20 次重要指示，给予广大残疾人亲切关怀。① 党的十九大报告强调，要“发展残疾人事业，加强残疾康复服务”“办好特殊教育”。这些重要指示，为新时代残疾人事业发展提供了行动指南和根本遵循。维护残疾人合法权益是全面依法治国的应有之义。这既是发展残疾人事业的需要，也是促进残疾人全面、平等参与社会生活的需要，更是维护社会和谐稳定、促进社会公平正义的需要。在全面推进依法治国的进程中，贵州残疾人事业法治建设要跟上时代步伐，回应残疾人吁求，把维护残疾人合法权益落实到立法、执法、司法的每一个环节，为推进残疾人事业发展营造良好的法治环境。

一 我国残疾人事业法治化建设基本情况

我国残疾人事业始终坚持立法先行、依法发展，已经形成较为完备的法律体系。

1. 《宪法》是残疾人事业法治建设的核心。残疾人是社会大家庭中的平等成员。《宪法》作为国家根本大法，对残疾人及残疾人群体享有的基本权利做出了明确规定。② 这是我国开展残疾人工作、建设残疾人事业、推动残疾人事业法治建设的最根本的法律依据。③ 在《宪法》基础上，我国民

① 例如，2014 年 3 月，习近平总书记在致中国残疾人福利基金会成立 30 周年的贺信中指出，“残疾人是一个特殊困难的群体，需要格外关心、格外关注。让广大残疾人安居乐业、衣食无忧，过上幸福美好的生活，是我们党全心全意为人民服务宗旨的重要体现，是我国社会主义制度的必然要求。”2016 年 7 月，习近平总书记在河北唐山市考察时指出，“全面建成小康社会，残疾人一个也不能少”“为残疾人事业做更多事情，也是全面建成小康社会的一个重要方面”。

② 例如，《中华人民共和国宪法》第二章第四十五条规定：“中华人民共和国公民在……丧失劳动能力的情况下，有从国家和社会获得物质帮助的权利。国家和社会保障残废军人的生活……国家和社会帮助安排盲、聋、哑和其他有残疾的公民的劳动、生活和教育。”

③ 黎建飞、王喜荣：《中国特色残疾人事业的法律保障》，《残疾人研究》2018 年 3 月 20 日。

法、刑法等七十余部基本法律规范中，也包含了保障残疾人合法权益的相关内容，使残疾人程序性权利、实体权利等方面得到有效维护。[①] 国家基本法律是保障残疾人合法权益、帮助残疾人平等参与社会生活的坚实基础。

2.《残疾人保障法》是残疾人事业法治建设的基础。《中华人民共和国残疾人保障法》是我国残疾人事业发展和残疾人事业法治建设中最基本、最重要的部分。在《残疾人保障法》实施后，国务院又及时制定颁布了一系列配套行政法规，[②] 对残疾人权益保障的具体要求进行了细化和明确。这些配套行政法规与《残疾人保障法》一起，共同构成了我国残疾人事业法治建设的主体框架。

3. 规范性文件是残疾人事业法治建设的支撑。在基本法律基础上，国家出台了大量规范性文件，[③] 对宪法规定的残疾人基本权利、民法等规定的残疾人程序性权利和实体权利进行了具体化，使这些权利在操作层面更具实践意义。规范性文件，成为推动残疾人事业有序发展的重要支撑。

此外，国家层面之外的大量地方性法规、制度以及相关政策措施，是我国残疾人事业法治体系建设的重要组成部分。

综上所述，我国残疾人事业法治体系建设的主框架已经基本形成。这个框架的核心是《宪法》，在《残疾人保障法》基础上，以大量行政法规为重要支撑，以国务院部门规章和地方政府规章为重要补充。[④]

---

① 如《刑法》第十九条规定："又聋又哑的人或者盲人犯罪，可以从轻、减轻或者免除处罚。"第二百六十条之一规定："对未成年人、老年人、患病的人、残疾人等负有监护、看护职责的人虐待被监护、看护的人，情节恶劣的，处三年以下有期徒刑或者拘役。"

② 主要包括《残疾人教育条例》《残疾人就业条例》《无障碍环境建设条例》《残疾预防和残疾人康复条例》等。

③ 如《关于促进残疾人事业发展的意见》（中发〔2008〕7 号）、《关于加快推进残疾人社会保障体系和服务体系建设的指导意见》（国办发〔2010〕19 号）、《关于加强残疾人文化建设的意见》（残联发〔2012〕7 号）、《关于促进残疾人按比例就业的意见》（残联发〔2013〕11 号）、《关于加快推进残疾人小康进程的意见》（国发〔2015〕7 号）等等。

④ 黎建飞、王喜荣：《中国特色残疾人事业的法律保障》，《残疾人研究》2018 年 3 月 20 日。

二 贵州省残疾人事业法治建设现状

贵州残疾人事业法治建设是全国残疾人事业法治建设的组成部分。近年来，贵州省残疾人事业法治化建设进入发展快车道：各种法律规范日益丰富，立法步伐加快，执法司法更加公平，法律监督与法律援助更加普遍，普法宣传和教育更加广泛，残疾人权益保障工作机制更加完备。法治建设成为残疾人事业全面、健康发展的坚强后盾。

（一）法律规章及相关配套政策措施制定情况

1. 以专门法规为主体。贵州省现行残疾人事业专门法规一部：《贵州省残疾人保障条例》（2014 年 5 月 17 日省第十二届人民代表大会常务委员会第九次会议通过，2014 年 7 月 1 日起施行）。行政法规两部：《贵州省残疾人就业办法》（2012 年 12 月 25 日省人民政府第六十九次常务会议通过，2013 年 3 月 1 日起施行），《贵州省残疾儿童康复救助办法》（省人民政府 2018 年 9 月 28 日印发，2018 年 10 月 1 日起施行）。

2. 以一般性地方法规的相关规定为补充。贵州省现行省级地方法规中有 30 余部包含涉及残疾人的内容。如《贵州省大扶贫条例》第三十九条："鼓励和引导各类社会组织、社会力量捐款捐物，开展助教、助医、助学、助残等扶贫公益活动。"《贵州省体育条例》第十七条："各级人民政府和全社会应当关心支持……残疾人参加体育活动，建立健全各级各类……残疾人体育组织，并对其加强管理，分类指导。残疾人组织和家庭应当帮助残疾人掌握方便、适用的健身方法，鼓励其积极参与体育活动。"《贵州省义务教育条例》第六条"保障家庭经济困难的、残疾的、农村留守的和进城务工人员子女中的适龄儿童、少年接受义务教育。"《贵州省法律援助条例》第十一条："符合前条规定的当事人可以就下列事项申请法律援助：（五）残疾人、未成年人、老年人追索侵权赔偿的"，等等。市（州）级地方法规：《贵阳市城市公共客运管理条例》第二十二条"城市公共客运企业依据法律、法规，优待现役军人、残疾人、老年人等乘车的，县级以上人民政府应当定期予以补贴。”《黔东南苗族侗族自治州促进非公有制经济发展条例》第十四条“鼓励和支持高校毕业生、军队转业或者退役人员、残疾人员、下岗待业人员、返乡农民工发展非公有制经济，其注册、证照办理和经营场地使用、税费收取、信贷支持等依法给予优惠”。等等。

3. 大量规范性文件是残疾人事业法治建设的重要载体。主要有：《中共贵州省委、贵州省人民政府促进残疾人事业发展的实施意见》（黔党发〔2018〕18号）、《关于加快推进残疾人社会保障体系和服务体系建设的实施意见》（黔府办发〔2012〕55号）、《贵州省特殊教育提升计划实施方案（2014～2016年）》（黔府办函〔2014〕96号）、《贵州省扶持残疾人创业就业办法（试行）》（黔残联发〔2015〕32号）、《关于加快推进残疾人同步小康进程的实施意见》（黔府发〔2016〕1号）、《贵州省困难残疾人生活补贴和重度残疾人护理补贴制度实施办法》的通知（黔府发〔2016〕2号）《贵州省贫困残疾人脱贫攻坚行动计划（2016～2020年）》（黔残联发〔2017〕30号）等等。

（二）残疾人事业法治建设的执行与协调机制

残疾人事业实行党委领导、政府主导、社会参与、残联组织实施的工作机制。残疾人事业法治建设特别是在立法协调、立法程序及法律执行上基本遵循此工作机制。其中发挥重要作用的主要有两个方面。一是政府残疾人工作委员会。政府对残疾人各项工作做出统筹安排，其主导性功能主要体现在残疾人工作的协调机制，即政府残疾人工作委员会。政府残疾人工作委员会下设办公室（设在残联），分省、市、县三级。贵州省人民政府残疾人工作委员会主任由分管副省长兼任，省政府副秘书长、省残联主要负责人兼任副主任，35个省直部门的负责人为副主任或委员；省政府残工委办公室主任由省残联主要负责人兼任。市（州）、县（市、区、特区）级人民政府残疾人工作委员会组成参照省级设置。二是在政府主导下，全省残联系统、残疾人社会组织及其他社会组织，在残疾人事业法治建设及法律实施过程中发挥着重要且特殊的作用。[①] 各级残联组织是残疾人具体业务工作的主要实施机构，是实际推动残疾人事业法治建设的重要力量，同时也在涉及残疾人的各类法律执行中发挥着重要的桥梁作用。

（三）残疾人事业法治建设的监督机制

残疾人事业法治建设监督主要是人大执法检查与专题调研、政协视察与专题调研，此外还包括相关职能部门的联合检查和受委托的第三方评估。

1. 人大执法检查。省人大通过听取审议专项报告，开展执法检查、工作评议、专题询问等方式，对《残疾人保障条例》的实施情况进行检查。同时，各市（州）人大受省人大委托对本辖区内《残疾人保障法》的实施情况进行检查。通常来讲，省人大、各市（州）人大每年都会根据工作需要，对《残疾人保障条例》、相关涉残政策实施情况进行执法检查或监督。

2. 政协民主监督。省政协、各市（州）政协通过开展相关专题调研，视察各地在《残疾人保障条例》、相关法律法规方面的实施情况，根据调研结果撰写专题报告，对立法、行政或司法机关提出意见或建议，以此参与对残疾人工作法律实施的监督。此外，在每年的省“两会”期间，省人大代表、省政协委员还会就残疾人脱贫攻坚、权益维护、特殊教育、无障碍环境建设等工作为题给相关部门建言献策，这也是一种监督形式。

3. 其他职能部门的监督。就某项具体工作，几个相关职能部门组成检查组对残疾人法律实施情况监督检查。例如省住建厅、民政厅、老龄委、残联组织有关无障碍建设专家对贵州参加全国无障碍建设城市创建工作的贵阳市、遵义市进行检查，针对检查中发现的问题与不足提出整改建议和工作意见，书面反馈给贵阳、遵义两市政府，推动了《城市道路和建筑物无障碍设计规范》的实施。

---

① 《中国残疾人联合会章程》第三条规定：残联具有“代表、服务、管理三种职能：代表残疾人共同利益，维护残疾人合法权益；团结帮助残疾人，为残疾人服务；履行法律赋予的职责，承担政府委托的任务，管理和发展残疾人事业。”

4. 受委托的第三方评估。政府或相关部门（如残联）通过购买服务的方式通过第三方对残疾人相关规章制度实施情况进行评估。如委托省社科院、贵州民族大学对全省残疾人小康进程进行评估，并形成报告报送省委省政府，从而达到监督的目的。

（四）残疾人事业法治建设司法救助和法律援助机制

最高人民法院在《关于对经济确有困难的当事人予以司法救助的规定》中强调，“当事人为没有固定生活来源的残疾人”，可以向法院申请司法救助。贵州省于近年制定了《贵州省国家司法救助实施办法（试行）》《贵州省省级国家司法救助资金使用管理暂行办法》《贵州省司法行政机关国家司法救助工作实施细则（试行）》等部门规章，对残疾人司法救助进行了明确规定。例如《贵州省司法行政机关国家司法救助工作实施细则（试行）》第二章第八条：“刑事案件被害人受到犯罪侵害，致使重伤或严重残疾，因案件无法侦破造成生活困难的”，应当进行司法救助。省法院《关于加强残疾人法律救助工作的指导意见》规定，对法律援助、司法鉴定、公证工作、律师工作、基层工作、社区矫正、监所工作、纪检监察等部门以及监狱、戒毒机关在办理案件、提供法律服务及处理涉法涉诉信访问题等过程中，对符合救助条件的残疾人当事人，应当告知其有权提出救助申请。在审判实践中，法院依法为没有委托辩护人的未成年被告人、可能判处死刑的被告人、患有盲、聋、哑残疾人的被告人委托辩护律师，作为司法救助的组成部分。

关于法律援助工作，《贵州省“法援惠民生 · 关爱残疾人”法律援助品牌建设工作实施方案》（黔司发〔2018〕37 号）做出了详细的规划和安排，其主要内容有以下几个方面。一是增加服务供给。推进“互联网 + 法律援助”工作模式，基本建成全天 24 小时服务的“12348”公共法律服务热线平台，同时，开展电话、网站、短信、微博、微信等多种方式的法律援助服务。二是建立法律援助服务体系。利用法律援助工作站、法律援助中心和法律援助联络点等平台，逐步构建起残疾人法律援助服务网，并基本实现县乡村三级残疾人法律援助服务网络全覆盖。三是建立法律服务专门人才库，为残疾人提供个性化服务。建立残疾人权益保障律师服务团，招募志愿者律师加入，建设手语法律服务人才库，为残疾人提供个性化法律服务和交流无障碍服务。四是开展关爱残疾人主题活动。在全省范围内组织开展残疾人学法用法知识竞赛，创建“法援惠民生·关爱残疾人”等法律援助品牌，提升残疾人法律援助工作水平。五是以“法治扶贫”为核心，以法律援助精准扶贫项目、贵州法律援助志愿者行动、1+1中国法律援助志愿者行动为平台，为贫困残疾人提供法律服务。

（五）残疾人事业法治宣传教育和普及机制

我国自“二五”普法开始，就将《残疾人保障法》纳入了全国性的普法规划。在此之后的历次普法规划中，关于残疾人维权、社会保障、救济救助、康复教育就业等方面的法律法规都被列入其中。贵州省残疾人事业法治建设宣传普及工作以《宪法》《残疾人保障法》《贵州省残疾人保障条例》《贵州省残疾人就业办法》等基本法律、行政法规、地方性规范为主要内容，并以一系列规范、政策为重要补充。在近年大数据快速发展的大背景下，贵州省残疾人法治教育模式也不断得以创新，例如运用互联网平台实施“在线直播培训残疾人普法员”活动，提高残疾人法律知识普及的针对性和实效性，普法宣传教育覆盖面不断扩大，残疾人法律素养得以有效提升，进一步引导残疾人形成依法办事、依法维权、遇事找法、解决问题用法、化解矛盾靠法的良好氛围。

除宣传、司法及其他普法部门外，全省残联承担残疾人法律法规普法宣传教育的重要任务。利用广播、电视、报纸、残联门户网站、微信公众号等多种形式和宣传手段，开展丰富多彩、全方位、多角度的宣传活动，推动了普法工作与残疾人工作的有机结合。全省各级残联每年都开展“全国助残日”“国际残疾人日”“全国爱耳日”“全国爱眼日”“全国防治麻风病日”“12·5宪法宣传日”等近10次宣传活动，散发法律法规宣传册、宣传页、宣传单等资料近100万册（份），使残疾人事业法律法规的宣传教育工作成为经常性重要工作。

（六）贵州省残疾人事业法治建设取得的成效

根据《中华人民共和国残疾人保障法》规定①和新一轮全国残疾人状况抽样调查测算，贵州省现有残疾人口 254.3 万（其中，截至 2018 年 12 月底全省持残疾人证残疾人为 121.1 万），占总人口比例的 7.32%，涉及家庭人口 863.6 万。

党的十八大以来，在全面依法治国的大背景下，贵州省残疾人事业法治化建设的步伐明显加快，特别是相关配套性文件大量出台实施，使各项规章制度得到有效贯彻落实，有效推动了各项残疾人工作的开展并取得长足进步。

1. 残疾人基本民生大幅改善。建立困难残疾人生活补贴和重度残疾人护理补贴制度，残疾人社会福利制度建设取得历史性突破，全省已有近 51 万人残疾人直接受益；决战脱贫攻坚，近 28 万建档立卡贫困残疾人实现脱贫；实施“百千万”创业就业工程，多形式培训残疾人 9 万余人次，新增残疾人就业 7 余万人；实施精准康复行动，23.7 万人残疾人得到基本康复服务；开展阳光助学行动，2532 名家庭经济困难的学龄前残疾儿童、2991 名在校高中（中职）和大学残疾新生得到资助救助；4463 户残疾人贫困户完成危房改造，多种方式帮助 14525 户贫困残疾人家庭进行无障碍改造；为 8554 名有需求的残疾人提供托养服务。残疾群众获得感、幸福感大幅提高。

2. 事业发展载体更加多样。特殊教育方面，2016 年，贵州特殊教育中等职业技术学校的创建，使贵州省残疾人职业教育的历史空白得以填补；残疾人康复方面，贵州省残联与贵州医科大学附属医院主动对接，寻求战略合作，联合创建贵州康复医院，残疾人康复走上“医康养”融合发展新路径。2013～2018 年，全省共投入 15.91 亿元，立项建设省市县三级康复/托养机构 149 个，将建成康复/托养床位 6500 余张。基础设施条件的改善，为事业

① 《中华人民共和国残疾人保障法》第二条规定：“残疾人是指在心理、生理、人体结构上，某种组织、功能丧失或者不正常，全部或者部分丧失以正常方式从事某种活动能力的人。残疾人包括视力残疾、听力残疾、语言残疾、肢体残疾、智力残疾、精神残疾、多种残疾和其他残疾的人。”

长远发展注入新动能。

3. 改革开放创新大跨步前进。在全国率先开展残疾人基础信息调查工作，实时掌握全省121.1万持二代残疾人证的残疾人基本状况和动态信息；充分利用贵州省大数据产业发展比较优势，运用大数据服务残疾人事业，先后创建贵州省残疾人综合信息数据库、贵州残疾人智慧服务云建设项目等，成为助推事业发展的新利器。推动“放管服”改革，在全国率先实施残疾人公共服务集中办理，开展“互联网+残疾人公共服务”。创建政府残工委年度评价机制，健全政府残工委联席会议工作制度，各级各相关部门凝共识、聚合力，善作为、求实效，极大促进了事业发展。

4. 公共财政投入大幅增加。2013~2018年，全省残疾人事业财政预算经费突破40亿元，创历史新高，比2008~2013年增长超200%；省级层面残疾人就业保障金预算支出增长336%。[①]

三 贵州省残疾人事业法治建设工作存在的问题

贵州省虽然已经颁布了一系列法规条例，但残疾人事业的专门法还比较单薄，相关领域（如残疾人康复、特殊教育）的立法还是空白，其他法律规定中的涉残立法内容少且过于零散，还未能形成一个相对完整、统一的法律体系。

（一）残疾人事业法治建设发展不平衡、不充分

贵州省残疾人事业法治建设不平衡、不充分现象非常明显。一是不平衡。主要表现在：残疾人工作部分领域的立法比较健全，但有些工作领域或问题的立法却存在缺漏甚至空白；部分领域或环节的法能够得到比较有效的实施，但多数领域或环节的法则仍停留在纸面难以贯彻落实。如，近年来残疾人脱贫攻坚的相关政策实施较好，而其他政策相对较差；贵阳市

① 周承洲：《贵州省残疾人联合会第七次代表大会工作报告》2018年7月24日。

关于残疾人免费乘坐市内公共交通的优惠政策比较好，其他市（州）推进较慢。二是法律的强制性未能充分表现出来。有关残疾人事业的法律法规短缺不仅指应该立法的没有立法，还指既有立法的规范性和可操作性不强。多数法律条款或政策措施内容上原则性的规定多，强制性的、针对性的规定少。具有指导性但内容空洞，与残疾人事业的实际相脱节，可操作性差。例如，很多条款带有“应当”“力争”“号召”“鼓励”之意，缺乏法律强制性，缺乏法律责任追究机制，也缺乏具体的惩罚措施，法律责任的约束力较差。如《贵州省职业教育条例》规定：“应当将残疾人职业教育纳入职业教育发展规划，采取优惠政策和扶持措施，为残疾人提供适宜的职业教育。”这种原则性的非强制性规定，导致具体操作和监督上的困难。

（二）残疾人事业法治建设体系不健全

一是行政救济多于法律救济，同时，行政救济主体缺失，残疾人社会保障条例执法主体不明确。残联为受政府委托开展相关残疾人工作的人民团体，不是执法主体，在实际工作中有很大掣肘。二是与上位法相对应的立法上存在滞后，这与法律供给机关和立法程序有很大关系。目前立法进程中普遍存在着立法进度缓慢，立法过程中部门利益掺杂其中，一些机构争夺权利、逃避义务，行政机关对立法的干预以及相互推诿、设置障碍等。在立法议案的起草和修改方面，情况也比较混乱。三是立法创新不足，修订、完善不及时，一些条款已不适应经济社会发展形势，跟不上经济社会发展速度，不能很好满足残疾人群众需求。例如，按现行政策规定，享受残疾人辅助器具项目补贴为“最低生活保障的残疾人和建档立卡残疾人”，现实生活中有需求的困难残疾人往往达不到上述两个条件而被项目拒之门外。其实，年人均收入 2000 元与 2001 元没有本质区别。

（三）残疾人事业法治建设法律实施不理想

一是基层残疾人工作者队伍整体素质偏低，不懂法、不用法现象突出。

尽管全省大部分县级残联设置了残疾人法律救助工作站,[①] 现实其发挥的作用不容乐观。绝大多数残联并没有专业法律人员提供专业化服务，多数通过购买服务的方式聘请专业律师担任咨询，但往往由于沟通渠道、转接机制等原因，残疾人真正需要法律救助的时候却无法得到及时有效的帮助，尤其是面对案情比较复杂、涉及面比较广、社会影响较大的案件时，这种现象尤为突出。二是实施绩效与规定的目标存在差距。例如在促进残疾人就业方面，无论是国家层面还是省级层面都有具体的要求和规定，贵州省残疾人就业办法、按比例安排残疾人就业实施办法等规章和政策也做出了详细的措施安排甚至鼓励奖励方式。[②] 实际情况是，按规定安排残疾人就业的企事业单位少之又少，达到 1.5% 用工要求的更是凤毛麟角。此外，在公务员招考、录用，国有企业招聘用工方面，歧视残疾人、拒绝残疾人的现象仍然时有发生。例如，2018 年，黔东南州一名残疾人应聘仁怀市一家龙头国有企业，在笔试、面试等各项考试都以优异成绩通过之后，却在体检环节被以“身体残疾，不适合岗位要求”为由拒绝。尽管残联为维护其合法权益与该企业进行了多次交涉，但该残疾人依然被拒之门外。

（四）残疾人事业法治建设监督体系不健全

一是监督渠道较窄。目前残疾人法治建设的执法监督主要依靠人大执法检查和政协专项调查，监督方式比较单一，监督成果运用不理想。执法检查的通报制度、责任追究制度、情况跟踪机制、整改情况评估机制等制度基本未落实。二是社会监督缺乏。残疾人群体整体受教育水平低、法律意识差，缺乏自己作为公共权力来源的权利主体的自觉和认知，参与社会监督、维护自身监督权利的意识不强。此外，作为弱势群体，残疾人往往被排除在主流

---

① 《贵州省残疾人法律救助工作站规定》规定：“残疾人法律救助工作站设在同级残联。”

② 如《贵州省残疾人就业办法》第九条规定：“用人单位按照不低于本单位在职职工总数 1.5% 的比例安排残疾人就业，并为其提供适当的工种、岗位。”第十一条规定：“公务员招考、录用，不得拒绝符合条件的残疾人报考，同等条件下优先录用残疾人。机关、团体、事业单位及国有企业应当带头安排残疾人就业；安排残疾人就业未达到规定比例的，在新招用人员时，优先招用符合条件的残疾人。”

媒体关注范围之外，社会舆论出于公共精神或维护弱势群体利益的主动参与监督动力严重不足。

四　推进贵州省残疾人事业法治建设的对策建议

党的十八大之后，中国法治建设不断向纵深推进，法治越来越成为国家各项生活的主旋律。发展残疾人事业必然要求贯彻依法治国基本方略。总的来看，贵州省残疾人事业法治建设还有很多工作要做，特别是在法律规范政策体系建设上要加大力度；此外，现有的规范或政策可操作性不强，其约束力、强制性普遍偏软、偏弱。虽然近年来贵州省残疾人事业取得了一些成绩，但是广大残疾人的生活状况仍低于社会平均水平，尚有15.01万残疾人未脱贫，小康实现程度很低；社会上侵害残疾人合法权益的现象时有发生，残疾人参与社会生活的各种障碍大量存在。可以说，残疾人仍然是全社会生活最困难、最不稳定的特殊弱势群体。针对贵州省残疾人事业法治建设及残疾人工作中存在的问题，建议从以下几方面不断进行完善。

（一）加强立法，建设相对完善的法律法规体系

党的十八届四中全会《决定》强调，要加快保障和改善民生领域的法律制度建设，并把残疾人合法权益保护列入公共服务范畴，要求不断完善和规范残疾人权益保障的法律法规。贯彻这一要求，一要针对贵州省残疾人事业底子薄、历史欠账较多的客观实际，尤其是在法律法规建设方面起步较晚、基础较差，做好贵州省残疾人事业法治建设的统筹规划，重点强化顶层设计、整体推进，推动有关法律法规的尽快出台，促进形成规范统一的残疾人法律法规体系。例如：要加快推进残疾人康复、教育等领域立法，推动实现残疾人“人人享有康复服务”的目标，不断提高残疾人学龄前和义务教育阶段入学率，加快残疾人职业技术教育发展；推动无障碍环境建设领域的立法，为残疾人参与社会生活创造良好条件。二要对现行法律法规中不适应

实际发展需要的条款进行修改完善，使其更具操作性。就业是民生之本。在决战脱贫攻坚、决胜全面同步小康的关键时期，残疾人是最底层也是脱贫难度最大的群体，如何千方百计促进就业年龄段有劳动能力的残疾人就业增收、脱贫致富，既是形势所迫，也是一个需要长期思考的时代课题。例如，要尽快探索具体路径，建立按比例安排残疾人就业公示制度、奖惩制度，促进和加强残疾人就业工作。① 三要加快建立贫困残疾人兜底保障政策。按照“应保尽保、应扶尽扶”的原则，紧紧围绕“两不愁三保障”（不愁吃、不愁穿；保障义务教育、基本医疗、住房安全）标准，努力做到“两扩面”（扩大基本康复服务和家庭无障碍改造覆盖面），将符合条件的建档立卡贫困残疾人纳入农村低保和城乡医疗救助范围，补齐贫困残疾人这个同步小康短板中的短板，确保到2020年全面建成小康社会，不让一个残疾人掉队。

（二）加强司法，切实维护残疾人合法权益

一是建设完备的残疾人法律服务体系，为残疾人群众提供及时精准、普惠+特惠、多层次、多领域、个性化的公共法律服务，使广大残疾人群众获得感幸福感安全感更加充实、更有保障、更可持续。如在残疾人信访工作中积极探索公职律师队伍建设，减少残疾人群众非正常集体上访现象，纠正“信访”不“信法”的固有观念。畅通信访渠道，加强法律服务，通过司法救助、法律援助、上门送法服务等方式，把残疾人信访、维权等工作纳入法治化轨道，保障残疾人合情合理合法诉求在法律规定和程序内得到解决。二是切实加大残疾人法律法规执行和监管力度，对有法不依的行为坚决纠正，严肃查处违法违规、知法犯法现象，依法维护残疾人各项权益，真正保障残疾人在政治、经济、社会和生活中与正常人享有同等权利。如：公安机关和检察机关应当积极查办、起诉侵犯残疾人合法权益的犯罪行为；法院在受理侵害残疾人权益案件时，应当及时审理、尽快判决，使残疾人

① 例如2016年国务院《“十三五”残疾人小康进程规划纲要》提到，“研究建立用人单位按比例安排残疾人就业公示制度。各级党政机关、事业单位、国有企业应当带头招录（聘）和安置残疾人就业。”

合法权益切实得到维护。三是司法机关应更多积极参与残疾人的普法宣传教育，通过法官以案说法、上门办案、深入社区开展残疾人普法宣传教育活动。

（三）加强监督，确保法律法规有效实施

一要充分发挥残疾人工作的运行机制，规范执法机制。各级政府残工委是残疾人工作的重要协调机构，要强化职责担当，规范议事制度，不断提高统筹协调机制效率，研究解决残疾人工作中的重大问题，在残疾人事业发展的政策、法规、规划的制定和实施方面加大督促力度，通过工作报告、督办反馈、检查评估等措施，强化落地生效；把执法任务层层分解，明确执法主体，建立健全政府残工委成员单位工作责任制，以目标责任考核推动残疾人法律法规的有效实施。二要充分发挥各级残联“代表、服务、管理”的特殊作用。残联作为“残疾人之家”，代表残疾人利益，与残疾人群众联系密切，在普法宣传、教育引导、服务管理残疾人方面有着很大优势。各级党委、政府要对当地残联组织给予特殊关照和支持，帮助残联依照法律法规开展工作，对残联承办的社会事务和专业服务项目要给予相应的特殊政策支持。残联组织要在残疾人事业法治建设中主动作为，在立法协商、建言献策、执法监督等方面发挥建设性作用。健全执法监督体系。三要不断完善法律监督体系。各级人大、政协要加强法律法规实施的监督工作，督促政府更好地贯彻执行法律法规。行政机关要带头学法、用法。从执法层面讲，加大监察力度，扩大监察范围，惩处违法行为；根据残疾人事业法治建设需要，与时俱进地对现有残疾人法律法规进行评估，让法律法规更好地为残疾人事业发展提供支撑和保障；加大社会监督力度，增强社会公众、社会团体、新闻媒体的监督意识、监督自觉，发挥其最广泛的监督作用。

（四）转变理念，残疾人事业应从“人道”走向“法治”

中国残疾人事业勃兴于人道主义思想。中国残联主要创始人邓朴方在其《人道主义的呼唤》一书中指出，“人道主义是残疾人事业的旗帜，是调节

人际关系的准则。”① 诚然，人道主义思想在残疾人事业发展初期起到重大作用，人道主义精神到现在也还在为全社会关注弱势群体、关注残疾人生存状况鼓与呼，但随着时代的发展，随着国家各项事业法治化建设进程的推进，单纯以人道主义来支撑整个残疾人事业的发展，其力度是有限的，其局限也是有目共睹的。从广义上讲，人道主义是一种道德规范，其性质属于社会精神文明的范畴；② 法律则是国家政治文明的内容；道德是非正式的行为规范，源于人的内心外显于人的行动，它的约束力是比较弱的；法是正式的强制性的行为规范，以国家为后盾，具有强约束力。中国特色残疾人事业已经发展到法治化、制度化、规范化阶段，不能仅仅依靠一时政策或慈善机构、社会人道主义的扶助，甚至一些领导人的个人魅力来发展，而应纳入法治轨道，通过法制来保障。从人道主义到法治保障，是残疾人群体从被动等待救济到主动维护自身权益的质的飞跃。只有将残疾人事业纳入国家法治化建设大局，才是其长远、健康、正规发展的必由之路。法治为主、人道为辅是残疾人事业未来发展的必然选择。这个选择源于现代法治文明，这个选择源于残疾人事业发展的现实需要，这个选择也必将帮助残疾人事业更好融入法治中国建设的战略大局。

---

① 邓朴方：《人道主义的呼唤选编》，华夏出版社，2016，第35页。

② 邓朴方：《人道主义的呼唤选编》，华夏出版社，2016，第65~66页。

B.6

贵州省基层法院一审民事案件变化趋势与对策研究

王怀勇　丁　杰*

摘　要： 本文将贵州省基层法院一审民事案件的整体情况作为研究对象，以案件的数量、案件以民事案由分类的组成结构比例、贵州省基层法院民事法官数量等数据作为分析基础，归纳各类民事案件的增长趋势和主要增长的案件类型，并以实证分析为主要的研究方法，厘清"案多人少"状况存在的原因和导致其发展的主要矛盾，进而提出具有可操作性的解决方案。

关键词： 定量分析　结构分析　定性分析　案多人少

一　贵州省民事第一审案件统计

根据《中华人民共和国民事诉讼法》（以下简称《民诉法》）的规定，我国民事诉讼的业务类型除了民事一审、二审程序外，还包括民事审判监督程序、特别程序、公示催告程序、督促程序和破产程序等。在表1中，笔者对贵州省2014～2018年民事案件数量进行了统计，将民事案件的业务类型分为第一审、第二审民事案件和其他业务类型案件，其他业务类型案件包含了除第一、第二审程序以外的所有业务类型的案件数量（见表1）。

---

* 王怀勇，法学博士，西南政法大学教授，博士研究生导师，研究生院副院长；丁杰，贵州省贵阳市观山湖区人民法院审判员，西南政法大学2015级法律硕士。

表1　贵州省基层法院一审民事案件数量在民事案件总数中所占比例

年份＼项目	贵州省民事案件数量(件)	第一审案件(件)	第二审案件(件)	其他业务类型案件(件)	民事案件中一审业务占所有业务的比例(%)
2014	174511	153275	15825	5411	87.8
2015	231717	201233	22299	8185	86.8
2016	281104	239831	27154	14119	85.3
2017	350203	276684	32538	40981	79.0
2018	394494	329489	37034	27971	83.5

资料来源：贵州省高级人民法院案件管理系统统计分析。

从表1可以看出，二审案件和其他业务类型的案件在所有民事案件中所占的比例相对较小，第一审民事案件占到所有案件类型的绝大多数，因此，研究一审民事案件对于整个民事审判业务具有重大意义。

二　贵州省基层法院民事一审案件定量分析

根据《民诉法》第十八条规定，我国第一审民事案件主要集中在基层人民法院，当第一审民事案件情况发生变化时，主要压力将由基层人民法院承担。2014～2018年，全省法院第一审民事案件总量持续上涨，五年间民事一审案件总量增长了2倍以上，其中97%以上案件由全省89家基层法院承担（见表2）。

表2　贵州省基层法院一审案件数量在全省一审案件中所占比例

年份＼项目	贵州省三级法院一审民事案件数量(件)	贵州省基层法院一审民事案件数量(件)	基层法院占全省三级法院一审案件的比例(%)
2014	153275	151379	98.8
2015	201233	195210	97.0
2016	239831	233913	97.5
2017	276684	271232	98.0
2018	329489	324435	98.5

根据《关于司法体制改革试点若干问题的框架意见》[①] 对司法改革工作要求，在贵州省其主动争取下，贵州成为司法体制改革第一批试点省份，与此同时，员额制法官制度改革也提上了日程。在此大背景下，贵州省基层法院法官数量在 2017 年和 2018 年都有所下降，而案件数量却在逐年增加，双重影响给审判工作带来了巨大挑战。据统计，2014～2018 年贵州省基层法官年人均分配案件数量上涨了 2. 8 倍，其比例实际上要高于基层法院一审案件总量的增长比例（见表 3）。

表 3　贵州省基层法院一审法案五年间的收案情况变化

项目 / 年份	贵州省基层法院民事一审案件数量(件)	贵州基层法院法官数量(人)*	基层法院年人均分配案件数量
2014	151379	2444	62. 0
2015	195210	2560	76. 3
2016	233913	2569	91. 1
2017	271232	2131	127. 3
2018	324435	1864	174. 1

* 法官数量统计来源于贵州省高级人民法院案件管理系统统计分析中的“承办人”筛选，按实际办理了案件的法官进行统计，可能与其他统计口径数量有所差异。

表 3 数据是贵州省近 5 年来全省基层法院年人均法官分配案件统计，该数据反映了全省基层法院所面临的巨大审判压力。按传统办案模式，对于每个民事案件，法官与书记员需要共同完成当事人通知、传票送达、证据交换、调查取证、开庭审理、制作裁判文书以及裁判文书送达等一系列程序，如果其中涉及保全、担保程序还需要制作相应文书并完成对应工作。按此工作模式，2018 年年人均收案数量已经超出了大多数法官承受范围。然而更严重的是，部分基层法院该项指标还要远超全省平均水平（见表 4）。

① 由中央全面深化改革领导小组第三次会议审议通过。

表4　2014～2018年年人均分配案件数量最多的5个基层法院统计数据

项目 / 序号	法院名称	案件总量（件）	法官人数（人）*	人均案件分配量（件）
2014年				
1	贵州省盘州市人民法院	4731	33	143.4
2	遵义市汇川区人民法院	3707	27	137.3
3	遵义市红花岗区人民法院	5189	39	133.1
4	贵阳市观山湖区人民法院	2588	20	129.4
5	六盘水市钟山区人民法院	4211	34	123.9
2015年				
1	遵义市汇川区人民法院	4892	25	195.7
2	贵州省盘州市人民法院	5160	29	177.9
3	贵阳市观山湖区人民法院	3884	22	176.5
4	六盘水市钟山区人民法院	5467	35	156.2
5	贵阳市云岩区人民法院	7557	50	151.1
2016年				
1	贵州省盘州市人民法院	6023	32	188.2
2	遵义市汇川区人民法院	5526	31	178.3
3	贵阳市云岩区人民法院	8574	49	175.0
4	贵阳市花溪区人民法院	5008	30	167.0
5	黔西南州兴义市人民法院	6581	44	149.6
2017年				
1	贵阳市南明区人民法院	13015	55	236.6
2	黔西南州兴义市人民法院	8926	39	228.9
3	遵义市汇川区人民法院	5726	26	220.2
4	贵阳市花溪区人民法院	6082	28	217.2
5	贵阳市观山湖区人民法院	7067	33	214.2
2018年				
1	黔西南州兴义市人民法院	10655	32	333.0
2	贵阳市白云区人民法院	7894	25	315.8
3	贵州省仁怀市人民法院	7766	25	310.6
4	贵阳市花溪区人民法院	7526	25	301.0
5	贵阳市观山湖区人民法院	8573	30	285.8

*法官数量统计来源于贵州省高级人民法院案件管理系统统计分析中的“承办人”筛选，按实际办理了案件的法官进行统计，可能与其他统计口径数量有所差异。

表4展示了2014～2018年年人均分配案件数量最多的5个基层法院的统计数据，在这五年间排名前五位的法院有所变化，但不影响我们感受基层法院所承受的与日俱增的办案压力。从数据中得知，2014～2015年与2016～2017年被统计法院的年人均分配案件数都发生了较快增长，但是到2018年，增长数据超过了2015年与2017年度，是近几年最快的一年，结合表3的数据我们可以得知，全省基层法院2018年的年人均办案量也是近几年内最快的，如果该趋势持续下去，全省大部分基层法院可能都难以应对数量增长如此快速的审判工作。表4还显示一个趋势，全省将有越来越多的基层法院面临“积案难消”的风险，当案件的增长速度超过法院的办案能力，没有审结的案件就会成为旧存案件，累积到下一年度，形成案件越积越多的恶性循环。从贵州省高级人民法院（以下简称“省高院”）统计数据可以看出这一问题严重性，表5是2018年年终统计有超过500件案件未结的基层法院数据（包含所有业务类型的民事案件，见表5）。

表5　2018年年终统计有超过500件案件未结的基层法院数据统计

法院名称	2018年1月1日至2018年12月31日收结存统计(民事)					
	合计	结案率(%)	旧存	收案	结案	未结
贵州省凯里市人民法院	8187	70.5	334	7853	5772	2415
贵阳市观山湖区人民法院	8752	83.15	1700	7052	7277	1475
黔西南州兴义市人民法院	11326	90.76	628	10698	10279	1047
遵义市红花岗区人民法院	13676	93.7	442	13234	12814	862
六盘水市钟山区人民法院	5193	85.69	179	5014	4450	743
毕节市七星关区人民法院	10346	94.76	404	9942	9804	542
贵阳市南明区人民法院	16329	96.81	832	15497	15808	521

积案难消、新收案件增长速度过快的双重影响肯定会导致基层法院案件的审理周期变长，为了不超过审限，部分基层人民法院违规扣除审限问题在所难免。同时，解决纠纷的时间过长还会造成社会矛盾积累，这也必将影响人民生活的安定团结和社会经济的稳定发展。

三　基层法院民事一审案件结构分析

为什么近几年基层法院民事一审案件数量会迅速增长？找出导致案件快速增长的原因是破解“案多人少”难题的必要条件。民事案件数量的多少由当事人之间选择民事诉讼作为社会纠纷解决途径的数量决定。社会纠纷是社会关系主体参与社会关系过程中发生的矛盾，无论是个人、群体、社会或国家各自或相互之间的关系都被统称为社会关系，当主体间的社会关系需要法律调整时就被称为法律关系。法律关系是通过法律调整社会关系而形成的一种关系，例如民事法律关系指的就是通过民事法律规范调整而形成平等主体间的财产关系和人身关系的总称，民事案由则是对法院所审理的民事案件的法律关系性质进行概括所形成的案件名称。① 所以将案件用民事案件案由进行分类统计，这样不但可以让我们一窥社会关系出现的变化，而且能够帮助我们探寻“为什么近年来贵州省基层民事一审案件数量迅速增长”这个问题的答案。

2007 年最高人民法院（以下简称“最高院”）审判委员会在《民事案件案由规定》（以下简称《案由规定》）中首次规定了民事案由，并在 2011 年颁布的《最高人民法院关于修改〈民事案件案由规定〉的决定》对部分案由做出了修正，所有 2014 ~ 2018 年贵州省基层法院民事一审案件所适用的案由依据均来源于新修订的《案由规定》。根据《案由规定》，我国的案由共有四级组成，第一级案由 10 类②、第二级案由 43 类、第三级案由 424 类和第四级案由 367 类。根据《最高人民法院印发〈民事案件案由规定〉的通知》规定的第四部分第一条的精神，用民事案件

① 孙佑海、吴兆祥、黄建中：《2011 年修改后的〈民事案件案由规定〉的理解与适用》，《人民司法》2011 年第 9 期，第 28 ~ 34 页。

② 10 个一级案由分别是人格权纠纷，婚姻家庭、继承纠纷，物权纠纷合同、无因管理、不当得利纠纷，知识产权与竞争纠纷，劳动争议、人事争议产权，海事海商纠纷，与公司、证券、保险、票据等有关的民事纠纷，侵权责任纠纷。

案由立案时，应当使用该类案由中最后一级的案由，例如有第四级案由的，立案时应当使用第四级案由，只有没有规定下级案由或下级案由不能适用于实际案件时才能使用上一级案由，如适用第三级案由，以此类推。在近年来贵州省民事一审案件中，基层法院使用不同案由进行立案的数量统计如表6

表6　2014～2018年贵州省基层法院使用过的民事案件案由种类数量统计

单位：类

项目＼年份	2014	2015	2016	2017	2018
民事案件案由种类数量统计	362	366	366	352	354

对于贵州省基层法院使用的案由类型需要做如下说明。一方面，根据《中华人民共和国民事诉讼法》第十八条及其司法解释规定，知识产权类案件在管辖方面与其他案由类型案件有所不同，知识产权类案件涉及了级别管辖、地域管辖和指定管辖问题，结合省高院关于“贵州开展知识产权案件集中管辖试点”工作安排，贵州省知识产权案件由贵阳市中级人民法院和遵义市中级人民法院办理；另外根据最高院的司法解释①，《中华人民共和国反垄断法》规定的垄断行为及《中华人民共和国反不正当竞争法》第五、九、十、十四条规定的不正当竞争行为由规定的中级人民法院或最高法批准的基层法院管辖，同时也因为经济法类案件较多适用行政程序进行裁决，所以此类案件在贵州省基层法院的司法实践中较少涉猎。另一方面，贵州省属于内陆省份，所辖范围内没有海洋资源，因此海商海事纠纷类民事案件也寥寥无几。因此这两类案由的案件在贵州省基层法院统计中很少能见到。

① 《最高人民法院关于审理因垄断行为引发的民事纠纷案件应用法律若干问题的规定》第三条与《最高人民法院关于审理不正当竞争民事案件应用法律若干问题的解释》第十八条。

表 7　2014～2018 年贵州省基层法院一审案件中 10 类一级民事案件案由归类数量统计

项目＼年份	2014	2015	2016	2017	2018
案件总数	151379	195210	233913	271232	324435
相加总数	150884	194858	233604	271213	324432
人格权纠纷	4422	4978	4807	4774	4582
婚姻家庭、继承纠纷	52551	59126	63105	68040	71756
物权纠纷	8731	10726	10849	12181	11782
合同、无因管理、不当得利纠纷	63298	93572	123930	151599	201301
知识产权与竞争纠纷	8	7	2	2	6
劳动争议、人事争议产权	6561	8879	10184	10689	8678
海事海商纠纷	1	1	0	0	2
与公司、证券、保险、票据等有关的民事纠纷	1727	1759	1813	2318	3200
侵权责任纠纷	13147	15374	18586	20931	22344
适用特殊程序的案件	438	436	328	679	781

表 7 是按照最高院规定的第一级案由对贵州省 2014～2018 年所有案件进行的分类统计，其中“案件总数”项是由省高院数据库直接统计的案件数量，“相加总数”项是以本年度 10 类第一级案由分类统计的数量相加所得的案件数量，两者之间存在差值的原因是由于法院立案庭在立案时无法将需立案的案件案由与《案由规定》相关民事案件案由的最后一级对应，所以使用了上一级案由，如 2014 年就存在以第一级案由“劳动争议、人事争议”立案的情况。2014～2018 年“案件总数”与“相加总数”数量之差来看，两数差距在逐渐缩小，从 2014 年相差 495 件到 2018 年的 3 件，可以说贵州省基层法院在使用《案由规定》进行立案时，表现得越来越专业和熟练。

从表 7 所展示数据中可以看出，在贵州省基层法院民事案件案由类型中数量最多的两类案件是合同、无因管理、不当得利纠纷（简称“第四类案件”）和婚姻家庭、继承纠纷类案件（简称“第二类案件”），但是两类案件数量增长速度却是不同的。第四类案件每年数量增长都在 27000 件以上，2017～2018 年更是达到 49702 件。而第二类案件数量增长最多年份是 2015

年，共计增长6575件，而2018年和2016年增长均未超过4000件。为更直观观察各项民事案件案由在案件总数中所占比例，笔者以“相加总数”项目作为案件总数基数，计算各项案由案件数量在案件总数中所占比例（见表8）。

表8　2014～2018年贵州省基层法院一审案件中10类一级民事案件案由归类数量比例统计

单位：%

项目＼年份	2014	2015	2016	2017	2018
统计总数	150884	194858	233604	271213	324432
人格权纠纷	2.93	2.55	2.06	1.76	1.41
婚姻家庭、继承纠纷	34.83	30.34	27.01	25.09	22.12
物权纠纷	5.79	5.50	4.64	4.49	3.63
合同、无因管理、不当得利纠纷	41.95	48.02	53.05	55.90	62.05
知识产权与竞争纠纷	0.01	0.00	0.00	0.00	0.00
劳动争议、人事争议产权	4.35	4.56	4.36	3.94	2.67
海事海商纠纷	0.00	0.00	0.00	0.00	0.00
与公司、证券、保险、票据等有关的民事纠纷	1.14	0.90	0.78	0.85	0.99
侵权责任纠纷	8.71	7.89	7.96	7.72	6.89
适用特殊程序的案件	0.29	0.22	0.14	0.25	0.24
总计比例	100	100	100	100	100

从表8中可以看出，第四类案件在所有案件中所占比例逐年增长，在2016年超过了50%，到2018年更是达到所有案件的62.05%，这类案件无疑是所有基层法院应当高度重视并认真研究的案件类型，审理好该类案件，是解决“案多人少”问题的决定性因素。在第四类案件比例迅速增长的影响下，其他类型案件比例通常都有所下降，第二类案件也是如此，但是该类案件数量庞大，也需要基层法院给予足够重视。除以上两类案件外，在其他案件类型中，还值得引起注意的是与公司、证券、保险、票据等有关的民事

纠纷类案件（以下简称“第八类案件”），该类案件虽然在2014~2016年3年间所占比例有所下降，但是在2017年和2018年其所占比例又开始上升，同时该类案件并非狭义的民事案件，其属于商事案件，在我国大多数学者倡导民商合一的理论背景下，商事案件也被纳入民事案件一类中。对于大多数基层法院法官来说，相比民事纠纷，其对商事纠纷会相对陌生。在商事案件数量和比例逐年增加情况下，相关法院应当加强此方面专项培训，以帮助基层法院法官应对不断增加的商事纠纷。

四　基层法院民事一审案件定性分析

通过上述数据和结构分析，我们可以对基层一审民事案件基本情况做进一步归纳总结，尝试找出与该案件有关的规律性特征。

第一，基层法院“案多人少”的矛盾普及化。近年来，基层法院办案压力不断增加，以年人均办理150件案件为参数①对比2014~2018年全省基层法院数据，2014年没有法院达到该标准；2015~2016年有5家；2017年有18家；2018年有43家。从2018年统计数据来看，年均分配案件超过100件的法院已达到69家，在未来几年内年人均分配案件数量超过150件的法院数量有继续增加趋势。随着各地基层法院法官办案压力增加，各地法院办案法官办案量将趋于饱和，很难再抽出空闲的法官支援其他法院。

第二，案件数量增长类型单一化。据统计得知，基层一审民事案件数量主要增长就来源于第四类案件，该类案件在贵州省基层案件总数中所占比重逐年上升，2018年已达到所有案件的六成以上，该类案件所适用法律规范主要包括《中华人民共和国合同法》及其他相关法律及其司法解释。在贵州省整体经济持续向好，市场经济体制不断完善和发展的背景下，当事人之间交易行为会越来越普遍，主体双方之间发生纠纷概率也就越大，相信在未来几年，该种趋势还将持续。对于基层法院来说，其应当为努力维护市场主

① 贵阳市观山湖区人民法院以年人均办案量150件为最低标准。

体的合法权益，为市场公平交易提供法律保证。

第三，商事纠纷越发普遍化。随着企业登记制度改革、公司注册资本登记制度改革的推进，大量企业、公司等商事主体不断进入市场，基层法院商事案件数量也随之增多。对于贵州基层法院，商事纠纷增加是近几年的事，法院许多法官不熟悉这方面规则，需要重新学习，在此方面法院应该给予必要支持。

第四，新业态[①]纠纷频发常态化。在贵州省，近年来最常见的新业态主要包括互联网金融、网约车和电商平台经济等商业形态。新业态下，传统民事纠纷有了新形态，以互联网金融为例，传统民间借贷与互联网的结合催发了网络借贷平台诞生，“现金贷”、“校园贷”以及“手机贷”等贷款模式都是依托网络借贷平台而产生的。民间借贷纠纷在第四类案件中占有一定比重，其新模式带有很强的欺诈性，例如网络借贷平台为规避《最高人民法院关于审理民间借贷案件适用法律若干问题的规定》（以下简称《民间借贷若干规定》）的相关要求，经常使用“砍头息”“日息”“管理费”等经营方式混淆民间借贷最高年利率的计算，基层法官要认真学习新事物，增强辨别力，做好应对新业态带来的新案件情况的准备。

当然，基层法院的案件还有许多规律性问题需要我们归纳、总结，例如民事案件案由中包含了经济法类案件，然而两者在法律理念、法律原则、追求价值和最终目的等方面都存在着巨大差异，虽然经济法类案件在贵州省基层法院出现频率还很低，但随着经济发展，必然会产生更多宏观调控法和市场规制法方面纠纷，如何面对这些纠纷将是一个不可回避的话题。

五　贵州省基层法院民事一审案件数量快速增长的对策

（一）基层法院在民事一审案件审判实践中的创新经验

为应对案件数量快速增加，各地法院采取了多种措施，以观山湖区人民

① 新业态是指基于不同产业间的组合、企业内部价值链和外部产业链环节的分化、融合、行业跨界整合以及嫁接信息及互联网技术所形成的新型企业、商业乃至产业的组织形态。

法院（以下简称“观法”）为例，为应对金融类案件快速增长，“观法”设立了绿色金融法庭，针对类型化案件（金融纠纷类）的特点设立专门的审判模式。首先，立案方面，绿色金融法庭采取登记立案前置方式，对立案时当事人不明的案件，统一时间到公安机关查询，帮助原告查明相关信息，统一指导其完善立案信息，规范立案资料。其次，在送达方面，绿色金融法庭采取送达地址确认前置、送达效力确认的方式，引导金融企业与相对方在签订金融合同时就相互确认送达地址，当一方当事人起诉到法院后，法院可直接以双方约定的地址进行送达，避免因送达问题耽误诉讼周期。再次，统一裁判标准，针对金融类案件借贷双方对借款利息约定混乱情况，绿色金融法庭会对辖区内金融机构或其他涉案机构主动释明法律规定，以《民间借贷若干规定》利率标准作为审判依据，协调双方在合法合理的前提下下调过高利率，促成双方达成调解。最后，使用令状式判决书，贯彻简案快审、繁案精审的方针，对案件事实清楚、标的额不大的案件适用令状式判决书，精简判决书的写作为法官减负。

通过采取上述措施，观法绿色金融法庭在2018年1～8月只有2名法官、9月与12月各增加一名法官的审判条件下，在2018年一年共计审结了2082件民事一审案件，大大减轻了全院的审判负担。

（二）对解决“案多人少”矛盾的一些思考

对于基层法院来说，“案多人少”矛盾的主要方面在于“人少”。通过统计分析可以看出，贵州省各个法院之间法官的平均分配案件数还是存在一定差距，如果能够调配各个法院法官的人数，达到法院之间的平衡，确实可以减轻许多积案过多法院的压力，但是，在实际操作中却困难重重。员额法官数量较少是因为该资格的获取要符合严格的规定，根据《中华人民共和国公务员法》规定，基层法院在编人员要在规定编制和职数限额以内；《中华人民共和国法官法》规定审判员资格需要获得本地人大常务委员会任免；根据司法体制改革精神，员额法官需要得到省高院任命，并且数量不能超过全省法院在编人员的33%，部分“案多人少”的地区基层法院可以适当超过该比例。但是如上分析所述，“案多人少”的矛盾有普及化的趋势，当全省法院都面临“案多人少”矛盾时，法院的员额法官数量面临着两重枷锁，在保证本地区公务员编制和职数符合组织部门规定的前提下，还要确保员额法官比例在法院整体编制的33%以内。在上述规定条件下，通过调整个别法院的法官到其他法院任职以达到各个法院法官办案数量的平衡将遇到重重困难。

化解“人少”方面问题，还有两个办法，一是提升法官办案能力和办案效率，二是为审判工作减负。个人能力提升在于长期不断地学习锻炼，并非是行政命令能够实现的，寄希望于提高法官审判效率，解决“案多人少”问题可操作空间较小，并且难以普遍推广。所以，可行方法只有为审判工作减负。

为审判工作减负通常有两种思路，分离办案业务和简化案件审判工作。分离办案业务很好理解，审判业务可以分为核心业务和辅助业务，核心业务包括开庭审判和制作审判文书，辅助业务则是指办案过程中包含的文书送达、开庭记录、卷宗装订等非核心业务，将核心业务与辅助业务分离，让审判人员专心于核心业务，减少审判人员负担。简化案件审判工作主要包括庭审流程简化、审判文书制作简化两个方面。为审判工作减负面临的最大问题是如何处理效率与公正之间矛盾的问题，公正是司法的生命，为了效率放弃公正当然不可取，但是效率问题处理不好又容易滋生其他矛盾，如何平衡公正与效率两者的关系，是为审判工作减负必须处理好的问题。实践中，各级法院对分离办案业务和简化案件审判工作都做过多种尝试，如最高院为简化判决书制作而创作的令状式判决书和表格式判决书，“观法”聘请法务外包公司承担司法辅助业务等，都是为审判工作减负的尝试。

解决“案多人少”的矛盾，我们要看到它严峻性的一面，同时把握好全省基层法院的基本形式，勇于尝试一些新的办法，努力做到平衡法官的人均办案数量，提升法官的审判效率，减轻其工作负担。

B.7
贵州城镇化进程中推进民族工作法治化研究

张 帆 周家洪*

摘 要： 民族工作是实现民族地区社会和谐稳定的重要保障，是建设中国特色社会主义伟大事业的政治基础。随着贵州城镇化进程的加快推进，促使民族工作的对象和情势也发生了变化，呈现了新问题。鉴于此，本文以贵州省民宗委推进民族工作法治化建设为研究视角，注重发现贵州城镇化进程中民族工作目前面临的主要问题，在符合法治化建设框架内，提出贵州推进民族工作法治化建设的有效路径，以实现贵州民族工作的实效。

关键词： 贵州 城镇化 民族工作法治化

引 言

随着城镇化的深入推进，贵州各少数民族之间的人口流动日益加剧，交往程度日益频繁，这使贵州民族工作更加复杂。资料显示，贵州省民宗委虽然在积极推进依法治理民族事务，加快民族法治建设，严格依法开展民族工作，依法维护和保障各族公民合法权益，实现各民族团结、

---

* 张帆，法学博士，贵州民族大学法学院教授，博士生导师，主要研究方向为法理学、中西方法律思想史等；周家洪，法学硕士，现任中共安顺市平坝区委组织部常务副部长。

社会稳定等方面有一定的措施，但在民族工作法治化建设方面还面临新的问题与挑战。

当然，贵州是一个具有多民族特色的省份，民族之间事务烦琐、民族工作复杂，了解并熟知多民族事务这一基本省情尤为重要。正确处理城镇化进程中贵州的民族问题，是落实国家民族政策的具体体现，是维持贵州省内各民族间团结互助、和平相处以及各民族共同发展的基石。为此，本文以贵州省民宗委如何推进民族工作法治化为视角，注重发现贵州城镇化进程中民族工作目前面临的困境，在符合法治化建设框架内，提出贵州城镇化进程中，有利于民族工作法治化建设的合理途径。

一　城镇化进程中开展民族工作需要增强法治化

城镇化是当今经济社会发展的产物，它体现着社会形态稳健高层次的发展，城镇化作为各民族经济社会现代化发展的必由之路，是政治文明、社会进步、文化交融和生态文明建设发展的动力。就贵州而言，多民族文化、多“山地”结构是省情，强化生态人文特色的彰显，决定了贵州只能走集约型道路，只能走多样化的山区绿色城镇化道路。按照省委省政府的部署，在全省范围内重点打造“100 个产业园区、100 个特色示范小城镇、100 个城市综合体”。逐步健全全省各城市的基础设施建设，优化全省各城市的交通路网建设，强化各城市的城市综合承载力和辐射带动力。逐步解决城镇分布与生态、扶贫需求之间的空间错位；产业结构调整对城镇化的推动效应；人口转移与城市承载的矛盾等。实施城镇化带动主战略，以城市群和城镇组群为主体形态，坚持以“人”的城镇化为根本，稳抓质量关，实现城镇化的快速转型，以城镇化带动进程中的体制机制改革为动力，为全省经济社会发展提供强劲动力。可见，城镇化是实现民族繁荣富强的发展模式。

然而，调研资料显示，党的十八大以来，随着贵州城镇化的进程逐步加快，贵州各少数民族间人口流动加快，居住格局逐渐分化，分散杂居的民族居住和聚居的新格局与新特点逐步显现，少数民族间交往愈来愈频繁，进而因文化、风俗、信仰不同所带来的民族关系问题愈演愈烈，民族事务处理及社会交往中矛盾和冲突显而易见。例如，在医疗、教育、社保和就业等民生问题处理上，要综合认识到诸如信仰、禁忌等相关的民族因素，这对民族区域治理增加了不确定性，如果在涉及需要民族调解的问题时，个别常态化问题处理不当进而引发民族纠纷问题，必将给民族区域的和谐稳定埋下隐患。当地区域的民族工作方式和举措已不能适应新形势下民族工作发展的需要。因此，作为党和政府要开展的一项重要民生工作——民族工作对国家及社会发展与民族间和谐稳定具有重要的作用。我们应当适应时代发展、拓展思路，结合社会与国家的发展大计积极推进民族工作法治化建设，积极探索实践，为推进省内各民族平等团结互助繁荣奠定坚实的政治基础。

二　贵州城镇化进程中民族工作法治化现状及问题

随着贵州城镇化的快速推进，贵州各民族之间的人口流动和交往渐趋频繁，然而由于少数民族聚集，各民族人员的意识形态、民族风俗、日常生活和宗教信仰等方面有着各自的特点和差异，在日常交往中造成了矛盾和冲突，尽管如此，贵州省民宗委在城镇化带来的利益格局存在分化与调整的过程中，采取不同举措积极推进民族工作法治化建设。

（一）贵州城镇化进程中民族工作法治化现状

（1）维护党中央权威，以贵州省委、省政府部署要求统领民族宗教工作。贵州省委、省政府要求全省上下，积极加大贵州省各民族共同繁荣发展示范区的投入，争取早日脱贫致富，充分发挥各方优势，全心全意致力于全面建成小康社会的蓝图。依法贯彻落实《贵州省宗教事务条例》，强化宗教关系和谐示范区建设与发展，提高宗教工作法治化水平。

（2）强化省域内法治教育建设，提高法制人员执法能力。积极调动省民宗委系统相关的一切媒体平台，利用媒体在民族宗教法治上积极宣传，开拓进取，稳抓民族宗教法治宣传的有利条件，进而使民族宗教工作成为全社会关注的焦点问题，为民族宗教工作法治化建设增砖加瓦，营造良好的社会法治环境。有组织有目的地开展相关法治专题讲座，增强民宗委系统人员的法律知识教育，促进其法治理论、宪法及法律法规的学习，以增强其法治素养。严格执行省域内行政执法人员的岗位培训。

（3）积极履行依法行政工作职责，推进民族宗教工作法治化进程。当前和今后，全省要加大力度，逐步使域内民族成分标准化、数据化管理，并对搬迁外来少数民族人员进行区域化试点工作。贯彻落实《贵州省民族团结进步条例》的指示精神，为民族宗教工作法治化建设打下坚实基础。革故鼎新，积极推进《贵州省民族乡保护和发展条例》实施，并且深入开展《贵州省宗教事务条例》修订调研工作，适时推广“双随机一公开”监管方式，制定宗教事务依法行政相关规范性文件，全面推行“一个窗口办理、限时办理、规范办理”的行政审批事项，推动省内各民族团结协作发展、创建活动的深入实施。

（4）加快构建依法决策机制，坚持公正文明执法制度。贵州全省各行政部门要加大力度建立好资格动态管理制度，落实行政执法人员持证上岗。在未通过各执法部门组织的相关执法资格培训、执法资格考试人员，禁止其参与有关执法任务及执法行动。为保障贵州全省各民族群众的切身权益和各民族群众的宗教合法利益，省委省政府强调，必须从源头上预防和减少社会矛盾的发生，以维护省域内社会稳定，规范省域内社会稳定风险评估，结合贵州省民族宗教工作部门职能职责，亟须制定《贵州省民族宗教工作部门重大事项社会稳定风险评估实施办法（试行）》。

（5）强化行政权力的制约和监督，有效化解社会矛盾纠纷。加快落实中共中央国务院印发的《法治政府建设实施纲要（2015～2020年）》要求，逐步贯彻落实法治贵州建设。贵州省委省政府要求提高政府工作人员法治思维和依法行政能力，完善依法行政制度体系，制定《贵州省民宗委新闻发布制度》，其目的是强化对行政权力的制约和监督，严格规范执法人员公正文明执法，有效化解各民族间存在的矛盾纠纷。当然，做好群众最关切热点敏感问题的舆论引导，积极宣传和引导群众通过法律途径分类处理有关诉求，积极推进行政调解工作，让各族群众在法治框架内解决各类矛盾纠纷，积极推进行政决策科学化、民主化、规范化和法治化建设。

（二）贵州城镇化进程中民族工作法治化存在的主要问题

尽管贵州民宗委在城镇化进程中严格依法开展民族工作，为实现各民族大团结等方面有一定的成绩，但通过调研资料，我们还能清晰感受到贵州民宗委在推进民族工作法治化建设方面还存在问题。

（1）法治宣传力度不够。习近平曾强调，要坚持把全民普法和守法作为依法治国的长期性、基础性工作来对待，为此，贵州民宗委能深刻认识到，民族工作法律法规的宣讲不仅是地方政府公共服务职能中的一项，而且也是实现民族工作进入法治轨道的重要举措。地方政府在履行相应的公共职能时，发现一些少数民族政法干部和群众对民族工作法治化的认知有所淡化，在某种程度上降低了民族工作法治建设在实际应用中的执行力度。

（2）地方配套立法力度不够。在加速城镇化建设进程中，贵州省委省政府、贵州省民宗委积极加强民族工作法律法规体系建设的新目标新要求非常明确。在这个大背景下，贵州省民宗委新修订了《宗教事务条例》审议并通过了《黔东南苗族侗族自治州立法条例》《黔南布依族苗族自治州立法条例》，同时要求各州民宗局结合实际，起草了一些民族工作条例。如黔西南州制定了《黔西南布依族苗族自治州殡葬管理条例（草案）》、《黔西南布依族苗族自治州实施〈贵州省矿产资源管理条例〉办法（草案）》、《黔西南布依族苗族自治州城乡规划条例（草案）》、《黔西南布依族苗族自治州种草养畜条例（草案）》、《黔西南布依族苗族自治州教育条例（修改草案）》等立法计划。尽管如此，贵州民族事务治理法律法规体系还不够完善，缺少操作性强且具有补充完善地方立法的配套条例，目前已有相关配套立法条例的质量有待提高，同时结合地方民族特殊性需求的规范性条例滞后等。

（3）规范执法行为不够。调研显示，贵州民族事务具有突发性、复杂性和多变性的特点，民族事务的矛盾焦点主要集中在经济领域、文化权益保障领域等。执法过程处理不当，便会由简单的社会治安管理问题上升为敏感的民族问题，极易引发社会关注，无形之中也会加大治理民族事务的压力。办案规范化建设方面，各种违法证据标准的制定不太严格，办案流程管理机制不够完善，办案调查研究方面力度不够，案件回访、案件跟踪工作方面出现人手不够等。与之相匹配的执法队伍在如何正确利用法治思维和法治方式，如何善于用法处理民族事务的执法行为有待规范。

（4）频繁人口流动增加社会治理的难度。贵州目前处于大开发期，随之更多的乡村人口大幅度涌入城市工作居住，新涌入人员往往无固定工作、流动性强，且难以规范管理，对城市治安稳定问题增加了更大的考验。相应的一些进城务工人员往往技术能力或学历水平较低，他们常常难以适应城市较高的工作要求，致使其在心理上对城市向往的强烈反差，严重时激发其对社会的不满情绪。部分少数民族人员偷换概念，把个人在社会生活中遇到的社保、就业待遇等民生问题混淆概念，进而扩大上升到民族关系高度，站在民族关系的高度来看待、处理此类社会民生问题。因此，难免会造成事态升级并触发民族群体性事件，在较大程度上影响区域治安管理，阻碍社会发展进程。

除上述问题外，在贵州城镇化进程中，因为少数民族社区的改造、墓地迁移、宗教场所迁移以及民族饮食习惯等问题，还会引发一些矛盾和纠纷，由于各少数民族间存在各自不同的宗教信仰，同样会因民族不同使其信仰及风俗禁忌产生矛盾冲突，在日常活动及社会活动中产生不可避免的冲突。与此同时，境内外个别敌对势力煽动和利用不明真相的少数民族群众利用各种借口制造动乱，抨击和污蔑我国的民族宗教政策，利用民族问题进行渗透，破坏国家统一和民族团结。

三　在民族工作法治化推进中的摸索实践

在贵州城镇化进程中必须以《宪法》和《民族区域自治法》为基础，同时还有以国务院颁布的有关民族工作的行政法规、辖有民族自治地方的省的地方性法规，以及民族自治地方制定的自治条例和单行条例为主要内容，推进民族工作法治化建设。在开展贵州民族工作法治化建设进程中，贵州省委省政府还要求应从做好法治宣传、完善相关法律和政策、规范执法行为、加强对城镇外来少数民族人口的管理和服务等方面着手推进城市民族工作的法治化建设。2014 年在中央民族工作会议上，习总书记要求："要把握历史发展趋势，在民族事务治理法治化建设上做深做实"，"用法律来保障民族团结，增强各族群众法律意识"。可见，在法治轨道上推进民族工作，以"法治精神"来推动民族团结已逐步成为当下民族工作的新常态。

（1）认真做好法治化宣传工作。众所周知，做好法治化宣传工作是实现贵州省域民族工作法治化建设的基础。譬如贵州省委省政府、贵州省民宗委已经在全省范围内积极开展形式多样的有关反邪教集中法治宣传活动；举办了多场次法治化建设骨干培训班的培训；开展了"送法进校园"主题活动；积极组织首个国家宪法日暨少数民族法治山歌比赛等系列活动等，与此同时，还利用户外 LED 大型显示屏、主流电视媒体、公交车车载电视、近千台楼宇电梯等宣传平台，积极开展民族工作法治化宣传，这一系列活动的开展让全省民族群众知法、懂法。

（2）完善相关法律和政策。贵州省民宗委在修改地方法律和制定政策上不得存在歧视，在少数民族的政治、经济、文化上做到安置合理、规范，在社会生活中注重少数民族的合法权益，逐步实现社会和民生领域的法律法规，借鉴相关成熟、成功经验，并把其行之有效的实践经验及做法充分应用，健全民族法治体系。加强社会和民生领域的法律建设，把有关的城镇民族工作法律法规建设和完善到实践中，逐步实现民族工作法治化。

（3）规范执法人员的执法行为。通过近年来的法治贵州建设，在实践中，我们认为实现贵州民族工作法治化建设的关键主要体现在规范执法行为方面。因为规范执法人员的执法行为，能够使民族工作法治化建设落到实处，彰显了法律法规制度的生命力和权威所在。如依据《中华人民共和国行政处罚法》和《贵州省行政执法监督规定》，贵州省人民政府还组织实施了《贵州省行政执法证管理办法》和《贵州省行政执法监督证管理办法》等。近年来，为了规范执法主体的执法行为，贵州相关部门在贵州省民宗委组织下，通过走访全省各部门相继进行多项执法监督检查和开展了执法监督检查专题调研工作，调研中对执法人员在执法过程中出现的“有法不依、执法不严、违法不究、知法犯法”等行为，责令相关部门采取果断措施制止改进，采取问责措施问责相关责任人。面对执法客体，秉承法律面前人人平等的原则进行解决，当然，对带有民族字样的矛盾与问题，要善于运用辩证和发展的眼光对待，杜绝人为上升为民族问题。

（4）加强对流动人口的管制。在贵州城镇化进程中，少数民族人口持续参与到城镇工作生活中，对城镇的社会管理工作带来了困难。所以在推进建设城镇化民族工作的同时，我们需要因地制宜地探索方法和途径，着重人口密集的社区人口流动工作，做好人口流入与流出工作，构建稳定流动的社会秩序和社区环境。此外，我们需要结合城镇少数民族人口流入情况，出台社会保障以及积分落户政策，使外来少数民族人口真正地融入城市生活中，并且使其个人及子女在教育、医疗、入学等方面享受同等待遇，树立其主人翁意识。

结　语

习近平同志在中央民族工作会议上指出，改革开放以来，我国各民族正处于跨区域大流动的活跃期。我国社会主义民族事业稳步发展，法治化建设是其发展进程中的重要部分，作为社会主义民族法治体系建设的有机体，民族法律法规体系反映了中国特色解决民族问题正确道路的成功经验，这既为贵州积极开展民族工作发挥其规范、教育、指引和保障作用提供了法治环境，又为新时代贵州民族工作走向法治化留下了必要的制度空间。因此，我们应不断创新适应贵州城镇化发展需要的民族工作的有效方式，结合贵州民族工作面临的新情况和新问题，推进贵州民族工作有序开展，提升贵州民族工作的法治化水平，以开创和谐贵州的新局面。

B.8

改革开放四十年贵州金融法制发展研究

胡长兵*

摘　要：　改革开放后，随着计划经济向市场经济体制逐步转型，贵州金融法制不断发展。在1980年前后的恢复阶段，农业银行等渐次重建，一些货币管理法规开始施行。有计划的商品经济时期里，竞争性的商业银行体制渐露头角；信贷管理制度改革，资金供给制取消。1993年后，市场经济金融法制体系初步形成。2008年起至今，金融法制建设提速，省政府金融办等组织体系加强，金融业专项规划等政策法规颁行。

关键词：　金融　法律　市场经济　贵州

改革开放40年，随着中国市场经济型金融法制体系的初步建成，贵州地方金融法制变化巨大，进展显著。

按照指导经济建设的国家意识形态从计划思想向市场理念的若干重大递进，1978年以来，可大体划作三阶段：改革开放初的恢复期、有计划的商品经济时期和市场经济时期。三者对应着计划体制、计划与市场混合制以及市场体制三种管理模式。

一　改革开放初期贵州金融法制的恢复

新中国初期，人们相信计划体制远远优越于市场制度，无论财富的创造

---

* 胡长兵，贵州省社会科学院法律研究所副研究员，贵州省法治研究与评估中心研究员，法学博士。

还是分配都是如此。毛泽东指出，“社会主义革命的目的是为了解放生产力。农业和手工业由个体的所有制变为社会主义的集体所有制，私营工商业由资本主义所有制变为社会主义所有制，必然使生产力大大地获得解放”。[①] 不过，曾经抽象自足的信念未能获得繁复曲折的社会进程的充分支持，过往30余年计划体制并未达到既存的预期。较之市场制度，如果说“中央集权经济由于其严格的组织，具有可以通盘考虑的优点”，[②] 则其根本的不足在于，经济主体缺失个体责任和主动性，总体生产效率不彰。

对经济体制的反思中，人们最终认识到，“历史经验说明，商品经济的充分发展是实现社会经济高度发达不可逾越的阶段……那种认为市场作用多了，就会走上资本主义道路的担心，是没有根据的，也是不正确的”。[③]

1978 年 12 月，党的十一届三中全会决定改革开放，“正确改革同生产力迅速发展不相适应的生产关系和上层建筑”“积极发展同世界各国平等互利的经济合作”。会议认为，当时经济管理体制的一个严重缺点是权力过于集中，应适度下放，让地方和企业在国家统一计划的指导下有更多的经营管理自主权；重视价值规律的作用；加强社会主义法制。

（一）金融组织体系的复建

过往的计划经济条件下，国家实行独一垄断的银行体制与信用集中原则，以纵向的资金调拨取代横向的资金融通。“文化大革命”时期，中国人民银行总行更与财政部全盘合并，沦为财政和计划工作的“记账”“出纳”部门。

1976 年，人民银行从财政部门分离出来，基本职能逐步恢复。继而，金融信用的必要性也得以强调，“过去我们的制度是采取拨款的形式，而不是银行贷款的形式。这个制度必须改革。任何单位要取得物资，要从银行贷

① 毛泽东在最高国务会议上的讲话，《人民日报》1956 年 1 月 26 日。

② 〔德〕罗尔夫·斯特博：《德国经济行政法》，苏颖霞等译，中国政法大学出版社，1999，第 42 页。

③ 江泽民：《江泽民文选》（第一卷），人民出版社，2006，第 198 页。

款，都要付利息。”① 据此，原先的国有专业银行体系渐次起复。

20 世纪 50 年代，贵州曾设立中国人民建设银行、中国农业银行等省分行机构。此后，这两个分行多经合并、撤销和复立。1972 年，建设银行贵州省分行正式复建。其他银行组织的重建和新设方面是：1973 年，中国银行在贵阳设办事处；1979 年，中国银行贵阳分行建立，农业银行省分行恢复；1981 年，国家外汇管理局贵州分局成立。

在金融业务设置上，改革开放初期的各国家专业银行依然奉行传统计划体制的分置配合原则，各司其职、不得交叉逾越：建设银行执行财政基本建设拨款监督任务；农业银行从事农村金融事务；中国银行统一经营国际金融业务。

此外，在非银行金融机构方面，1980 年，中国人民保险公司贵州省分公司复建；同年，中国人民银行贵阳市信托投资公司成立。农村信用合作社则因一直留存至今而未变化。

（二）金融管理法规的施行

作为改革开放伊始的恢复期，年限较短，法规不多，国家和贵州地方两层面均是如此。这为数有限的金融政策与规章，主要涉及银行、货币等方面。

1. 银行与信贷体制

1982 年，在关于人民银行与各专业银行关系的决定中，国务院明确前者之为中央银行的领导地位以及最高的金融行政职能。

信贷制度方面，做出了两项重要改变：一是总体计划管理机制。1979 年，人民银行决议改革历来的“统存统贷”制为“差额包干”制，以期利用“存贷挂钩”方法激励各级银行执行信贷平衡调控的责任和积极性。二是部分资金使用方式。新中国成立以来，国家基本建设资金统按财政预算由建设银行拨款，无偿使用。1979 年，国务院批转国家计委、财政部、中国人民建设

① 邓小平：《邓小平文选》（第二卷），人民出版社，1994，第 200 页。

银行《关于基本建设拨款试行贷款办法的报告》，变无偿为有偿使用。1981年，贵州在电力、化工等行业相继推行“拨改贷”制度试点。1984年，国家计委、财政部、建设银行颁发《关于国家预算内基本建设投资全部由拨款改为贷款的暂行规定》。据此，建设银行省分行、省计委、省财政厅联合制定“拨改资”具体实施办法规定：1985年起，该项制度在全省全面实施；对于预算内基建投资，无论是生产性或非生产性的，全部归属银行贷款。

2. 货币制度

（1）现金。1977年，国务院颁布《关于现金管理的决定》，重述了1950年《关于实行国家机关现金管理的决定》中的各项基本规定，继续现金流通的严格管制政策。

贵州地方法制方面，1978年8月，人民银行省分行制定《现金管理实施办法》，要求各单位建立健全现金账目，并实行“九不准”：不准“白条”抵库、私借公款、单位互拆；不准假造用途或以转账凭证套取现金；不准账号外借、账外留款、公款私储；不准发行和使用变相货币等。对最后一项，1979年，省革委会批转省分行报告，专文指示应保证货币发行权集于中央，严禁任何单位发行变相货币。

此后，为适应商品生产发展，集市贸易开放，现金使用范围和额度扩大的新形势，1980年，省分行下发《关于现金管理和工资基金监督的补充规定》，提高结算起点，扩大坐支范围，但仍旧强调异地购销往来，原则上需通过银行。1981年，为遏制由此导致的肆意坐支收入、滥发奖金等现象，省分行通知指出，经银行批准的坐支，不得用于发放工资和奖金。

（2）金银。新中国成立以来，贵州先后执行的金银管理法规，主要是4部：1950年，重庆市军事管制委员会《西南区金银管理暂行办法》（以下简称《暂行办法》）；1950年，人民银行《金银管理暂行办法草案》（以下简称《办法草案》）；1964年，人民银行《金银管理条例（试行草案）》（以下简称《试行草案》）；1983年，国务院《金银管理条例》（以下简称《管理条例》）。

新中国成立初期，对金银采取冻结政策，《暂行办法》规定，解放区内允许群众储存金银，但不得用以计价行使、流通与私相买卖。此后，《办法草案》秉持相同的精神：人民储有的金银可向人民银行兑换；除该行外，任何单位和个人均不得买入金银。十余年后，《试行草案》重申：个人可持有金银，但不得以金银私相计价，进行买卖、借贷和作为货币收支。如果出售，必须卖给人民银行。20 世纪 80 年代的《管理条例》，其主要内容与以上 3 部规章类似，即国家保护个人持有合法所得的金银，但却禁止计价流转。略做宽缓的是，取消个人在国内旅行、迁徙中携带金银需申请携带证明的规定。

除上述对个人金银管制的一般规定外，贵州在金银饰品政策方面有着一定的地方特色。作为少数民族聚居较多的省份，此类饰品需求较大。贵州解放伊始，鉴于白银是推行本币的严重障碍，对旧时留存的金银饰品业采取淘汰取消的方针。然而，对少数民族地区银饰品业，则准允继续经营。1953 年，人民银行省分行筹设国营贵阳金店，以贯彻总行有关“少数民族聚居省份，为照顾少数民族需要，银饰品可以充分供应”的指示。1964 年，省分行拟订《少数民族银饰品供应管理办法》，规定该项事务由民委、商业局、手工业管理局和人民银行共同办理。1983 年的《管理条例》，亦是优惠于边疆少数民族地区，特准其个体银匠加工维修执业。

二　有计划的商品经济时期贵州金融法制的建设

1984 年 10 月，党的十二届三中全会通过《关于经济体制改革的决定》，第一次提出，“要突破把计划经济同商品经济对立起来的传统观念，明确认识社会主义计划经济……是在公有制基础上的有计划的商品经济……社会主义经济同资本主义经济的区别不在于商品经济是否存在……而在于所有制不同”。会议决定，从根本上改变长期以来政企职责不分的僵化的经济模式，“使企业真正成为相对独立的经济实体，成为自主经营、自负盈亏的社会主义商品生产者和经营者”。

（一）银行管理体制的调整

上述决定中，点到金融体制改革论题。1986 年，邓小平表示，“金融改革的步子要迈大一些……我们过去的银行是货币发行公司，是金库，不是真正的银行”。[①] 在此指导思想下，金融管理机制与模式的革新不断深入，中央银行体制最终确立，竞争性的商业银行也渐露头角。

1983 年 9 月，国务院作出《关于中国人民银行专门行使中央银行职能的决定》。按此，人民银行今后主要执行金融行政职责，研究拟订宏观决策，掌管货币发行，管理金融市场。其原先兼办的工商信贷和储蓄业务，由新设的中国工商银行承担；基本建设贷款业务也被剥离，转交建设银行。

此后几年，一些重要的银行业管制政策也相继得以突破。其一，1986 年，第一家全国性股份合作制银行交通银行成立，其业务范围不受专业分工限制，可兼营人民币和外币业务。1989 年，交通银行贵阳支行营业。其二，1987 年，地方政府以及国有企业独立筹组的股份制商业银行，如深圳发展银行、招商银行等接连开业。

在贵州省级层面，1985 年 3 月，人民银行省分行设置金融管理处，并要求其下各级银行设置相应机构，履行中央银行金融管理职能。

（二）金融基本法规的确立

1986 年，国务院发布《银行管理暂行条例》。这是新中国成立以来第一部比较全面、综合的金融基本法，对中央银行、专业银行、其他金融机构等金融组织，以及货币、信贷、利率、结算等金融业务做出了简明扼要的规范。其主要内容是：第一，中国人民银行作为中央银行，领导和管理全国金融事业，专责于研究拟订金融工作的方针、政策与法规，保持货币稳定，集中管理信贷资金等行政事务。此是首次以法律形式对人民银行是专职中央银行而给予的确认和定位。第二，各专业银行按照国家规定的业务范围，分别经营本、外币等金融业务。除商业活动外，这些银行还兼有行政机构的双重身份。第三，银行由国家垄断，地方政府无权设立。不过，此一禁令条款不久即被破除。第四，禁止政府财政向人民银行透支，第一次将中央银行与财

① 邓小平：《邓小平文选》（第三卷），人民出版社，1993，第 193 页。

政部门分开。第五，个人储蓄实行“存款自愿、取款自由、存款有息、为储户保密”的原则。除人民银行的部门规章之外，此四项原则也是其在国家法层次上的第一次明确标示。

单行的货币法方面，1988 年，国务院公布《现金管理暂行条例》，取代了 1977 年《关于现金管理的决定》。内容上，条例做了如下主要变化：取消单位报批现金收支计划的强行要求，删除人民公社、生产队等过时概念，增加个体工商户和农村承包经营户两种金融主体，添补支票、本票等支付方式，并单设一章法律责任。

（三）信贷管理制度的改革

自计划经济时代起，人民银行对信贷资金一直实行着计划管理。具体的管理模式，则历经了统收统支、指标管理、差额包干、实贷实存、限额管理等若干阶段。其间，后两者属于商品经济时期，由于此时各专业银行已转为相对独立的经济实体，经营的自主性与活力明显增强。

1. 统收统支

在 1950～1952 年国民经济恢复期，信贷资金由人民银行统收统支。

1950 年，人民银行西南区行规定，贵州省存款总数中，只能以 12% 发放地方企业，其余上交总行、区行。1952 年，省分行制定《业务收支计划编制办法》，布置辖行按年分季编报，再汇集上报总行审批。

2. 指标管理

计划经济时期，信贷体制改为指标管理，实行中央集中统一和逐级负责的原则。各级银行编制综合信贷计划，经会商同级计委纳入国民经济计划统一平衡后，汇总于省分行上报总行核批。1963 年 2 月，省分行转发总行《关于信贷计划管理若干问题的规定》，并作补充：贷款指标管理，坚持高度集中统一和分级分口负责相结合的制度。

指标管理的主要特点是，以行政手段管理经济，按计划分配资金支持工农业生产，形成资金供给制，存贷不相挂钩。

3. 差额包干

1979 年，人民银行决定改革传统体制，推行“统一计划、分级管理、存贷挂钩、差额控制”模式，力图用经济方法管理经济，调动银行活力，加强信贷平衡。差额控制项目分为两种：全部存贷款差额控制与大部分存贷款差额控制。存差必须完成，贷差不得突破，多存可以多贷。1980 年 4 月，贵州省分行选择施行了前一办法。

1981 年，人民银行进而将以上办法中的“差额控制”改为“差额包干”制。各省在包干差额内，贷款指标可相互调剂，多余资金可向外省分行拆放。

4. 实贷实存

随着商品经济体制的确立，鉴于前一时期制度改良的收效未如人意，为彻底破除资金供给制的惰性弊端，1984 年，信贷管理实行“统一计划、划分资金、自主经营、互相融通”的原则。

人民银行和专业银行信贷资金统一纳入国家综合信贷计划；财政性存款划归人民银行统一使用；各专业银行的自有资金和其他各种信贷资金，经人民银行核定后作为其营运资本，自主经营、独立核算；人民银行同专业银行的资金往来，实行上贷下存、实贷实存办法，计划与资金分开管理。依照这些举措，人民银行下达的年度信贷计划，不再是指令性计划。专业银行实现贷款规模所需资金，自行筹措，多存多贷，少存少贷。人民银行不再包揽资金供应。

1984 年 12 月，人民银行省分行在组织实施中做了如下补充规定：各专业银行向人民银行的借款只限于省分行；计划外的临时贷款，省分行视资金余缺决定贷款数额。1987 年，人民银行对专业银行贷款的管理，进一步完善为“合理供给、确定期限、有借有还、周转使用”。

5. 限额管理

1988 年，人民银行改进对专业银行年度贷款限额分配办法。按照宏观调控的需要，一部分贷款限额仍分配给专业银行总行；另一部分限额则分配给人民银行省分行，按短期贷款掌握，发放办法也由收支两条线改为“限额控制和期限管理”。1989 年，人民银行试编全社会信用规划，建立社会信贷总量的监控制度。对专业银行的信贷收支，只核批贷款最高限额，不再核批存款计划；下达的年度贷款最高限额，为指令性限额，不得突破。

实行限额管理后，各专业银行采取种种措施，努力构建信贷资金自我约束、自我发展的经营机制。农业银行自 1988 年始，设立统筹基金制度，省分行按存款增加额 3% 向总行上存资金；总行对省分行仅只融通调剂，不包资金；各级行资金短缺，通过同业拆借解决。工商银行则建立全国资金融通网，采行“短期融通、加速周转、恪守信用、内外有别”的融资规则。

（四）非银行金融法制的发展

随着商品经济体制改革的不断深化，贵州在合作金融、证券、信托、典当和保险等领域的法制建设也获得了一定进展。

1. 城乡信用合作社

农村信用合作社是乡村社员间的资金互助组织，主要办理社队集体、农户以及乡镇企业的存贷款事务；城市信用社则受理城镇集体工商企业与个体工商户的存贷款业务。两者性质基本相同，都是群众集资兴办的集体股份制金融企业，在国家政策法规的指导下，执行自主经营、自负盈亏、自担风险的经营方针。

（1）农村信用合作社。1955 年，贵州全省实现农村信用合作社化。此后，合作社体制多经反复，主要是忽视其为集体经济的性质，违背民主管理、灵活经营的原则。[①] 一是用行政命令将信用社下放。二是不适当地将其视为国家银行在农村的“基层机构”。除在政策、信贷、利率等方面按银行统一规定执行外，干部管理、工资福利、费用开支等也是银行做主。银行包揽过多，管得过死，使信用社逐渐淡化了集体经济的性质，缺乏主动性。1958 年，农村开展人民公社化，信用社的机构与人员下放给人民公社，成为公社的信用部。1962 年，中共中央、国务院批转人民银行《农村信用社

① 贵州省地方志编纂委员会：《贵州省志 · 金融志》，方志出版社，1998，第 253 页。

若干问题的规定》，恢复了原来体制，信用社的机构、人员和业务收归银行领导和管理。“文革”期间，许多信用社一度无人负责，规章废弛。1977年，国务院下发《关于整顿和加强银行工作的几项规定》，明示“信用社是集体金融组织，又是国家银行在农村的基层机构”。

1984 年 1 月，中共中央 1 号文件“关于一九八四年农村工作的通知”指出：“信用社要进行改革，真正办成群众性的合作金融组织”。3 月，省政府批转农业银行省分行《关于全面开展信用社管理体制改革工作的意见》，要点是恢复信用社的“三性”：组织的群众性、管理的民主性、经营的灵活性。该意见同时对银行与信用社的农村业务分工做了明确：信用社贷款贯彻以承包户、专业户为主，以农业为主和以流动资金为主的方针；允许与银行业务交叉，经营工商信贷业务；可以实行利率浮动。

（2）城市信用合作社。20 世纪 80 年代中期，为适应城市集体经济和个体经济蓬勃发展的需要，贵州城市信用合作社应运而生。1985 年 3 月，第一家城市信用社于贵阳正式开业；至 1990 年底，全省总计建成城市信用社 55 个。

1986 年，人民银行发布《城市信用合作社管理暂行规定》，对其性质、名称、设立条件、业务范围等给予了规范。该规定指出，信用社受人民银行领导和监督，并对资本金、股金等事项做了若干限定。省分行予以具体补充，设立信用社其自有资金在贵阳不得少于 50 万元，其余县市 30 万元。1989 年，人民银行发出《关于进一步清理整顿城市信用社的通知》，延伸了上述该规定里“党、政机关干部和公职人员不得入股”的禁令，规定银行、国有企业以及政府部门均不得向信用社参股，干部不得兼职。接此通知，省分行对全省信用社系统进行了全面清查纠整。

2. 证券、信托和投资

（1）证券，包括发行和市场管理。1987 年 5 月，贵州发布《企业股票、债券管理暂行办法》，确认人民银行省分行及其分支机构为管理机关，负责辖区内股票与债券发行的审批、检查、稽核与管理。该办法规定：其一，发行股票，主要在经过批准的集体所有制企业中试行。以相互投资、合股、参股方式新建的企业，可以采用股票形式，但不得向社会发行和上市交易。其二，发行债券，企业应报送包括债券发行章程等的系列申请文件，经当地计划委员会认可后，由人民银行审批。所发债券，可以上市转让或抵押贷款。此外，对企业内部集资，经批准，可采取向职工发行内部债券的方式。发行后，可在企业内部转让，不得公开上市。企业承包风险抵押金，也属于内部集资范畴。

1988 年 6 月，贵州证券公司成立，这是贵州首家经营证券业的公司，主要从事自营或代理证券买卖，代理证券发行和保管等业务。同月，贵阳市获准为全国第二批开放国库券转让市场的城市。按规定，各专业银行不得直接从事国库券等证券交易；各证券交易机构不得跨区设立分支机构，但可设证券交易代办点。

（2）信托与投资。1980 年，人民银行发出《关于积极开办信托业务的通知》。同年，中国人民银行贵阳市信托投资公司成立。至 1985 年底，全省已建起信托投资公司或信托部 96 个。

1986 年，人民银行颁布《金融信托投资机构管理暂行规定》。为执行该规定，省分行下发通知指出，各专业银行设立的信托投资机构，要按照该规定列明的条件，重新报批，否则一律撤销；凡未经人民银行批准，或不是独立核算的信托机构，不得对外挂牌；县和县以下不得设立信托机构。

3. 典当

新中国成立之初，贵阳留存着数十家旧时的典当铺。当时，人民银行西南区行颁发了《西南区管理典当业通则》。通则规定了典当铺资本金的最低限额；对存款业务做了禁止；并要求典当利率不得高于私营银行放款利率的 1 倍。然而，1951 年，这些当铺均获准转业或停业，典当业消失。

1988 年 4 月，遵义华强典当商行成立，贵州典当业敛迹 30 多年后开始复苏。同年，全省共组建商行 13 家。其经营范围主要是典押放款、委托寄卖，也有商业经营。放款利率上，比银行流动资金贷款利率高出 1.67 倍，最高者达 23 倍。对这类商行的审批，包括当地政府，以及工商、公安、税务部门等，但未见人民银行。①

4. 保险

1951年6月，遵照政务院《关于实行国家机关、国营企业、合作社财产强制保险的决定》，贵州开办起财产强制保险业务。1980年，贵州国内保险业务恢复。1982年，根据人民银行、农业银行、财政部《关于恢复办理企业财产保险的通知》，省机械、化工、商业等21个行业的主管部门，对所属企业布置保险工作。

1985年，国务院制定《保险企业管理暂行条例》。条例开放了保险业的准入资格，改变了以往中国人民保险公司独家经营的局面。

1986年，人民保险公司省分公司与省经济委员会联合发出《关于进一步做好企业财产保险的通知》，要求全民和集体所有制企业，特别是较大型的骨干企业必须参加保险。

总而言之，在有计划的商品经济时期，贵州金融法制建设取得了比较显著的成绩。对于地方省情的把握与调理，也颇有一些出彩之处。比如，有金融实务界资深人士对此类亮色做了生动的记叙，兹录如下：

> ［在地方金融法制实践中，对于国家法的一般规则］根据是否有利于经济发展，是否符合实际情况，区别对待，该坚持的坚持，该变通的变通。比如我省遵义市、毕节地区开办信托投资公司，按新规定必须具有2000万元的资金本才能批准，但我们贵州执行起来有一定困难，如果死抠这个条件，就很难办起来，结果我们做了变通处理，政府对此比较满意……在改革内容上的突破更为明显，很多过去我们不敢想的，想不到的，现在已在实践，而且收到意想不到的效果。比如银行与企业联办储蓄，这在过去是不可能的，1986年贵阳市工商银行与大十字百货商店办起来了，企业提供营业地点，双方出人，储蓄存款的一部分作为优惠贷款贷给企业。由于企业地处闹市，顾客吞吐量大，联办储蓄所业

① 贵州省地方志编纂委员会编《贵州省志·金融志》，方志出版社，1998，第490页。

务迅速发展，到1987年底储蓄存款余额达到1057.4万元，银企双方都得利。银行和企业联办储蓄，突破了过去办储蓄的传统模式。①

三 市场经济时期贵州金融法制的进展

1990年底，邓小平指出，“我们必须从理论上搞懂，资本主义与社会主义的区分不在于是计划还是市场这样的问题。社会主义也有市场经济，资本主义也有计划控制。”1992年初，他进一步谈到，“计划多一点还是市场多一点，不是社会主义与资本主义的本质区别。计划经济不等于社会主义，资本主义也有计划；市场经济不等于资本主义，社会主义也有市场。计划和市场都是经济手段。”②

1993年11月，党的十四届三中全会通过《关于建立社会主义市场经济体制若干问题的决定》。市场经济是市场在国家宏观调控下对资源配置起基础性作用。12月，国务院发布《关于金融体制改革的决定》。改革目标是：(1) 建立独立执行货币政策的中央银行宏观调控体系；(2) 建立政策性金融与商业性金融分离，以国有商业银行为主体、多种金融机构并存的金融组织体系；(3) 建立统一开放、有序竞争的金融市场体系。

（一）金融基本法律体系简介

1995年，全国人大及其常委会先后颁布《中国人民银行法》《商业银行法》《担保法》《票据法》《保险法》《关于惩治破坏金融秩序犯罪的决定》。这是金融法制史上颇具里程碑意义的一年，被誉为“金融立法年”。

1. 中国人民银行法

该法规定：中国人民银行掌管货币政策，监管全国金融业；人民币是法

① 胡德裕：《对贵州省金融体制改革的回顾与展望》，载《贵州金融市场初探》，《银行与经济》编辑部1990年编印，第9页。

② 邓小平：《邓小平文选》（第三卷），人民出版社，1993，第364、373页。

定货币；设立货币政策委员会，确认存款准备金、再贴现和公开市场操作等货币政策工具。这是第一次在法律中写入货币政策，中央银行货币政策的制度化、规范化时代自此开始。

2. 商业银行法

主要内容是：其一，从事吸储、放贷、结算等业务的企业法人；其二，实行自主经营，自担风险，自负盈亏，自我约束；其三，以效益性、安全性、流动性为经营原则；其四，业务范围包括外汇、债券等，但禁止股票和信托投资。

此法确认了商业银行作为独立民事主体的法律地位，强调了以资产负债比例管理为核心的“三性”经营原则（效益性、安全性和流动性）。这些规定为原有国家专业银行的商业化改制提供了坚实的法律依据，满足了市场经济转型建构的基本要求：“真正推动企业走上市场，使它们成为市场竞争的主体，成为真正的法人实体，真正实现自主经营、自负盈亏、自我发展、自我约束和自担风险，达到责权利相统一。”①

3. 票据、担保与保险法

票据法是新中国成立以来的首次颁行，对汇票、本票和支票等票据类型，背书、承兑等票据行为进行了规范。该法较为着重票据的基础关系，文义性与无因性强调不足，从而票据的流通能力有所削弱。

为促进资金融通、商品流通，保护债权，担保法设定了定金、抵押和保证等担保方式，明确了担保合同的从属性，规范了各方当事人的权利义务关系。同时，该法禁止对土地所有权、学校等公益事业单位设施的抵押和保证，以维护土地国有的基本制度，保护公益事业的财产安全。

保险法对保险机构、业务与监管等做了规定：国务院金融监管部门负责保险业监管；保险企业采取股份有限公司、国有独资公司两类形式；投保人对保险标的应具有保险利益；保险人不得兼营财产保险与人身保险；经营人寿保险的公司不得解散；保险资金运用必须稳健安全，限于银行存款、政府

① 江泽民：《江泽民文选》（第一卷），人民出版社，2006，第203页。

债券买卖等形式。

上述的“五法一决定”之后，1998 年，国务院下发通知，银行与保险分业经营、分业监管，中国保险监督管理委员会成立。同年，《证券法》颁布；次年，《期货交易管理暂行条例》发布。自此，市场经济金融法律体系的基本框架初步形成。

（二）2000年以来金融法制体系的繁荣

步入 2000 年后，金融法制改革继续着快速推进的趋势。这期间可大略分为两个阶段：一是金融全球化的调整应对期，另一是金融法制改革的全面深化期。

1. 加入 WTO 后金融全球化的调适

2001 年，中国加入世贸组织，做出金融服务贸易自由化的承诺，开始融入金融全球化体系中。随着接轨国际惯例，金融监管立法出现了种种重要的变化：从以全局性管制为主转向以日常性监督为主，事后监管转向涵盖事前、事中和事后的全程监管，针对个案的被动型业务监管转向系统性的主动型全面风险管理。

2003 年，全国人大常委会决定设立银行业监督管理委员会，由其行使中国人民银行的金融监管职能。同年，《银行业监督管理法》颁布，《中国人民银行法》《商业银行法》修订。

此次修法确立了金融监管体制的重大调整：一是强化中央银行职能的集中性与独立性，聚焦于货币政策的制定与执行；二是奉行以风险管理为核心的银行业审慎监管体制，注重与国际惯例的接轨；三是着力金融的安全稳健，调整商业银行经营原则的优先位序，原来“效益性、安全性、流动性”修正为“安全性、流动性、效益性”。据此，一个由人民银行、银监会、证监会和保监会等多机构协调而成的金融监管体系迈向成熟。

2. 当前金融法制改革的深化

2005 年起，金融法制发展的全面市场化时期展开。人民币区域化、金融混业经营、利率市场化、民营银行试行等重要主题相继启动。2013 年 11

月，中共中央《关于全面深化改革若干重大问题的决定》提出：扩大金融业对内对外开放，允许民间资本发起设立中小型银行；推动股票发行注册制改革；加快推进利率市场化；加快实现人民币资本项目可兑换。

（1）金融混业经营。2005年，中共中央《关于制定国民经济和社会发展第十一个五年规划的建议》提出，“稳步推进金融业综合经营试点”；2006年，国务院批准成立银河金融控股公司。金融分业经营体制被打破，靠向了混业经营的国际流行趋势。

（2）人民币区域化。2008年，中国人民银行新设汇率司，以期“根据人民币国际化的进程发展人民币离岸市场”；同年，中韩签订双边货币互换协议，实施区域货币金融合作；2009年，上海、广州等地试点跨境贸易人民币结算。由此，人民币区域化拉开帷幕。

（3）信用社改制。2003年，农村信用社管理交由地方省级政府承担。2010年，银监会陆续制定办法，鼓励符合条件的农村信用社改组为农村商业银行。

（4）民营银行试行。2013年，国务院办公厅发布《关于金融支持经济结构调整和转型升级的指导意见》，提出“尝试由民间资本发起设立自担风险的民营银行、金融租赁公司和消费金融公司等金融机构”。数十年来，国资银行一统天下的垄断局面将不复留存，市场竞争导致的金融效率无疑会愈益提升。

（5）利率市场化。2013年，人民银行下发《关于进一步推进利率市场化改革的通知》，正式取消对金融机构贷款利率的约束管制。

（三）近年贵州地方金融法制的突进

2008年前，贵州金融法制发展一直处于比较常规匀速的态势，与全国平均水平保持着大致近似的步调。近年来，为实现贵州经济社会“后发赶超”，地方金融法制建设开始加力提速，各项政策法规密集出台。

1. 金融组织体系的加强

2008年起，贵州在金融领域积极招商引资，实施“引银入黔”工程，成效明显。2009 年，中信银行入驻贵阳，实现异地银行零的突破；进而是花旗银行等外资金融机构，结束省内没有外资银行的历史。本地银行方面，2012 年，在省政府筹组下，贵州银行成立。由于此前人民银行贵阳支行等“一行三局”体系已经部署完成，自此在贵州，一个以人民银行为领导，国有商业银行为主体，各类金融机构并存的市场经济金融组织体系初步建立。

为增强对全省金融事业的领导力量，2011 年，省政府新建单列的金融工作办公室，其职责主要是：制定全省金融业发展总体规划；负责协调、配合中央驻黔金融监管机构对省内商业金融机构的监管工作；负责地方金融机构重大事项的指导、协调工作等。2013 年，省委金融工作委员会成立，主要负责参与省委有关金融系统改革发展等重大问题的研究与决策。

2. 金融政策法规的颁行

近几年，贵州在社会信用体系、中小企业金融服务、企业改制上市、招商引资行政审批、小额贷款公司、融资性担保等领域进行了一些制度构建，就专利权、股权、应收账款抵押贷款等问题制定了若干实施性细则规章。

更为重要的金融建章立制则表现在：金融业专项规划的制定，1 号文件形式的关于金融工作的部署等。

（1）金融业发展规划。2011 年，省政府编发了第一个金融业发展专项规划《“十二五”金融业发展专项规划》。其中，背景现状、总体要求、基本原则与具体任务等，都得到全面详细的阐述和筹划。该规划目标是：一是力争“两个高于”，金融业增速高于地区 GDP 增长水平，高于全国和西部金融平均增长水平，把金融业打造成新兴支柱产业和现代服务业的重要增长极；二是将贵阳建成省内甚至西部地区有重要影响力的金融中心。

（2）金融工作 1 号文件。2011 年，省政府首次以 1 号文件形式下发《关于做好金融工作促进经济更好更快发展的意见》。为充分发挥金融在经济发展中的服务与支持作用，该意见提出以下一些具体要求：其一，争取扩大人民银行再贴现窗口权限，对重大建设项目，争取总行直贷、银团贷款或直接申请单列规模；其二，推动村镇银行、小额贷款公司和农村资金互助社的设立进程，力争5年左右村镇银行覆盖到县、小额贷款公司覆盖到乡镇；其三，争取贵阳市国家高新技术产业开发区建立代办股份转让系统试点；其四，建立由人民银行、外汇管理局、海关等部门联合的跨境贸易人民币结算工作联席会议，申请跨境贸易人民币结算试点。

（3）全省金融工作会议等。2012年5月，全省金融工作会议召开，这是21世纪以来举行的第一次省级金融专门会议。会议提出，将贵州打造成全国金融生态最优省。

5月，省政府制定《关于贯彻落实国发2号文件精神促进金融加快发展的意见》。该意见以“扩融资、促发展、调结构、保民生、防风险”为主线，并作规划：到2020年末，努力形成主业鲜明、功能互补、融资便利、运作良好、治理规范的金融服务体系和风险防范体系，基本建成与贵州经济社会发展融资需求相适应的现代金融体制。

7月，省政府公布《关于进一步深化农村金融体制改革的指导意见》，部署了如下各事项：鼓励省内外企业投资入股农村商业银行，鼓励省内外银行、大中型企业和民间资本在县域发起设立村镇银行；支持小额贷款公司改制为村镇银行；积极向中央申报县级全国农村金融改革试验区。

四　结语

近些年，中央赋予的包括新一轮西部大开发，以及支持贵州加快发展的专项文件等特惠金融政策，为贵州扩充融资规模，壮大金融业，实行跨越式发展开拓了更多广阔的空间。从现实以及前景的诸种考量而言，当前一段时期，可以说是贵州金融领域实现“加速发展、转型发展”目标的挑战期，更是一个难得的战略机遇期。

B.9

贵州省地方金融监管政策法治研究*

课题组**

摘　要： 2018年贵州省健全了地方金融监管政策法治体系，组建了新的地方金融监管机构，充实了地方金融监管职能，加强了地方金融监管政策法治实施。下一步贵州省地方金融监管政策法治建设，将坚持“一条主线”（扩融资、促发展、防风险），围绕“两个重点”（维护地方金融安全稳定、提升金融监管能力），争取“三个新突破”（地方金融政策法规上实现新突破、类金融机构提质增效上实现新突破、金融风险防范和处置上实现新突破），进一步加大地方金融监管力度，持续开展交易场所和互联网金融、非法集资专项整治行动，打击和遏制跟风违约、恶意逃避债务等违规违法金融行为。

关键词： 贵州　地方金融　监管　法治

在2017年取得良好的地方金融监管成效①基础上，2018年贵州省继续

---

* 本文为2019年度“贵州省哲学社会科学创新工程”（编号 CXTD05）和贵州省法治研究与评估中心项目资助。

** 执笔人：王飞，贵州省社会科学院法律研究所研究员、贵州省法治研究与评估中心研究员。

① 2018年4月，国务院办公厅印发《关于对2017年落实有关重大政策措施真抓实干成效明显地方予以督查激励的通报》（国办发〔2018〕28号），把贵州省列入营造诚实守信金融生态环境、维护良好金融秩序工作成效较好的省（市）名单并给予奖励支持措施。激励支持措施内容包括：2018年支持开展金融改革创新先行先试，在同等条件下对其申报金融改革试验区等方面给予重点考虑和支持，在相关领域加大再贷款、再贴现的支持力度，鼓励符合条件的全国性股份制银行在上述地区开设分支机构，支持符合条件的企业发行“双创”公司债券、绿色公司债券等金融创新产品。

强化地方金融风险防范市场化处置，严厉打击非法集资，大力整治交易场所和互联网金融，地方金融秩序持续趋好。[①] 金融机构贷款余额增长 18.5%，增速位居全国前列。本文结合 2018 年系地方金融监管机构改革元年这一热点，分析近年来贵州省地方金融监管政策法治建设情况，并预判 2019 年贵州省地方金融监管政策法治建设方向。

一 健全地方金融监管政策法治体系

2018 年，贵州省根据本地实际制定了一些地方金融监管政策法治规范性文件，进一步健全地方金融监管政策法治体系。

2018 年 8 月，贵州省政府办公厅印发《贵州省区域性股权市场监督管理实施细则（试行）》（黔府办发〔2018〕32 号）。该实施细则共 7 章 53 条，规定了区域性股权市场中的证券发行与转让、账户管理与登记结算、中介服务、市场自律、监督管理等内容。这些规定，有利于加强贵州省区域性股权市场监管，促进区域性股权市场规范发展，防范和化解地方金融风险。

2018 年 9 月，贵州省政府金融工作办公室等联合印发《贵州省网络借贷信息中介机构业务活动管理办法（试行）》（黔府金发〔2018〕16 号）。该管理办法共 8 章 43 条，规定了网络借贷信息中介机构的备案管理、网络借贷信息中介机构的业务规则和风险管理、出借人与借款人保护、网络借贷信息中介机构的信息披露、网络借贷信息中介机构的监督管理以及相关法律

---

① 根据贵州省政府金融工作办公室提供数据看，地方金融秩序持续向好表现在：（1）主要金融指标保持较快增长。截至 2018 年 8 月，贵州全省金融机构人民币各项存款余额 27111 亿元，同比增长 5.5%；人民币各项贷款余额 23613 亿元，同比增长 19.4%；新增 A 股上市企业 2 家、新三板挂牌企业 3 家；实现保费收入 323 亿元，同比增长 15.85%。（2）地方金融组织体系不断健全。现有在黔银行业机构 201 家、证券公司 25 家、保险公司 32 家、小额贷款公司 297 家、融资担保公司 256 家、权益类交易场所 11 家。（3）金融业支撑作用越来越强。2018 年上半年，全省金融业增加值 455 亿元，增速 10.6%，占 GDP 比重达 6.9%，对全省经济贡献率 6.9%，拉动经济增长 0.7 个百分点。参见“强化地方金融监管 有效防范化解地方金融风险”，载贵州省人民政府网：http：//www. ddcpc. cn/2018/first_ 1018/2974. html。

责任等内容。这些规定，厘定了贵州网络借贷信息中介机构主管部门的监管责任、协管部门的行业管理责任、所在地的属地管理责任和属地风险处置职责；细化了网络借贷信息中介机构备案登记（变更、终止）申请受理及办理的程序和时限；明确了对网络借贷信息中介机构业务经营活动实行禁止吸收公众存款等13项行为的负面清单管理制度。这种制度安排，有利于进一步形成部门监管合力，消除小额贷款公司监管空白，提高网贷行业监管水平和效率，强化网贷行业合规经营监管，增加网贷行业的风险防控，促进网贷行业持续健康发展。

2018年11月，贵州省政府办公厅印发《贵州省小额贷款公司管理暂行办法》（黔府办函〔2018〕184号）。该暂行办法共6章54条，规定了小额贷款公司的设立、变更与终止、小额贷款公司的经营范围和经营规则、小额贷款公司的监督管理和风险防范以及相关的法律责任等内容。这些规定，突出了目标导向和问题导向，从实施小额贷款公司分类监管、扩大小额贷款公司经营区域、增加小额贷款公司业务范围和拓宽小额贷款公司融资渠道等方面提出了一系列政策法治措施，完善小额贷款公司监管制度，有助于促进小额贷款公司在强监管背景下持续健康发展。

2018年12月，贵州省地方金融监督管理局发布《贵州省权益类交易场所监督管理实施细则》。该实施细则共5章60条，规定了对权益类交易场所的申请、准入、变更和退出、权益类交易场所的经营管理、权益类交易场所的监督管理等内容。这些规定，进一步严格贵州省权益类交易场所准入管理，规范权益类交易场所经营活动，降低权益类交易场所违规风险，保护广大投资者合法权益。

二　组建新的地方金融监管机构，充实地方金融监管职能

2018年9月，根据《关于商请做好改革过渡期间三类机构工作衔接的函》（银保监函〔2018〕204号）提出的工作要求，为实现融资租赁公司、

商业保理公司、典当行（三类机构）监管职责平稳有序转隶，贵州省成立三类机构监管职责转隶工作领导小组。按照贵州省政府办公厅发布的《关于成立贵州省三类机构监管职责转隶工作领导小组的通知》（黔府办函〔2018〕165号）的界定，贵州省三类机构监管职责转隶工作领导小组的主要职责为：贯彻落实国务院和省政府提出的转隶工作要求，制定转隶实施方案，组织实施转隶工作等。

2018年11月，根据贵州省委、省政府《关于贵州省省级机构改革的实施意见》规定，贵州省地方金融监督管理局作为贵州省政府的一个直属机构组建成立，并加挂贵州省金融工作办公室牌子。监管融资租赁公司、商业保理公司和典当行三类机构的职责，从贵州省商务厅转隶给贵州省地方金融监督管理局。至此，负责对贵州全省小额贷款公司、融资担保公司、融资租赁公司、地方资产管理公司、商业保理公司、典当行、区域性股权市场、网络借贷信息中介机构等实施监管，成为贵州省地方金融监督管理局实施地方金融监管的核心职能。

三　加强地方金融监管政策法治实施

2018年，贵州省坚决打好防范化解重大风险攻坚战，坚决守住不发生系统性金融风险底线，加强地方金融监管政策法治实施，强化小额贷款公司、互联网金融监管，严厉打击非法集资等违法违规金融活动。

（一）强化小额贷款公司监管

根据贵州省政府要求开展小额贷款公司清理整顿“回头看”工作指示，2018年1月贵州省政府金融工作办公室印发《关于开展全省小额贷款公司清理整顿“回头看”工作的通知》，按照“做强一批、转型一批、退出一批”的清理整顿工作思路，全面开展贵州省小额贷款公司清理整顿“回头看”工作。针对贵州省小额贷款公司“小、散、弱”等问题，结合规范整顿“现金贷”业务、小额贷款公司失信专项治理、网络小贷风险专项整治等工作，健全统一领导小组工作机制，实施有序市场退出（做“减法”）和政策支持激励（做“加法”），整体推进小额贷款公司清理整顿。

在小额贷款公司市场退出方面，贵州省政府金融工作办公室专门印发《关于进一步做好全省小额贷款公司市场退出工作的通知》，明确了市（州）、贵安新区依法有序推进小额贷款公司市场退出的工作任务、时间节点及相关责任。对长期停业，以及不配合监管且对存在问题不整改的小额贷款公司，按照“公示—上报—审批”的流程，取消不合格小额贷款公司的试点资格。在创新小额贷款公司政策激励方面，在2018年贵州全省金融机构创新金融产品评选活动中，将小额贷款公司列入参选机构范围，有2家小额贷款公司获得三等奖，调动了全省小贷公司加大产品和服务创新的积极性，提振了小贷行业的发展信心。通过前述综合施策，贵州省小额贷款公司退出市场的力度和规模为历年最大，在数量大幅减少的情况下小额贷款公司的发展质量得到明显的提升，小额贷款公司监管取得了较好的成效。①

（二）强化网络借贷信息中介机构监管

2018年，按照贵州省委、省政府打赢防范金融风险攻坚战的战略部署，贵州省制定印发《贵州省P2P网络借贷风险专项整治下一阶段工作方案》，贯彻落实国家互联网金融及P2P网络借贷风险整治办工作要求，推进P2P行业专项整治工作。一是从省P2P网络借贷风险专项整治工作领导小组成员单位抽员组建P2P网贷整治工作专班，分设案件查处组、舆情监测组、

① 根据贵州省政府金融工作办公室提供的数据，截至2018年8月末，贵州省共计取消了101家小额贷款公司试点资格，全省小额贷款公司由年初398家减少到297家，退出比例达25.4%。297家小额贷款公司，注册资本为101亿元，较年初减少了24.01亿元，下降19%；贷款余额107亿元，同比增长16.5%，其中，涉农贷款余额达29亿元，占比27.2%，同比增长21.3%；中小微企业贷款余额达52亿元，占比48.27%，同比增长29.3%。参见“强化地方金融监管　有效防范化解地方金融风险”，载贵州省人民政府网：http：//www.ddcpc.cn/2018/first_ 1018/2974.html。

信访维稳组、综合督导组等工作小组，压实工作责任，协作处置 P2P 网贷整治事务。二是召开省 P2P 网络借贷风险专项整治工作会议，从摸清风险底数、有效缓释风险，突出整治重点、依法市场退出，强化舆情管控、做实信访维稳等方面部署贵州省 P2P 网络借贷风险整治工作。三是重点开展网络借贷信息中介机构合规检查，分机构自查、自律检查、行政核查三个环节有序推进合规检查。组织贵州省 P2P 网贷机构进行培训，集中解读合规检查的相关政策及问题清单，依法压实网贷机构责任，提高合规检查质量。四是处置出险机构风险。压实网络借贷信息中介机构风险处置的属地责任和主体责任，建立“一企一策”的网络借贷信息中介机构风险处置应急预案，形成风险缓释、信访维稳、舆情管控等工作协作机制，防范风险扩大蔓延。经过专项整治和强化监管，目前贵州全省 P2P 网贷行业运行总体平稳。

（三）加强非法集资防范和处置

近年来，按照《国务院关于进一步做好防范和处置非法集资工作的意见》（国发〔2015〕59 号）文件要求，贵州省坚持“防打结合，以防为主”，强化对非法集资的防范和处置，加速化解存量风险，严控发生增量风险。一是抓组织保障和制度建设，强化顶层指导。省级层面成立省防范和处置非法集资工作领导小组，省以下建立相应组织机构 99 个，形成省市县“三级联动”组织体系。出台防范和处置非法集资工作方案、操作规程、监测预警等制度，建立组织协调、监测预警、宣传教育和综治考评“四位一体”全流程工作机制。二是抓线上分析和线下排查，强化监测预警。借助大数据技术对 2 万余家机构、企业进行风险筛查，这种“大数据 + 处非”模式在 2018 年 2 月银保监会部际联席会议扩大会议上得到肯定。建立“贵州处置非法集资”微信平台和举报奖励制度，截至 2018 年 9 月，有上万人（次）关注微信平台，收到 400 余条举报线索，兑付举报奖励资金 6000 元。开展非法集资风险专项排查整治。2016 年、2017 年重点排查企业累计 4 万余家，发现存在涉嫌非法集资风险的企业共计 596 家，查处、清理涉非广告资讯信息73919条，清理企业52家，涉及人数14278人，涉及金额25.9亿元。三是抓部门联动和协作机制，强化案件处置。建立地方金融监管与公安、信访、维稳等部门联动机制，对类金融机构严格审批监管，严厉打击各种形式的非法集资活动。通过前述措施，贵州省严打非法集资等违法违规金融活动取得了较好成效，维护了良好的经济金融秩序。①

四　下一步贵州省地方金融监管政策法治建设前瞻

稳金融，积极防范化解金融风险，推动金融产业发展壮大，是2019年贵州省政府工作重点内容之一。下一步贵州省地方金融监管政策法治建设，将进一步深入学习贯彻习近平总书记提出的“切实把维护金融安全作为治国理政的一件大事”“防止发生系统性金融风险是金融工作的永恒主题”“健全金融监管体系，守住不发生系统性金融风险的底线”“打好防范化解重大风险攻坚战，重点是防控金融风险”等重要讲话精神，贯彻落实2017年全国金融工作会议、2018年贵州全省金融工作会议等会议精神，坚持“一条主线”（扩融资、促发展、防风险），围绕“两个重点”（维护地方金融安全稳定、提升金融监管能力），争取“三个新突破”（地方金融政策法规上实现新突破、类金融机构提质增效上实现新突破、金融风险防范和处置

① 根据贵州省政府金融工作办公室提供数据，在非法集资防范和处置上取得的主要成效如下。（1）非法集资涉案数量及金额实现“双下降”。2017年贵州全省非法集资立案370件，涉案金额24亿元，同比分别下降18.14%、18.65%。2018年上半年非法集资立案44件，涉案金额3.2亿元，同比分别下降85.8%、36%，呈现下降趋势。（2）处非专项治理行动效果明显。2018年1～4月，在全省范围内开展非法集资风险化解和陈案处置专项行动，各级公安机关立案18件，破案5件，抓获犯罪嫌疑人17人；各级检察机关对非法集资案件批准逮捕15件24人，对9件18人提起公诉。（3）陈案处置清退工作有力。顺利完成黔南州“中鑫民行”案件涉案资金清退返还工作。采取多种措施处置“汇信行”案件善后工作，截至2018年10月，全省共组织现场清退工作人员1129人（次），设立清退点146个，共计清退集资参与人6570人，清退资金7508万余元，清退率分别为84.43%、81.77%。参见“强化地方金融监管　有效防范化解地方金融风险”，载贵州省人民政府网在线访谈：http：//www.ddcpc.cn/2018/first_ 1018/2974.html。

上实现新突破）。进一步提高金融监管和防范化解金融风险能力，着力加强地方金融监管协调、补齐地方金融监管短板。进一步压实地方金融监管责任，在坚持金融管理主要是中央事权的前提下，按照中央统一规则，强化地方金融属地风险处置责任。进一步加大地方金融监管力度，持续开展交易场所和互联网金融、非法集资专项整治行动，打击和遏制跟风违约、恶意逃避债务等违规违法金融行为。

B.10

贵州省民营经济政策法治研究*

王　飞**

摘　要： 2018年贵州民营经济政策法治体系进一步丰富，民营经济行政服务进一步优化，民营经济司法保护进一步加强。下一步贵州民营经济政策法治建设的重点在于，全面落实贵州省委、省政府“1+6”政策文件，深入实施六大专项行动，相关政策法治措施包括：进一步营造良好金融环境，支持民营企业解决融资难题；进一步营造良好经营环境，支持民营企业降本减负；进一步营造良好市场环境，支持民营企业公平竞争；进一步营造良好法治环境，支持民营企业维护合法权益；进一步营造良好服务环境，支持民营企业纾难解困等。

关键词： 贵州　民营经济　政策　法治

2018年贵州民营经济进一步发展壮大，有力地助推了贵州经济社会发展，成为“贵州速度”的重要引擎。根据贵州省政府工作报告公布的数据，2018年贵州民营经济在全省地区生产总值的占比达到55%。根据贵州全省工业和信息化工作会议公布的数据，预计贵州民营经济增加值、民营工业增加值、民营经济市场主体分别同比增长10%、6%、7%，民营经济对贵州

---

* 本文为2019年度“贵州省哲学社会科学创新工程”（编号CXZD05）和贵州省法治研究与评估中心项目资助。

** 王飞，贵州省社会科学院法律研究所所长，研究员，贵州省法治研究与评估中心研究员。

全省经济增长贡献率达到60%。[1] 良好的政策法治能够促进民营经济快速发展，本文以此切入考察2018年贵州民营经济政策法治建设情况，并对2019年贵州民营经济政策法治建设方向做出预判。

一 民营经济政策法治体系进一步丰富

（一）国家层面政策法治体系的完善

1. 习近平总书记对鼓励支持引导民营经济发展做出重要论述

2018年11月，习近平总书记在民营企业座谈会上的重要讲话中指示："抓好减轻企业税费负担""解决民营企业融资难融资贵问题""营造公平竞争环境""完善政策执行方式""构建亲清新型政商关系""保护企业家人身和财产安全"6个方面政策举措落实，大力支持民营企业发展壮大。习近平总书记再次强调："非公有制经济在我国经济社会发展中的地位和作用没有变！我们毫不动摇鼓励、支持、引导非公有制经济发展的方针政策没有变！我们致力于为非公有制经济发展营造良好环境和提供更多机会的方针政策没有变!"习近平总书记的重要讲话，对民营经济发展做出了重要指示，为做好新时代民营经济工作、不断推进民营经济发展指明了前进方向、提供了根本遵循。

2. 中共中央办公厅、国务院办公厅下发《关于促进工商联所属商会改革和发展的实施意见》

2018年7月，中共中央办公厅、国务院办公厅下发了《关于促进工商联所属商会改革和发展的实施意见》，明确了工商联所属商会改革和发展的

---

① 根据《贵州日报》刊载贵州省民营经济发展局的统计数据，2018年前三季度贵州全省民营工业实现增加值1500亿元，同比增长7.2%；全省民营经济市场主体255.61万户，占全省市场主体总量的97.3%，注册资本3.68万亿元，占全省市场主体注册资本的57.23%，其中私营企业59.13万户，占民营经济市场主体的23.13%；全省民间固定资产投资（统计口径为500万元以上）同比增长14.7%。参见《我省民营经济发展势头强劲》，载《贵州日报》2018年11月12日，第1版。

重点、方向等内容。该意见是新中国成立以来第一份以中央名义颁布的关于工商联所属商会建设的文件，是新时期工商联所属商会改革和发展的纲领性指导文件，对工商联所属商会改革和发展具有开创性的、历史性的意义，有利于夯实工商联所属商会的组织建设，更好发挥商会在民营经济发展工作中的作用。该意见的颁行，将进一步强化工商联所属商会的规范化建设，[①] 不断推进民营企业的发展壮大，不断促进和引导非公经济“两个健康”发展（非公有制经济的健康发展和非公有制经济人士的健康成长）。

3. 国家税务总局发出《关于实施进一步支持和服务民营经济发展若干措施的通知》

2018 年 11 月，国家税务总局发出《关于实施进一步支持和服务民营经济发展若干措施的通知》（税总发〔2018〕174 号），从“促进民营企业减税降负”“增进民营企业办税便利”“助力民营企业纾困解难”“保障民营企业合法权益”“确保各项措施落实见效”五个方面提出 26 条措施支持和服务民营经济发展。该通知提出了一些“干货”措施，回应了民营企业关切的一些热点、难点和“堵点”问题。比如，在企业缴纳社会保险费方面明确了两个“确保”（总体上不增加企业负担、企业社保缴费实际负担有实质性下降）。再如，在增进民营企业办税便利方面，提出了多项硬性指标，包括 2018 年底前，再取消 20 项涉税证明事项，实现 50% 以上涉税事项一次办结等。从这些规定看，该通知有利于进一步促进对民营企业的降负减税，助力民营经济发展。

4. 国家知识产权局印发《关于知识产权服务民营企业创新发展若干措施的通知》

2018 年 12 月，国家知识产权局印发《关于知识产权服务民营企业创新发展若干措施的通知》（国知发管字〔2018〕32 号），提出“依法严格保护

---

① 规范建设工商联所属商会，对贵州民营经济发展具有重要作用。据贵州省投资促进局公布数据，截至 2018 年 12 月，贵州全省工商联商会组织有 2225 个，省级贵州商会 28 家，商会是贵州省招商引资的重要桥梁，每年贵州全省利用商会以商招商的到位资金都在千亿元以上。

民营企业知识产权”“加强民营企业知识产权快速协同保护”“扩大民营企业知识产权质押融资覆盖面”“引导知识产权运营基金服务民营企业创新发展”“深入实施中小企业知识产权战略推进工程”“支持知识产权服务业发展”“推进知识产权便利化服务”“加强知识产权信息公共服务”“加大民营企业知识产权人才培养力度”“提高民营企业知识产权意识”等10条措施。在民营企业知识产权保护上，该通知要求集中查办一批侵害民营企业知识产权的案件，各知识产权维权援助中心每月至少开展一次民营企业上门服务活动。在助力解决民营企业融资问题上，该通知明确2018年知识产权质押融资额增幅应超过20%（知识产权运营服务体系建设重点城市），其中中小民营企业知识产权质押融资项目数占比超过50%，中央财政引导支持的各重点产业知识产权运营基金投向民营企业占比应超过80%。这些规定，旨在进一步推动知识产权保障创新驱动发展，有利于促进民营经济提质增效。

（二）贵州民营经济政策法治体系的完善

贵州省委、省政府在2018年出台了一系列与民营经济发展相关的规范性文件，形成促进民营经济发展“1+6”政策法治文件体系。

2018年1月，贵州省委、省政府印发《关于营造企业家健康成长环境弘扬优秀企业家精神更好发挥企业家作用的实施意见》（黔党发〔2018〕3号）。该实施意见围绕营造“为企业家提供优质高效服务的政务环境”“尊重和激励企业家干事创业的社会氛围”等提出了多项措施要求，包括：推进贵州省保护企业和企业家合法权益立法工作，依法保护企业家财产权；落实《贵州省专利条例》《贵州省行政调解专利纠纷工作办法》，依法保护企业家创新权益；适时修订并发布《贵州省涉企行政事业性收费目录清单》等涉企收费清单，依法保护企业家自主经营权，等等。该实施意见的出台，有助于结合贵州实际，进一步营造企业家健康成长环境和弘扬优秀企业家精神，推动贵州民营经济持续健康发展。

2018年3月，贵州省政府下发《关于进一步激发民间有效投资活力促进经济持续健康发展的实施意见》（黔府发〔2018〕3号），提出“依法保护民营企业和企业家产权”“进一步放开民间投资市场准入”“创新再造投资项目审批流程”“开展企业投资项目审批管理模式创新试点”“推广民间投资项目免费代办服务”“规范改进投资项目中介服务和公用事业服务”“加强社会信用体系建设”“努力拓宽民间投资融资渠道”“降低民间投资项目建设和运行成本”“依法保护民营企业自主经营权”“构建亲清新型政商关系”“稳定市场预期和投资信心”“建立民间投资投诉应诉和问题协调解决机制”等重点任务和措施。这些措施的出台，有利于稳定贵州民间投资预期，提振贵州民间投资信心，激发贵州民间有效投资活力。

2018年12月，贵州省委、省政府下发了《关于进一步促进民营经济发展的政策措施》通知，围绕“降低民营企业经营成本”“缓解民营企业融资难题”“全面放开民间投资限制”“推动民营企业转型升级”“优化公平高效市场环境”“加强民营企业队伍建设”“保护民营企业合法权益”“构建亲清新型政商关系”“提升服务保障民营经济发展能力”等提出了42条措施，全力支持贵州民营企业做大做强做优。该通知提出的很多措施“含金量”较高。比如，在降低民营企业经营成本上，要求继续维持贵州省工商业用电价格处于全国较低水平，进一步降低民营企业用能、用地、物流运输等成本，进一步落实政府部门委托的涉企技术性中介服务费用一律由政府部门支付、省级涉企行政事业“零收费”等政策规定。再如，在解决民营企业融资难融资贵问题上，明确每年各专项财政资金用于支持民营企业发展的比例不低于60%，逐步提高贵州地方金融机构新增公司类贷款对民营企业贷款的比例，通过“黔微贷”“贵工贷”等融资政策产品激励对小微企业贷款，支持低利率向符合条件的民营企业（小微企业）发放贷款。通知还明确规定了每条政策措施对应的落实责任单位等。这些措施和要求的落实落地，有利于进一步加强民营企业、民营经济政策法治的落实和执行，不断消除政策法治实施的“中梗阻”，打通政策法治执行的“最后一公里”，从而推动贵州民营经济进一步高质量健康发展。

此外，贵州省政府还出台了涉及民营经济发展的有关企业改造和产业振兴专项性规范性文件。2018 年 10 月，贵州省政府印发《关于深入推进“千企改造”工程的实施意见》（黔府发〔2018〕28 号）提出，通过十大专项行动深入推进“千企改造”，“十三五”期间贵州全省所有规模以上工业企业按照“一企一策”加快实施转型升级。2018 年 12 月，贵州省政府印发《贵州省十大千亿级工业产业振兴行动方案》（黔府发〔2018〕33 号）提出，重点打造一批大企业引领带动、中小企业协同共生的企业集群。

贵州省委办公厅、省政府办公厅还专门印发了产业大招商行动方案、营商环境整治行动方案和创业投资引导基金管理办法等规范性文件来促进民营经济发展。2018 年 2 月，贵州省委办公厅、省政府办公厅下发《关于印发〈贵州省2018 产业大招商突破年行动方案〉〈贵州省优化营商环境集中整治行动方案〉的通知》（黔委厅字〔2018〕12 号），提出推动全省产业招商和全面优化全省营商环境，建立“省带头、市州推动、县市、区落实”的产业大招商突破年行动推进机制，10 位省领导分别定点指导 9 个市州和贵安新区开展各项工作。2018 年 12 月，贵州省政府办公厅印发《贵州省创业投资引导基金管理办法》（黔府办发〔2018〕47 号），对创业投资引导基金的资金来源和使用范围、决策与管理、运作原则与方式、扶持对象、风险控制等进行了规范，明确对境内外投资者在贵州省的创业投资企业等进行引导和扶持，支持符合条件的贵州省创业投资企业依法通过再融资增强投资能力。

二　民营经济行政服务进一步优化

（一）贵州省政府工作报告提出明确目标

2018 年贵州省政府工作报告提出，深化“放管服”改革、商事制度改革、投融资体制改革，实行清单管理，全面推行“双随机、一公开”，放宽服务业准入限制，破除影响民营经济发展的歧视性限制和隐形障碍，构建亲清新型政商关系。今后 5 年内，民营经济占地区生产总值比重提升到 58% 以上，民营经济增加值年均增长 11%。2018 年，引进贵州省外到位资金 9500 亿元，民营经济占地区生产总值比重提高到 55%。

（二）持续推进服务民营企业、民营经济发展工作

2018 年 11 月、12 月，贵州全省民营企业座谈会、全省民营经济发展大会相继召开。全省民营企业座谈会听取了满帮科技、航瑞科技、苗姑娘控股等 12 家贵州民营企业负责人提出的意见和建议。全省民营经济发展大会提出，围绕贵州民营经济发展面临的困难和问题，贵州各级政府及职能部门要大力开展政策落实、金融服务、降本减负、扩大民间投资、营商环境整治、领导干部联系服务企业等六大专项行动，增强对已有政策的落实和执行，着力解决民营企业融资难融资贵问题，持续降低民营企业税费、用电、物流成本，进一步放宽市场准入。

（三）产业大招商和营商环境整治工作成效明显

2018 年是贵州省产业大招商和营商环境整治年，贵州省着力建设稳定、公平、透明、可预期的营商环境。开通“服务民营企业省长直通车”，建立省领导干部联系服务重点企业联席会议制度，联系服务企业 213 家，协调解决各类问题 500 余件。加强政务诚信建设，通过自查发现 1667 个营商环境问题，制定 1857 条整改措施，完成问题整改 1482 个。拓展营商环境社会监督，首次在贵州全省人大代表、政协委员、商协会聘请 238 名营商环境义务监督员。强化破坏营商环境惩处，主动收集 168 条营商环境问题线索，查处 43 起破坏营商环境案例，公开曝光 20 余起破坏营商环境案例，100 余人因破坏营商环境被处理。对接世界银行标准，对营商环境开展第三方评估，发布了 2018 年《贵州省民营经济发展环境指数调查报告》。这些举措，极大地优化了贵州省营商环境。根据贵州省投资促进局公布的数据看，2018 年国务院大督查反馈的贵州省营商环境 7 项指标中，有 4 项指标排名在前 20

位以内。良好的营商环境，助推了贵州产业大招商工作，① 推进了贵州大开放战略行动，② 提升了民营企业发展服务工作水平。③

三　民营经济司法保护进一步加强

（一）国家层面的民营经济司法保护

2018 年 1 月，最高人民法院下发《关于充分发挥审判职能作用为企业家创新创业营造良好法治环境的通知》（法〔2018〕1 号），提出完善保障企业家合法权益的司法政策措施，充分发挥审判职能作用，为企业家创新创业营造良好法治环境。同月，最高人民法院发布了 7 件保护产权和企业家合法权益典型案例，类型包括刑事犯罪、行政管理、合同履行、知识产权、诉讼保全和国家赔偿等六种，进一步推动营造保护产权和企业家合法权益的良好法治环境。2018 年，最高人民法院依法再审纠正了张文中案等一批涉产权冤错案件，增加了民营企业家人身、财产安全感和干事创业信心。

2018 年 11 月，最高人民检察院梳理形成规范性文件《充分发挥检察职

① 根据贵州省投资促进局公布的数据看，2018 年贵州省招商引资到位资金首次突破万亿元大关。2018 年全省引进项目 7317 个，新增合同投资额 1.5 万亿元，新增到位资金 10128.5 亿元，分别同比增长 14.3%、16.1%、15%。其中，引进五大产业项目 5531 个，新增合同投资额 8223.4 亿元，新增到位资金 6013.8 亿元，占全省比重分别达 75.6%、54.1%、46.5%，较 2017 年分别提高 22.6 个、15.3 个、12.1 个百分点。

② 根据贵州省统计局公布的数据看，2018 年，贵州省实际利用外资总额 44.86 亿美元，同比增长 15.3%，增速较上年同期下降 4.7 个百分点。批准外商投资项目 298 个，增长 27.9%。从资金构成看，外商投资企业合同外资实际到位金额 10.72 亿美元，增长 30.0%；全省外商投资企业投注差外债实际到位金额 15.73 亿美元，增长 30.1%；外商投资企业境内（利润）投资实际到位金额 12.87 亿美元，增长 13.4%；对外借款金额 5.54 亿美元。从产业构成看，第一产业、第二产业和第三产业实际利用外资金额分别为 0.003 亿美元、11.89 亿美元和 32.96 亿美元，分别占全省实际利用外资总额的 0.01%、26.51% 和 73.48%。

③ 根据贵州全省工业和信息化工作会议公布的数据看，2018 年贵州省培育“专精特新”企业 1524 家，支持项目 395 个。累计获得工信部认定国家级中小企业公共服务示范平台 3 个，新增省级中小企业公共服务示范平台 6 个。贵州省中小企业公共服务平台网络已聚集各类服务示范机构 510 家，为 5000 余家企业提供服务。

能为民营企业发展提供司法保障》，对检察机关办理涉民营企业案件有关法律政策问题进行解答，进一步规范并统一了涉及民营企业案件的 11 条执法司法标准。前述 11 条执法司法标准，具有鲜明的问题导向，有助于依法保障和促进民营经济健康发展。

（二）贵州加强民营经济司法保护

2018 年 4 月，贵州省高级人民法院公开发布了《贵州法院知识产权司法保护状况（2017 年）》白皮书和《贵州法院知识产权司法保护典型案例（2017 年）》。公布的七个典型案例分别为：惠州雷士光电科技有限公司与太原雷士家用电器有限公司、贵阳正天和贸易有限公司不正当竞争纠纷案，贵阳山里妹食品有限公司与贵州贵芝味食品有限责任公司侵害外观设计权纠纷案，耿某与某公司火烧铺矿侵害发明专利权纠纷案，家有购物集团股份有限公司与贵州家有在线网络有限公司侵害商标权纠纷案，贵州华章米业有限公司假冒注册商标罪自诉案，李斌、徐守西假冒注册商标案和宋小容不服道真县市场监管局工商行政处罚案。公布的白皮书和典型案例显示，贵州法院在审理知识产权案件时，注重延展审判职能，为贵州实施创新驱动发展战略、服务民营经济发展提供司法保障。

2018 年 12 月，贵州省人民检察院下发了《在刑事检察司法办案中服务和保障民营经济发展 46 条指导意见》，对刑事检察司法办案中保障和促进民营经济健康发展提出了 10 个方面的明确要求。该指导意见要求，检察机关要坚决贯彻落实上级决策部署，正确执行刑事法律和司法解释，依法制裁和惩罚侵害民营企业和民营企业家权益的违法行为，依法服务和保障民营企业健康发展。

2018 年 12 月，贵州省法院、贵州省检察院、贵州省公安厅、贵州省工商联共同印发的《服务保障民营经济发展联系协作工作办法》（黔检会〔2018〕14 号）提出，畅通民营企业向司法机关反映情况、向民营企业反馈信息、服务民营企业日常工作协作联系 3 个通道，搭建民营企业民商事纠纷调解工作、服务民营企业座谈协商、民营企业综合评价 3 个平台，以及

“健全三项工作机制、构建三个保障体系、落实三项协作措施”等15条公检法与工商联共同促进民营经济发展的举措。

四 民营经济政策法治有待进一步完善的地方

在看到前述民营经济政策法治进一步完善的同时，也不能忽视当前民营经济面临的制度环境和市场环境还需要进一步优化的问题。在企业融资问题上，民营企业、中小企业融资难融资贵等问题仍然存在，民营企业直接和间接融资都存在较大困难。在企业经营成本上，民营企业负担依然较重、经营成本增加。在市场准入领域上，民营企业发展仍有不少隐形壁垒，存在“玻璃门”现象。在政务服务效率上，政策落实还存在“中梗阻”“一刀切”“最后一公里”等问题，不作为、慢作为、乱作为现象在一定程度存在，营商环境有待进一步优化。①

五 贵州民营经济政策法治建设展望

2019年是新中国成立70周年，是贵州省脱贫攻坚决战之年。2019年贵州政府工作报告提出，提高民营经济占地区生产总值比重（57%左右）。下一步贵州民营经济政策法治建设，将深入学习贯彻习近平总书记在民营企业座谈会发表的重要讲话精神，认真落实国家各项政策，全面落实贵州省委、省政府“1+6”政策文件，深入实施六大专项行动。

---

① 有关调查数据显示，2018年上半年，接受调研的638家贵州民营企业中有1/3的企业没有得到银行融资，得到银行融资的企业中有近1/3获得银行融资额占其全部融资额的10%以下，且融资利率在10%的占41.38%。2018年二季度，接受调研的贵州民营企业总成本与上年同期相比增加的占62.8%、持平的占2.1%、降低的占15.1%。2018年初，第三方机构对贵州省促进民营经济相关政策开展评估，有37.2%的企业不了解政策，26%的企业家认为政策办理过程烦琐，27%的企业家认为政策没有落地。2018年12月，贵州“服务民营企业省长直通车”开通初期收到的144件情况反映和诉求中，反映职能部门不作为的就有57件，占39.6%。资料来源贵商视讯：贵州全省民营经济发展大会发言材料，载搜狐网：http://www.sohu.com/a/285455427_99920760。

一是进一步营造良好金融环境，支持民营企业解决融资难题。加强地方金融体系建设，强化地方金融监督与管理，强化政银企三方联动，加强金融产品创新，依规扩大信贷投放，拓宽民营企业融资渠道，帮助民营企业扩大直接融资，运用好涉及民营经济发展的专项财政资金，缓解中小微企业等民营企业融资难融资贵问题。

二是进一步营造良好经营环境，支持民营企业降本减负。认真落实国家各项减税降费政策，确保在地方权限内降到法定税率最低水平。切实降低要素成本，保持贵州省工商业用电价格处于全国较低水平。检查落实省委、省政府确定的降低企业用地成本、降低公路物流运输收费、降低铁路货物运价、规范机场铁路港口收费等降低企业成本举措，减轻民营企业负担。

三是进一步营造良好市场环境，支持民营企业公平竞争。全面实施市场准入负面清单制度，破除制约民营经济发展的各类壁垒，在审批许可、招标投标、经营运行、市场准入、军民融合等方面，打造公平竞争市场环境，让民间资本“投资有门”“投资有效”“投资有利”。

四是进一步营造良好法治环境，支持民营企业维护合法权益。全面排查政府部门和国有企业拖欠民营企业账款情况，解决好政府部门和国有企业拖欠民营企业款项等问题。依法保护民营企业家人身安全和财产安全，让民营企业家备受尊重，专心创业、放心投资、安心经营。借助投资投诉热线和服务民营企业直通车，畅通民营企业维权通道，确保民营企业投诉有门、维权有路。

五是进一步营造良好服务环境，支持民营企业纾难解困。构建亲清新型政商关系，落实好领导干部联系服务重点企业制度。通过开好贵商发展大会等渠道，进一步推介贵州省优势资源、优惠政策、优强项目，抓好民营企业招商引资，鼓励、支持、引导民营企业助推脱贫攻坚。

B.11
贵州省民营融资担保政策与法治研究*

张　可**

摘　要： 民营融资担保行业在促进民营经济发展中具有重要作用，近年来发展迅速。然而，随着宏观经济环境的影响和系统性风险的出现，民营融资担保遇到整体性危机。贵州省民营融资担保行业起步晚、规模小，本报告以民营融资担保的现状、问题、问题成因、对策与建议为切入点，重点论述了民营融资担保行业在政策法制、风险防范以及评级体系建设等方面的内容，以促进民营融资担保行业健康有序发展，为贵州“三大战略行动”和产业升级服务。

关键词： 贵州　民营　融资担保　政策　法制

引　言

民营经济作为社会主义市场经济的重要组成部分，近年来发展迅速，大量的资金需求成为各民营经济主体必不可少的发展要件。但是在现实中，很多民营企业拿不到贷款或者贷款非常困难。在此情况下，民营融资担保行业应运而生。民营融资担保在某种程度上确实缓解了民营企业、中小企业的

* 本文系贵州省社会科学院2019年创新工程创新团队项目“法学理论与应用研究”成果、贵州省社会科学院法治研究与评估中心项目成果。

** 张可，贵州省社会科学院法律研究所副研究员、贵州省法治研究与评估中心研究员，法学博士。

“钱荒”，但其中的问题也很多，有些甚至产生了一系列不良反应和后果，造成了社会问题。有鉴于此，本报告拟以贵州省民营融资担保行业为视角，侧重对于该行业发展中的政策以及法制问题进行研究，以期对民营融资担保行业健康有序发展有所裨益。

一 贵州省民营融资担保行业概述

（一）融资担保的概念与功能定位

担保作为民商事法律基本制度，在我国《民法通则》《担保法》《物权法》中均有所规定。担保按照业务性质划分，可以分为融资担保和非融资担保。根据国务院发布的《融资担保公司监督管理条例》第二条规定：“本条例所称融资担保，是指担保人为被担保人借款、发行债券等债务融资提供担保的行为；所称融资担保公司，是指依法设立、经营融资担保业务的有限责任公司或者股份有限公司。”因此，融资担保具有强烈的融资性质，本质上就是一种融资服务。事实上，我国目前绝大多数的担保公司都是从事融资业务担保。

《中华人民共和国担保法》第一条规定：“为促进资金融通和商品流通，保障债权实现，发展社会主义市场经济，制定本法。”由此可见，担保最基本的功能是保障债权实现。融资担保就是最直接体现这一功能的担保。此外，担保还具有信用增级、经济杠杆和风险管理的功能定位。担保机构作为专业的风险管理机构，通过承担经营风险，取得风险收益，从风险管理的角度看，担保是一种分散风险和转移风险的工具。[①]

（二）民营融资担保的发展历程

我国改革开放从 1978 年开始，至今已有四十年。据统计，1978 ~ 2017

① 牛成立、文海兴：《融资性担保与机构评价》，中国金融出版社，2015，第 15 页。

年，我国 GDP 总量从 3645 亿元人民币增长到 827122 亿元，四十年增长了 226 倍。[①] 在此期间，随着民营企业、中小企业的持续活跃，国家已经意识到有必要对其进行扶持，特别是在资金方面予以大力支持。鉴于我国传统国有银行、商业银行对于融资的担保条件要求较高，而一般中小企业不具备相应的担保条件，因此民营融资担保行业开始快速发展。

贵州省作为国家西部地区，由于历史和地理的原因，基础差，底子薄，经济发展一直较为落后。随着国家改革开放政策和西部大开发战略的推进，近年来贵州经济开始发力，GDP 连年持续高速增长，民营经济也开始蓬勃发展。金融资本如何为民营经济服务，中小企业如何融资输血，已经成为近年来贵州省民营经济发展的重要课题。在此，民营融资担保企业发挥了十分重要的作用。据统计，截至 2018 年初，贵州全省共有登记注册运营的担保服务行业企业 465 家，其中绝大部分是私营有限责任公司性质。[②] 面对数量繁多的民营融资担保企业，制定和执行切实有效的政策法规，促使其健康发展，对于民营企业金融发展具有至关重要的意义。值得一提的是，尽管贵州省民营融资担保行业起步较晚，但发展迅速，在全国范围内都具有创新性和里程碑意义。例如，2016 年 3 月 3 日，首家中国融资担保机构在澳大利亚成功上市，该上市企业即为来自贵州的鼎盛鑫融资担保有限公司。融资性担保机构作为沟通实体经济与金融机构的中介和桥梁，承担着重要的社会责任和经济功能，是服务小微企业和“三农”的重要融资手段。加快发展融资性担保行业对完善贵州省地方金融体系、服务和改善民生、推动贵州后发赶超具有重要意义。[③]

（三）民营融资担保的政策法规渊源

民营融资担保行业发展至今，已建立多层次、多位阶的法律规范体系，

① 人民网强国论坛，http：//bbs1. people. com. cn/post/2/1/2/167785334. html。

② 《贵州省担保服务行业企业名录 2018 年版》，百度文库，http：//wenku. baidu. com/view/59c17e6dec630b1c59eef8c75fbfc77da269973a. html。

③ 王恬：《谌贻琴出席全省融资性担保行业发展与监管会议》，《贵州日报》2014 年 11 月 7 日。

具体包括以下几个层次：第一层次——法律；第二层次——司法解释；第三层次——规范性文件；第四层次——省级机关制定的规范性文件。①

1. 国家法律

《中华人民共和国担保法》《中华人民共和国合同法》《中华人民共和国物权法》《中华人民共和国公司法》《中华人民共和国商业银行法》《中华人民共和国民法通则》《中华人民共和国民法总则》《中华人民共和国中小企业促进法》。

2. 司法解释

《最高人民法院关于适用〈中华人民共和国担保法〉若干问题的解释》。

3. 国家政策、法规

《国务院关于鼓励和引导民间投资健康发展的若干意见》《国务院关于进一步促进中小企业发展的若干意见》《中国人民银行境内机构对外担保管理办法》《中国人民银行、银监会、证监会、保监会关于进一步做好中小企业金融服务工作的若干意见》《国务院办公厅转发银监会发展改革委等部门关于促进融资性担保行业规范发展意见的通知》《国务院办公厅关于进一步明确融资性担保业务监管职责的通知》《中国银监会关于促进银行业金融机构与融资性担保机构业务合作的通知》《财政部关于地方财政部门积极做好融资性担保业务相关管理工作的通知》《中小企业信用担保资金管理暂行办法》《融资性担保公司管理暂行办法》《融资担保公司监督管理条例》。

4. 贵州省政策、法规

《中共贵州省委、省人民政府关于进一步加快全省民营经济发展的意见》《贵州省人民政府办公厅关于进一步促进融资性担保行业发展的意见》《贵州省融资性担保机构管理暂行办法》《贵州省融资性担保机构审批工作指引》《贵州省融资性担保机构经营许可证管理指引》《贵州省融资性担保机构年检实施细则》。

---

① 刘坤、杨得兵：《民营担保企业运作现状及法律风险问题分析》，《特区经济》2011 年第 8 期。

二 贵州省民营融资担保行业凸显的问题

尽管近年来贵州省民营融资担保行业得到飞速的发展，但是与全国一样，民营融资担保先天存在的一些问题和弊端，在市场经济中也逐渐显露出来。在经历了2010～2012年的快速扩张期之后，2013年至今，贵州省民营融资担保行业在某种程度上遭遇了“严冬”，发展进入了瓶颈期，主要问题体现在以下几个方面。

（一）政策法律不健全

民营融资担保这一新生事物从诞生伊始，我国就在政策法律方面予以规范化、制度化，构建了从中央到地方，从基本法律到规范性文件的一系列政策法制体系。然而，政策法制体系是一个系统配套工程，要充分考虑到民营融资担保行业的特点属性，以及自身运行规律，这就需要其他政策法律的系统性与完整性。我们必须要面对的现实情况是：贵州省的民营融资担保行业总体规模小、品质低，除在具体运营中遵照国家层面制定的政策法律外，仅有几部宣示性的政策和规范性文件，较为缺乏有针对性的、富于本省地域特色的地方性政策法规，这与东部一些经济发达省份有着不小的差距，短时间内难以追赶和弥补。

（二）行业监管不到位

2013～2015年，由于民营融资担保行业的风险频发，各级政府对于民营融资担保的监管较为严格，无论是中央层面还是贵州省层面，民营融资担保的监管和自律机制开展都较为规范、活跃，但是自2016年以来，民营融资担保的监管又趋于减弱，担保行业自律协会的工作陷于停滞状态，政府职能部门对于担保企业的年检工作也予以推迟，例如，贵州省担保机构2016年度的年检结果汇总及复核工作推迟到2018年初才完成，显得不够及时和严肃。[①]

① 贵州省担保业协会【转】《关于做好贵州省2016年度融资性担保机构年检后续工作的通知》，http：//www. gzdbxh. cn/News. php？ ntid =314&nid =1061。

（三）担保业务大量“异化”

企业天然具有营利性，资本天然具有逐利性，作为从事融资担保业务的民营企业，不可避免地会走入资本陷阱，进而产生“异化”现象。担保制度作为一项经济和法律制度，本身是极易在高额回报的利益诱惑下“异化”的。具体来说，就是民营融资担保公司大多数都在实施“自融（资）”和“自（担）保”行为，名义上是为其他独立企业法人机构融资提供担保，实际上该融资企业与担保企业存在公司人格高度混同的情况，走入“自融自保”的恶性循环。而相当一部分民营融资担保企业，为了实现自身利益的最大化，以高额利息实现向中小企业的融资，进而致使很多中小企业在资金偿还时没有能力承担，这种融资的形式只是给中小企业赢得了“喘气”的机会，而实际上则是增加了中小企业的负担，进而成为中小企业发展过程中的“包袱”。[①]

（四）风险抵御能力较弱

我国融资担保行业自20世纪90年代初诞生以来，国内经济总体处于稳定上升的周期和状态，但其间也经历过1997年亚洲金融危机、2008年国际金融风暴等对我国经济产生重要影响的事件。特别是近十年来，我国经济面临更深层次的转型期，增速放缓，出口下降，相当部分的企业效益下滑甚至倒闭，这对担保机构特别是民营融资担保机构的影响是十分明显的。同时，融资担保行业基于自身特性，本来就是极易出现风险的行业，其中最主要的表现就是如果出现被担保企业或个人经营不善无法按期还贷的情况，则根据担保合同约定，融资担保机构需要代为偿还高额的借款本金及利息。这是由担保业务的自然属性决定的，担保业务收取的担保费用是一种中介服务费，而不是风险补偿费，担保业务与保险业务的最基本区别之一就是保险遵循

① 韩啸腾：《论对投资担保公司的法律监督与完善》，《法制博览》2015年第5期。

“大数法则”而担保遵循“零损失原则”。[①] 因此做好风险控制、保持较低的代偿率和损失率对于民营融资担保机构至关重要。

三 民营融资担保行业问题的成因分析

（一）宏观经济环境遇冷，企业普遍效益下滑

随着我国宏观经济环境从2013年以后整体遇冷，给民营融资担保行业造成的影响是显而易见的。例如，当经济环境不利时，企业受到外界不利因素冲击的机会增加，一旦危机发生，银行担心原来贷给企业的资金不能收回，将导致银行停止新的贷款、向企业抽回贷款，还会对与该企业有担保关系的其他企业采取同样的措施来应对这场危机，风险集聚效应成倍体现。[②] 又如，由于民营企业效益不好，正常运营难以维系，其向银行或其他主体借贷开始出现违约甚至“跑路”频发，为其借贷担保的民营融资担保机构则必须承担担保责任，代偿其所欠本金及利息。很多民营融资担保企业在代偿欠款后，难以恢复元气，逐渐走向经营困难甚至破产歇业边缘。这已经成为业内普遍现象，必须引起我们高度重视。

（二）公司人员参差不齐，企业管理经验欠缺

由于大多数民营融资担保公司的投资人、股东总体素质较低，人员结构参差不齐，而融资担保行业本身对企业的管理能力和管理水平要求较高，因此，当前的民营融资担保公司管理者普遍缺乏企业管理经验。甚至说，当国家监管政策法律下达后，这些股东、管理人员并不是认真学习领会相关政策法律，而是想方设法钻空子、动歪脑筋，妄图逃避有效监管，继续以合法手段掩盖其非法目的。抱有这样心态和意识的民营融资担保企业管理人员，给

① 牛成立、文海兴：《融资性担保与机构评价》，中国金融出版社，2015，第101页。

② 王爱华：《担保链危机的法律思考》，《中国律师》2015年第4期。

该行业带来的弊端和负面影响是极其巨大的。从某种程度上来说，这也是当前我国社会民营企业家阶层总体文化素质欠缺、法治意识淡漠的集中表现。

（三）风险防范意识不强，出现问题难以应对

2012 年 6 月，银监会下发《关于防范外部风险传染的通知》，融资担保公司被圈定为五大重点关注对象之一。[①] 民营融资担保企业的外部风险时刻存在，最主要的风险就是代偿风险。融资担保公司的主业是为他人借款提供担保，这种担保通常是一般保证，即当债务人无法按照约定偿还债务时，债权人可直接向担保人主张偿还债务。担保公司只有先向债权人代偿债务后，才能够向债务人予以追偿。据了解，国有担保和民营担保的普遍杠杆不同，分别为 8 倍和 5 倍，也就是说一旦它们分别有 1/8 和 1/5 的坏账，那就难逃一死。[②] 如何对这些外部风险进行有效防控，本身对担保公司经营管理者有着较高的理论和实践能力要求，然而遗憾的是，大多数担保公司并不具备这种能力，许多人设立担保公司只是为了赚钱盈利，而忽视对外部风险的管理控制。

（四）信息严重不对称，信用披露制度不健全

融资担保本质上是一种信用担保，而我国目前的信用制度很不完善，特别是信用披露制度很不健全。尽管近年来我国依靠互联网、大数据等高科技手段，初步实现了个人（企业）征信报告制度，但该报告披露并不完善，而且流于形式。真正对信用报告有强烈需要的主体，往往得不到真实有效的信用报告，或者为此需要付出高额成本。此外，个人信息泄露的现象十分严重，导致许多信用信息严重失实，这给我国当前正在建设完善的信用披露制度带来很多影响和障碍。民营融资担保企业大多数规模小、资金少，在信息化建设方面投入小，不具备相应的信息技术能力，因此在获取信用信息方面

① 陈钢：《民营融资性担保业的困境和发展对策探析》，《征信》2014 年第 1 期。

② 许祝生、邵梦：《民营融资担保，踏进生死边缘》，《徽商》2014 年第 9 期。

更加困难，这也是导致民营融资担保企业难于甄别有效信用信息的一个重要因素。

四 对贵州省民营融资担保行业发展的对策与建议

（一）政府重视与行业自律相结合，加大监管力度

民营融资担保是在民营经济发展中应运而生的，在很大程度上缓解了民营企业和中小企业的“融资难”。对于民营融资担保在当前社会经济生活中的重要意义，各级政府要予以充分高度的认识。政府是市场经济的“守夜人”，要积极发挥在市场经济资源配置中的作用，对民营融资担保这一新兴行业，要在政策和法制方面予以鼓励和扶持，肯定其积极作用，引导其健康发展。同时，借鉴国内外先进的融资担保行业组织良好经验，我们要对已有的贵州省担保业协会进行行风行纪整顿，加强行业道德建设，尽可能地把全省所有民营融资担保企业纳入协会中；要定期、不定期地组织开展各种具有行业特点的活动，包括学习培训活动、调研走访活动、经验交流活动等，使民营融资担保企业具有一定的凝聚力；要不断敦促、时刻提醒各会员单位遵纪守法，对于可能出现的行业风险进行预警提示。

（二）民营融资担保企业必须加强风险管理，做好风险防控

无论是何种形式的民营融资担保机构，都必须加强公司内部治理结构建设。民营融资担保企业在公司治理结构建设中，要特别注意处理三个方面的问题：一是要协调好股东与企业之间的关系，即处理好所有权与经营权的关系，由于民营融资担保企业的股东大多是分散的个人，而企业的对外担保决策又直接影响到股东利益的分配，因此保证股东的投资回报对于公司治理结构而言至关重要；二是要处理好企业内部各利益集团的关系，包括对管理层（经理）和普通员工的激励机制，同时也要注意对高层管理者的制约；三是要建章立制，通过制度来管理企业，把企业内部管理风险控制在最低层面，

一旦发生企业内部纠纷（包括股东纠纷和劳资纠纷），都能够以最小的成本予以化解，从而使企业轻装上阵，以良好的状态开展业务。此外，还可以尝试实行股东准入许可和高管任职审批，分散股权结构，提高中小股东的参与度，严格实行注册资本托管，加强资本金监控等方式，① 来对公司内部治理结构进行完善。

（三）营造良好的政策法制环境，为民营融资担保企业发展保驾护航

近年来，由于受到国内外宏观经济环境的影响，民营企业普遍效益不高，一方面融资困难，另一方面又投资不畅，这使民营融资担保行业整体呈低迷状态。政策相较于法律而言，具有灵活易变的特性，由于民营融资担保是一个新生事物，其内在运行机制和经营规律都在摸索实践中，因此政策在调整民营融资担保行业运行中，具有十分鲜明的导向性作用。各级政府职能部门，需要在充分调研的基础上，制定切实有效的民营融资担保政策，以引导民营融资担保企业健康发展。民营融资担保政策，本质上是一种经济政策，其创设初衷就是为了促进民营经济的繁荣与发展，因此需要具有一定的宽松性，鼓励要多，限制要少，尽可能地不要预设各种条条框框来束缚企业的发展。而民营融资担保企业通过学习和贯彻这些政策，可以更好地知道自己的使命与作用，放开手脚发展企业，做强做大企业，更好地为中小企业民间融资服务。

（四）企业自身树立现代化担保理念，加强制度和队伍建设

尽管担保制度古已有之，但随着时代的发展与进步，当下担保制度与传统担保制度相比，已经有了很大的发展与不同。特别是民营融资担保业务，横跨经济、金融、法律、管理等多个专业，从业者需要学习的业务知识很多。在此情形下，民营融资担保行业的从业者，无论是股东、高管还是普通

① 谢辉：《民营融资担保公司治理结构存在的问题与对策》，《时代金融》2014 年第 5 期。

员工，都必须具备相应的担保业务知识，特别是公司的经营管理高层，要时刻掌握和了解国家政策、民营经济、担保行业的最新动态，对涉及融资担保的风险管理、机构评价、保前调研、委托合同、最高额保证、民间借贷、资产证券化等专业知识，要有充足的认识与储备，认真学习对融资担保行业有重要影响的政策法律，深入分析在融资担保业内有重大意义的案例项目，通过不断加强学习，逐步树立起现代化的担保经营理念，并将其应用到业务实践中，以提高应变能力和创新能力，将民营融资担保业务做大做强。

（五）不断提高信息化建设和大数据治理水平，构建全社会信用体系

如前所述，民营融资担保行业发展中遭遇的困境之一是信息不对称。主体信息、交易信息和供应链信息，都是民营融资担保行业的重要信息。当今社会已经迈入到信息化时代，互联网交易已经普及，完全有条件运用大数据技术，获取海量的有效融资担保信息，经过技术处理和筛选后，使融资担保各方获得有效信息，进而促进和达成有效交易。需要特别指出的是，贵州省于 2016 年被中央列为国家级大数据综合试验区，目前正在重点发展和打造大数据产业和数字经济，大数据已经成为贵州省一张亮丽的名片为世人所知。我们要趁此机遇，把大数据与融资担保有机结合起来，善于运用大数据技术，把融资担保的有效信息挖掘出来，并进行相应分析和研判，将整合后的信息提供给民营融资担保企业，为企业有效决策和参与实施项目做好服务。此外，还要特别注意大数据的权利保护和个人信息隐私保护，加强数据清洗技术，确保交易安全，使融资担保各方在享受现代化高科技服务的同时，得到充分有效的信息源和技术支持，进而促进民营融资担保行业的整体交易安全与效率。

（六）建设和利用好“两个平台”，建立科学合理的民营融资担保机构评价体系

民营融资担保具有较为鲜明的行业特色，为进一步完善和发挥融资担保行业协会的作用，在中国银监会的支持与指导下，2013 年 9 月中国融资担

保行业协会正式成立。该协会作为融资担保行业自律组织，属于广义上的监管体系组成部分，能够协助融资担保监管部门发挥监管作用，是监管部门直接监管的延伸与补充。目前该协会处于运行初期，组织机构和业务功能都还在不断完善之中。2005 年 3 月，贵州省担保业联合会（后于 2011 年更名为贵州省担保业协会）正式成立，该协会需要进一步发挥好作为贵州省民营融资担保行业自律组织的作用。此外，为全面了解民营融资担保行业情况，应当加大信息技术投入，加快建立和完善可以涵盖融资担保全行业的信息系统，包括机构基本信息、从业人员信息、主兼营业务信息、财产信息、银担合作信息、主要客户信息、失信违约信息等，并逐渐实现与其他相关行业信息资源共享。并在搭建好“两个平台”的基础上，建立科学合理的民营融资担保机构评价体系。民营融资担保机构评价体系建成后，需要建立定期评价制度。该制度应当由监管部门指导，行业协会组织实施。评价工作由独立第三方机构具体实施，原则上每年进行一次。要采取适当的方式披露评价结果，以逐步完善行业监管、行业自律与市场约束相结合的民营融资担保行业管理框架。①

结　语

民营融资担保是一个新生事物，随着改革开放的大潮时起时伏。在贵州省近年来的经济腾飞中，民营融资担保做出了应有的贡献。作为对民营经济发展和中小企业融资有重大促进作用的行业，我们要对其予以引导，使其发展壮大。加强监管、防范风险、建立评价体系，都是我们当前需要重点关注的领域，这需要在政策和法制的框架范围内有序进行。当今时代是信息化时代、大数据时代，贵州作为首个国家级大数据综合试验区，已经在金融信息化建设的道路上迈出了坚实的步伐，我们有充足的理由相信，贵州省民营融资担保行业的未来前景会更好，必将在民营经济发展和为中小企业融资服务中发挥着越来越重要的作用。

① 牛成立、文海兴：《融资性担保与机构评价》，中国金融出版社，2015，第 222 ~ 223 页。

B.12
贵州省水资源保护责任清单管理制度研究

韩敏霞*

摘　要： 近年来，贵州省在水资源保护方面制定了最严格水资源管理制度，制定了详细的权责清单目录，并不断完善河长制及配套制度。但是在责任清单管理制度上仍然存在一些需要改进的地方，如责任清单的动态管理机制不健全、责任清单管理中的事前预防管理和事后追责力度不够、责任清单管理中的长效机制难以形成等。因此，应进一步利用大数据平台建立动态监管体系、完善河长制的考核问责机制、加强执法监督，提高执法能力和素质、加强宣传，构建公众参与水资源保护的平台，以完善贵州省水资源责任清单管理制度。

关键词： 贵州水资源　责任清单　权力清单

党的十九大报告提出，要从推进绿色发展、着力解决突出环境问题、加大生态系统保护力度、改革生态环境监管体制等方面着力加快生态文明体制改革。2018 年 3 月，生态文明写入宪法，“标志着宪法将发挥总揽全局的规范作用，我国的基本法律和其他法律，行政法规和规章，自治条例和单行条

* 韩敏霞，贵州财经大学文法学院副教授，中国社会科学院法学研究所・贵州省社会科学院在站博士后。

例等，就能全面系统持续地贯彻和发展生态文明思想，真正使生态文明法治化。”[①] 水是生态环境中最重要的组成部分，水乃生命之源，水资源的保护关乎全人类命运共同体的和谐构建。根据《国际水文学名词术语》，“水资源指可以利用或有可能被利用的水源，该水源具备足够的数量以及合适的质量，并能满足一定地域和时间范围内被利用的需求。”2017 年 1 月 1 日开始实施的《贵州省水资源保护条例》，明确了水资源的范围即地表水和地下水，并在取水管理、地表水保护、地下水保护、水生态保护、监测、法律责任等方面做了规定。一直以来，我国的水资源保护主要面临着三大问题：供需问题、污染问题、管理问题。[②] 其中，供需问题主要基于自然地理构造与当地人口环境分布不平衡，污染与管理问题则表现为人为因素的污染和相关管理制度的缺失，因此，各地水资源管理制度的完善，将有助于推进水资源的有效保护和可持续安全供给。

一　贵州省水资源责任清单管理制度概况

（一）制定最严格水资源管理制度

贵州水资源总量丰富，但供水能力严重不足。[③] 贵州水能资源蕴藏量为 1874.5 万千瓦，位居全国第六，却因山高谷深的地理现状，而面临严重的工程性缺水问题，开发利用效率仅为 10.9%，具体表现为“两低两多一重一弱”。两低是指水资源开发利用程度低、中小型灌区灌溉效率低，两多是指农村饮水安全隐患多、病险水库安全隐患多，一重是指水土保持生态建设任务重，一弱是指水资源调配能力弱。贵州是少数民族聚集区，经济基础薄弱，存在大量为了经济利益不顾水生态环境的污染行为。因此，贵州水资源

① 《写入宪法，生态文明翻开新篇章》，《中国环境报》2018 年 3 月 15 日。

② 李青山：《中国水资源保护问题及其对策措施》，《水资源保护》1999 年第 56 期。

③ 童绍玉、周振宇、彭海英：《中国水资源短缺的空间格局及缺水类型》，《生态经济》2016 年第 7 期。

保护工作正面临着严峻的自然与社会的双重考验。自“十二五”以来，贵州高度重视水资源保护工作。2013 年，贵州省人民政府发布了《关于实行最严格水资源管理制度的意见》，2014 年，贵州省水利厅发布了《贵州省落实最严格水资源管理制度实施方案》。2015 年十二届全国人大会议上，李克强总理做政府工作报告时指出，“公布省级政府权力清单、责任清单，切实做到法无授权不可为、法定职责必须为。”2016 年，贵州省水利厅发布了《贵州省水利厅权力清单和责任清单目录》（以下简称《目录》），该《目录》作为水资源保护的管理制度详单，为政府在水资源保护中的行政行为明确了职责边界。2017 年，该《目录》分别从权力类型、权力名称、权力依据、责任事项、责任事项依据、责任处室、追责对象范围以目录形式对相关职能部门的权力与责任进行了详细的梳理。2018 年 4 月，《贵州省河道管理条例》（修订）立法起草调研组前往黔西南州万峰湖库区实地考察库区水环境治理情况，实地了解当地的河湖保护与管理方面的制度措施及执行情况，并广泛听取了有关部门对条例修改的具体意见。

（二）制定详细的权责清单目录

建立政府权责清单是深化行政体制改革，建设法治政府、创新政府、廉洁政府和服务型政府的内在要求。李克强总理曾在十二届全国人大三次会议上做政府工作报告时强调要公布省级政府权力清单与责任清单。2015 年 3 月 24 日，中办、国办联合印发了《关于推行地方各级政府工作部门权力清单制度的指导意见》，从基本要求、主要任务与组织实施三个层次对政府权责清单的体系建设做出指引，在主要任务里明确了公布权力清单、建立动态权力清单管理机制以及推进责任清单管理工作。随后，国务院办公厅发布了《国务院部门权力和责任清单编制试点方案》的通知，对试点部门权责事项、清单编制做了部署。2016 年 6 月，贵州省政府法制办与省编委发布了《2016 贵州省省直部门权力清单与责任清单目录》，其中的《贵州省水利厅权力清单和责任清单目录》（以下简称《目录》）作为水资源保护的管理制度详单，为政府在水资源保护中的行政行为明确了职责边界。贵州省政府于

2017 年更新了这一目录。《目录》跟随既有制度的调整从 34 项变为 25 项（见图 1），包含了：权力类型、权力名称、权力依据、责任事项、责任事项依据、责任处室、追责对象范围几个方面的相关职能部门的权责内容。

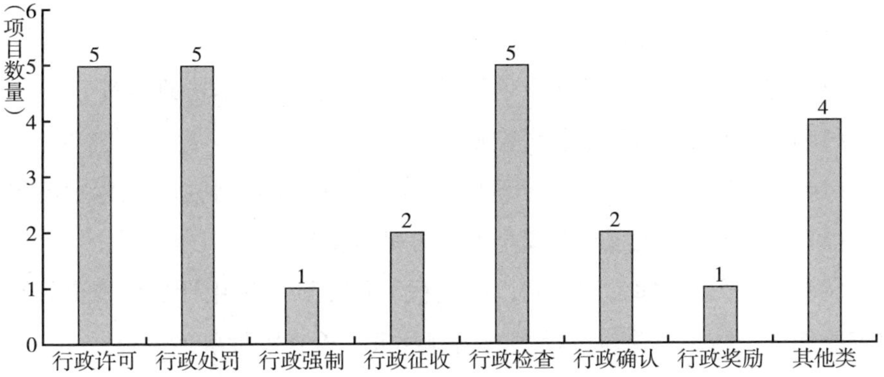

图 1　2017 年贵州省水利厅权利清单和责任清单事项

2018 年 7 月，贵州省政府发布修订后的《贵州省人民政府工作规则》，第四章第十八条明确规定“坚持依宪施政、依法行政，大力推行权力清单、责任清单、负面清单制度并实行动态管理”，这一内容是贵州省政府关于落实本省责任清单管理制度的重要体现。2018 年 7 月，贵州省水利厅在自己的官方网站上发布了 25 项不同行政事务中的行政权力运行流程图，分别涉及如下事项。

（1）权限内洪水影响评价类审批流程。

（2）权限内取水许可审批流程。

（3）权限内建设项目水土保持方案审批流程。

（4）水利工程质量检测单位资格认定流程。

（5）在江河、湖泊新建、改建入河排污口审核流程。

（6）对拒不缴纳、拖延缴纳或者拖欠水资源费的行为的水行政处罚流程。

（7）对拒不缴纳水土保持补偿费行为行政处罚流程。

（8）对不按规定报送年度取水情况的行为行政处罚流程。

（9）对未安装取水计量设施及取水计量设施不合格或者运行不正常的

行为的行政处罚流程。

（10）对违反规定开发利用水能资源的行为的行政处罚流程。

（11）对不依法缴纳水资源费、水土保持补偿费加收滞纳金流程。

（12）水资源费征收流程。

（13）水土保持补偿费征收流程。

（14）河道管理范围内建设项目及采砂活动监督检查办理流程。

（15）水利工程招投标监督检查流程。

（16）水库（水电站）汛期调度运用计划和防御洪水方案的审批流程。

（17）在建水库工程汛期安全度汛方案审批流程。

（18）权限内水库、水电站调度规程、年度调度运用计划、安全管理专项应急预案、防汛抢险应急预案的编制及报批检查审批事项流程。

（19）水库大坝安全鉴定审定流程。

（20）水土流失危害鉴定流程。

（21）对在防汛抗洪中做出显著成绩的单位和个人给予表彰或者奖励流程。

（22）水库大坝主持登记及降等报废流程。

（23）水利工程验收流程。

（24）水利生产经营单位安全生产标准化评审流程。

（25）水利工程施工企业主要负责人和内部安全生产管理人员考核管理流程。

这些流程图中即涉及行政审批事项的审核材料，也明确了水利厅在行使行政权力时的权限和边界。这种较为明确直观的流程图作为权责清单的细化和补充，能够更有利于清单的落实和完善。

（三）完善河长制及配套制度

制度体系作为一项动态的系统工程，主要依据四个要素构成：价值观与价值判断、行为规则与奖惩体系、组织设置、权力体系。[①] 正如诸思

① 郑杭生：《社会学概论新修》，中国人民大学出版社，2013，第254页。

（North D. C.）所言："制度是一系列被制定出来的规则、守法程序和行为的道德伦理规范，它旨在约束追求主体福利或效用最大化利益的个人行为。"① 人类社会的管理制度常常以规范的形式体现出来。科尔曼（J. Coleman）指出："规范指明人们认为为什么这样的行动是合乎体统或正确的。社会规范是人们有意创造的，创造并维持规范的人认为，如果规范为社会成员所遵守，他们将获益；如果人们违背规范，他们将受到伤害。"② 2016年12月11日中办、国办联合印发了《关于全面推行河长制的意见》，为全面推行河长制提供了纲领性的文件指引。2017年1月1日正式实施的《贵州省水资源保护条例》第5条第3款规定了全省全面推行各级政府行政首长负责河长制，标志着贵州的河长制逐步走上法治化的轨道。2017年4月，《贵州省全面推行河长制总体工作方案》（以下简称《总方案》）出炉，展示了贵州省全面推行河长制的决心，《总方案》坚持以生态优先、党政主导、问题导向、统筹兼顾、依法监管为核心原则，由省级领导同志担任河长，建立河长办公室以及河长制相关制度体系，实现河湖管理与生态保护、水资源管理、水源地保护、水体污染防治、水环境综合治理、水域岸线及挖砂采石管理、信息平台的规范化，为河湖功能的永续利用保驾护航。2017年6月，贵州河长制办公室印发了《贵州省"百千万"清河行动方案》。2018年12月，贵州省河长办公室发布了省级责任单位名单（见表1），将贵州省内33条河湖明确责任人和责任单位；同时，贵州省水利厅河长制办公室发布了《贵州省全面推行河（湖）长制工作考核问责方法》等河长制配套制度，除"问责办法"外，还包括《贵州省全面推行河（湖）长制工作督查督办制度》和《贵州省全面推行河（湖）长制工作信息报送及通报制度》。

---

① ［美］诺思（North D. C.）：《经济史中的结构与变迁》，陈郁等译，上海三联书店，1991，第225～226页。

② ［美］科尔曼：《社会理论的基础》（上），邓方译，社会科学文献出版社，1999，第284页。

表1　贵州省河长制省级责任单位名单

序号	河湖	省级河长	省级责任单位
1	乌江干流	（省委书记、省人大常委会主任） （省委副书记、省人民政府省长）	省水利厅 省生态环境厅
2	赤水河	（省政协主席）	省发展改革委
3	三岔河	（省委常委、省委宣传部部长）	省工业和信息化厅
4	黄泥河	（省委常委、省纪委书记）	省公安厅
5	松桃河	（省委常委、省委组织部部长）	省统计局
6	猫跳河	（省委常委、贵阳市委书记）	省司法厅
7	清水江	（省委常委、省委秘书长）	省住房城乡建设厅
8	清水河	（省委常委、省人民政府常务副省长）	省财政厅
9	湘江	（省委常委、遵义市委书记）	省交通运输厅
10	瓮安河	（省委常委、省委统战部部长）	省民政厅
11	马别河	（省委常委、政法委书记）	省教育厅
12	桐梓河	（省人大常委会党组书记、副主任）	省科技厅
13	红永河	（省人大常委会副主任）	省民族宗教事务委（员会）
14	都柳江	（省人大常委会副主任）	省农业农村厅
15	蒙江	（省人大常委会副主任）	省审计厅
16	水城河	（省人大常委会副主任）	省生态移民局
17	㵲阳河	（省人大常委会副主任）	省能源局
18	芙蓉江	（省人民政府副省长）	省退役军人事务厅
19	六冲河	（省人民政府副省长）	省卫生健康委
20	南盘江	（省人民政府副省长）	省生态环境厅
21	樟江（含打狗河）	（省人民政府副省长、省公安厅厅长）	省应急管理厅
22	涟江	（省人民政府副省长）	省人力资源保障厅
23	重安江	（省人民政府副省长）	省自然资源厅
24	北盘江	（省人民政府副省长）	省水利厅
25	草海（天然湖泊）	（省人民政府副省长）	省林业局
26	习水河	（省政协副主席）	省商务厅
27	巴拉河	（省政协副主席）	省市场监督管理局
28	麻沙河	（省政协副主席）	省国资委
29	野纪河	（省政协副主席）	省大数据发展管理局
30	白甫河	（省政协副主席）	省体育局
31	锦江	（省政协副主席）	省文化和旅游厅
32	打邦河	（省政协副主席）	省机关事务管理局
33	乌都河	（省政协副主席）	省广播电视局

二　贵州省水资源责任清单管理制度存在的问题

（一）责任清单的动态管理机制不健全

水资源保护中的责任清单的信息公示渠道主要有贵州省水利厅官网、水润贵州（贵州省水利厅微博）、水美贵州（贵州省水利厅微信公众号），其中，官网作为省水利厅发布水资源保护中的制度要件的主要信息渠道，在一些文件搜索栏目中存在无法搜索到规定内容的现象，如：2018 年 3 月 1 日在贵州省人民政府公布的《贵州省省直部门权力清单和责任清单目录（2017 年版）》中的《贵州省水利厅权力清单和责任清单目录》已更新为 25 项，但在水利厅官网能查询到的只是 2017 年 6 月的 31 项版本。此外，在水利厅官网的办事指南里，各项清单的权力依据罗列不全，如“取水项目审批”的权力依据没有将《国务院对确需保留的行政审批项目设定行政许可的决定》（国务院令第 671 号）予以上传。

（二）责任清单管理中的事前预防管理和事后追责力度不够

贵州省水资源保护基于一些固有顽疾，比如领导干部的盲目乐观，以及对贵州生态环境脆弱性认识的偏差上。在一些行政部门，有的管理者将发展与保护对立起来，更有甚者还将保护的价值定位低于发展的位阶；有的为了招商引资，主动包揽企业污染防治主体责任，从而致使水资源保护在制度建设的进程中滞后于经济发展，造成了经济发展与环境保护极不平衡的态势。如在中央环保督查组进驻之前，红枫湖、百花湖、阿哈水库这些贵阳集中供水水源地周边违法建造的 9500 平方米别墅才被拆除。此外，由于环保基础设施落后，预计新增的污水管网和污水处理能力同实际建设不匹配，为水资源保护的基础预防工程埋下了隐患。另外，还有一些地方政府存在对环保工作的不作为以及乱作为的严重问题。在贵州一些水源污染较为严重的地区，长期存在事后管理，以致造成水环境无法恢复的现象。

（三）责任清单管理中的长效机制难以形成

执法过程中，由于一些水利部门的执法人员不够重视水资源保护工作，不认真履行巡查工作，对水资源破坏行为不主动打击，接到举报后往往也是缓慢行动消极怠慢。据有关调研显示，究其原因一方面是有的执法单位与重污染企业有“私交”；另一方面是有的执法人员担心履行职责遭到企业报复。执法活动中，很多水政执法人员的法律素养不够，而水资源保护的执法行动需要很高的专业素养和严谨细致的工作态度，而有的执法人员图省事，不按执法程序履职，出现了一些引用法律不准确、乱开罚单的执法行为。此外，水资源保护中的执法行动往往是以部门文件的形式发布，而缺乏立法层面对执法的长效规范。虽然，现有的一些执法方案对破坏水资源的违法行为起到震慑作用，但要实现对水资源的可持续保护，还得从更高的立法层面对执法行动设置长效制度规则并配套相关责任考核机制，才能让水资源得到切实、持续的保护。

三　完善贵州省水资源责任清单管理制度的建议

（一）利用大数据平台建立动态监管体系

在推进水资源保护责任清单管理的过程中，可以充分利用贵州大数据平台带来的效率与便捷功能，建立清单管理的动态监管体系，实现内容的及时更新。此外，还能借助电子服务平台及时地调整清单内容、广泛地听取民意，让责任在阳光下受到监督。

（二）完善河长制的考核问责机制

河长制作为水资源保护的能动机制，对其职能的考核与问责，关系其运行的实际社会效果，因此，要通过引入第三方以及社会公众的评价以增强河长制考核的公正度与可信度。此外，还要对本级河长与上级河长的责任范围予以明确界定，防止出现权责混淆，追责落实不到位的现象。同时，水资源保护是一项全民系统工程，只有广泛发挥社会成员的力量，让全民参与并监督水资源保护行动的始终，才能让水资源保护工作落在实处。

（三）加强执法监督，提高执法能力和素质

除了加强对行政不作为和乱作为的责任追究外，还应发挥行政职能部门的能动性，如引入竞争性的监督团体；此外，也要持续加强对执法队伍的素质教育，通过制定长期的或短期的培训学习计划，实现对执法队伍专业知识与综合能力的提升。

（四）加强宣传，构建公众参与水资源保护的平台

开展水生态文明宣传教育，提升公众对于生态文明建设的认知，公众参与的水资源保护才能全面地实现水资源可持续生态价值；通过利用贵州省大数据平台优势、多媒体的持续报道与推送，促进公众主动依法参与到相关监督管理制度中，以提高珍惜水资源、保护水生态的自觉性，逐步建立以政府为主导、部门分工协作及全社会参与的工作机制和平台，实现责任主体明确、问责机制健全、有社会公众参与的水资源保护长效机制。

B.13
改革开放四十年贵州毒品治理模式及理念变迁研究

谢　勇*

摘　要： 改革开放40年，国家治理主体、理念、方式、目的、性质均发生了剧变。在毒品治理领域，毒品治理模式在不同阶段也呈现不同特征。位于西南多民族聚居地的贵州省，随着“总体性社会”① 的结束以及毒品治理形势的发展变化，在对内改革与对外开放逐渐深化、社会系统变革重组以及社会分层结构演化中，贵州省不断积极完善和主动调整毒品治理的方针与政策，大力提升毒品治理的水平和实效。党的十八大以来，贵州省坚定不移地按照以习近平同志为核心的党中央关于毒品治理工作的重要指示精神，积极探索毒品治理“贵州模式”，实现毒品治理形势、根本性好转。本文针对改革开放以来贵州毒品治理不同历史阶段采取的不同毒品治理模式以及带来的不同影响，揭示出其背后体现出的是强烈时代性特征，反映了不同时代背景下的治理资源总量的变化。

关键词： 改革开放　贵州　毒品治理　理念变迁

---

* 谢勇，贵州民族大学社会学专业博士研究生，贵阳市委政法委研究室副主任。

① 1949～1978年政府全面控制社会生活的阶段被称为“总体性社会”。总体性社会中，整个社会生活几乎完全领先国家机器驱动。

改革开放40年来，随着我国市场经济的深化发展和社会结构的变革分层，国家整体社会治理模式经历了由包揽统管模式向政治动员模式，再到多元协商共治模式演化的不同历史阶段。[①] 位于西南民族地区聚集地的贵州省，其区位地理背景特殊；交通网络的迅速升级铺展；社会与文化之间链接纽带脱节引发的享乐主义，导致贵州省毒品泛滥、毒情严峻、毒害严重，毒品治理问题也成为社会治理的核心问题之一。从总体上看，40年来，贵州毒品治理实现了治理主体由“政府一元包揽”到“政府、社会、市场多元共治”，治理策略由“一刀切管控”到“精准发力”，治理方式由“刚性压制”到“软法调控”，治理性质由强制灌输到协商共治的升级转变。不同历史阶段中的毒品治理方针和策略映射出当时的社会资源和治理资源总量所能承载的最大程度。

一　1978 ~1991年：贵州毒品渗透蔓延初始阶段下的政府管控模式

贵州解放以后，在中央政府的统一部署下，贵州省开展了轰轰烈烈的禁烟禁毒运动，省域范围内绝大部分地区有效控制了烟毒。自20世纪70年代以来，基于毒品暴利驱动因素，全世界又开始进入了毒品泛滥年代，毒品交易市场猖獗成灾，形成了区域性强、辐射力大、规模不一的毒窝中心。其中“金三角”地区作为毒品泛滥的重灾区，其罂粟种植面积持续扩大，巅峰时期超越了200万亩。为使毒品能够顺利运输到世界各地，“金三角”贩毒集团企图通过云南、贵州、广西等地过境，再销售到全球各地。受过境风潮影响，贵州毒品又开始沉渣泛起，特别是盘县、织金、黔西、息烽等地烟馆重操旧业，成为贵州省毒窝聚集地。吸毒人员主要以民国时期、新中国成立初期遗留下来吸食鸦片的老烟民为主。据统计，1986年全省共发现吸食鸦片

① 谢勇、吴大华：《改革开放以来我国社会治理模式的变迁及其理念转向研究》，《重庆邮电大学学报》（社会科学版）2018年第6期。

烟民近6000余人。到20世纪80年代末期，已增长至1万余人，贵州吸毒人员也由老年人逐步转向青少年，吸毒方式由吸食发展到吸食、注射，毒品的种类也不仅局限于鸦片，还出现了大量的大麻、海洛因等毒品。① 但是纵观这一阶段，贵州吸贩毒现象并不严重。吸食毒品的现象尚未扩散至全省，贩毒人员零星散落，大部分为经常往返贵州云南两地打工的本省人员，毒品消费市场还未正式形成。② 综上，笔者将这一阶段贵州毒情形势概括为毒品渗透初始阶段。

鉴于贵州毒情形势并不严重，贵州当局将毒品治理与其他重点社会治理问题并列，进行统一安排部署。一方面，顶层设计缺位。改革开放以后，我国法制建设进入了新的春天，各项刑事惩戒立法不断完善，禁毒立法工作也日趋发展。但是鉴于当时全国毒情形势较轻，在我国第一部《刑法》中，毒品犯罪仅仅作为妨害社会管理秩序罪中的一个内容进行规制，而且篇幅很短，分量不重，处罚也较宽松。从改革开放到党的十四大召开之前近20年中，贵州结合本地实际，先后出台了若干关于毒品惩戒的系列文件、规章制度。但是对毒品犯罪的形式种类、手段方法、情节认定、行为界定等方面都较为模糊。无法可依的背景下，"行刑衔接""以罚代刑"等现象较为普遍，对毒品治理呈现松、宽、软的态势。另一方面，专业禁毒机构缺失。贵州解放以后，为扎实开展好全国性的大规模禁烟禁毒运动，贵州省成立了专门禁毒机构，组织了若干禁毒力量，打击成效显著。但随着毒情形势缓解，对毒品犯罪的打击力度也逐渐减弱，专门的禁毒机构和禁毒队伍被解散，禁毒工作主要由公安、海关、工商等部门合力承担。禁毒工作也与禁黄、禁娼等一道同步推进。毒品情报传送、跨地域协同打击、毒品进出控制渠道等工作机制没有完全建立。因缺乏统一集中的协调机构、主力军队伍和工作机制，打击力量无法有效统合，存有大量的制度缺陷和操作盲点，影响了贵州毒品治理的管制水平能力和工作实效。

---

① 赵翔：《毒品问题治理的探索与实践——以贵州省为例》，群众出版社，2016，第28页。

② 刘学文：《贵州毒品问题现状及对策思考》，贵州大学硕士学位论文，第23页。

二　1992～2011年：贵州毒品规模加速扩张阶段下的政治动员严打模式

1992 年，党的十四大正式提出建立社会主义市场经济体制目标。贵州省也逐渐加大了开放的广度和开发的力度，由此进入了经济社会发展期和社会结构快速转型期。这个时期，贵州人口流动速度迅速加快，交通网络日益健全完善，贵州由过去的毒品运输通道上升为集种植、吸食、贩卖、运输于一体的毒品流通市场，几乎县县有毒情，特别以毕节、六盘水、贵阳、黔西南最为突出。吸毒人员大幅上升，全省登记在册的吸毒人员由 1993 年的 1 万余名上升到 2011 年的 11 万余名（排名全国第 6 位）。毒品问题的肆虐不仅给全省经济发展和人民生命财产安全造成了严重危害，而且对社会稳定形势也产生了极其重大的影响。2011 年，在贵州省抓获的刑事犯罪人员中，吸毒人员占了 11.47%。[①] 这一阶段，贵州毒情形势严峻复杂。

在当时的时代背景下，为有力整饬毒品泛滥问题，贵州省采取强有力的集中严打整治模式，通过一段时间将人力、物力和财力大规模集聚，对各种形式的吸食、贩卖、种植和制作毒品的行为进行集中整治、专项治理，声势浩荡、步调一致，对毒品犯罪形成了强有力的震慑。作为刑事政策的“严打”，其基本内涵是以压制为目的、以打击为手段，主张依法从重从快从严惩治严重刑事犯罪。这一阶段，贵州省先后组织开展了“百日剿毒大会战”“春夏扫毒风暴”“90 天扫毒大行动”“禁毒严打整治斗争”“飓风扫毒”等一系列集中整治行动，破获了一大批在全国有影响的涉毒大案要案，这种政治动员下产生的运动式治理具有一定的历史合理性和现实有效性。

① 贵州省禁毒委员会：《阳光照亮回归路——贵州禁毒新模式“阳光工程”纪实》，国家行政学院出版社，2012，第 23～25 页。

学界已普遍认同，国家治理的具体选择和公共政策的具体调配都是由当时客观历史变量的产物——治理资源的各种存量、结构和分配所决定的。有学者指出，在社会高速转型期，政府不仅要确保社会稳定，还要保持经济社会高速发展，如果各项资源支撑力度不大，可供政府选择的治理工具就是极为有限的。[①] 从权力运行的角度看，“严打”作为一种压制性社会秩序的渴望，其根源在于精英管理阶层可利用的各种社会执政资源贫瘠和不充分。在这种语境下，基于“实用理性”主导逻辑，通过严打的方式进行集中整治，解决社会突出矛盾，促进社会和谐发展，是由时代背景决定的理性抉择。

著名的社会学家吉登斯曾经把资源分为配置性资源和权威性资源两种，并认为配置性资源突出能够支配物质工具的能力，而权威性资源强调能够支配人类生产生活的各种手段。[②] 从配置性资源上看，20 世纪 90 年代末至 21 世纪初，贵州省在社会治安方面掌握的资源非常有限。突出表现在：这一阶段贵州禁毒工作经费尚未列入财政预算，禁毒警力严重不足，装备落后、科技含量极低，与当时毒品泛滥形势极不匹配，制约了毒品治理的能力和水平。特别在基层执法一线，先进的通信器材以及侦察科技手段都远远不足，这和繁重的缉毒执法任务极不适应。当时的犯罪率高、破案率低成为毒品治理领域突出的问题。从权威性资源上看，作为西南民族聚集地，当时贵州省开放程度并不高，生产生活所需的各种资源和机会配置几乎由政府所垄断，法理性权威缺位，非人格化程序缺失，政府内部严重的条块分割矛盾、机构重叠与职能交错等因素共同决定了当时贵州省长期位于传统官僚制管控，限制了官僚组织的治理能力，影响了国家治理绩效。作为后发赶超型地区，经济社会的不发达一定程度上导致了贵州省政府体系的脆弱，基层组织网络不健全。针对这种结构性缺陷，必须采取严打方式，扫除障碍，维护安宁。

① 唐贤兴：《政策工具的选择与政府的社会动员能力——对“运动式治理”的一个解释》，《学习与探索》2009 年第 3 期。

② 杨善华：《当代西方社会学理论》，北京大学出版社，1999，228。

严打模式无疑具有多种优势。按照米格代尔的说法，国家治理能力要从社会渗透程度、调节社会关系能力、汲取社会资源水平以及合理使用社会资源的制度等方面来分析。[①] 在毒品治理中，采取严打模式，无疑具有诸多优势：从提取能力来看，毒品严打模式通过电视、报纸、期刊、网络等多种不同媒介进行全方位、全覆盖、全过程的高密度高频次宣传，整合集聚人力、财力、物力，高效快速解决“病症”；从渗透能力来看，毒品严打模式不仅加强宣传发动，而且提倡社会面广泛参与，将政府执行力深入渗透进社会，最大范围构建社会支持体系，共同营造专项治理浓厚氛围；从规制能力来看，党委政府通过制定有关章程、条例、决议和规定来明确实施主体、实施过程、实施目标，进而引导、规范、推动专项治理行动，使机构部门跟着党委政府“指挥棒”运动起来；从分配能力上来看，通过有力干涉再次分配来达成社会的公平。毒品严打能够有效限制部分主体的非法利益，满足社会绝大多数成员的安全需求。但是与此同时，严打毒品治理模式呈现明显的运动式政治动员特征，也带来了许多问题。最为重要的是严打停留在事后缉毒的被动层面上，对吸毒人员的惩戒也主要以强制生理戒毒为主。从工作实效看，虽然铺设了缉毒的天罗地网却没能彻底斩断贩毒通道，虽然能够关押得了吸毒人员但却无法帮助其回归社会。严打更多侧重解决短期目标，而一旦运动结束，问题会重新显现，甚至反弹出更严重的问题。毒品本身的成瘾性和毒品交易带来的巨大经济利益驱动，导致毒品“严打”模式必然走向失败。[②] 从上述吸毒人员的迅速增长上，可见一斑。所以，在毒品治理的战略选择和制度重构中，必须结合实际，下决心减少严打运动式模式的比重，更加重视制度化整治、常态化管控。

---

① 苗大雷、曹志刚：《国家能力与社会治理——米格代尔的“社会中的国家”研究及其启示》，《华中科技大学学报》（社会科学版）2016 年第 1 期。

② 郝英兵、张东平：《毒品治理模式转型思考——“严打”转向“综合治理”》，《黑龙江省政法管理干部学院学报》2006 年第 1 期。

三　2011年至今：贵州毒品持续蔓延阶段下的多元协商共治模式

大体上说，根据治理主体的不同，全球治理可以分为三种不同的模式：一是以政府为治理主体、以司法为治理手段的国家中心治理模式；二是以联合国、世界银行、世界贸易组织等国际组织为治理主体，针对经济社会、环境保护、扶贫扶助等特定领域，促使成员国实现对话合作，谋求共同利益的有限领域治理模式；三是以社会组织、第三方机构、非政府团体为治理主体的网络治理模式。进入新时代，毒品犯罪呈现的多种形态，其背后的生成机理、独特的毒品犯罪地域特征决定了以政府或国际组织为主要治理模式难以奏效，特别是在如何填补毒品犯罪所带来的社会裂痕上，司法惩戒和国际合作很难达至理想的社会效果。

党的十八大以来，以习近平同志为核心的党中央提出了推进国家治理体系和治理能力现代化的工作目标，更加强调多元主体的参与权、共享权以及话语权，体现了马克思主义政党与时俱进的理论品质。值得指出的是，国家治理体系和治理能力现代化不是简单地消融政府传统型权力，削减政府强势权威，而是对政府的多层结构和社会功能进行重组与优化，是多元治理主体在其各自权力域中不断调整、不断博弈、不断融合，以达到最优绩效的过程。这一新的历史阶段下，贵州省不断创新工作思路和机制举措，充分发挥政府、市场与社会三者之间在毒品治理中的作用，铺设更完善的多方治理权参与运行的制度性安排，着力构建毒品治理新格局，走出了一条符合贵州省情的毒品治理之路，取得了显著成效。

一是更加突出党政统筹。中国治理制度历来主张主权核心引领的作用，具有强烈的“政党中心主义”特征。这种制度模式之所以能够顺利输出制度效能，关键在于我国独特的“政党—国家”型制度逻辑。① 在毒品治理

① 张艳娥：《党的领导转化为制度优势的逻辑机理与提升路径》，《西安财经学院学报》2018年第1期。

中，贵州省积极将党所拥有的政治理论优势、群众发动优势、组织动员优势、思想教育优势等有力拓延到毒品治理系统中，并转化为制度治理优势。比如说，创新建立了“书记抓、抓书记”的禁毒工作机制，要求全省各市(州)、区（市、县）党委主要领导担任禁毒委员会第一负责人，政府主要领导担任禁毒委员会主要负责人，率先把禁毒工作由过去部门主责上升为党政主责，能够更好统筹行政资源，吸纳社会力量。同时，将各项禁毒经费列入政府预算，有力确保了禁毒工作保障。

二是更加突出多主体参与。共建共治共享社会治理格局要求积极搭建各种社会力量参与治理的平台载体。党的十八大以来，贵州省积极探索社会共治毒品的新机制，着力推进毒品治理领域政府购买制度，为政府的职能升级提供有效的动力与压力并存机制，不断加速政府自身职能转型，实现政府财力与政府目标的有效衔接。在省级层面成立了贵州省禁毒基金会，更好地激发广大人民群众参与禁毒治理的积极性。大力发展禁毒社会组织，发挥其促进吸毒人员回归社会功能的特殊优势，帮助戒毒人员恢复社会功能，提升戒断巩固率。① 2016 年全国社区戒毒社区康复工作推进会暨贵阳禁毒经验现场会在贵州召开，国家禁毒办要求全面推广贵州省在社区戒毒社区康复方面的工作经验，大力引进社会组织，解决戒毒康复人员融入社会难的问题。

三是更加突出全链条治理。实务界已普遍认可，实现毒品治理的精准打击，不仅仅局限在末端治理，更需将视野放置毒品地下制造、毒品运输流通等全域环节中考量。近年来，贵州省着力完善全要素监管易制毒化学品体系、情报共享推送、多部门联合打击、毒品流失追溯、毒品问题严重地区责任考评等多项管理制度，做到信息互通、系统互联、资源共享，实现在源头上加强基础排查，在中间段做到常态联合检查，在末尾段强化责任追究落实，拧成强大工作合力。创新把毒品治理与脱贫攻坚紧密结合起来，坚持

① 目前，贵州省共组建有近 200 个专业性禁毒社会组织，共有 3 万余名禁毒志愿者参与其中，在毒品社会化工作中日益发挥着重要作用。其中，“阳光妈妈”禁毒志愿者协会被评为全国禁毒工作先进集体，获得了习近平总书记的亲切接见。

"治贫必治毒""扶贫必扫毒"的工作理念，将禁毒扶贫工作纳入"大扶贫"整体战略同部署、同推进、同落实，同步推进农村产业发展、社区戒毒社区康复人员技能培训就业、涉毒人员生活保障兜底、生产要素最低供给等禁毒扶贫措施落地。全省27990名涉毒贫困人员中有18155名实现了脱毒脱贫，脱贫率达65%。①

四是更加突出教育预防。从"个人"层面出发，作为具有较高滥用药物成瘾易感性的群体，青少年本身具有生理和心理上的双重脆弱性特征，如何提升青少年群体拒毒抗毒意识和能力，受到实务界和学术界的广泛关切。相关研究表明，青少年群体缺少对毒品成瘾性的正确认知，"消费文化""享乐主义文化""个人主义"的盛行更加容易形成青少年毒品亚文化。② 近年来，贵州省各地都将毒品预防教育纳入学校法治教育范围中，制定了相对统一固定的禁毒教材，将禁毒知识合理穿插进有关学科中，贵阳等地更是把禁毒知识列入中小学升学考试内容，不断提升在校学生的拒毒防毒抗毒意识。同时，积极动员各种社会力量广泛参与进青少年毒品预防教育中，在全社会形成浓厚氛围，大大减少了青少年吸毒人员的滋生。

五是更加突出科学戒管、长期联动。吸毒人员回归社会难是全世界面临的普遍难题，即使在戒毒康复技术比较先进的新加坡，复吸率也在80%左右。在我国，通过强制隔离戒毒所戒断后的吸毒人员，其复吸率高达90%以上。③ 导致复吸率高的一个重要原因在于现有戒毒政策忽视了吸毒人员回归社会这一核心问题。为破解这一难题，一方面，贵州省充分发挥卫计、民政、人社、体育等部门的职责作用，不仅帮助其戒除毒瘾，还教会生存技能，提升身体素质，最大限度教育挽救戒毒人员。另一方面，以社区戒毒社

---

① 《严打黄赌毒黑拐骗　营造和谐稳定的社会环境》，贵州省公安厅网站，http://www.gzga.gov.cn/jdhy/wsft/201811/t20181121_3357226.html。

② 肖立志、韩丹：《国内新型合成毒品滥用问题的社会学研究述评》，《江苏警官学院学报》2018年第4期。

③ 姬文清、赵永建：《"科学戒管、长期联动"的戒毒管理模式探索》，《中国司法》2016年第7期。

区康复“8·31”工程为载体，完善动态管控机制，落实网格化服务综合管理措施，加大就业安置力度。目前，全省共建有100多家“阳光企业”，累计就业安置1万余名吸毒人员，有效控制住了复吸率，降低了社会危害性。①

六是更加突出大数据手段运用。在毒品治理中，贵州省充分发挥大数据先发优势，将大数据理念和手段全方位应用于毒品监测、毒品管控、毒品预防等环节中，大力提升了毒品治理工作的综合效能。推进禁毒大数据建设，建立全方位毒情评估体系，搭建毒情监测预警平台和毒情监测信息数据库，开展对污水、河流、土壤、大气和吸毒人员毛发等要素抽样检测，为工作决策提供可靠依据。针对强制隔离戒毒工作、吸毒人员发展趋势、吸毒人员成瘾机理、新型毒品犯罪等专门研发了系列管控系统，改变了以往事后处置的被动模式，提升了工作的预见性、主动性和超前性。

小　结

改革开放后基于贵州省经济社会发展各个阶段毒品治理的理念、主体、方式、目的、性质及来源等变化情况，贵州毒品治理模式历经了政府管控、政治动员严打以及多元协商共治不同的模式，其变迁体现了强烈的时代性特征。正如王沪宁同志所言，治理模式的选择并非由个人好恶而定的产物，一段时期社会资源总量承载的最大程度和整体治理资源的多维状况决定了国家治理的能力、方式和效应。② 党的十八大以来，以习近平同志为核心的党中央对毒品治理做出的系列重要指示，体现了整

① 《贵州省2015～2017年三年禁毒人民战争成效显著》，http：//www.nncc626.com/2018－06/25/c_ 129900564.htm。

② 王沪宁：《社会资源总量与社会调控：中国意义》，《复旦学报》（社会科学版）1990年第4期。

体性多维度治理理念，必将带领中国走向毒品现代化治理之路。新时代下，按照党中央的决策部署，贵州省积极探索建立毒品治理共建共治共享之路，不断创新机制和手段，确保社会持续和谐稳定，为其他国家和地区毒品治理工作提供“贵州样本”。

B.14

司法改革背景下安顺法院全面加强党建工作研究

蒋　浩*

摘　要： 法院工作中，坚持党的领导，是一个历久弥新的话题，而司法改革为加强党建工作赋予了新的内涵。司法与政治密切相关，党的十九大报告提出，要在坚持党的领导下，深入推进司法体制综合配套制度改革，全面落实司法责任制。因此，司法改革首先必须坚持党的领导，包括思想领导、组织领导、道路领导，离开党的领导谈司法改革，改革不可能获得成功。而加强党建工作，目的则在于解决党的领导在法院日常工作中的实现方式，避免陷入就审判谈审判，就党建谈党建“两张皮”问题。本文通过调研，总结司改以来安顺法院在党建工作中存在的问题，从思想层面和实践层面深入剖析，提出党建应与审判团队建设、司法责任制改革、司法为民建设、队伍建设等同步推进、有机融合，强党建固本培元，为司法改革提供强劲的原动力。

关键词： 党建　司法改革　融合　方法

与前几轮局部性改革相比，此轮由中共中央自上而下推动的司法改革，

---

* 蒋浩，贵州省安顺市中级人民法院党组书记、院长，法学博士。

力度之大，范围之广，前所未有。改革涉及司法权力运行机制、人员分类管理、内设机构改革、司法环境优化、信息技术融合等方方面面，在深刻改变原有司法体制机制的同时，对思想行为模式亦产生重大影响。在这样一场全局性的改革中，如何确保改革始终沿着正确的政治方向，坚持既定的改革目标，保持改革的定力与韧性，蹄疾步稳扎实推进，凸显了加强党建工作的重要性与紧迫性。

安顺法院自 2017 年 1 月启动司法改革以来，即满两年。为准确掌握司法改革后党建工作的整体情况，本文抽取了中院、西秀法院（案件量最多的基层法院）、平坝法院（第二批司改试点法院）、关岭法院（少数民族地区法院）共四家法院，对司法改革以来各院党员学习教育情况、组织队伍建设情况、党建与司改融合情况进行了专题调研，通过走访、座谈等方式，对改革背景下人民法院党建工作的现状、存在问题进行汇总梳理，分析思考问题根源，就进一步做好新时代人民法院党建工作提出建议与对策。

一 党建工作现状

（一）学习教育情况

一是在院党组层面。从调研情况看，各院领导班子对思想政治教育工作比较重视，定期召开党组中心组学习例会。其中，2017 年学习 12 次，截至 2018 年 10 月 20 日，学习 8 次；学习范围扩大到所在法院的中层干部；学前准备较为充分，部分法院还将学习资料编制成册人手一册；学习内容以习近平总书记在各类会议上的重要讲话精神、各级党委重要会议文件精神及上级法院的工作要求为主。存在问题如下。学习方式较为单一，缺少针对性，缺乏有效载体与创新，参会人员不齐整，部分会议会前准备不足，存在随意性，尚未完全常态化、制度化。

二是在党支部层面。大部分党支部“三会一课”开展较为正常。在教育载体方面，有的支部结合党的主题日活动，到烈士陵园、革命先烈故居、红色教育基地等开展缅怀革命先烈，重温入党誓词活动；有的结合法院中心工作，开展了法治+扶贫、结队帮扶、执行周末大讲堂、假日夜间执行等活动。但与此同时，调研中发现近30%的党支部“三会一课”开展不正常，有的甚至半年才召开一次支部会议，支部会议存在学习形式单一、内容单调枯燥，会议不够严肃规范、党员参与积极性不高、部分党员长期无故不参加组织活动，游离于组织之外，学习效果不佳等问题。

三是在党员自我学习层面。部分党员尤其是普通党员，在参加“三会一课”及组织安排的政治轮训之外，很少主动学习党的各项理论路线方针政策，部分从报纸、电视新闻、手机头条、微信公众号等接受党的教育，学习呈零星、碎片化。在接受调查的党员中，利用业务时间主动学习党的理论知识的占比，不到10%，30%的同志表示偶尔会看一下，有近60%的同志表示不会主动学习。在接受调研的非党员中，认为身边党员较好发挥了先锋模范作用的比例为42%，认为发挥作用一般或不明显的占38%，认为没有发挥作用的占20%（见图1）。

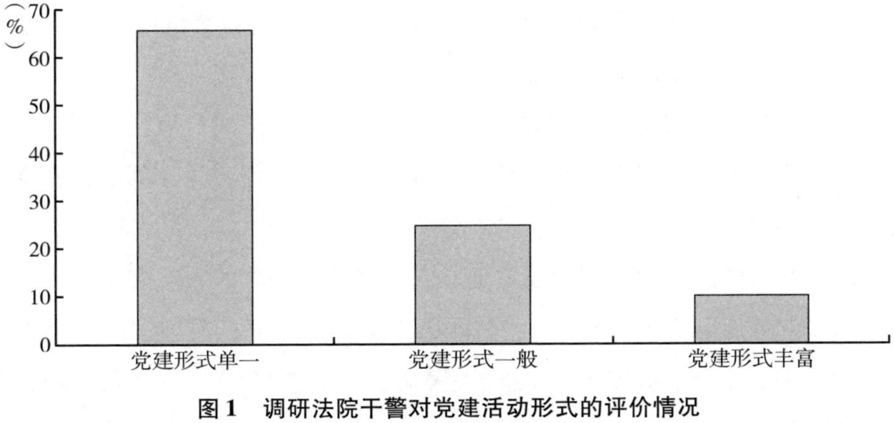

图1　调研法院干警对党建活动形式的评价情况

（二）组织队伍建设情况

改革后，各法院结合团队组建实际，根据业务类型、党员人数等，分别成立了相应的党支部（见表1）。

表1 司法改革后各院党支部的设立情况表
（截至2018年10月26日）

项目 法院	党支部数量（个）	党员人数（人）	党员占正式干警比例（%）	2017年以来发展党员数（人）	党务干部配备
中院	10	105	78.36	3	有,1人
西秀	6	97	76.37	3	有,1人
平坝	5	45	67.16	1	有,1人
关岭	5	50	76.92	无	无

一是从统计的中共党员数量占比看，各院干警队伍中党员干部占了绝大多数，这也决定了党建在法院工作中具有特殊重要性。同时，调研中发现，各院发展党员工作进展不均衡。

二是从党务干部配备情况看，除关岭法院外（该院是由政工部门的同志兼任），其他法院均配备有专职的党务工作者。调研中，负责党务的同志普遍反映，在当前党建工作要求标准日趋严格且任务繁重的情况下，常常疲于应付面上工作，没有足够的精力抓党建，干部配备明显不足。同时，部分法院的专职党务工作人员，实际还承担着党务之外较为繁重的司法行政事务，影响了党建工作的正常开展。

三是在党支部书记的选任方面，除平坝法院由党组成员兼任党支部书记外，其他法院均是由团队、庭室负责人或其他人员兼任，党支部书记不享受行政职级待遇。

四是在人民法庭党支部建设方面，各院做法不一。西秀法院4个人民法庭（幺铺、蔡官、旧州、宁谷），共同成立一个党支部；平坝法院3个人民法庭（乐平、十字、高峰）与院机关民商事团队共同成立一个党支部；而关岭法院3个人民法庭，其中断桥法庭、花江法庭各为一个党支部，永宁法庭与院机关民事团队、立案团队则共同成立一个党支部。人民法庭党支部建制分散、条块分割，党组织在基层的凝心聚力、战斗堡垒作用未得到充分发挥。

五是在队伍稳定方面，员额制改革后，在案件量较大的法院，队伍的稳定问题较为突出。如西秀法院有 5 人退出员额、平坝法院有 3 人退出，同时还存在一部分申请但未获组织批准的人员。此外，审判辅助人员，尤其是派遣制人员变动频繁，流动性大。如中院先后有 18 名审判辅助人员变动离职，西秀法院有 15 人，平坝法院 12 人，造成业务工作前后衔接不畅，影响诉讼程序的有序推进。

（三）党建与司改融合情况

改革以来，两级法院对推进党建与司改融合，积累了一些经验。如中院在团队组建中提出业务、党建“双负责人”制度，出台了党建与业务相融合的工作意见，对党建与审判工作同谋划、同部署、同检查、同考核，建立合议庭案件向党支部书记备案报告制度，明确党建职责清单，压实党建责任，将党建与评先选优、晋级晋升、绩效考核等结合起来。西秀法院、平坝法院通过建立党员干部与贫困户“一对一”结对子，抓党建司法助力脱贫攻坚；关岭法院断桥法庭，三名“90 后”女党员，扎根民族地区化解矛盾纠纷，工作得到人民群众的肯定。同时，调研中也发现，各院党建工作存在创新不足、载体单一，就司改后在组织建设、思想建设、廉政建设等多方面、多层次的需要，缺少应对举措。

二　存在的问题

（一）党建职责落实不到位，缺少自觉性

各院在制度上虽对党建主体职责进行了规定，但在落实上缺少相应的考评激励机制及强有力督导机制，导致贯彻不严格、执行不到位，党建工作由“硬任务”变成为“软指标”。主要表现在：一是党建工作抓得好坏与否，与党员干警的评先选优、提拔使用、晋级晋职、绩效考核等挂钩联系不紧密，或因考核内容过于笼统而无法量化，或是标准过于抽象而无法执行，使党建工作内生动力不足；二是部分院领导抓党建责任心不够强，积极性不

高，口头喊得很响，落实行动很少，存在重业务、轻党建的倾向，对党建工作在研究推动、安排投入、机构设置、人员配备等方面没有放在重要位置加以统筹考虑；三是各党支部书记大多由团队负责人兼任，案多人少导致党建工作分身乏术，加之思想认识不够到位，导致党建工作滞后，党建效果不佳。

（二）党建审判融合不紧密，缺少针对性

受长期以来党建工作形成的思维定式、组织形式和运行机制影响，党建工作与审判业务工作相分离、相脱节，党建游离于法院中心工作之外，就党建抓党建的现象较为突出，形成“两张皮”。随着经济社会的发展及立案登记制的实施，法官员额制改革后，案多人少的矛盾进一步凸显，在办案压力激增的情况下，部分同志认为党建工作过虚、任务过重，抓党建给审判工作增加了额外负担。调研中，不少同志希望党建少牵扯一些精力，以便全身心投入办案中，充分反映出党建与审判业务相脱节的问题。此外，司法责任制改革后，审判权力向独任法官及合议庭集中，廉政风险进一步增大，如何在充分放权的同时确保控权到位，维护司法公正、预防司法腐败，党建工作缺少回应。

（三）党建队建发展不同步，缺少时代性

司法改革后，队伍建设遇到许多新问题，表现在：一是随着以员额制为核心的人员分类管理改革的实施及司法保障制的逐步落实，不同人员间改革利益分配差距，在一定范围内造成心理失衡；二是法官员额比例不甚合理，加之配套制度未完全到位，导致入额法官因办案压力过大而申请退出员额者增多；而对于未入额者，尤其是年轻同志因入额等待时间漫长或入额希望不大，而选择离职者有之；三是司法辅助人员队伍尤其是临聘人员，不稳定因素较为突出，影响了队伍的稳定和审判事业的健康发展；四是司法责任制改革还权于法官，独立审判是不是就不要党的领导，如何认识党的领导与独立审判的关系等等。对于这些改革后队伍建设面临的新问题，既

需要我们从推进司法改革综合配套制度进行完善，同时也需要从加强党建工作中获得支撑。

三　原因分析

上述党建工作存在的问题，有些是人民法院党建工作中存在的老问题，有些则是司法改革后面临的新问题。深究问题产生的根源，主要是以下两个方面。

（一）思想层面，对坚持党的领导与人民法院工作的关系认识不到位

坚持党的领导，在法院工作中是一个历久弥新的话题。从系统论的角度看，意识形态是抽象程度最高的，同时也是决定各种社会制度之规定性的最核心的结构性要素。[①] 具体而言，包括法院组织在内的整个司法制度，是在意识形态及其价值观念基础上确立起来、得到认可和强制执行的，并内化为相应的社会角色的某些相对稳定的行为规范和取向[②]，它规制着法院和法官们在司法活动中所扮演的社会角色及所具有的社会地位，司法制度深受它所依托的政治体制的影响与限制，司法改革不可能脱离整个政治体制，否则它将滑向另一个意识制度的陷阱。坚持党的领导，不仅是因为它是宪法的根本原则，关键还在于它已经以制度化文化的方式嵌入整个社会结构之中，成为一项政治的实际运行规则，现阶段它是以“法治中国建设”“深化司法体制改革”等为目标。[③] 因此，在人民法院的工作中，坚持党的绝对领导，既是落实宪法原则，也是实际运行规则的使然。

法院工作中坚持党的领导，首要是思想领导、路线领导。具体到司法改

① See N. Luhmann, *Social Systems*, Stanford, California: Stanford University Press, 1995.

② 李汉林等：《组织和制度变迁的社会过程——一种拟议的综合分析》，《中国社会科学》2005 年第 1 期。

③ 徐湘林：《转型危机与国家治理：中国的经验》，《经济社会体制比较》2010 年第 5 期。

革，就是要坚持中国特色的司法改革，必须紧扣中国的政治体制和社会条件，必须走中国特色的法治道路。我国的司法制度不是与国家构成分立与对立，不是与政治分离的裁判组织，而是在党的统一领导下的国家机关，是党实现其意志主张、推进国家治理体系建设的重要方式。换言之，我国的法院组织、司法制度的区别性特征正在于它是连接起国家与社会之间的紧密联系，避免两者之间的分化、分立，法院组织的角色与职能在很大程度上是围绕着国家治理来展开的。[①] 因此，坚持党的领导，要从思想上坚定社会主义法治信仰，坚持在党的领导下走中国特色的推动法治道路，推进司法改革，就是要坚决抵制“三权分立”“西化”“分化”等错误思想，避免陷入西方“司法悖论”陷阱与“政治逻辑”的冲突。

法院工作中坚持党的领导，与坚持独立审判并不矛盾。党领导人民治理国家，将普遍反映人民群众的意志主张上升为国家法律，人民法院通过贯彻实施法律，通过化解矛盾纠纷的方式去参加国家治理，实现国家治理体系和治理能力的现代化，从而更加有效地维护党的领导。[②] 坚持党的领导，就是通过履行服务大局的政治职责，承担着对社会公平正义的维护与坚守、保障与实现，二者具有统一性与一致性。同时，坚持党的领导，还要坚决禁止个别人员借加强党的领导，干预个案，以权谋私，将个人利益凌驾于法律之上。

（二）实践层面，对党建如何融入法院工作缺少有效办法

人民法院是依照宪法和法律行使审判权的国家机关，这一性质和特征决定了人民法院职能的独立性和党建工作的特殊性。但是，我们不能以审判工作的特殊性为由，削弱甚至放弃党建工作，也不能以审判与党建互不相关为借口，相互脱节、分离，形成“两张皮”[③]。解决这一问题的关键，在于我

① 王峰：《司法改革从“机制调整”到“制度设计”：一个法社会学的视角》，《学海》2018年第1期。

② 张卫平等：《司法改革：分析与展开》，法律出版社，2003，第80页。

③ 福建省高级人民法院党建工作研究课题组：《以改革创新精神　提升法院系统党建工作科学化水平——福建法院系统开展党建“三级联创”的实践与启示》，《人民司法（应用）》2012年第11期。

们如何将党建有机融入审判执行中、融入司法改革中，让二者相互促进，相得益彰。党建工作应紧紧围绕司法办案的第一要务，做到审判工作有什么样的目标要求，党建工作就去宣传、推动；审判工作需要什么样的思想认识，党建工作就要去教育、引导；审判工作需要什么样的素质能力，党建工作就要去塑造、培养；司法改革遇到什么阻力、困难，党建工作就要谋划、解决；把党的组织资源、组织优势、组织活力转化为推动司法办案、推进司法改革的工作资源、工作优势和工作活力。

四　对策建议

（一）党建与组织建设同步，创新团队法庭党建工作载体，夯实党建基层基础

针对司法改革后原有庭室架构被打破，党建工作缺少载体支撑的实际，在推进审判团队建设及内设机构改革的同时，应坚持党建与组织建设同步，将党支部建在团队上、建在人民法庭上。具体而言，对新建立的业务团队，可结合团队业务性质、党员人数，按便于开展工作的原则，成立相应的党支部。同时，为有效解决党建工作力量薄弱，党建与业务“一肩挑”可能存在工作顾此失彼、用力不均的问题，可在团队业务负责人之外，明确专人负责团队的党建工作，专抓党建队建及党风廉政建设工作，实现党建与业务建设有机融合。在人员选任方面，应挑选那些政治素质好、党龄干龄时间长、善于做思想政治工作的同志担任；在职务设置方面，对于较大的团队且符合设立党支部条件的，可以选任为党支部书记，对于人员较少的团队，负责党建的同志可以明确为党建专干或是专职政治教导员。

人民法庭的党建工作。人民法庭作为司法服务人民群众的前沿阵地与对外窗口，党建工作的好坏关乎人民群众对改革的体验与获得感。随着法院受案数的逐年增长，下一步婚姻家庭纠纷、相邻纠纷、土地纠纷等涉及乡村社会的案件将进一步下沉，加上国家乡村振兴战略的实施，法庭工作将更加繁

重，党建工作只能加强不能削弱。为此，建议每个法庭应至少配备一名党员，有条件的地方可以成立党小组，达到条件的应成立党支部，明确专人负责所在法庭的党建工作，包括思想政治教育、理论知识学习、党风廉政建设等工作，监督法庭在执法办案、司法为民、巡回服务中贯彻落实党的路线方针政策情况，做到一个党员一面旗帜，发挥“旗帜效应”，培育党建工作品牌。

（二）党建与司法责任制改革同步，明确职责清单强化考核监管，压实党建责任

一是制定党建职责清单。实行人员分类管理，要求以权力清单、负面清单的方式细化各类司法人员的岗位职责。与此同时，党建工作亦需同步跟进，细化落实。为此，建议根据法院各级党组织的层级及党员党内职责的不同，制定党组、机关党委、党支部及相应人员的党建职责清单，明确责任项目及工作内容，层层分解党建责任，形成横向到边、纵向到底的党建责任体系，从而解决改革后党建力量松散、责任主体不明的问题，实现党建与司改一体推进。

二是将党建纳入年度目标考核范围。薪酬制改革后，法院绩效考核资金制度得到落实，为党建年度目标考核提供了有形载体。在此基础上，建议将党建纳入目标绩效考核范围，占年度目标绩效考核的一定分值，区分党组书记、党组成员、机关党委书记、党支部书记、支委（组织、宣传、纪检）委员及普通党员等不同党建主体，制定相应的考核内容、目标要求及评分标准，内容具体、目标明确、标准细化、便于执行，改变过去党建考评主观空洞、流于形式的弊端。如对普通党员的考核，可以考虑从履行党员义务、行使党员权利、发挥先锋模范作用、其他工作等进行考核。同时，坚持层级管理，根据职务的不同，建议明确党组书记及党组成员由上级法院党组考核，机关党委书记由院党组考核，党支部书记由机关党委考核，支委成员及普通党员由党支部考核，层层压实责任，细化考核流程，务求取得实效。此外，着力完善党建在评先选优、员额遴选、晋职晋级、提拔任用等工作中的分值

占比，形成硬指标，对于党建工作不合格的，实行一票否决；对于思想政治素质高、积极参与党务工作的干部，优先考虑，树立党建工作必须“走前头”的思想导向，把党建的目标、任务和责任真正落到实处。

三是聚焦责任制改革后廉政风险。司法责任制改革后，审判权力向合议庭成员及独任法官集中，廉政风险进一步增大。为此，建议根据各类人员的权力清单，紧盯执法中的重要事项、关键节点及监管盲点，科学精细排查员额法官、法官助理、书记员相应的廉政风险点，以核查清单的形式固化院庭长的审判监督管理职责，强化事前预防和事中监督，随案附卷、全程留痕。同时，纪检监察部门要畅通信访渠道，通过接受信访投访，开展审务督察、司法巡查，随案送达《审判廉洁监督卡》等方式，多管齐下，跟进事后监督，防控廉政风险，实现“放权”与“控权”的有机统一。

（三）党建与司法为民同步，通过化解矛盾纠纷积极参与社会治理，确保党建审判目标同向

一是抓审执服务党委中心工作。习近平总书记在党的十九大报告中提出，要坚决打好防范化解重大风险、精准脱贫、污染防治的攻坚战，使全面建成小康社会得到人民认可，经得起历史检验。人民法院服务党委政府，打好“三大攻坚战”的最生动、最直接、最有效的方式，就是充分发挥审判职能，依法公正高效审执好各类案件，为打赢攻坚战提供优质的司法服务与司法保障。具体而言，我们可以根据攻坚战中需要司法提供服务保障的重点、需要化解的主要矛盾纠纷、需要提供法律引导的领域、需要传导的价值取向等，出台具体的工作意见。同时，法院也可结合自身工作特点，开展法治扶贫、司法下乡，开展法院党员干部结对子帮扶工作等，以独特有效的形式参与党委政府的中心工作。

二是在司法办案中贯彻社会主义法治理念。在部分案件中，法官就案办案、机械办案、照搬法条裁判常常造成办案社会效果不理想，有的甚至还与社会所弘扬、提倡、褒奖的价值观相悖。为此，建议建立案件向党支部书记（专职政治教导员）备案报告制度。党支部书记（专职政治教导员）根据报

备案件的性质，可以与独任法官交谈、列席合议庭、参加法官会议，对个案中是否贯彻落实党的路线方针政策，是否弘扬和践行社会主义核心价值观等党建事项，提出建议供办案法官参考。办案法官或合议庭无理由拒不采纳的，党支部书记（专职政治教导员）可以按程序将案件提请审判委员会讨论决定。对发现案件办理有偏差的，可及时约谈提醒承办人。将党建工作融入日常司法办案中，是落实党中央提出的关于将社会主义核心价值观融入每一个司法个案中具体体现，实现司法办案“三个效果”的有机统一。

三是发挥党员干警的带头作用，先锋亮在岗位上，公正判在案件上。人民法院可以根据岗位及工作特点，设立党员先锋岗、党员示范岗及党员便民服务点，引导广大党员干警，在急难险重任务面前，主动亮明身份，主动承办重大疑难复杂案件，冲在推进矛盾纠纷化解、攻克执行难的第一线，发挥先锋模范带头作用，做到“重要岗位有党员、主要骨干是党员、关键时刻见党员”，增强党员的荣誉感与使命感，形成推进工作的强大动力，使党建与审判工作相得益彰，协同推进。

（四）党建与队伍建设同步，打造政治立场坚定理想信念如一的干部队伍，筑牢党建事业根基

心不清则无以见道，志不确则无以立功。随着立案登记制、法官员额制的深入推进，法院受案数逐年激增，办案压力持续增大。同时，办案责任终身制犹如悬在头顶的达摩克利斯之剑，法官思想包袱沉重。如何帮助法官放下包袱、释放压力、激发干劲，需要创新党建工作方式，获取精神原动力。

一是建立“微型党课”。微型党课，简而言之，就是把党建的大主题与司改热点话题结合起来，以司改中存在的各种问题和思想困惑作为党课的主旨，让党员们在党课上畅所欲言，变“一人讲”为“大家讲”，改变过去党课教育单一式、灌输式的学习模式，互动式的党课教育更为多样、鲜活、具体。通过一次聊聊心里话的机会，为党员讲清了问题、解答了疑惑、指明了方向、坚定了改革信心。比如可以就司改后“如何提高团队工作效率”“法官助理在团队干什么、怎么干”“如何解决案多人少的矛盾”等话题，召开

党课，不求大求全，不求一次性解决所有问题，通过互动交流，敞开心扉、求得共识，提升党课教育的针对性，保持队伍整体稳定，做到改革中队伍不散、工作不乱、干劲不减。

二是建立党员“政治生日”制度。为提醒党员牢记入党誓言，发挥党员先锋模范作用，可以在党员队伍中推行过“政治生日”制度，安排在同一个月份入党的党员共同过“政治生日”，开展诸如赠送一张“政治生日”卡、重温一次入党誓词、交流一次入党感受、开展一次志愿服务、组织一次集中学习、开展一次谈心谈话等活动。通过开展“政治生日”活动，让党员完成一次党性自检，对照党章，不忘政治本色，思想上行动上更加主动自觉。

三是争创党建特色品牌。强化创建党建品牌意识，创新党建工作内容、手段、方法、载体，把创新党建品牌与创建司法品牌有机结合，可独具地方民族特色，也可与当前党委中心工作紧密结合起来。如可以就党建扶贫、双语调解、行政诉前沟通、繁简分流、家事审判、巡回审判、司法公开、执行联动等进行创建，形成一批有影响的司法品牌，在加强党建的同时有效推动司法公信力的提升。

结　语

习近平总书记指出：“深化司法体制改革，是要更好坚持党的领导、更好发挥我国司法制度的特点、更好促进社会公平正义”。实践证明，党的领导是社会主义法治建设的根本保证，党的建设是确保人民法院工作正确政治方向，确保司法公正的关键。在推进司法体制改革的进程中，我们要始终坚持党的绝对领导，全面加强党的建设，充分发挥党组织的战斗堡垒作用，着力打造一支理想信念坚定、政治素质过硬、业务精通、敢于担当的干部队伍，为建设公正高效权威的社会主义司法制度而奋斗！

B.15
基层法院参与纠纷多元解决机制的实证研究

——以贵州省安顺市平坝区法院为例

李朝俊*

摘　要： 贵州省安顺市平坝区法院是贵州省司法体制改革试点的基层法院，对参与纠纷多元解决机制进行了实践与探索，本课题组以平坝区法院为例，对基层法院参与纠纷多元解决机制做了纵切面剖析。通过研究发现，基层法院参与纠纷多元解决机制工作中存在三个主要困惑："案多人少"矛盾突出，基层法院参与纠纷多元解决存在制度瓶颈，资源整合不力。解决三个主要困惑之道为：加强党委领导和政府的政策支持和保障，充分利用其统筹协调优势；调动各种解纷资源积极发挥作用，建立定期信息互通机制，构建直接联系的调解信息网络格局；需要加强基层调解组织队伍建设，充实法律专业人员，强化调解工作保障机制。

关键词： 基层法院　纠纷解决　资源整合　机制

一　研究背景

（一）法院参与纠纷多元解决机制建构势在必行

法院参与纠纷多元解决机制既是全面推进依法治国的重要举措，又是我

* 李朝俊，贵州省安顺市平坝区人民法院院长。

国司法体制改革的重要内容，中共中央和国家有关部门都下达了有关法院参与纠纷多元解决机制的文件，如中共中央办公厅、国务院办公厅《关于完善矛盾纠纷多元化解机制的意见》、最高人民法院《关于人民法院进一步深化多元化纠纷解决机制改革的意见》、最高人民法院《关于进一步推动案件繁简分流优化司法资源配置的若干意见》、司法部《关于加强行业性、专业性人民调解委员会建设的意见》。为贯彻中央和国家有关部门关于法院参与纠纷多元解决机制文件精神，不断满足人民群众多元化司法需求，有效化解矛盾、维护社会和谐，推进平安贵州、法治贵州建设提供更加有力的司法服务和法律保障，贵州省高级人民法院制定了《贵州省高级人民法院关于建立健全多元化纠纷解决机制的指导意见》（以下简称《指导意见》）。《指导意见》指出："要将多元化纠纷解决机制改革与推进案件繁简分流、立案登记、专业审判、智慧法院等相关改革举措有机衔接、统筹规划，构建卓有成效的配套与保障措施，重点解决案多人少的矛盾，促进纠纷解决机制的全方位改革。"为全面而深入落实《指导意见》，安顺市中级人民法院制定了《安顺市中级人民法院关于建立调解前置工作方案》。

（二）基层法院参与纠纷多元解决机制工作中存在诸多问题

根据《指导意见》，贵州省各基层法院也先后构建了有关参与纠纷多元解决机制工作方案。尤其是把《指导意见》的精神融入立案、审判、执行的各个领域，将多元解纷的理念也贯穿在诉讼服务中心建设、诉调对接中心建设、人民法庭建设等方面，建构了立体的、深层次的、符合工作实际的多元化纠纷解决机制。在参与纠纷多元解决的实践中，积极推进整合社会资源、司法资源和行政资源，形成多方参与，将各个解纷主体的工作进行深度融合。然而，因主客观原因，基层法院参与纠纷多元解决机制工作中存在诸多问题，主要表现在三个方面：一是"案多人少"矛盾突出。例如，平坝区法院有员额法官 16～20 名，案件数量将超过每年 4000 件，一线员额法官平均办案在每年 300 件以上。二是基层法院参与纠纷多元解决存在制度瓶颈。三是相关部门参与纠纷解决的动力不足。对于这些问题，既要从理论上进行探讨，又要从实践操作层面加以反思和检讨。

（三）平坝区法院是贵州省司法体制改革试点的基层法院

2016 年 1 月，平坝区法院被安顺市中院确定为全市法院多元化矛盾纠纷解决机制的试点法院，2017 年，被最高人民法院评定为案件繁简分流机制改革示范法院。为实现矛盾纠纷的多元化解决，作为全省改革试点的平坝法院以繁简分流为切入口，抓住问题精准发力，采取“大繁简、大分流”的工作方式，多元解纷助推“诉非分流”，科学组团压实“团队分流”，层级递进着力“繁简分流”，形成多元、动态、精细的繁简分流工作机制，实现简案快审、繁案精审的改革目标，从而使案件质效显著提升，改革成效凸显。通过繁简分流改革，审判资源得到全面优化，审判绩效全面提升（17 项案件质效指标均高于全市基层法院平均值，其中 7 项核心指标位列全市第一）。2016 年，平坝法院案件总数比 2012 年增长 133.38%，结案率 96.48%，简易程序适用率达 85.51%，平均审理天数 25 天，当庭裁判率 51.08%，法官人均办案数 151.58 件，分别高出安顺市基层法院平均值 5.64 个百分点、17 天、23.27 个百分点及 40 件，综合质效位居全市基层法院首位。2017 年，平坝法院积极推进矛盾纠纷多元化解，将大量矛盾纠纷化解在诉前，取得显著成效，审判质效稳步提升。2018 年收案明显下降，案件简易程序适用率达 96%，简易程序当庭裁判率达 96%、平均审理天数 22 天、一审服判息诉率达 90%，各项重要指标位居全市基层法院前列，人民群众改革获得感明显。

如上所述，在参与纠纷多元解决机制工作中，虽然取得一定成效和经验，但也存在不少问题和困惑。通过这个基层法院缩影，不妨采取“以小见大”的方法分析总结，从纵切面剖析，或可寻找可以解决困惑的一些方法和措施，将对健全基层法院助推纠纷多元解决工作产生一定的实践意义。

二 平坝区法院参与纠纷多元解决机制的做法与经验

本文作者既是平坝区法院参与纠纷解决机制的见证者，又是实践与探索者，秉承“从实践中来，到实践中去”的实践观，在整理相关工作资料的基础上，经过反复酝酿，总结出相应做法与经验。

（一）构建合理而切实可行的参与纠纷多元解决机制

一方面，根据法院参与纠纷多元解决机制的相关法规、规章和文件，平坝区法院先后出台了《平坝法院司法确认实施细则》《特邀调解员、特邀调解组织工作办法》《律师参加涉诉信访工作实施办法》《司法联络员工作管理办法》《平坝区信访调处奖励暂行办法》《关于建立多元化纠纷解决机制的实施方案》《案件委托第三方调解工作办法》《先行调解工作规程》等制度；另一方面，因地制宜地建构纠纷多元解决联动机制。

为完善多元调解制度，促进对接机制规范化、精细化，提高社会各方参与、协同度，形成纠纷解决合力，对调解主体、调解流程、纠纷类型进行了积极探索。一是对纠纷相对集中的物业管理、婚姻家庭、个人小额借贷等法律关系明确、争议不大的案件，采取特邀调解员驻院调解，开展委托、委派调解。二是对医疗卫生、劳动争议、道路交通、消费者权益保护等专业性较强的纠纷发挥专业优势，与行政机关、基层组织、行业协会建立固定的诉调对接关系，合力化解矛盾。三是对于政策性、敏感性、群体性纠纷，通过速调对接机制和联席会议，使法院调解、人民调解、行政调解相互衔接、合力联动。最后，对于调解不成的案件，甄别类型，繁简分流，合理调配，实现简案快审、繁案精审。

多元化纠纷解决机制的良好运转需要调动、整合社会各种资源以及对接、协调各种纠纷解决途径。法院有其职权的边界，其协调能力和调动资源的能力均十分有限，必须得到党委和政府的重视并给予政策、制度、财政、人员、平台等各方面的支持，法院积极发挥推动作用，才能够使社会资源合理配置和高效整合，促成各种纠纷化解机制有序协调并有机结合，真正落实多元化纠纷解决机制，发挥其长效作用。如：法院主动与区总工会、司法局和人社局协作，建立劳动争议纠纷诉调对接平台；与医院协作，建立医患纠纷诉调对接平台，与公安交警部门配合，成立道路交通事故调解委员会，建立道路交通事故纠纷诉调对接平台等。充分利用党委和政府在平台搭建方面的政策支持和天然的协调优势，为多元化纠纷解决机制的运行提供了有力保障。

——建立案件双向流转机制。在诉调相对分离的前提下，坚持“诉”主导“调”，“调”补充“诉”，实现矛盾纠纷双向流转、有效对接。即：对诉至法院的案件，在正式立案前或受理后，经审查适宜调解的，诉讼服务中心即将案件委托至相关调解组织进行调解，调解成功的予以司法确认；对于调解不成的案件，或者在进入法院前已经相关调解组织进行过调解的，法院可不进行调解，以避免案件久调不结。2017 年，平坝法院对外委托调解案件为 98 件，调解成功率为 64%，经调解未达成协议的案件，进入快速审理通道，平均审结天数 15 天，比未经调解程序同类型案件审理天数缩短 20 天。通过先行调解程序，案件审限不但没被耽误，反而比直接进入审理程序的有大幅降低。

——建立信息共享反馈机制。建立案件司法确认、诉讼审理及执行结果的信息反馈机制，就各调解组织在调解中存在的问题、类案调解的重点、法律适用等方面，进行集中定期反馈，促进调解活动更加公正、规范、高效，统一法律适用，提升工作的实效性与针对性。如与区劳动人事争议仲裁委员会建立常态化的季度业务座谈会，对经劳动仲裁的案件在其后诉讼中的司法证据采信规则、争议焦点、法律适用问题以及生效劳动仲裁在申请强制执行过程中存在的问题等进行集中反馈，以司法结果引导劳动仲裁向更加规范、合理的方向发展，提升劳动仲裁结果的司法认可率与当事人的服裁率。全年累计向各类调解组织反馈审理执行信息 45 次 260 余条。

——建立业务培训指导机制。通过召开联席座谈会、专题培训会等形式，全年共对各类调解组织的调解员、基层法律服务工作者等进行业务培训

20余次500余人次，就常见案件的法律适用、调解协议司法确认的流程、案件受理规定、强制执行规范等法律问题进行讲解，为推进矛盾纠纷多元化解工作营造良好的法律氛围。

（二）以司法确认助推诉调对接，强化多元调解

诉讼与调解的关系既是基层法院参与纠纷多元解决机制的一个理论难点，也是司法实践中一个痛点，是推动纠纷多元解决成效的支撑点。基于此，平坝区法院采取“以司法确认强化诉调对接”的措施嫁接诉讼与调解的关系。

1. 开展司法确认

为有效解决非诉调解普遍存在的“调而不决、调后反悔”问题，平坝法院充分发挥司法引导和保障作用，依托诉讼服务中心，成立诉调对接办公室，制定了《诉调对接工作实施办法》《审理司法确认案件工作细则》等，明确专人负责司法确认工作，广泛宣传司法确认“不收费、抗反悔、可执行”的特点及优势，积极引导各类非诉调解组织、法律服务机构及当事人，对达成的调解协议申请司法确认，以法律强制力保证调解内容的履行。随机抽取某个时段办理的涉及小额民间借贷、合同纠纷、侵权纠纷、物业纠纷、劳资纠纷等司法确认的178件案件看，做到：一是依法确认，发挥司法规范、引领作用；二是及时确认，当日申请、当日办结；三是根据案情，开展预约确认、上门确认、网上确认等。

2. 推进行政调解

众人拾柴火焰高。为推动纠纷解决从“司法一元”向“社会多元”转变，平坝法院主动作为，积极对接政府相关职能部门，与医疗卫生、劳动人事、道路交通、住建房管、民政国土等单位建立了矛盾纠纷诉调对接机制，有效激活其行政调解职能，强化问题源头治理，快速化解矛盾纠纷，取得良好效果。如平坝交警队道路交通事故调解委员会，在平坝法院道路交通事故巡回法庭的参与、指导下，2018年1~10月，共调处道路交通事故案件700余件，平均每月70件，将大量矛盾化解在诉前。又如劳动人事部门，通过劳动监察、行政调解等手段共督促用人单位支付拖欠工资200余人次，金额

500 余万元，对其中达成协议需要分期支付的，法院及时进行司法确认，赋予强制执行力。又如对到民政部门办理离婚涉及财产分割与子女抚养的案件，根据当事人申请，对离婚协议予以司法确认，避免因事后反悔或产生争议而带来后续诉讼问题。

3. 助力人民调解

为有效发挥乡镇、村（居）委员会两级人民调解组织的调解职能，平坝法院以诉讼服务中心、派出人民法庭、巡回审理点、法官工作室为支点，与各乡（镇）及贵安新区党群工作委员会建立了矛盾纠纷联调联处工作机制，助力地方政府化解矛盾纠纷，在程序安排、效力确认、法律指导等方面实现无缝衔接。通过提供法律指导、解答法律问题、开展司法确认等方式，支持地方人民调解组织化解涉及房屋拆迁、土地补偿、侵权损害、相邻纠纷等各类矛盾纠纷共计 800 余件，实现了矛盾纠纷小事不出村、大事不出镇、矛盾化解在基层的目的，各方面均充分认可。

4. 创建特邀调解

成立特邀工作室。在区司法局的支持下，选聘了四名调解经验丰富、善于做群众工作的退休人员作为特邀调解员进驻法院涉诉纠纷人民调解室，对诉至法院适于调解的矛盾纠纷，开展先行调解。自 2017 年 5 月至 2018 年 9 月，共调解各类案件 776 件。其中，调解达成协议即时履行完毕 40 余件，其余有的矛盾已化解，当事人当即申请撤诉，有的达成协议申请司法确认。借此，有效缓解了法院的办案压力，及时高效化解纠纷。

（三）多元解纷助推“诉非分流”

“诉非分流”与多元解决纠纷的关系是双向互动关系，即“诉非分流”是纠纷多元解决的基础，纠纷多元解决有助于“诉非分流”。为使两者互助互动，平坝区法院构建了诉调对接平台，协调各种调解资源开展工作。

1. 建构诉调对接平台

依托诉讼服务中心，将能够调解、适宜调解的婚姻家庭、土地承包、相邻关系、物业纠纷等特定类型案件引导到诉讼程序外的基层人民调解组织、行业协会进行调处，实现矛盾纠纷多元化、非诉化处理，同步做好司法确认。同时，建立案件诉讼审理执行结果的反馈工作机制，向各类调解组织及时反馈调解案件的审理执行信息，强化调解指引。在诉讼服务中心设立指导分流室、人民调解室、司法确认室、法官工作室、律师工作室，邀请人民调解和各类行业性、专业性调解组织派员入驻，完善特邀调解组织和特邀调解员名册制度，打造“服务超市”，为当事人解决纠纷提供更多选择和更多便利。

2. 整合社会调解、行政调解和司法调解等多种调解资源

依靠党委、政府在平台搭建方面的政策支持和协调优势，加强与政府职能部门的沟通协调，如：与区人社局、人事劳动仲裁委员会、总工会协作，建立劳动争议纠纷诉调对接平台；与区卫计局、区医患纠纷人民调解委员会、市医学会等协作，建立医患纠纷诉调对接平台；与区公安局、民政局、工商局、电信公司等部门协作，借助现代信息化技术，打通“数据壁垒”，实现资源信息共享。一是在区交通警察大队成立道路交通事故巡回法庭，依托交通事故调处中心设立的人民调解委员会，协助、指导或委托调解，为其提供集咨询、立案、调解、司法确认、财产保全、先予执行、司法鉴定、审理裁判等于一体的“一站式”司法服务，实现诉调工作的无缝对接。近年来，已提供法律咨询、指导500余人次，办理保全案件48件，司法确认15件，审理裁判112件。二是与区司法局建立人民调解协议司法确认工作机制，对经基层人民调解委员会调解达成有执行内容协议的案件予以司法确认。三是与区劳动监察部门建立诉调对接工作机制，对经其调处的涉农民工工资纠纷进行司法确认。四是与区民政局、区房管局、区卫计局等单位协作，对经其办理或调处的离婚协议、物业纠纷、医患纠纷等提供法律服务。

（四）科学组团压实“团队分流”

一方面，“团队分流”是司法责任制改革和法官员额制改革的重要举措；另一方面，在“人少案多”和法院人员编制紧缺的背景下，要向自身要生产力，以其作为参与纠纷多元解决工作的驱动器。

1. 优化团队设置

改变过去案件分散办理为分类集中办理，根据案件总量及繁简数量占比，平坝法院组建5个速裁团队及2个普通审判团队，分别办理简单案件和复杂案件。同时，在立案信访团队成立速裁小组，专司调解、速裁。速裁团队办案突出“简、快、清”，精审团队做到“精、准、明”。自2016年6月组建团队开展工作以来，速裁团队办理简单案件1632件，简易程序适用率100%，平均审理天数22天，比同期同类型案件审限缩短20天；精审团队办理238件，服判息诉率达95.44%，比同期上升5个百分点。

2. 优化人员配比

团队人员配置不搞“一刀切”，根据案件数多少、难易程度及审判事务量大小，合理比配审判辅助人员，采取1名法官 + n 名法官助理 + n 名书记员的模式，改变过去庭室架构下工作忙闲不均、人浮于事的状况，各团队人员工作量比相对均衡，效率显著提升，凸显1 + 1 > 2的加法变乘法功效，干警心情也平衡舒畅。

3. 优化专业审判

专业工作交给专业团队完成，对数量相对集中、特定类型、专业性强的案件，实行集中统一审理。如对于物业服务合同纠纷及几类刑事案件，明确由同一速裁团队统一办理，某时期所办理的165件物业服务合同纠纷案件，平均审理天数为15天，调撤率98%，适用简易程序率100%，服判息诉率100%；又如全市的环境保护刑事案件，统一交由刑事行政环保审判团队办理，办案质效显著提升。

（五）层级递进着力“繁简分流”

“繁简分流”既是法院审判改革中一个重要内容，又是推进基层法院参与纠纷多元解决机制工作的关键举措，更是推动诉调对接的重要方法。平坝区法院积极探索推行层级递进“繁简分流”。

1. 案件难易分流

改变过去对案件繁简不分、机械随机分案的做法，先行过滤甄别，明确分流标准，以案件法律关系、诉讼标的大小、社会影响范围、可能判处刑罚轻重、法律适用复杂性、审理期限等因素为参考，将案件分为简单案件和复杂案件，分流实行速裁或精审，简单案件做到简便、高效，复杂案件严格程序、释法析理，解决过去法官办案平均用力用时，简案办不快及繁案办不精的问题。

2. 适用程序分流

一是实行调解程序前置。对相对简单、调解可能性明显的案件，整体性纳入调解前置程序，由驻法院人民调解组织调解，调解成功的当即兑现或予以确认，调解不成功而又事实清楚的，开庭速裁，所办案件均实现当日调解、当日立案、当日裁判、当日送达、当日结案的“五当”目标。二是成立调解员工作室，邀请包括 8 名专业调解员、12 名普通调解员的调解力量，结合各自专长与纠纷性质，实行立案前分流调处。三是加强程序引导，积极适用特别程序、小额诉讼程序、督促程序等。在全市基层法院率先适用实现担保物权程序办理案件 35 件，平均审理天数 12 天，办案效果良好。四是适度扩大简易程序的适用范围，严格“简”转“普”标准。除法律、司法解释明确规定必须适用普通程序以外，所立案件一般按简易程序受理，审理中转为普通程序的，需严格把关，杜绝程序拖延。五是积极适用刑事速裁程序办理轻刑犯罪案件。如适用刑事速裁程序办理的 15 件危险驾驶案，平均审理天数 7 天，平均庭审时间 15 分钟，当庭宣判率 100%，服判息诉率 100%。

3. 审理程序分流

在保障当事人诉讼权利的前提下，简化办案程序，推行电子送达及司法联络员协助送达制度，实行诉讼权利义务庭前告知，提升庭前准备工作效率；简单案件统一排期开庭，集中时间多案同审、多案连审；庭审调查、辩论合理并行；实行类型化“要素式”庭审，集中审理争议焦点；精简法律文书制作，实行填充式、格式化法律文书等。

4. 辅助事务分流

将审判辅助事务分为程序保障类和判断实施类，整合优化各种资源，把送达、保全、评估鉴定、人民陪审员调用等程序保障类事务从审判团队职责中剥离出来，统一交由专门的送达组、保全组、评估鉴定组、陪审员联络组集中统一办理；借助信息技术，实现审判事务“剥而不离”、运转高效、全程可控，提高团队整体工作效率。同时，明确入额院领导兼以司法协理员的双重身份编入所分管的团队，并任建在团队上的党支部书记，履行党务、司法政务、审判监督管理等职责，从而有效服务、保障、监管团队。

三　基层法院参与纠纷多元解决机制的启示

平坝区法院通过上述总结，得到一些启示。

（一）建构合理而科学的制度，激发各方积极参与纠纷多元解决工作

习近平总书记指出：“我们要加强重要领域立法，确保国家发展、重大改革于法有据，把发展改革决策同立法决策更好结合起来。”对于基层法院而言，为完善多元调解制度建设，促进对接机制规范化、精细化，提高社会各方参与度、协同度，形成纠纷解决合力，应积极推动有关多元化纠纷解决机制法律法规的制定工作，对调解主体职责、调解流程、解纷机制进行积极探索，对纠纷相对集中的物业管理、婚姻家庭等法律关系明确、争议不大的案件，采取特邀调解员驻院调解，开展委托、委派调解；对医疗卫生、劳动争议、道路交通、消费者权益保护等专业性较强的纠纷发挥专业优势，与行政机关、基层组织、行业协会建立稳定的诉调对接关系，合力化解矛盾；对于政策性、敏感性、群体性纠纷，通过速调对接机制和联席会议，使法院调解、人民调解、行政调解相互衔接、协作联动；对于调解不成的案件，甄别类型，繁简分流，合理调配，实现简案快审、繁案精审。要紧紧依靠地方党委政府，整合社会资源，强化机制落实，形成多元解决纠纷的长效机制。其间，法院要积极提起推动，重点要力争党委、政府领导并给予政策、制度、财政、人员、平台等方面的支持，形成各方积极主动协作常态化。

（二）合理定位人民法院在机制中的功能

构建矛盾纠纷多元化解机制，不仅是满足人民群众多元的司法需求，还是提升司法效率的有效途径。新时期的矛盾纠纷具有敏感性、群体性、多样性、复杂性等特点，想要取得息事宁人的效果，需要全社会共同努力，而现实的情况由于涉及主体过多，制度落实不力，存在不够重视和相互推诿的现象。作为多元化纠纷解决机制中重要组成部分的人民法院应树立全局观念、主导意识、担当精神，在完善多元化纠纷解决机制中充分发挥司法推动、引导和协调作用。

（三）从源头上化解矛盾纠纷

作为司法的“东方经验”，不仅需要准确定位人民法院在多元化纠纷解决机制中的地位，使其充分发挥司法推动引领作用，还要以司法确认为突破口和切入点，推进矛盾纠纷化解工作，同时还要通过案件的分流，将矛盾纠纷化解于萌芽状态。

从源头化解矛盾纠纷最为重要的是整合解纷资源，支持肯定各种调解组织工作。向调解组织输出法律规范，及时解答调解组织遇到的法律问题；对调解组织和调解员进行业务指导和法律知识培训并使其常态化、实质化；对申请司法确认的调解协议积极进行司法审查和依法强制执行，从而让当事人“爱上”调解，让调解组织更具吸引力；建立调解工作的司法反馈机制，就法院司法审查中发现的问题及时反馈到调解组织始端，促进调解组织依法、有序调解，提升调解工作的合法性，在调解组织主持调解达成协议之后，依法及时进行司法确认，让矛盾纠纷的调解效果得以显现。

四　基层法院参与纠纷多元解决机制困惑的解决对策

基层法院参与纠纷多元解决机制中既存在相同的困惑，也会遇到不同问题，秉承“求同存异”的方法论，归纳起来其共同之困主要有三：一是

“人少案多”，二是信息不对称，三是资源整合不力。就此，提出如下对策，以求抛砖引玉。

（一）解决基层法院“人少案多”困惑的对策

加强党委领导和政府的政策支持和保障，充分利用其统筹协调优势，调动各种解纷资源积极发挥作用；人民法院积极推动引领，推进多元化纠纷解决机制的有效运行，使矛盾防化在萌芽，纠纷解决于诉前，从源头减少诉讼。

（二）解决基层法院参与纠纷多元解决信息不对称的困惑之对策

法院立案庭、审判庭、各人民法庭与街道人民调解委员会、村（居）人民调解委员会、劳动仲裁委员会、工会等建立定期信息互通机制，构建直接联系的调解信息网络格局。

立案庭与区信访领导小组和各成员单位建立定期信息互通机制，将法院立案前的纠纷信息及时通报涉及的相关部门，并积极协助处理纠纷，争取将矛盾化解在诉讼程序启动以前。对不能进入诉讼程序的社会矛盾纠纷，及时通告矛盾纠纷发生地的党委、政府职能部门及人民调解组织及时解决。对同类纠纷多次发生的原因形成及时通报制度。

行政审判庭与区、乡镇两级政府执法监督部门建立定期信息互通机制。通报行政纠纷发生的类型和行政单位执法中存在的共性问题。及时反馈法院审理行政案件中发现的可能促使行政单位与相对人和解的情况、信息、利益共同点，促进行政单位与相对人和解。法院各职能部门在工作中发现重大群体民事诉讼事件和群体性行政纠纷及有可能造成信访的事件因素，要当即控制局面，及时向当地党委、政府汇报，并立即与相关单位互通信息。

（三）解决纠纷资源整合的困惑之对策

在实际工作中，人民调解委员会的调解员多由退休的国家公职人员、村中德高望重的村民或是村（居）委会工作人员担任，调解队伍人员素质参差不齐，长期缺乏专业的法律工作者，导致调解中忽视对事实的审查及当事人权利的保护，单一地采取人情说理方式要求当事人互谅互让，易使当事人产生抵触情绪或对法律误解。加之新时期的新型社会矛盾复杂化、疑难化，调解人员即使费尽心力口舌调解也难以取得良好效果，反而令当事人对调解信任度和认可度降低，往往还与调解的自愿、依法、依程序等要求相违背。尽管调解工作中法官可以指导，但无法保证全面参与或指导，且有时候法官的中途介入还会破坏调解员与案件当事人已经建立的信赖关系，于是五花八门的“意外”情况会不断出现。因此，需要加强基层调解组织队伍建设，充实法律专业人员，强化调解工作保障机制，明确统一的指导思想和依据，促进矛盾纠纷调解工作向规范化、制度化健康迈进。

B.16
贵州省凯里市社会矛盾纠纷“132”多元排查化解机制研究

冉友敏　胡江成　尹科峰 *

摘　要： 本报告通过分析凯里市社会矛盾纠纷132多元排查化解机制，指出了其中存在的大数据手段运用、专业化科学化、社会化制度化等方面存在的不足。为进一步提升工作理念、完善工作机制、强化工作措施，提出了确立以人民利益为中心的社会矛盾纠纷多元化解工作新理念、以诉讼为中心的社会矛盾纠纷多元化解工作新机制、以法治为中心的社会矛盾纠纷多元化解工作新制度、以大数据应用为中心的线上线下社会矛盾纠纷化解工作新路径四条工作措施，对全省社会矛盾纠纷化解工作提供参考和借鉴。

关键词： 凯里市　社会矛盾纠纷　132多元排查化解机制

习近平总书记强调，要正确处理维权和维稳、活力和秩序的关系，打造共建共治共享的社会治理格局，提高社会治理社会化、法治化、智能化、专业化水平。党的十八届三中全会也对创新社会治理做出专门部署，强调要创新有效预防和化解社会矛盾机制。党的十八届四中全会提出了更加明确的要求，要进一步健全社会矛盾纠纷预防化解机制，努力发挥调解、仲裁、行政

* 冉友敏，中共贵州省委政法委维稳指导处处长；胡江成，中共贵州省委政法委国安办协调指导二处主任科员；尹科峰，中共贵州省委政法委执法监督处主任科员。

裁决、行政复议、诉讼等多种方式的作用。近年来，凯里市委市政府高度重视矛盾纠纷排查化解工作，大力发展和创新社会治理，逐渐摸索形成了社会矛盾纠纷132多元排查化解机制，坚持关口前移，最大限度化解矛盾、解决问题。

一　凯里市社会矛盾纠纷132多元排查化解机制的基本情况

面对日趋繁杂的矛盾纠纷，凯里市委市政府从维护社会大局稳定的高度出发，针对全市矛盾纠纷主体多元化、原因多样化、处理难度困难化等特点，找准突破口，经过广泛征求意见，反复论证，于2017年4月7日印发了《关于印发凯里市创新“132”多元排查化解机制工作实施方案的通知》，将社会矛盾纠纷132多元排查化解工作作为社会治理的重要措施来组织推进。

（一）凯里市社会矛盾纠纷132多元排查化解机制的概况

1. 建设一个平台，统筹协调全市社会矛盾纠纷多元化解工作

凯里市研发了矛盾纠纷化解综合平台，各类纠纷、各行各业都可以无障碍接入，并进行模块化组合，大大提高了工作效率。在市级层面成立市委领导担任组长的132多元排查化解机制工作领导小组，并通过组建矛盾纠纷调解调度指挥中心，对全市各类调解工作进行统筹和督查。通过将综治维稳工作中心、网格信息管理中心、诉调对接中心整合形成为公共服务平台，联合基层派出所、司法所、人民法庭，充分发挥一线联动化解社会矛盾的作用。通过全面整合村居（社区）综治、网格管理、警务助理和司法工作等力量，夯实网格服务管理基础，创新“九小工作法”（排查小隐患、控制小苗头、化解小纠纷、办理小事务、整治小环境、收集小信息、解决小困难、开展小宣传、提供小服务），实现矛盾纠纷防范在先、发现在早、处置在小。

2. 夯实三道防线，切实把矛盾纠纷多元化解工作落地落实落小

努力构建人民调解、行政调解、司法调解“三大防线”，每道防线又细分为内部“三小防线”，真正坐实三大调解。在人民调解防线，主要发挥网格员、调委会、村主任三小防线作用。如 2017 年 3 月，大风洞镇大风洞村两个村民小组因水利纠纷产生矛盾，如果处理不当极有可能引发群体性事件，甚至导致两组村民集体械斗。面对这一重大隐患，大风洞镇主动与水利部门联系，请求开展行业调解，经过连续两周的工作，最终使双方达成协议，并通过司法确认，有效避免了因矛盾激化引起的群体性事件。在行政调解防线，主要发挥调解员、股长、局长三小防线作用。首先由调解员开展矛盾纠纷化解工作，调解员工作受阻后，提升至所在单位的股级领导开展化解。以此类推，直至局长亲自参加化解，确保纠纷化解在部门一线。2017 年，行政调解 216 起，调解成功 174 起，成功率为 80.6%。在司法调解防线，主要发挥非诉调、庭中调、和解调三小防线作用。2017 年，通过诉中调解案件 727 件，宣判后共和解 121 件。

3. 紧扣两个抓手，高效权威推进社会矛盾纠纷多元化解工作

一方面是紧扣“司法确认”这个抓手。司法确认指的是，在矛盾纠纷达成协议后，为了防止当事人反悔造成协议无法履行的情况，由双方当事人共同向法院提出申请，法院对调解协议的合法性进行全面审查，符合法律规定即予以确认，调解协议等同于判决的法律效力，可以申请法院强制执行。通过司法确认，极大提高了调解协议的可履行性，调解成功率得到大幅提升。另一方面是紧扣“委托调解”这个抓手。委托调解指的是，在双方当事人自愿的情况下，共同申请由法院将民事案件等矛盾纠纷交由相关专业组织或者个人进行调解，并对需要司法确认的协议书进行确认。相关专业组织或者个人可以是人民调解委员会，也可以是工青妇等群团组织，还可以是律师、司法助理等。如 2017 年 3 月，凯里市法院诉调对接窗口将原告李某诉被告李某某房屋所有权确认纠纷民事案件依法委托至房管物业纠纷行业调解委员会进行调解。这是凯里市法院 2017 年开展诉调对接工作以后委托调解成功第一案，该案从委托到调解书的送达仅仅 4 个工作日，双方当事人对该

工作的高效、便捷、省时给予了高度的赞赏。2017 年凯里市法院共委托调解 112 件，成功 78 件。

（二）凯里市开展社会矛盾纠纷132多元排查化解机制的主要做法

1. 始终坚持党委主导的工作原则

矛盾纠纷多元化解是一项综合性基础性工程，单靠某一个职能部门是无法完成的，必须在党委的统一领导下，推进“党政主导、司法推动、社会参与、多元并举、法治保障”体系建设。凯里市委市政府准确把握新形势下社会矛盾的特点和规律，将多元矛盾纠纷化解工作作为一项重要工作常抓不懈，加强对矛盾纠纷多元化解机制建设的组织领导，及时研究解决可能影响社会稳定的重大矛盾和突出问题，为矛盾纠纷多元化解机制的探索和建立提供有力领导和组织保障。

2. 始终坚持多元联动的工作思路

坚持分工负责与联合调处相结合、属地管理和集中调处相结合，着力构建动态采集、实时研判、应对处置、移交转办、督导考评、协调衔接的协作联动机制，切实发挥各成员单位的职能作用，联合调处重大社会矛盾纠纷。通过开展多元化化解社会矛盾，把司法调解与行政调解、人民调解有机结合起来，借助市、镇、村三级力量，发挥综治成员单位、行政人员、人民陪审员、基层调解员、网格员、村委干部以及各方社会力量的作用，把调解工作推向社会，形成了“三位一体、多方联动”的全方位、立体化的大调解格局。

3. 始终坚持司法保障的工作方法

充分发挥司法确认的作用，对于当事人之间达成协议暂时无法兑现的，鼓励、引导、促成当事人将调解协议提交法院进行司法确认，依法赋予调解协议的司法效力。同时，为了提升矛盾纠纷化解率、协议履行率，在调解邻里纠纷、家事矛盾等纠纷时，司法部门主动邀请网格员、族老、寨老、乡贤等协助调解，实现人民调解与司法调解的有机衔接和良性互动。

4. 始终坚持民族地区的工作特色

始终坚持因地施策，建立富有民族特色的调解方式，坚持从实际出发，设立民歌调解室、五老调解室、族老调解室、乡贤调解室等，实现调解工作温馨化、地方化、生活化，使一批化解难度较大、涉及人数较多、利益冲突双方复杂的矛盾纠纷迎刃而解。

（三）凯里市社会矛盾纠纷132多元排查化解机制的特点

1. 效率高

实行限期办理办结报告制度，涉及矛盾纠纷的相关部门在接受指派调处矛盾纠纷时，必须在规定期限内办结，并及时向矛盾纠纷调解调度指挥中心报告办结情况，有力促进了调解工作效率的提升。

2. 权威性高

凯里市根据各类矛盾纠纷的特点，对各行各业专业力量进行优化配置和重新组合，成立专门的专家组，分门别类进行调解，对有关专门性的疑难复杂矛盾纠纷进行逐个化解，极大地提高了权威性。如 2017 年 3 月 10 日，一患者因患感冒在城西辖区某诊所打针，打完针回去后，于次日凌晨 2 点在家中死亡。尸检结果显示死者系严重肺部感染导致窒息死亡，与用药并无直接关系。3 月 14 日上午，其家属在内的共 20 余人在该诊所聚集，场面难以控制。辖区街道立即组织医患纠纷行业调解组，通过历时 5 小时的耐心调解，最终调解成功，纠纷双方握手言和，签订了调解协议，并到法院做了司法确认，防止反悔。

3. 便民性高

通过矛盾调解信息平台的搭建，实现市、镇、村三级矛盾调解信息及时调度联动，实现由一个中心汇总调动，多方位指派督查。建立领导接待来访制度、重大矛盾纠纷报告制度，党委政府领导坚持定期轮流值班，接待群众来访，开展对话交流等活动，对突发性重大矛盾纠纷和群体事件，矛盾纠纷调解调度指挥中心立即向党委、政府报告，及时组织人员进行处理，确保矛盾纠纷及时高效便捷化解。

4. 成本低

凯里市通过将矛盾纠纷挡在诉讼之外，通过调解予以化解，通过司法确认保障效力，极大地降低了当事人的讼累，节约了司法成本。如 2017 年 1 月 25 日，凯里市法院受理了一起杨某伟、吴某、吴某俊因生命权纠纷申请司法确认的案件，事件发生在凯里市湾水镇某某村，杨某花因一氧化碳中毒意外身亡，杨某花之近亲属与另一方当事者吴某明之近亲属之间因杨某花的死亡赔偿事项达不成一致意见而发生纠纷，因死者方亲属情绪悲痛，协议不成导致双方的矛盾一触即发。湾水镇人民调解委员会及时介入进行调解，经调解，双方最终达成一致调解协议，为防反悔，湾水镇调解委员会立即引导双方到市法院申请确认，市法院及时做出司法确认裁定书，对申请人达成的协议予以了确认，并督促义务方提前履行。

二　充分认识凯里市开展党委统筹下的社会矛盾纠纷多元化解工作的重要意义

（一）开展党委统筹下的社会矛盾纠纷多元化解工作，是贯彻党的十九大和中央、省委决策部署的实际行动

多元化解社会矛盾纠纷对维护社会和谐稳定、保障人民安居乐业具有重要的意义，也是推进依法治国的重要措施。积极发挥调解、仲裁、诉讼等方式的作用，是贯彻落实党的十八届四中全会具体要求的实际行动。2016 年 3 月 25 日，中共贵州省委办公厅、省政府办公厅根据中央全面深化改革领导小组第十七次会议审议通过的《关于完善矛盾纠纷多元化解机制的意见》，制定出台了《关于完善矛盾纠纷多元化解机制的实施意见》，对贵州省矛盾纠纷多元化解做出了全面安排部署，标志着贵州省矛盾纠纷多元化解机制建设进入了新的发展阶段。凯里市根据党的十九大精神和中央、贵州省委决策部署，结合自身工作实际，开创性地开展矛盾纠纷化解工作，是积极贯彻落实党的十九大和中央、贵州省委决策部署的生动表现。

（二）开展党委统筹下的社会矛盾纠纷多元化解工作，是促进社会治理法治化的有效途径

构建矛盾多元化解机制是国家治理体系和治理能力现代化建设的应有之义。当前社会治理、社会稳定方面面临不少风险，各类矛盾纠纷易发、多发、高发，只有不断探索和完善社会矛盾纠纷多元化解机制，不断创新社会治理方式方法，才能逐步提升国家治理体系和治理能力的现代化水平。

凯里市始终坚持预测预警预防的工作思维，分类管理、综合施策，并在工作中不断摸索完善相关工作机制制度，逐步形成上下联动、左右互动、高效便捷的矛盾纠纷多元化解机制，是实现社会治理现代化的积极探索。

（三）开展党委统筹下的社会矛盾纠纷多元化解工作，是优化司法资源配置的根本方式

随着立案登记制的完善推广，公民法治意识的持续增强，大量的矛盾纠纷以诉讼的形式涌向法院。贵州省法院从 2014 年以来，受案数逐年大幅增加，2016 年全省法院受案数达到 45 万件。凯里市地处黔东南州经济文化发展中心，凯里市法院员额制法官人均办案量 2016 年达到 300 余件。凯里市积极探索创新，将矛盾纠纷分类处理，建立健全多元矛盾纠纷化解机制，将大量矛盾纠纷挡在法院诉讼环节之外，让有限的司法资源可以应付疑难复杂案件，对实现社会和谐、确保社会大局稳定发挥了积极作用。

三　凯里市社会矛盾纠纷132多元排查化解机制的不足

凯里市社会矛盾纠纷 132 多元排查化解机制是在实践当中不断摸索不断

完善不断成长起来的应用型工作机制，在其发展过程中，还存在一些不足和问题。

（一）大数据手段运用不足

凯里市社会矛盾纠纷132多元排查化解机制虽然运用了部分信息化手段推进，但是大数据和人工智能的深度融合应用尚未充分显现出来。司法系统的信息化资源与多元矛盾纠纷化解机制平台没有实现无缝对接、互联互通，不能做到信息共享、资源共用，信息孤岛、各自为战情况比较普遍。

（二）专业化科学化不足

新形势下，矛盾纠纷多元化解工作正从依法依理调解向规范高效调解转变，对从事调解工作人员的法律专业知识和群众工作能力都有很高要求。目前凯里市从事调解的工作人员多以离岗退休干部为主体、聘用人员为补充，专业素养、职业精神明显不能适应社会发展需要，对各种矛盾纠纷多元化解工作的指导作用也难以有效发挥。

（三）社会化制度化不足

凯里市各单位虽然建立了人民调解中心、综治中心等机构，但没有实现全覆盖，局限于道路交通事故、医疗纠纷、劳动争议、妇女维权、消费者权益保护等部分领域，在物业、环保等一些矛盾纠纷高发的领域还未设立。有的地方虽然已建立人民调解中心但作用发挥不理想。社会组织参与人民调解工作还处于探索阶段，社会组织的独特优势未能得到充分发挥。关于人民调解工作的保障问题，《中华人民共和国人民调解法》和财政部、司法部相关规定，都明确要求将人民调解工作经费和人民调解员补贴经费纳入同级财政预算，但是限于各地财政状况和重视程度，部分地区未能全面落实，影响了社会矛盾纠纷多元化解工作的开展，尤其是影响行业性专业性人民调解工作的开展。

四　完善党委统筹下的社会矛盾纠纷多元排查化解机制的对策建议

凯里市党委统筹下的社会矛盾纠纷132多元排查化解机制是新时代社会治理能力提升途径的有益探索，为贵州省社会矛盾纠纷排查化解积累了有益的经验，创造了可复制可推广的做法。综合分析凯里市开展工作以来的实际情况，党委统筹下的社会矛盾纠纷多元排查化解机制具有强大的生命力，为进一步提升工作理念、完善工作机制、强化工作措施，充分发挥在社会治理方面的重要作用，为全省甚至全国提供参考和借鉴，提出以下工作建议。

（一）进一步确立以人民利益为中心的社会矛盾纠纷多元化解工作新理念

1. 坚持司法效果有限理念

司法是解决矛盾纠纷的最后一道防线，但不能成为仅有的一道防线。司法解决矛盾纠纷具有滞后性，成本大、环节多、程序复杂。当今工作生活节奏明显加快，仅靠司法途径解决矛盾纠纷已不能满足社会生活需要。在构建社会矛盾纠纷多元化解工作新机制过程中，必须牢固树立司法效果有限理念，一方面要充分发挥司法的积极效果，另一方面绝不能仅仅依赖司法途径解决矛盾纠纷，而要通过多元的手段方式解决矛盾纠纷。

2. 坚持以人为本理念

我国社会主义法治理念要求执法为民，树立以人为本理念就是贯彻落实社会主义法治理念的生动实践。以人为本理念要求在社会矛盾纠纷化解过程中，始终把实现好维护好发展好人民权益作为工作的根本出发点和落脚点，把社会矛盾纠纷化解的成效变成人民群众看得见、感受得到的实惠实效，不断提高人民群众的获得感、幸福感、安全感。

3. 坚持人工与智能相结合理念

逐步建立人民调解工作大数据综合分析应用模块，探索以政府大数据平台为依托重点，推进法院、综治、公安、司法等多部门信息向平台集中，推动调解工作从“信息化”向“数据化”转变，不断提升人民调解工作的预见性和高效性，提升调解精准性，推动人民调解向“数据化”“智能化”迈进。

（二）进一步确立以诉讼为中心的社会矛盾纠纷多元化解工作新机制

1. 党委统筹，建立矛盾纠纷多元化解指挥中心

进一步加强党的领导，强化党委统筹功能，完善“党政主导、司法推动、社会参与、多元并举、法治保障”体系建设，成立社会矛盾多元化解工作领导小组，统一领导、部署和协调社会矛盾纠纷调处工作，制定相关规章制度，讨论研究重大问题。

2. 组建机构，建立矛盾纠纷多元化解调处中枢

社会矛盾纠纷是一项庞杂的系统，维持正常运转就需要设立高效的指挥中心。矛盾纠纷的正常登记、受理、分流、转办、交办、督办都需要迅速处理，最理想的办法就是在司法行政部门设立一个专门负责此事的社会矛盾多元化解调处中心，负责社会矛盾纠纷多元化解工作的日常事务。

3. 整合资源，建立社会矛盾多元化解运行综合平台

为了适应社会矛盾多元化解工作要求，整合市、乡、村三级调解工作力量，汇集警务助理、网格员、调解员等力量，强化社会组织和公众参与程度，构建矛盾纠纷多元化解主体体系。本着“集中智慧、分散办公、统一调度、共同化解”的工作思路，形成调解工作合力。

（三）进一步确立以法治为中心的社会矛盾纠纷多元化解工作新制度

1. 建立矛盾纠纷定期排查工作制度

社会矛盾是影响社会稳定最突出、处理起来最棘手的问题。社会矛盾纠纷化解不仅要做好社会矛盾爆发后的应急处置，更要做好在常态情况下的预

防。要注重发挥政治优势，依托基层组织，整合资源力量，形成党政动手、依靠群众、源头预防、依法治理、综合施策的定期排查矛盾纠纷工作制度。对于影响范围广、纠纷错综复杂的要及时建立会商制度，提出解决预案，提前对矛盾纠纷进行预判，尽量将矛盾排查出来并处理好。

2. 建立矛盾纠纷首问负责工作制度

建立首问负责工作制度主要是为了解决群众来访无人管、相互推诿扯皮的问题，特别是遇到多种事项叠加的矛盾纠纷，不是某一个职能部门单独可以解决的时候，首问负责工作制就能够发挥积极作用。通过建立矛盾纠纷首问负责工作制度，属于管辖范围的，立即登记受理；不属于管辖、受理范围的，也要登记、受理，并转给相关部门进行处理，并及时将处置结果通知当事人，不得以任何理由拒绝受理。

3. 建立矛盾纠纷绩效考核工作制度

一项安排再好的工作如果没有督办考核，最终是无法落地的，是无法形成有效机制的。必须将社会矛盾纠纷化解工作纳入年度重点督查项目，定期进行调度、跟踪，并将具体工作纳入社会治安综合治理目标管理考核，适时进行通报，促进形成常态化、长期性的矛盾纠纷化解工作机制。

（四）进一步确立以大数据应用为中心的线上线下社会矛盾纠纷化解工作新路径

1. 基于历史案例建立数据库

案例调解法在调解工作中的运用非常普遍。为保证调解质量和调解尺度的统一，提升调解工作水平，更好地维护调解权威，需研究建立调解案例指导制度。以信息化、数字化平台为依托，以过去处理的典型案件为基础，通过摘录调解过程中常见的问题为关键词，总结成功案例的经验以及吸取失败案例的教训，使调解工作人员有效防范风险、提高调解效率。调解案例数据库可以方便查询，充分发挥这些案例独特的启示、指引、示范和规范功能，为调解工作人员提供调解案件的参照系，实现法律效果和社会效果有机统一。

2. 开发运用智能辅助矛盾纠纷化解系统

在实践中，大多数的矛盾纠纷涉及的是婚姻家庭、邻里、宅基地和生产经营等传统型矛盾，可以尝试运用大数据、云计算，开发运用“矛盾纠纷多元化解大数据平台”，将占实践当中80%的矛盾纠纷进行数字化解构，让计算机可识别、可读取，总结相关调解工作规律，并开发成相关数学模型，自动对相关调解法律法规和案例进行关联，引导调解员进行调解，适时帮助调整思路，实时提供智力支撑。智能辅导——让当事人享受全面服务，智能调解——让调解员规范高效调解，智能衔接——让各种解纷机制优势互补。智能辅助矛盾纠纷化解系统可以为纠纷解决提供更多的智能服务，进一步挖掘平台数据资源，为社会治理提供准确的数据参考，让社会治理更精细、更高效。

3. 做好线上线下矛盾纠纷化解的有机衔接

线上线下衔接指的是利用信息化手段平台，通过网上社交工具，对矛盾纠纷进行远程的、虚拟的网上调解。应当说，线上线下矛盾纠纷化解有机衔接，主要是为了当事人的便利，提高矛盾纠纷化解效率，降低成本。在经过网上虚拟调解之后，还是需要形成纸质的调解协议，需要继续履行的还要进行司法确认，以固定调解效力。

B.17

福泉市法治政府建设研究

——以“112”多元纠纷解决机制为切入点

贵州省社会科学院课题组*

摘　要： 根据2015年《法治政府建设实施纲要（2015～2020年）》要求，贵州省黔南州福泉市积极探索多元化矛盾纠纷解决机制，以司法确认制度为核心，强化诉调对接、检调对接、警调对接，构建多部门联动的大调解格局，加强人民调解委员会等调解组织建设，形成了具有当地特色的“112”矛盾纠纷化解工作模式，为基层社会治理和法治政府建设提供了有益经验。

关键词： 福泉　法治政府　“112”模式　多元纠纷解决

中共中央、国务院印发的《法治政府建设实施纲要（2015～2020年）》要求，要从健全依法化解纠纷机制、完善行政调解、行政裁决、仲裁制度、加强人民调解工作、改革信访工作制度等方面着手，依法有效化解社会矛盾纠纷，确保公民、法人和其他组织的合法权益得到切实维护，公正、高效、便捷、成本低廉的多元化矛盾纠纷解决机制全面形成，行政机关在预防、解决行政争议和民事纠纷中的作用充分发挥，通过法定渠道解决矛盾纠纷的比率大幅提升。习近平总书记在党的十九大报告中进一步提出，要打造共建共治共享的社会治理格局，加强社会治理制度建设，完善党委领导、政府负

---

* 贵州省社会科学院“福泉法治政府建设研究”课题组，组长：吴大华，贵州省社会科学院院长、二级研究员；课题组成员：王飞、胡月军、张可、孟庆艳、贾梦嫣、王向南、周进。

责、社会协同、公众参与、法治保障的社会治理体制，加强预防和化解社会矛盾机制建设，正确处理人民内部矛盾。近年来，贵州省黔南州福泉市积极探索法治政府建设，在矛盾纠纷化解中形成了具有地方特色和实效的福泉“112”模式。

一 “112”模式发展背景及沿革

福泉市位于贵州省中部、黔南布依族苗族自治州北部。因矿产资源丰富，福泉市一直是典型的资源型、工矿型城市，磷化工产业是福泉市的主要产业之一。随着工业化和城镇化的快速推进，近年来福泉市矛盾纠纷频发，并呈现主体多元化、类型多样化、诉求复杂化的特点。

在这一背景下，福泉市通过组建专业性人民调解组织、健全调解网络、落实调解奖励资金等方式，强化人民调解工作在矛盾纠纷解决中的作用，通过人民调解、行政调解、司法调解“三调联防、多调联动”，有效地化解了一部分矛盾纠纷。2015 年，最高人民法院颁布《最高人民法院关于确定多元化纠纷解决机制改革示范法院的决定》（法〔2014〕358 号），福泉市人民法院作为贵州省唯一一家示范单位入选。

以此为契机，福泉市结合基层社会治理的实际，进一步搭建多元调处联动平台，完善调解机制，从矛盾纠纷的受理、分流、调处、监督、司法确认等环节上进行改革，探索建立矛盾纠纷多元化解格局。

2015 年 10 月，福泉市委成立市级多元化调处中心与司法局并轨运行，主要负责统筹调度、衔接管理。同时，以司法确认为切入点，还先后印发了《关于进一步完善和推行矛盾纠纷多元化解“112”模式的实施意见》（2016 年 2 月）、《福泉市关于进一步深入推进矛盾纠纷多元化解“112”模式的实施方案》（2016 年 6 月）、《福泉市矛盾纠纷多元化解联动衔接办法（试行）》（2016 年 11 月）、《福泉市关于进一步深化矛盾纠纷多元化解福泉“112”模式的实施方案》（2018 年 9 月）、《福泉市关于进一步加强乡镇（街道）多元化调处中心建设的实施方案》（2018 年 9 月）、《福泉市矛盾纠纷多元化解联动奖补考评办法（试行）》等规范性文件和实施方案（见图1）。

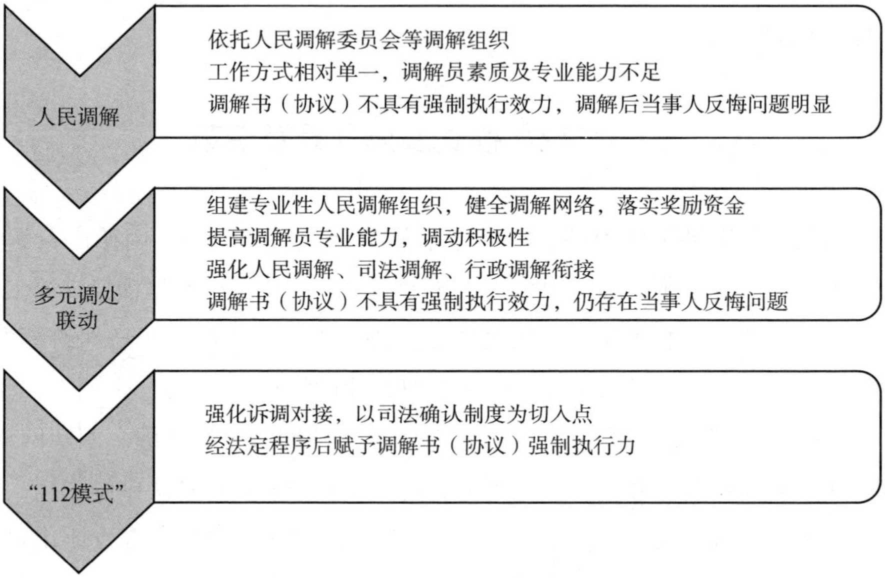

图1　福泉市矛盾纠纷多元化解机制发展情况

二　“112”模式运行机理及流程

（一）“112”模式运行机理

“112”模式基本内涵为：“搭建1个市级多元调处联动平台，完善1套以‘司法确认’为切入点的诉调对接机制，充分发挥社会第三方调解组织服务网络和‘三员两站’服务网络的作用”（见图2、图3）。

一是搭建市级多元调处联动平台。分别在福泉市司法局和信访局等部门设置调处中心，将法律援助中心、公共法律服务中心与多元化调处中心一并纳入服务窗口。同时，结合当地矛盾纠纷实际情况，设置12个行业性、专

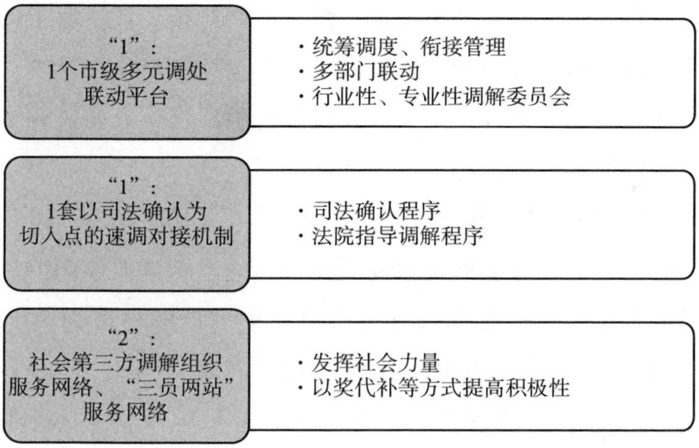

图 2 福泉"112"模式基本内涵

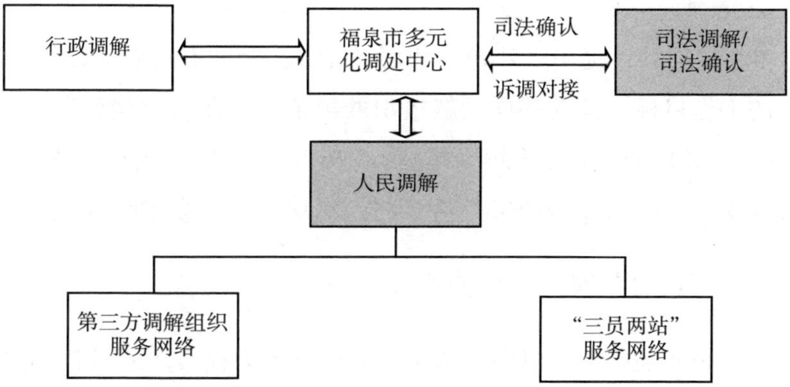

图 3 福泉"112"模式基本构架

业性调解委员会①，安排相应人员值守。在调处中心设置公证、律师服务等岗位，为矛盾纠纷当事人提供一站式法律服务。

二是以司法确认制度为切入点，强化诉调对接。司法确认制度是"112"模式的核心。调解协议的法律效力和强制执行力问题，是制约人民

① 包括环境、婚恋、交通、矿群、劳动、涉校、土地、物业、消费、征地、治安、医患 12 个行业性、专业性调解委员会。

调解、行政调解工作发展的重要因素。强化诉调对接，依法赋予调解协议强制执行效力，避免当事人调后反悔，同时将大量案件消化在诉外。此外，对具有调解条件和意愿的案件当事人，人民法院引导当事人通过调解方式化解矛盾，能够有效节省司法资源，促进案结事了。

三是依托社会第三方调解组织服务网络、“三员两站”① 服务网络开展调解工作。除行业性、专业性调解委员会外，通过聘请兼职调解员、返聘原政法部门退休工作人员、建立以村民小组和集中自然村寨为单元的调解组织，出台《福泉市矛盾纠纷多元化解联动奖补考评办法（试行）》，通过“以奖代补、按劳取酬、据实支付”等方式，按月对专业性、行业性调委会和村（居）调委会人民调解员调解纠纷情况进行实绩考核并兑现调解补贴。② 据统计，2015 年 10 月至 2018 年 12 月，福泉市共兑现以奖代补资金 164.18 万元。③

除市级层面外，提出“小事不出村（居）、大事不出乡（镇）、矛盾不上交”的工作目标，推动基层调解组织的规范化、制度化建设。截至 2018 年 12 月，已经在全市 8 个乡镇（街道）、76 个村（居）委员会建立规范基层人民调解组织 84 个，构建市、乡、村三级调解组织服务网络。

（二）“112”模式运行流程

“112” 模式运行流程以司法确认、诉调对接为核心，通过各部门衔接，可以达到高效、依法化解纠纷的效果。

---

① “三员”即人民调解员、人民陪审员、司法联络员，“两站”即法官工作站、基层综合工作站。

② 根据案件难易程度、化解效果，给予相应补贴；成功调解简易纠纷，每件补贴 50 元；成功调解一般纠纷，每件补贴 100～300 元，成功调解疑难纠纷，每件补贴 400～600 元，成功调解重特大纠纷，每件补贴 700～1500 元，成功引导、协助当事人申请司法确认的，每一件增加补贴 50 元。对专业性、行业性人民调解委员会从事人民调解日常事务的固定坐班人员，给予相应补贴，并结合经济社会发展水平，动态调整发放标准。资料来源：福泉市人民政府法制办公室。

③ 如无特殊说明，本文资料均来源于福泉市人民政府法制办公室。

1. 司法确认方式流程

当事人发生纠纷后，依法向市多元调处中心申请调解。调解达成协议的，调解组织积极引导当事人申请司法确认（调解协议生效后 30 日内），人民法院收到司法确认申请书后依法审查（2 日内），审查后符合法律规定的，出具相应民事裁定书（10 日内）；无法达成调解协议或者调解协议不符合法律规定的，由当事人另行达成调解协议再行请求司法确认或者径行起诉。

2. 诉前调解方式流程

当事人发生纠纷后，向人民法院提起诉讼，经征询当事人意见，同意委托调解的，由人民法院出具委托调解函，委托市多元调处中心指派调解组织调解（2 日内），调解达成协议的（15 日内），由调解组织引导当事人申请司法确认（调解协议生效后 30 日内）；未达成协议的，退回委托资料（15 日内），依法进行立案登记。

无论经哪种方式，当事人之间的调解协议一旦经司法确认，即依法具有强制执行效力。

三 “112”模式取得的主要效果及经验

（一）“112”模式取得的主要效果

1. 化解大量矛盾纠纷

2015 年，通过实施“112”模式，将大量矛盾纠纷化解在基层和诉外。据统计，自 2015 年 10 月至 2018 年 12 月 20 日，福泉市多元调处中心共受理各类矛盾纠纷 9425 件，调处成功 9066 件，调处成功率 96.19%，衔接司法确认 1581 件，为维护社会和谐稳定起到了积极作用。

2. 缓解法院审判压力

在各地人民法院受案量大幅度上升的背景下，通过实施“112”模式，福泉市人民法院受案量 2017 年还出现负增长的情况，2018 年增长率也低于贵州省法院系统平均增长率[1]（见图4[2]），法院审判压力得以缓解。

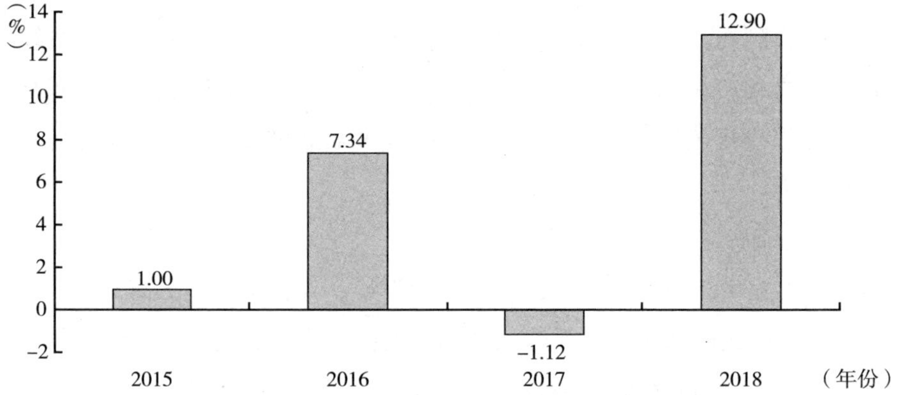

图4　福泉市人民法院受案量较前一年增长比例

3. 有助于提升人民调解工作公信力

将司法确认制度依法导入矛盾纠纷多元化解“112”模式，积极推行“不收费、抗反悔、可执行、促效率”的司法确认制度，有助于破解过去“调解—反悔—再调解—再反悔”法律效力缺失难题，提升人民调解工作的公信力。

4. 探索健全“检调对接”“警调对接”工作机制

根据福泉市《关于建立轻微刑事案件刑事和解与人民调解衔接联动机制的实施意见》，依法规范轻微犯罪可达成和解的条件、类型、范围、情形等，对符合纳入检调对接范围的，指派相关专业调解委员会进行调解，促使案件双方达成刑事和解协议；2017 年以来，全市在审查起诉阶段成功对 35 件轻微刑事案件实现刑事和解，对 46 名被告人作出相对不起诉。建立“警调对接”机制，实现治安矛盾“源头化解”。在全市 8 个乡镇（街道）派出所设立“警调对接”工作站，根据治安矛盾纠纷类型、涉及领域、发生区

① 资料来源：福泉市人民法院。

② 以 2015 年受案量为基数，故 2015 年受案量增长比例为 1。

域等情况，进行分类处理。普通群众纠纷，派警采取简易程序直接调处、现场化解；涉及风俗习惯等纠纷，分流移交至所在村（居）调委会调处；重大疑难案件，邀请相关部门联合调处化解；无法当场化解、案件侦查阶段双方当事人提出和解申请的，移送“警调对接”工作站受理调处，并及时反馈调处结果。2018 年，全市通过“警调对接”化解治安类矛盾纠纷 105 起。

（二）福泉“112”模式的主要经验

1. 创新工作方式，将司法确认制度和人民调解制度有机结合，横向形成各部门联动的工作格局

福泉“112”模式实际是以多元调处中心为结，以司法确认制度为核心，以人民调解等制度为依托，形成的横向联动的大调解格局。特别是，将人民法院纳入“112”模式中，有效地克服了“调解协议不具有强制执行效力”这一人民调解工作的天然缺陷，为当事人提供了公正、高效、便捷、成本低廉的矛盾纠纷解决方式。

2. 加强便民司法服务，充分发挥基层组织在社会治理中的积极作用，纵向形成市—乡（镇）—村（居）三级工作体系

截至 2018 年底，在全市各 8 个乡镇（街道）、76 个村（居）建立规范基层人民调解组织 84 个，构建了市、乡、村“三位一体”的调解组织服务网络。为提高司法服务便捷性，截至 2018 年底，福泉市人民法院已设立 5 个人民法庭和 4 个非法庭驻地乡镇设立流动法官工作站，在 76 个村居（社区）设立便民诉讼服务点，聘请具有一定法律知识、工作责任心强、德高望重、热心奉献的村支书、村主任、寨老等作为司法联络员，形成了以人民法庭为主架，法官工作站为支撑，便民司法联络点为依托，覆盖全市的便民司法服务网络，为基层社会治理提供了有益经验。

3. 强化诉调对接，确保依法调解、依法确认

调解虽具有高效、便捷、成本低廉，但也有其边界。对于依法不应当调解或者无法调解的案件，应及时引导当事人依法起诉；同时通过司法确认审查，杜绝违法调解情况。2015 年 10 月至 2018 年 12 月 20 日，福泉市第三方

调解组织在调解过程中，对不适用调解程序或调解不成的矛盾纠纷，引导当事人通过诉讼程序解决293件。确保当事人通过法定渠道解决矛盾纠纷。

4. 加强信息化建设，探索“互联网+调解”模式

2017年6月，福泉市建立开通“人民调解信息化平台”，初步形成集矛盾纠纷网上受理登记、分流调解、情况反馈、数据统计和文书归档等于一体的管理系统，推动矛盾纠纷调解服务在网上申请、司法确认在网上衔接、工作数据在网上流转，形成落地调解服务和在线调解服务、实体组织网络和虚拟服务网络对接互通的新机制。委托调解在网上办理，降低单位办公成本、节省中间文来文往流转时间、提高了工作效率；调解申请在网上进行，让群众少跑路。目前，市法院、市公安局、市检察院、市多元化调处中心、市群众工作中心（市信访局）、8个乡镇（街道）多元化调处中心（调委会）、12个专业性行业性调委，各基层人民法庭、派出所、76个村居会已完成安装运行，“112”信息化管理系统在全市推广使用，不断打通衔接交办壁垒、互联互通，实现信息共建共享。

5. 推行政府购买公共服务方式，确保调解组织高效运转和良性发展

根据工作安排，福泉市财政每年预算25万元经费，由司法行政部门采用招标或定向委托方式，向行业调解组织购买调解服务。以此提高政府资金效用率，确保调解组织高效运转和良性发展。

四　福泉“112”模式深化提升建议

依法化解社会矛盾纠纷是法治政府建设的重要环节和方面。福泉市创新工作方式，以司法确认制度为核心，强化诉调对接，健全调解组织，收到良好的社会效果。在今后的工作中，可以从下述方面深化提升“112”模式。

1. 进一步借助大数据加强信息化建设和培训

大数据可以促进政府治理模式的社会网络化、治理过程的公开透明化、公共决策的科学民主化、治理方式的人本化，为治理体系的优化和治理能力的提升带来了重要的战略资源和机遇。在“112”模式提升过程中，可以借

助大数据进一步加强“人民调解信息化平台”，增强基层调解组织调解员使用“人民调解信息化平台”的能力。

2. 进一步引导提高多元化纠纷解决的社会参与度

“112”模式在经费、人员、组织建设等方面对政府、法院依赖程度高，在调解阶段社会参与度不足，社会团体、志愿者、商业调解组织等资源作用未能充分发挥，应当积极引入律师、法律工作者、法律从业人员参与调解工作，进一步提高社会参与度。

3. 进一步加强矛盾纠纷多元化解工作规范化制度化建设

通过各乡镇（街道）多元化调处中心、村居调委会的矛盾纠纷多元化解工作规范化、制度化建设，定期开展相关业务培训，着力提升调解委员会、调解委员的整体业务素质和能力。

调研报告

Investigation Reports

B.18

贵州省立法透明度指数报告（2018）*

——以人大常委会网站立法公开为视角

贵州省社会科学院法治评估创新工程项目组**

摘　要： 为准确把握贵州省人大以及9个市州人大立法透明度，促进立法公开，推动民主立法。报告通过对贵州省人大以及9个市州人大常委会门户网站的考察，围绕立法工作、活动、过程、优化信息等公开情况进行测评。报告指出了贵州省人大以及9个市州人大常委会在立法公开方面存在诸如各类立法信息公开情况不均衡、

* 本文系贵州省社会科学院2019年创新工程重大支撑项目“贵州法治建设评估与创新发展研究”成果，贵州省法治研究与评估中心项目成果。项目组成员由贵州省社会科学院法律研究所人员组成。

** 执笔人：王姗姗，贵州省机械工业学校宣传统战部科员；胡月军，贵州省社会科学院法律研究所副所长、副研究员。本文评估指标体系采用了中国社会科学院法学研究所法治指数创新工程项目组“中国立法透明度指数报告”的相关内容，在此，对中国社会科学院国家法治指数研究中心主任田禾研究员及该项目组成员致谢。

各市州人大常委会立法工作发展不均衡、立法听证和立法评估信息公开不理想等问题，并提出了诸如设置便于快速检索相关信息的搜索引擎、开通“双微”、补齐立法信息短板等完善建议。

关键词： 立法公开　透明度指数　人大常委会网站

2013 年 11 月，中共十八届三中全会提出“要逐步增加有地方立法权的较大的市数量”。2014 年 10 月，中共十八届四中全会指出“要依法赋予设区的市地方立法权”。2015 年 3 月 15 日，十二届全国人大三次会议通过了关于修改《中华人民共和国立法法》（以下简称《立法法》）的决定，自此，全国设区的市依法享有地方立法权。

《立法法》第五条规定：“立法应当体现人民的意志，发扬社会主义民主，坚持立法公开，保障人民通过多种途径参与立法活动。”为落实此规定，中国社会科学院法学研究所法治指数创新工程项目组历时一年多研发了“中国立法透明度指数指标体系”。

一　测评指标与方法

门户网站是人大常委会展示其立法工作、让公众知情并参与立法的有效途径。本报告观察贵州省级、市州级人大及其常委会门户网站，测评其立法透明度指数。

根据相关规定，省级人大及其常委会根据本行政区域具体情况和实际需要，在不违背宪法、法律、行政法规的前提下制定地方性法规。在立法之后，通过立法后评估、执法检查、备案审查等机制优化立法。首先，通过立法后评估，观察地方性法规实施的法律效果、社会效果。其次，通过备案审查对地方性法规进行审查，确保其不违背上位法。根据《立法法》规定，省级和较大的市的人民政府制定的规章、较大的市的人大及其常委会制定的地方性法规以及自治州、自治县制定的自治条例和单行条例应当报省人大常委会备案审查。再次，人大常委会对法律法规实施进行执法检查。因此，立法透明度指数指标体系主要涉及法律制定和法律优化两个方面，包括立法工作信息（权重20%）、活动信息（权重30%）、过程信息（权重30%）、优化信息（权重20%）四大板块，具体指标体系设置见表1。测评时间为2019年1月1～15日。

表1　立法公开指标体系

单位：%

立法工作信息(20)	常委会领导信息(10)
	常委会机构职能信息(20)
	立法工作总结信息(30)
	本级人大代表信息(20)
	法规数据库(20)
立法活动信息(30)	立法程序(35)
	立法计划(45)
	立法前评估(20)
立法过程信息(30)	立法草案(40)
	立法征求公众意见平台(40)
	立法听证(20)
立法优化信息(20)	规范性文件审查程序(25)
	立法后评估(20)
	执法检查(30)
	备案审查(25)

二　测评结果

（一）总体情况

根据四个板块的测评结果和权重分配，本项目组核算并形成了贵州省人大及9个市州人大常委会的总体测评结果（见表2）。

表 2　贵州省人大、9 个市州人大常委会立法公开得分（从高到低）

人大常委会名称	得分(满分 100 分)
贵州省人大常委会	83.5
贵阳市人大常委会	77.5
黔南州人大常委会	73.5
遵义市人大常委会	67.5
黔西南州人大常委会	65.5
黔东南州人大常委会	61.5
铜仁市人大常委会	55.5
安顺市人大常委会	55.5
六盘水市人大常委会	45.5
毕节市人大常委会	41.5

（二）立法公开的亮点

本项目组通过访问贵州省人大及 9 个市州人大官网发现，贵州省人大常委会、贵阳市人大常委会作为省级和省会城市人大常委会在立法公开方面积累了一些工作经验，其他 8 个市州人大常委会官网在立法公开方面不均衡不充分。

第一，人大立法工作信息公开较好。贵州省人大及 9 个市州人大常委会绝大多数在其官网公开了人大常委会领导信息、机构信息、本级人大代表信息。比如贵州省人大官网“主任之窗”页面“主任会议组成人员”公开 7 名领导人员的个人简历，还公布了贵州省十二届人大常委会委员名单、贵州省第十三届全国人民代表大会代表名单（72 名）。“常委会概览”栏目公布了“现任人大常委会组成人员”、1980 年 1 月以来“历届人大常委会主任会议成员”“常委会议事规则”“主任会议工作规则”等。在“工作动态”之“代表工作”页面公布了现职代表名单。

第二，人大立法计划公开情况较好。贵州省人大及 9 个市州人大常委会绝大多数在其官网公开了本年度立法计划甚至五年立法规划，有的人大常委会在制订某年度立法计划甚至五年立法规划的过程中发布了征求公众意见公告。

（三）立法公开存在的问题

贵州省人大及9个市州人大常委会立法工作发展不均衡，在立法公开方面也不均衡。

第一，各类立法信息公开情况不均衡。贵州省人大及9个市州人大官网四大板块总体情况不均衡。在“立法工作信息”板块，“常委会领导信息”“常委会机构职能信息”“本级人大代表信息”“法规数据库”公开明显比“立法工作总结信息”多。在“立法活动信息”板块，“立法计划”公开明显比“立法程序”“立法前评估”信息多。在“立法过程信息”板块，“立法草案”公开明显比“立法听证”信息多。在“立法优化信息”板块，“执法检查”明显比“规范性文件审查程序”“备案审查”“立法后评估”信息多。由此可知，对于贵州省及9个市州人大来说，未来应在“立法工作总结信息”“立法程序”“立法前评估”“立法听证”“立法后评估”等信息公开方面加强。

第二，各市州人大常委会立法工作发展不均衡，相应地，其官网立法公开不均衡。铜仁市、安顺市、六盘水市、毕节市人大常委会立法公开工作不理想。

第三，立法听证和立法评估信息公开不理想。立法听证和立法评估有利于保障各利益相关方表达意见、参与立法，从而促进科学立法、民主立法。立法评估包括立法前评估和立法后评估，立法前评估有利于促进科学立法，提高立法质量。立法后评估对已立之法查缺补漏、修订完善提供实证依据。

三 立法工作信息

“立法工作信息”板块由“常委会领导信息”“常委会机构信息”“立法工作总结信息”“本级人大代表信息”“法规数据库”组成。

（一）常委会领导成员信息公开较好

被测评的贵州省及9个市州人大常委会，除了黔东南州人大常委会之外，都在其官网公布了常委会领导名单，有的提供了所有常委会领导成员内部分工、对外联系部门及个人简历，有的提供了领导成员工作分工，有的提供了领导成员个人简历。

（二）常委会机构职能信息的公开情况较好，但常委会及其机构联系方式公开情况不理想

在机构职能信息公开方面，被测评的贵州省及9个市州人大常委会官网上都可以查询到组织机构信息，其中贵州省人大常委会官网公布了各专门委员会组成人员（主任委员、副主任委员、委员）名单及各专门委员会工作规则、主要职责。有的提供了常委会组织机构职能说明，有的提供了常委会机构的处室名单。

但是，人大常委会及其组织机构联系方式公开情况不理想。贵州省人大常委会官网“联系我们”链接只有单位地址，没有联系电话。贵阳市人大常委会官网“联系我们”链接只有联系电话，没有单位地址。有的市州人大常委会官网没有提供任何联系方式。

（三）上一年度立法总结公开情况普遍缺失

被测评的贵州省人大及9个市州人大常委会官网普遍缺失上一年度立法总结信息，甚至缺失上一年度人大常委会工作报告。鉴于各市州立法工作每年度开展有限，没必要公布专门的立法总结，建议今后每年将立法总结作为本级人大常委会工作报告的一部分予以公开。今后公布立法总结信息应尽量多提供立法过程信息，尤其是立法程序信息。

（四）本级人大代表信息公开情况较好，代表联系方式公开情况欠佳

被测评的贵州省人大及9个市州人大常委会官网，贵州省人大常委会官网在其“代表工作”栏目公布了现职代表名单，并且可以分别查询到来自9个市州以及中国人民解放军驻黔部队代表团名册。铜仁市人大常委会官网公

布了铜仁市第二届人大代表名单含其下辖11个选区401名代表（含姓名、性别、民族）。其余市人大常委会均未公布全部代表名单，有的市人大常委会官网有“代表风采”等专栏，公布一些代表的鲜活事例。被测评的贵州省及9个市州人大常委会官网都没有提供本级人大代表的联系方式（电话或邮箱）。

（五）网站的法律法规数据库内容不够丰富

《立法法》第七十九条规定，地方性法规、自治区的自治条例和单行条例公布后，应及时在本地方人民代表大会网站刊载。据此，被测评的贵州省人大及9个市州人大常委会在其官网公布地方性法规、自治区的自治条例和单行条例是其法定职责，通过建立专门法律法规数据库的形式进行公开比较便捷，有利于公众迅速集中查找。测评发现，贵州省人大官网“地方法规”栏目下“贵州省地方法规”235部、“市州地方法规”84部、“自治条例、单行条例”105部。贵阳市人大官网“法律法规下载”里面包括“本市法规下载”（2012年初以来82条信息）、“常用法律法规”（宪法、地方各级人民代表大会和地方各级人民政府组织法、全国人民代表大会和地方各级人民代表大会代表法、全国人民代表大会和地方各级人民代表大会选举法、立法法、各级人民代表大会常委会监督法等6部法律）、“法规库”（汇总了前面的“本市法规下载”和“常用法律法规”）。点击六盘水市人大常委会官网“法规数据库”可以直接链接到“中国人大网”之“中国法律法规信息库”页面。遵义市人大官网在其“法律法规”栏目下法律包括《中华人民共和国宪法修正案》《中华人民共和国立法法》等共7部法规包括《遵义市地方立法条例》《贵州省各级人民代表大会常务委员会监督条例》等共5部。其余市州人大常委会官网“法律法规数据库”建设不理想、内容不丰富。

四　立法活动信息

“立法活动信息”板块测评立法程序、立法计划和立法前评估信息等。

测评整体结果是，立法计划公开情况一般，立法程序、立法前评估信息公开较差。

（一）立法计划规划公开情况有待提高

贵州省人大官网公布了2008年以来贵州省十届、十一届、十二届、十三届五年立法规划以及年度立法计划。贵阳市人大官网公布了《贵阳市人大常委会年度立法计划编制办法》、2017年、2018年立法计划。遵义市人大官网公布了《遵义市人大常委会关于2017年立法计划的公告》以及2017年度立法计划信息。从遵义人大网已更新到2018年12月初的“公告”板块检索到《遵义市人大常委会关于2018年立法计划公告》，这表明其在不同板块发布同类信息，板块栏目设计不够科学合理。六盘水市人大官网“立法工作”栏目公布了《六盘水市人大常委会2018年度立法计划》。安顺市人大官网“立法计划”公布了2018年立法计划项目。其余市州人大常委会官网立法计划规划公开情况不理想。

（二）立法程序公开普遍缺失

立法程序设定了人大及其常委会权限，明确制定法律法规的步骤。通过官网公布立法程序有利于公众了解立法步骤和权限。被测评的贵州省人大及9个市州人大常委会官网在立法程序公开方面普遍缺失。

（三）立法前评估信息公开情况不理想

新修订《立法法》明确规定了立法前评估。被测评的贵州省人大及9个市州人大常委会官网立法前评估信息公开情况不理想。2015年1月4日，贵州省人大出台《贵州省人民代表大会常务委员会立法前评估工作规定》，对于进一步集中广大干部群众智慧实现立法为民具有重要作用。2015年1月6日，贵州省人大首次召开《贵州省重大建设项目稽察条例》立法前评估。后续涉及《贵州省学校学生人身伤害事故预防与处理条例（草案）》《贵州省动物防疫条例（草案）》《贵州省老年人权益保障条例（草案）》立法前评估。从贵阳市人大网可以查询到立法研讨会、座谈会等，但检索不到专门的“立法前评估”信息。其余市州人大常委会网站没有“立法前评估”信息。

五　立法过程信息

本板块主要测评立法草案、立法征求公众意见平台和立法听证等信息公开。

（一）立法草案公开情况参差不齐

被测评的贵州省人大及9个市州人大常委会官网在立法草案公开方面情况参差不齐且都没有设立“立法草案公开”专栏。贵州省人大官网“立法聚焦”栏目里面“关于公开征求某条例（草案）修改意见的通知”向社会公众公布修改意见和建议于某年某月某日前以传真、电子邮件、信函等方式提出，下附某条例（草案）征求意见稿以及“关于某条例（草案）的说明”（包含制定本条例的必要性、需要说明的几点问题）。贵阳市人大官网公布了一些条例（草案）立法调研、立法研讨会、修改意见等信息，但没有公布相关条例（草案）完整内容。遵义市人大、六盘水市人大、毕节市人大、黔西南州人大官网没有“立法草案”信息。黔南州人大、黔东南州人大、铜仁市人大、安顺市人大等“立法草案”信息仅有几条。

（二）立法征求公众意见平台建设有待加强

在人大官网设立立法征求公众意见平台，有利于集中公布征求公众意见公告和立法草案相关信息，可以为公众对草案征求意见稿提出意见和建议提供便利条件。贵阳市人大官网没有专门的“立法征求公众意见平台”，但在“公众参与”栏目之下设有“公众建议”栏目。安顺市人大官网在其“意见征集”栏目设有“回应关切”和“常见问题解答”栏目，但里面无内容。

毕节市人大、铜仁市人大没有“立法征求公众意见平台”，也缺其他联系渠道。黔东南州人大没有“立法征求公众意见平台”，但设立有“联系我们”“代表信箱”“群众信箱”等其他联系渠道。黔南州人大官网在其“立法意见建议征集”栏目里发布关于对《某条例（草案）》（征求意见稿）征求意见建议的公告，公告里包括这些条例草案全文内容，此外开设“代表信箱”和“群众信箱”。黔西南州人大官网没有“立法征求公众意见平台”，其“代表建议”栏目内容自2014年7月14日以来停止更新，其“审议意见”栏目自2015年7月26日以来停止更新。

（三）立法听证公开情况不理想

立法听证是民主立法的重要渠道和保障手段。在贵州省人大官网检索“立法听证”，结果涉及《贵州省道路交通安全条例（草案）》等5部条例立法听证信息。在贵阳市人大官网检索“立法听证”关键词，检索结果只有1条，即关于举行《贵阳市住宅小区人口和计划生育管理服务规定（草案）立法听证会的公告》，该公告里面附2条听证内容提示以及该规定（草案）。六盘水市人大、安顺市人大、毕节市人大、铜仁市人大、黔东南州人大官网检索不到“立法听证”信息。黔南州人大、黔西南州人大官网分别都只有1条“立法听证”信息。由此可见，立法听证公开是被测评的贵州省人大及9个市州人大的短板。

六　立法优化信息

除了法律法规，通过备案审查、立法后评估、执法检查等机制优化立法也是人大常委会的职责。本板块测评“规范性文件审查程序”“立法后评估信息”“执法检查信息”和“备案审查信息”。

（一）规范性文件审查程序公开和备案审查公开不理想

根据新修订的《立法法》，对省政府制定的行政规章、设区的市和自治州的人大及其常委会制定的地方性法规等规范性文件进行备案审查，是省级人大常委会的重要职责。

为了确立备案审查程序、规范审查行为，一些人大常委会制定了备案审查办法。在贵州省人大官网检索“规范性文件审查程序”结果是2017年等年度规范性文件备案审查工作情况报告等。贵阳市人大官网检索“规范性文件审查程序”结果是2017年5月19日修订版《贵阳市人民代表大会常务委员会规范性文件备案审查工作规定》，另外其“备案工作”栏目自2013年3月以来差不多每年都发布不超过3条信息，其中2017年没有信息发布。六盘水市人大官网没有“规范性文件审查程序”信息，此外只查询到“六盘水市人大常委会与贵州民族大学合作举办地方立法与备案审查培训班”1条信息。安顺市人大官网检索“规范性文件审查程序”和“备案审查”结果是2009年4月29日安顺市人大常委会通过的《安顺市人民代表大会常务委员会规范性文件备案审查办法》全文。毕节市人大官网检索不到“规范性文件审查程序”信息，“备案审查”只检索到毕节市人大到广州参加规范性文件备案审查工作培训会1条信息。铜仁市人大官网检索“规范性文件审查程序”和“备案审查”结果是《铜仁市人民代表大会常务委员会规范性文件备案审查暂行规定》、2014年5月29日铜仁市人大常委会召开规范性文件备案审查工作培训会、2017年7月21日铜仁市人大常委会召开规范性文件备案审查工作会议。黔东南州人大官网检索“规范性文件审查程序”和“备案审查”结果是2012年6月27日黔东南州人大常委会通过《规范性文件备案审查办法》，黔东南州人民政府文件关于某规范性文件的备案审查报告、关于某规范性文件的说明、关于某规范性文件的备案审查意见书、关于某规范性文件的审查意见书等统一规范格式以及黔东南州人大常委会规范性文件备案审查工作流程图。黔东南州人大的做法值得肯定。黔南州人大官网检索“规范性文件审查程序”和“备案审查”结果是2009年3月19日黔南州人大常委会通过的《黔南布依族苗族自治州人民代表大会常务委员会规范性文件备案审查工作规定》。黔西南州人大官网检索“规范性文件审查程序”和“备案审查”结果是截至 2018 年 9 月 31 日，黔西南州政府法制办共收到各县、市政府及州直相关部门报送备案的规范性文件 12 件，经过集中备案审查，已通过 10 件。

（二）立法后评估公开情况不理想

立法后评估是在法律法规实施之后对其法律效果、社会效果等的评估。2017 年 5 月，贵州省人大常委会启动首次立法后评估即《贵州省赤水河流域保护条例》立法后评估。贵阳市人大官网检索“立法后评估”显示已对《贵阳市社区工作条例》等 8 部地方性法规进行了立法后评估。遵义市人大、六盘水市人大、安顺市人大、毕节市人大、铜仁市人大、黔东南州人大、黔南州人大官网都查询不到“立法后评估”信息，黔西南州人大官网检索到 2 条此方面信息。

（三）执法检查公开情况较好

被测评的贵州省人大及 9 个市州人大常委会官网在此方面情况相对较好。贵州省人大在“执法检查”方面工作开展活跃，比如《贵州省扶贫开发条例》、《贵州省大数据发展应用促进条例》、《贵州省信息基础设施条例》、城乡规划“一法一条例”、民族区域自治“一法两规定”、《环境保护法》《农业法》《安全生产法》《食品安全法》等执法检查活动。贵阳市人大“执法检查”活动也较多，涉及《中华人民共和国安全生产法》《贵州省大数据发展应用促进条例》《贵阳市促进生态文明建设条例》等全国性、全省性、贵阳市不同级别法律法规的执法检查活动。遵义市人大官网“执法检查”栏目公布了 2012 年 8 月以来遵义市人大领导带队到某地开展某法执法检查等信息，但存在有些年度信息较多而有些年度缺失信息等问题。六盘水市人大官网“监督工作”栏目中公布了一些执法检查信息。毕节市人大官网“执法检查”栏目公布了《贵州省大扶贫条例》《中华人民共和国劳动合同法》等执法检查活动。其余几个市州人大官网“执法检查”公开情况也可以。

七　完善建议

第一，遵义市人大、毕节市人大官网没有搜索引擎，不便于快速且精准查询相关信息，建议增加。

第二，仅有遵义市人大同时开通了官方微博、微信，建议贵州省人大及其他市州人大也同时开通官方微博、微信，多渠道发布信息。

第三，建议贵州省人大及9个市州人大常委会官网补齐“立法工作总结信息”“立法程序”“立法前评估”“立法征求公众意见平台”“立法听证”等信息公开短板。

B.19

贵州省政府信息公开调研报告（2018）*

——以政府门户网站为视角

贵州省社会科学院法治评估创新工程项目组**

摘　要：　根据《贵州省2018年政务公开工作要点》要求：2018年，各级各部门要“充分发挥政务公开围绕中心、服务大局的作用，全面推进决策、执行、管理、服务、结果及重点领域信息公开”。贵州省社会科学院法治评估创新工程项目组以政府门户网站为切入点，围绕相关文件要求，对贵州省政府信息工作情况进行调研并形成相应的报告。

关键词：　贵州省　政府信息公开　调研

一　调研对象与调研内容

（一）调研对象

2018年度政府信息公开调研对象与上一年度相同，仍以贵州省政府、市（州）级政府及贵安新区管委会为调研对象。（见表1）根据贵州省政府2018年3月29日发布的《贵州省人民政府2017年政府信息公开工作年度报告》，2017

---

* 本报告系贵州省社会科学院2019年创新工程重大支撑项目“贵州法治建设评估与创新发展”研究成果，贵州省法治研究与评估中心研究成果。

** 项目组成员由贵州省社会科学院法律研究所人员组成，执笔人：贾梦嫣，贵州省社会科学院法律研究所副研究员。本报告在评估指标上借鉴了中国社会科学院中国政府信息公开第三方评估报告的相关内容，在此，对中国社会科学院项目负责人田禾及项目组成员的相关专家致谢。

年全年，省市县三级政府及部门累计公开政府信息571万条，其中省级公开75万条，市县级公开496万条；通过门户网站公开政府信息144.7万条，通过政府公报公开政府信息2.85万条，通过微信、微博等新媒体公开37.1万条。[①] 从数据看，政府门户网站仍然是政府信息公开的主要阵地。

表1 本次调研政府门户网站列表

网站名称	域名
贵州省人民政府	http://www. gzgov. gov. cn/
中国贵阳	http://www. gygov. gov. cn/[②]
中国遵义	http://www. zunyi. gov. cn/
中国金州黔西南	http://www. qxn. gov. cn/
黔东南苗族侗族自治州人民政府	http://www. qdn. gov. cn/
中国·黔南－黔南布依族苗族自治州	http://www. qiannan. gov. cn/
毕节市人民政府	http://www. bijie. gov. cn/
中国安顺	http://www. anshun. gov. cn/
六盘水市人民政府	http://www. gzlps. gov. cn/
铜仁市人民政府	http://www. trs. gov. cn/
贵安新区官方	http://www. gaxq. gov. cn/

（二）调研内容

2018年5月24日，贵州省政府办公厅印发《省人民政府办公厅关于印发贵州省2018年政务公开工作要点的通知》（黔府办发〔2018〕22号，以下简称《要点》），提出“充分发挥政务公开围绕中心、服务大局的作用，全面推进决策、执行、管理、服务、结果及重点领域信息公开，以公开促规范，以公开促服务，以公开促治理”的目标，并从围绕“三大战略”实施推进政务公开、深入推进“互联网＋政务服务”示范试点省建设、深入推进政务公开平台建设、深入推进政务公开制度化规范化等六个方面提出22项具体工作要求。（见图1）

① 《贵州省人民政府2017年政府信息公开工作年度报告》，贵州省人民政府网站，2018年3月29日，http://www. guizhou. gov. cn/ztzl/zfxxgkndbg/。

② 贵阳市人民政府门户网站启用新域名，http://www. guiyang. gov. cn，2018年12月3日。

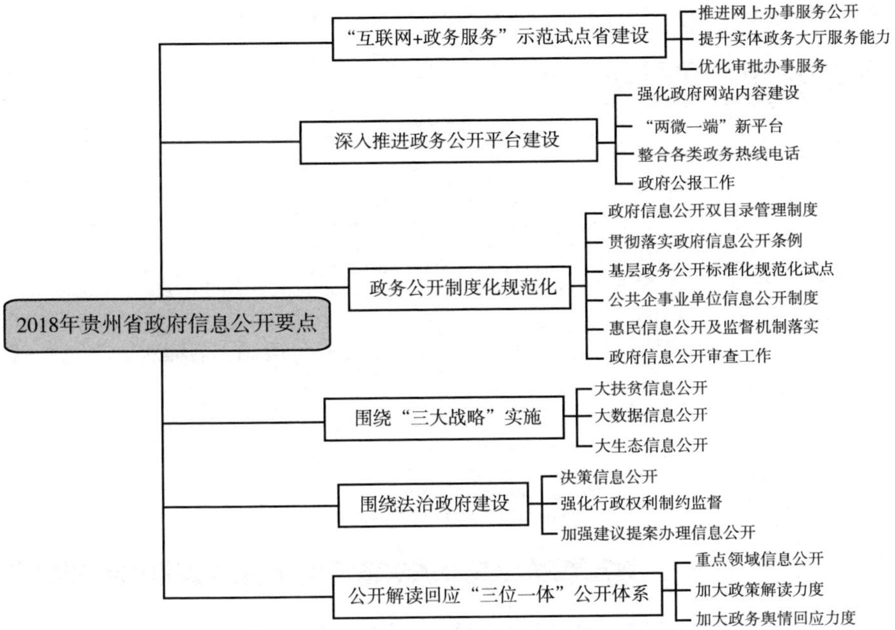

图1　2018年贵州省政务公开工作要点

从《要点》来看，“三大战略”实施及法治政府建设是2018年贵州省政务公开的重点。同时，为保障政府信息公开工作切实落地，公开平台建设也是不容忽视的一环。因《要点》所涉内容较多，调研难以面面俱到。故此，本项目组主要从围绕“三大战略”实施和法治政府建设、政务公开平台建设等方面开展调研。

二　围绕“三大战略”实施推进政府信息公开工作情况

脱贫攻坚和生态文明建设是近年来贵州省重点工作，也是政府信息公开的重点领域。除黔南州政府网站外，其余调研对象均在较显目处设置“脱贫攻坚”“扶贫工作”“环境保护”等相关栏目（见图2）。大部分调研对象能够在相应栏目下及时公布扶贫专项资金等信息的使用情况，但也存在个别调研对象更新不及时的问题，如黔东南州政府网站虽设置相关栏目，但信息发布及时性有待提升（见图3）。

图 2　黔南州政府网站政府信息公开页面

图 3　黔东南州政府网站政府信息公开页面

调研的对象均在政务公开页面设置“政府数据”“数据开放”等栏目，围绕大数据推进政府信息公开。调研组在数据开放栏目下分别随机抽取5~10条链接，链接有效性100%。一些调研对象（如贵阳市）还分别以“主题”“行业”“领域”“部门/区县”为关键词提供分类搜索，并提供相应应用服务，使获取数据更加便捷（见图4）。

图4 贵阳市政府数据开放平台

三 围绕法治政府建设实施推进政府信息公开工作情况

调研对象普遍设置政策文件公开相关栏目，除按照制发单位进行分类外，还设置关键字检索功能，提升信息获取便捷性。其中，贵阳市、黔南州政府网站在“政务五公开”下专设“决策公开”“执行公开”等栏目，集中发布决策预公开、会议公开、决策后公开（政策文件）等相关信息（见图5）。

图5　贵阳市政府网站“决策公开”专栏

11个调研对象均专设“权责清单”或“行政权力”专栏，绝大部分调研对象已对2018年度各部门权责情况进行动态更新，个别调研对象仍公布2017年确定的权责清单。

根据《要点》要求，“2018年各市（州）、各县（市、区、特区）政府门户网站要开设建议提案信息公开专栏”。调研显示，截至2018年12月31日，贵州省、贵阳市、黔南州、黔西南州、贵安新区、安顺市、六盘水市政府网站已经在信息公开页面显著位置设置“建议提案办理”专栏并进行相应更新。

四　加强解读回应与公开制度化规范化情况

加强政策解读回应方面，贵州省、贵阳市、黔南州、黔西南州、安顺市设置政策解读、回应关切专栏，毕节市、黔东南州、铜仁市、六盘水市设置政策解读专栏，较好地结合当地情况和当地群众关心的问题进行解读、回应，经调研组随机抽取，专栏链接有效率100%（见图6）。

图6　黔西南州政府“解读回应”专栏

根据《要点》要求，“2018年底前，除涉密单位外，省市县三级行政机关都要编制发布本单位主动公开信息目录和非公开信息目录，并根据职责任务变化对目录进行动态调整更新”。在往年基础上，调研对象普遍在政府网站新设“非公开信息目录”，对本级政府及政府部门依法不应当公开的信息内容及法律依据进行梳理公布。[①] 但部分调研对象存在目录信息不完整的问题，如截至2019年1月20日，贵安新区网站仅公布了3个乡镇、部门非公开信息目录，铜仁市政府网站公布1个部门非公开信息目录，信息的完整性还有待加强（见图7、图8）。

① 遵义市未在政务公开页面上设置非公开信息目录，但通过搜索“信息公开目录”可以检索到非公开信息目录情况。

图7　贵安新区网站非公开信息目录页面

图8　铜仁市政府网站非公开信息目录页面

结　语

总体来看，调研对象在信息公开目录、相关制度、栏目设置上，能够较好地完成“规定动作”，尤其是政策解读和回应关切方面与2017年相比更“接地气”，更能够切实回应当地群众关切问题。下一步，一是应当继续从细处着手，特别是针对《要点》和2019年提出的新的要求，着力推进信息公开工作的规范化、制度化建设。二是进一步将政务公开与大数据战略发展和“互联网+政务服务”相结合，将政府门户网站建设成为真正的政府信息公开主阵地。

B.20

贵州省检务透明度指数报告（2018）*

——以检察院信息平台公开为视角

贵州省社会科学院法治评估创新工程项目组**

摘　要： 贵州省检务透明度指数报告自2015年首次发布以来，2018年是第四次评估，从刚开始40%的建网率，到2018年100%建网率，贵州省检察院系统实现了三级检察院门户网站矩阵的突破，通过省检察院网站的矩阵链接，可以任意搜索每一级检察院的网站及两微平台，同时2018年推出12309检察服务中心，使检察院信息平台建设工作有了更大进步，检务工作实现了更大维度的透明度。

关键词： 检务透明度　评估　贵州省

2018年贵州省检务透明度评估是在2017年的基础上展开的一次评估。2018年测评的最大变化是贵州省检察系统完成了三级检察院门户网站矩阵上线的工作，这也为我们以信息平台公开为视角提供了良好的测评环境。因为往年的测评对象几乎有一半没有建立门户网站，使测评工作进行得较为困难。

---

* 本报告系贵州省社会科学院2019年创新工程重大支撑项目“贵州法治建设评估与创新发展研究”成果，贵州省法治研究与评估中心项目成果。

** 项目组成员由贵州省社会科学院法律研究所科研人员组成。执笔人：孟庆艳，贵州省社会科学院法律研究所副研究员、贵州省法治研究与评估中心研究员。

一　评估对象及评估指标体系

（一）评估对象

2018 年贵州省检务透明度的测评对象仍然保持为 10 个。包括省级检察院和 9 个市（州）级人民检察院，即贵州省人民检察院、贵阳市人民检察院、六盘水市人民检察院、遵义市人民检察院、安顺市人民检察院、铜仁市人民检察院、黔西南布依族苗族自治州人民检察院、毕节市人民检察院、黔东南苗族侗族自治州人民检察院和黔南布依族苗族自治州人民检察院。针对微信在信息公开中扮演着越来越重要的角色，因此 2018 年的评估不再单纯以网站为视角。

（二）指标体系

根据最高人民检察院 2015 年出台的《关于全面推进检务公开工作的意见》，参考中国社会科学院法学研究所法治指数创新工程项目组的“中国检务透明度指数报告”，并结合贵州省的实际情况，制定了“贵州省检务透明度测评指标体系”。该指标体系主要涵盖四方面一级指标：一是新媒体平台建设；二是检察政务信息；三是检察队伍信息；四是检察案件信息。2018 年人民检察院查处贪污贿赂、失职渎职以及预防职务犯罪等部门的相关职能整合至监察委，所以 2018 年度的评估指标删减了“检察政务信息”项下与“职务犯罪预防”相关的二、三级指标及“检察案件信息”项下涉及的“行贿案件档案查询”二级指标。整个指标体系结构是在一级指标下面根据实际情况分设二级指标、三级指标，每一级指标都设置了各自的权重（见表 1）。

表 1　检务透明度测评指标体系

一级指标及权重	二级指标及权重	三级指标及权重
新媒体平台建设(20%)	网站建设(40%)	门户网站(100%)
	微平台客户端(40%)	微博(50%)
		微信(50%)
	专栏设置(20%)	网上咨询平台(30%)

续表

一级指标及权重	二级指标及权重	三级指标及权重
新媒体平台建设(20%)	专栏设置(20%)	新闻发布会　通报会(10%)
		宣传日(周、月)(10%)
		检务指南(50%)
检察政务信息(25%)	机构设置(15%)	机构设置(100%)
	工作流程(25%)	11 个须知*(100%)
	工作报告(20%)	栏目设置(50%)
		2016 年、2017 年工作报告(50%)
	与检察机关办案相关的法规及解释(10%)	栏目设置(20%)
		法律法规(80%)
	举报设置(10%)	举报须知(50%)
		举报电话(50%)
	财政信息(20%)	年度部门预算决算(60%)
		三公经费(40%)
检察队伍信息(20%)	人员信息(50%)	领导班子成员信息(50%)
		领导班子成员分工情况(50%)
	队伍管理(50%)	监察委员会委员、检察员任免情况(20%)
		机构和人员编制情况(20%)
		检察人员统一招录(20%)
		重要表彰(10%)
		相关队伍管理纪律规定(10%)
		检察人员违法违纪处理情况(20%)
检察案件信息(35%)	信息公开网链接(20%)	信息公开网链接(100%)
	案件查询系统(15%)	案件查询系统(100%)
	辩护与代理预约申请平台(10%)	辩护与代理预约申请平台(100%)
	重要案件信息(15%)	典型案例公开(50%)
		重大案件查办情况公开(50%)
	法律文书公开(40%)	起诉书(20%)
		量刑建议书(10%)
		检察意见(10%)
		检察建议(10%)
		抗诉书(20%)
		不起诉决定书(20%)
		刑事申诉复查决定书(10%)

*11 项须知：自侦案件须知、刑事简易程序须知、刑事申诉须知、民事申诉须知、行政申诉须知、刑事不起诉须知、监所检察须知、国家刑事赔偿须知、刑事诉讼法律援助须知、诉讼权利义务须知、司法警察职权义务须知。

2018 年检察院系统普遍开通了 12309 网上查询及 12309App，在 2017 年测评的基础上，2018 年的新媒体平台建设指标下新设了微博、微信平台。贵州全省检察院基本实现了两微的开通，特别是微信的广泛使用和便捷性，因此，将其纳入测评指标体系也是必然。鉴于手机 App 的广泛应用，微信、微博的常态化，信息公开平台的含义已经不仅仅局限于门户网站了。由于门户网站的地位相对有所削弱，因此，其他信息公开平台的分数占比有所调整。检察政务信息主要设置了机构设置、工作流程、工作报告、相关法规及解释、举报设置、财政信息等多项指标，围绕着检察院的主要政务信息展开，同时也因为贪污贿赂、失职渎职以及预防职务犯罪等部门的相关职能整合至监察委，2018 年的评估指标内容在本板块有较多删减，同时也调整了分数的分配比例。在检察案件信息这一块，根据 2014 年最高人民检察院通过的《人民检察院案件信息公开工作规定》，明确提出检察院应当公开案件程序性信息、重要案件信息、法律文书和其他案件信息，2014 年 9 月，“人民检察院案件信息公开网”开通，作为硬性条件，案件信息公开即使没有在各地方检察院网站体现，但是进入最高人民检察院网站都能进行查询，因此，这一板块主要是考察网站是否有比较明显的“案件信息公开链接”；另外“典型案例公开”和“重大案件查办情况公开”是指所评估检察院本院涉及的典型案例和重大案件查办情况。

二　总体测评情况

通过对全省目标测评对象的评估后，10 家检察院的变化还是比较大的，从 2015 年的 4 家到 2016 年的 5 家直至 2017 年全覆盖（见表 2），建网率增幅较大，2018 年的分数总体偏高，有四家检察院得分在 80 分以上，四家在 70 分以上，两家在 60 分以上。

通过测评发现，主要丢分项一是体现在“检察政务信息”下的工作流程公开，而这个工作流程主要指 11 个须知：自侦案件须知、刑事简易程序须知、刑事申诉须知、民事申诉须知、行政申诉须知、刑事不起诉须知、监所检察须知、国家刑事赔偿须知、刑事诉讼法律援助须知、诉讼权利义务须知、司法警察职权义务须知。二是体现在检察案件信息公开网链接，虽然可以通过全国的案件信息网查询相关案情，但门户网站本身应当具备链接功能。三是关于人才队伍建设，除了领导班子人员信息及分工情况外，其余相关项几乎没有得分。

表 2　被测评检察院得分情况

序号	检察院	分数	序号	检察院	分数
1	贵州省检察院	86. 75	6	铜仁市检察院	75. 75
2	贵阳市检察院	71. 43	7	黔西南州检察院	87. 88
3	六盘水市检察院	86. 05	8	毕节市检察院	79. 63
4	遵义市检察院	81. 30	9	黔东南州检察院	62. 63
5	安顺市检察院	70. 55	10	黔南州检察院	69. 18

表 3　2018 年各测评检察院建网情况

检察院	是否建网	检察院	是否建网
贵州省检察院	已建	铜仁市检察院	已建
贵阳市检察院	已建	黔西南州检察院	已建
六盘水市检察院	已建	毕节市检察院	已建
遵义市检察院	已建	黔东南州检察院	已建
安顺市检察院	已建	黔南州检察院	已建

从表 3 我们可以看到，贵州省 2017 年 10 家检察院，建网率为 100%，较 2016 年提高了 50%。登录贵州省检察院网站，可以非常清楚地引领来访者点击所需要的检察院网站。贵州省检察院系统在实现两微全覆盖的基础上，2017 年又实现了全省三级检察院系统门户网站全部开通升级，这为贵州省检务公开提供了坚实的基础。这是检察院充分发挥信息化的体现。

（一）检务公开的意识不断增强

2016 年的省和市州检察院只有 5 家建立了门户网站，2018 年的矩阵网站充分体现了检察院系统对门户网站和两微建设的重视，对检务公开的意识也在不断增强。县级检察院因没有纳入 2018 年的测评对象故暂不给予评价，但从其建网质量来看，部分网站质量有很大提升，在网站下设的栏目中有的具备较为完善的信息量。

回顾检察院检务公开工作，从 2014 年 12 月，贵州省检察院官方微博、官方微信正式开通运行；2015 年 7 月，贵州省检察院在全国检察系统率先建成开通“贵州检察 12309 网上网下一体化服务平台”；2016 年 3 月，贵州三级检察机关集体入驻“今日头条”新闻客户端，实现了省市县三级检察院“两微一端”全覆盖。直至 2017 年全省三级检察院门户网站矩阵上线，意味着贵州省检察院系统对检务信息化程度的高度重视，并通过努力和坚持取得了巨大的成绩。

2018 年又充实了“12309 检察服务中心”。12306 检察服务中心以人民为中心，形成全省检察机关“一个窗口”对外，“一站式”服务的全新工作模式。其率先运行案件信息公开系统，发布案件程序性信息 181476 件，重要案件信息 15916 件，法律文书 89878 份，文书公开率走在全国前列。2018 年最高人民检察院在原 12309 网站和电话的基础上，整合、转型、升级、优化各项服务功能，建立“12309 检察服务中心”，形成涵盖网站、电话、移动客户端、微信公众号等渠道，集检察服务、检务公开、接受监督等功能于一体的统一对外的智能化检察为民综合服务网络平台，现上线试运行。

（二）贵州省内检察院微博微信影响力对比

2019 年 1 月 30 日，贵州省检察院发布了全省 2018 年 12 月检察机关微博微信影响力排名。微博影响力排名结果主要是根据微博覆盖度、传播力和活跃度组成，然后对阅读量、微博数、粉丝活跃度、被评论被转发、点赞数、原创微博数等数据进行赋值，经过严格计算得出分数。

微信影响力排名标准为“微信传播指数”，根据粉丝活跃度、总阅读、发布数、原创文章、最高阅读、头条阅读、点赞数等，然后同样经过系统计算得出分数。排名前十的检察院分数统计情况,[①] 具体排名见表4。

表4 2018年12月微博影响力排名

序号	检察院	影响力
1	贵州省人民检察院	176.7
2	纳雍县检察院	151.6
3	六盘水市检察院	89.6
4	贵阳市检察院	88.5
5	金州(黔西南州)检察院	79.5
6	黔南检察院	76.3
7	毕节市检察院	73.4
8	贞丰检察院	72.5
9	贵阳市南明区人民检察院	66.7
10	关岭检察院	62.8

表5 2018年12月微信影响力排行榜

序号	检察院	WCI微信传播指数
1	大方县人民检察院	488.81
2	贵州检察	481.8
3	桐梓微检察	331.13
4	沿河检察院	325.4
5	印江检察	282.64
6	金沙检察	276.16
7	七星关区人民检察院	249.03
8	湄检之声	219.66
9	遵义市人民检察院	215.6
10	凉都检察	214.14

新媒体手段在检务公开工作中得到充分的应用，从2017年测评的10家检察院情况来看，检察院均有微博和微信公众号。通过这两种较为热门的新媒体平台，特别是微信公众号的设立，紧跟时代变化，及时发布重要新闻，

① 资料来源：贵州检察App，2019年1月3日发布。

且更新及时。在法律工作者看来，公开的内容从政策法规的变化到相关热点问题的讨论，都能做到及时性和广泛的参与性，极大地增加了检察院办案活动的透明度，同时也收到良好的社会效果，促使公民的法治意识不断得到提高。

（三）被测评的各板块差距缩小

虽然2018年的门户网站和两微建设取得了很大的成绩，但是每个网站在项目设计、内容更新等情况方面还是存在差距。

检察政务信息公开应该是检务信息公开中较为重要的部分。它涉及与检察工作相关的一些专业知识，如工作流程（其中包含多个须知）、年度工作报告（至少应该公布三年以上的）、与检察机关办案相关的法规及解释（法律法规）、职务犯罪预防、举报途径（举报须知，举报电话等）、财政信息公开（年度预、决算，三公经费公示等）。

由于部分网站是2017年新建的，在诸多项目上有欠缺，比如工作报告、检察队伍信息等，有的网站可能只有2017年的，有的检察院可能在微信公众号有所体现，有的网站没有涉及，因此门户网站的设计上还是统一性不高，个别存在内容、项目缺失的情况。

关于检察案件信息，这个板块的测评结果是全部检察院都可以得满分。因为此板块的测评比较宽松，不管是否建有门户网站，也不管门户网站有没有“案件信息公开网链接”，都可以得分。因为依靠“人民检察院案件信息公开网”和“贵州检察网”，全省各检察院的法律文书、重要案件信息、辩护与代理预约申请平台、案件查询系统等信息和行贿案件档案查询都可以实现公开。

三　存在的问题

（一）部分门户网站浏览质量不高，有重两微轻网站趋势

被测评对象有部分网站经常会出现浮动消息且无法消除，影响网站的浏

览体验感；有的网站打开速度偏慢，或是相关栏目打开以后根本没有内容；个别门户网站的新闻发布时间还停留在几个月以前，不能体现信息更新及时性的特点。

有部分门户网站的非业务内容所占比重较大，比如检察文化、读书、摄影等；有的网站设置的栏目更新不及时，对测评体系中的一些指标没有涉及，因此显得信息量不足。相比之下，微信的活跃度却普遍偏高，内容更新及时。有的微信公众号栏目丰富，信息量也大，涉及“本院要闻”“动态”“权威发布”“公告”“热点关注”“普法知识”“人员招聘”等等。

（二）检务信息公开依附性强

部分信息依附于其他网站而存在。最典型的就是关于“检察案件信息”。在这个板块中，每个检察院的得分是相同的，一是依靠“人民检察院案件信息公开网”涵盖四个方面的与案件相关的信息；二是依靠“贵州检察网”实现“行贿案件档案查询”。但是这样的查询是不科学的，需要阅读者花费大量的时间和精力，且不能保证找到需要的信息。也许是被测评方考虑到工作量的重复问题而简化了，下一步我们在调整指标体系时也会参考被测评方的意见，优化指标体系。

（三）部分板块和部分信息公开程度较低

在检察政务信息板块中，关于“工作流程”“工作报告”及“与检察机关办案相关的法规及解释”几乎没有涉及，整个板块的公开程度都不高。在检察队伍信息板块中，“相关队伍管理纪律规定”“检察人员违法违纪处理情况”的信息没有涉及，几乎是空白。检察院网站建立的目的是为了更好地传递与检察业务相关的信息、知识。对于关心这个网站，或是想从网站上了解更多专业知识的访问者来说，没有达到目的。

（四）部分网站栏目设置不科学，不能起到指引作用

在测评过程中发现的另一个问题是，网站的栏目所对应的内容往往不统

一，有的栏目打开以后没有内容，有的内容需要费很大的精力去寻找，去浏览。比如在第一次测评时某个网站没有找到其相关法律法规内容，经过第二次、第三次逐项打开其他栏目才发现原来它的法规内容是在“公告公示”里。虽然这个指标被评估方找到，但是网站公开的目的并不是让评估方千方百计去找到被测评的内容，更重要的目的是让关心法治、关心检察工作或者是需要了解相关信息的公众能方便快捷地找到所需要的内容。

四　完善建议

（一）重视门户网站的建设和运行、维护

人民检察院是国家法律监督机关，主要任务是依法履行法律监督职能，积极查办和预防职务犯罪，依法打击刑事犯罪，加强诉讼监督工作，保证国家法律的统一和正确实施。目前通过门户网站的渠道进行信息发布、公开是非常便捷和经济的方式。检察院不仅要把网站建设成为检务公开的主要阵地，还要把网站打造成宣传法律、普及法律的重要窗口。

微信和微博固然有其便捷性、及时性，但其“内存”有限，信息量无法与门户网站相比。且微信的版面有局限，使查找历史信息或是搜索目标内容变得不易。而门户网站的好处在于可以分门别类地将需要公开的信息科学地进行划分和管理，储存大量内容，使检务信息更系统、更稳固，更便于查询，这是“两微”平台所不能及的。

（二）网站内容应更注重实效

根据最高人民检察院2015年出台的《关于全面推进检务公开工作的意见》，建议全省检察院在网站建设的风格、栏目设置、公开内容规范方面能够尽量保持一致，使其公开的内容更接近检务公开规定的要求，而不流于形式。在检务信息的公开内容上，要更多接触实质性的检务信息，比如检务制度公开、国家刑事赔偿、权利义务、法律援助、起诉书公开、工作职权、重

大案件查办情况、申诉复查结果等人民群众关心的问题。对于群众关心的、争议较大的、社会影响力大的案件，更要做好公开工作。网站建设内容设置科学与否，用户使用便捷与否会在很大程度上影响检务透明度，这也是下一步我们开展评估时，在评估指标的设计上需要调整的地方，以便使评估的结果更科学，更能体现公正。同时，在内容设置上，要克服依附心理，有些内容不能因为上级网站已经设立了，在本级网站就“节省”。网站的内容要能够充分体现行业特色，以检务公开为重点，更好地为法治建设，为司法改革，为依法治省，为普及法律知识服务。

（三）加大对网站建设的人、财、物的投入

目前被测评检察院门户网站的页面结构、栏目设置各不相同，也基本涵盖了主要内容，每一个网站都有自己的特点和缺点，希望在页面设置上能做到业务内容突出，基本检察业务全体现，人员培训、人员奖惩、财政经费、工作报告等重要内容全公开，围绕着“透明”二字做文章。当然，一个专业的门户网站，其建立、维护和发展除了需要大量的资金支持外，还需要一批专业的综合性的人才。建立一个稳定且常规运行的门户网站实属不易。加大人力、物力、技术和经费等方面的投入，建立健全公开工作的组织和物质保障机制，从财政和人才两方面给予政策优惠和保障。

（四）大胆探索创建“互联网 + 检察”工作模式

随着互联网的飞速发展，各种新媒体公共平台不断涌现，除了网站、微信、微博、新闻客户端等，还有 App 便民服务台等等。如遵义市检察院推出的“指尖上的检察院”就是一种 App、便民服务形式，它具有集约式服务、多元化保障等特点，主要提供七种便民服务：一是便民法律咨询，二是行贿档案查询预约，三是律师辩护与代理预约，四是法律宣讲预约，五是提供代表和委员建议服务，六是提供案件公开信息查询服务，七是提供检察地图服务。各级检察院要积极探索各种新媒体平台，密切关注，整合资源，让各种有助于检务公开的媒介取长补短，相得益彰。贵州省检察院设立的

“新媒体工作室”是一个很好的样本，希望能不断完善，让新媒体在服务群众和检务公开方面发挥更大的作用。

贵州检察机关依托云上贵州等互联网资源，探索创建“互联网+检察”工作模式，现已创建了集电话、微信、微博、门户网站客户端等多种渠道于一体，多层次、多角度、全覆盖的“指尖上的检察院”，不仅大大提高检务工作的透明度，更是方便了当事人，方便了广大群众，最大限度地实现检察权力在阳光下运行。

B.21

贵州省司法透明度指数报告（2018）[*]

——以法院网站信息公开为视角

贵州省社会科学院法治评估创新工程项目组[**]

摘　要： 2018年，贵州省社会科学院法治评估创新工程项目组继续对贵州省司法透明度进行评估。项目组以全省10个高级、中级法院网站信息公开为视角，对评估指标进行优化和调整，通过量化评分的方式对各法院司法透明度在审务公开、审判公开、执行公开、数据公开和司法改革等环节进行了评估，并得出总体评估结果及各板块评估结果。评估报告对下一步提升司法透明度提出了诸如科学合理设置网站栏目、加强网站日常维护与管理、增设司法改革效果相关栏目、数据公开应体现时效性与及时性、审判公开与执行公开要“接地气”的意见与建议。

关键词： 贵州　司法透明度　评估　2018年

2018年，贵州全省各级人民法院在党委领导、人大监督、政府政协和社会各界支持，以及最高人民法院的指导下，以习近平新时代中国特色社会

---

* 本报告系贵州省社会科学院2019年创新工程重大支撑项目“贵州法治建设评估与创新发展研究”成果，贵州省法治研究与评估中心项目成果。

** 项目组成员由贵州省社会科学院法律研究所人员组成。执笔人：张可，贵州省社会科学院法律研究所副研究员，贵州省法治研究与评估中心研究员，法学博士。

主义思想为指导，继续贯彻落实司法公开，以公开促公正，在审务公开、审判公开、执行公开以及信息化建设等方面，取得了卓有成效的成绩。为进一步推进司法公开，建设“法治贵州”，贵州省社会科学院法治评估创新工程项目组（以下简称“项目组”）继续以法院网站信息公开为视角，对2018年度贵州省高级、中级两级人民法院的司法透明度情况进行评估。这是本项目组继2015年、2016年、2017年以来开展的第四次全省司法透明度年度评估。

一　评估对象与指标设置

（一）评估对象

本项目组对2018年度贵州省司法透明度指数的评估对象，仍确定为全省10家高级、中级人民法院，具体为：贵州省高级人民法院、贵阳市中级人民法院、六盘水市中级人民法院、遵义市中级人民法院、安顺市中级人民法院、毕节市中级人民法院、铜仁市中级人民法院、黔南布依族苗族自治州中级人民法院、黔东南苗族侗族自治州中级人民法院、黔西南布依族苗族自治州中级人民法院（以下分别简称“贵州高院”“贵阳中院”“六盘水中院”“遵义中院”“安顺中院”“毕节中院”“铜仁中院”“黔南中院”“黔东南中院”“黔西南中院”）。

（二）指标设置

参照中国社会科学院法学研究所法治指数创新工程项目组在《中国司法透明度指数报告（2017）》中设置的指标体系，[①] 根据最高人民法院近年来以司法改革为动力，以信息化建设为支撑，全力打造“司法公开四大平台”即审判流程公开、庭审活动公开、裁判文书公开和执行信息公开的工

① 李林、田禾主编：《中国法治发展报告No.16（2018）》，社会科学文献出版社，2018，第248页。

作特点，[①] 结合贵州省法院司法公开实际情况，本项目组在进行本次评估的指标体系设置时，将审务公开、审判公开、执行公开、数据公开和司法改革作为五个一级指标予以设置，并分配相应权重比例。具体指标及权重设置见表1。

表1　贵州省司法透明度指数指标体系及权重设置

单位：%

一级指标及权重	二级指标及权重
审务公开(30)	网站建设(30) 机构和人员信息(30) 规范性文件(20) 工作报告(20)
审判公开(30)	诉讼指南(20) 审判流程公开(30) 庭审活动公开(30) 裁判文书公开(10) 减刑、假释公开(10)
执行公开(20)	执行指南(20) 执行拍卖(20) 失信被执行人曝光(30) 执行惩戒信息(20) 终结本案件信息(10)
数据公开(10)	财务数据(50) 司法业务数据(50)
司法改革(10)	司法改革专栏(40) 员额制(40) 领导干部办案情况(20)

审务公开，是指与司法审判有关的法院组织人事、行政办公、新闻宣传、信息技术、网络建设等事务。主要包括：法院基本概况介绍、内设机构及相应职能介绍、法院在编人员信息、新闻信息宣传、年度工作报告和专项

① 《最高人民法院关于进一步深化司法公开的意见》，http：//www. court. gov. cn/fabu－xiangqing－132411. html，最高人民法院官网，2018年11月27日。

工作报告、各项规章制度、规范性文件、网络平台日常维护情况等。

审判公开，是指在司法审判的各个环节中，法院所体现出来的工作过程与结果公开，这是司法公开的核心内容，也是“司法公开四大平台”的主体部分。主要包括：便于人民群众了解诉讼知识和诉讼风险的诉讼指南、可以及时了解案件进展的审判流程公开情况、法院庭审活动公开情况、裁判文书公开情况以及法院办理减刑、假释公示信息等。

执行公开，是指在法院执行工作中，为有效解决“执行难”问题，便于当事人了解和社会各界监督的执行信息公开。主要包括：执行指南、执行拍卖公告、失信被执行人曝光、对拒不执行判决裁定人员和单位的执行惩戒情况、在法定执行期限内采取各种执行措施都无法将案件执行完毕的终结本次执行程序的案件公开情况等。

数据公开，是指能够客观反映法院业务工作，可以提供给社会公众用于监督、研究使用的数据公开。主要包括：人民法院“三公”经费等财务数据、可以公开的司法统计数据等。该指标作为司法透明度评估一级指标，是基于近年来贵州省大数据飞速发展以及数据公开的价值与意义而设置的，具有一定的试验性和探索性。

司法改革作为本次评估新增加的一级指标，主要是根据党的十九大关于全面深化司法改革的精神，以及近年来贵州省各级人民法院在司法改革实践中取得的成就和经验，对于司法公开具有积极促进作用而进行的设置。主要包括：对于司法改革的宣传、法官员额制的落实、法院领导干部（院长、庭长）参加办案的情况等。2018 年是我国全面实行改革开放 40 周年，增设该指标作为评估一级指标，对于不断推进和深化法院司法体制改革具有积极意义。

二　评估结果与各板块评估情况

（一）总体评估结果

纳入本次评估的贵州省 10 家高级、中级人民法院，全部建有自己的网络平台。根据该10家法院官方网站的公开信息，本项目组做出的总体评估结果是：10家法院司法透明度评估的平均分数为41.19分，及格率为0；平均分数比2017年有所下降（2017年为48.45分）。各法院的总体分数按照由高到低排名依次是：贵阳中院、贵州高院、铜仁中院、黔西南中院、六盘水中院、黔南中院、安顺中院、黔东南中院、遵义中院、毕节中院。与2017年评估相比，贵阳中院、铜仁中院提升较为显著。具体测评结果见表2。

表2 贵州省法院司法透明度总体测评结果（满分：100分）

单位：分

法院	得分	法院	得分
贵州高院	55.7	毕节中院	18.4
贵阳中院	57.3	铜仁中院	46.9
六盘水中院	42.8	黔南中院	38.8
遵义中院	35.2	黔东南中院	36.5
安顺中院	37	黔西南中院	43.3

（二）各板块评估情况

1. 审务公开板块

审务公开板块测评的主要内容包括4个指标：网站建设、机构和人员信息、规范性文件、工作报告。具体测评结果见表3。

表3 贵州省法院审务公开板块得分情况（总分：100分）

单位：分

法院	得分	法院	得分
贵州高院	74	毕节中院	21
贵阳中院	63	铜仁中院	46
六盘水中院	51	黔南中院	40
遵义中院	48	黔东南中院	33
安顺中院	33	黔西南中院	39

关于网站建设，总体情况较好。经过近年来互联网信息技术的快速发展，以及各级法院对于信息化建设的重视，全部测评法院均在互联网建有官方网站，且网站均处于有效运行状态。全省大部分中级法院的官网页面，都是采取较为一致的设计风格，包括栏目设置、背景颜色等均较为相似，只有毕节中院和黔南中院的页面风格较为独特。与以往不同的是，贵州高院、贵阳中院在栏目设置中特别添加了党建工作专栏。总体来看，全省法院的网站建设较为标准化、规范化，且栏目设置较上一年度更加具有实效性和针对性。

关于机构和人员信息，绝大多数法院都在法院概述、法院介绍栏目中对法院的内设机构及职能进行了介绍。其中贵州高院、贵阳中院对于法院内设机构的名称、工作职能进行了详尽说明，贵阳中院还对员额法官信息和新型审判团队及组成人员进行了公开展示，这有助于诉讼当事人及群众全面了解法院人事信息，非常值得肯定。然而，绝大多数法院尽管设置有专门的法院介绍栏目，但遗憾的是没有任何介绍，完全处于空白状态，该种状态已经持续数年。

关于规范性文件，总体来看情况较不理想。与上一年度一样，大部分法院只是在其网站上简单罗列一些基本法律规范以及广为人知的最高人民法院司法解释，事实上当事人及群众最为关心的各法院关于审判和执行业务的规范性文件，并没有在网站上予以体现和展示。

关于工作报告，与上一年度相比有了较大的进步，大多数法院都在各自网站上对于年度工作报告予以展示，其中贵州高院、六盘水中院将法院工作报告的完整内容在网上予以全文公开。法院工作报告是对法院工作的全面总结和阐述，在网站上展示更加具有公开性。

2. 审判公开板块

审判公开板块测评的主要内容包括5个指标：诉讼指南、审判流程公开、庭审活动公开、裁判文书公开、减刑假释公开。具体测评结果见表4。

表4 贵州省法院审判公开板块得分情况（总分：100分）

单位：分

法院	得分	法院	得分
贵州高院	69	毕节中院	17
贵阳中院	53	铜仁中院	39
六盘水中院	44	黔南中院	50
遵义中院	28	黔东南中院	66
安顺中院	25	黔西南中院	53

关于诉讼指南，为方便当事人和群众诉讼，各法院对此均较为重视，在各自网站上以不同的形式对诉讼指南进行了展示。特别是在立案条件和标准、诉讼费用计算和缴纳、诉讼权利和义务等方面予以重点展示。大多数法院还对一些常用诉讼文书的文本样式予以展示，以方便群众诉讼。令人遗憾的是，尽管大多数法院设置有网上立案栏目，但实际上无法操作使用，致使网上立案形同虚设，并未发挥实际有效作用。

关于审判流程公开，主要是通过“贵州法院公共服务平台”建设予以体现。贵州高院在审判流程公开栏目下设了案件查询、文书签收、联系法官、庭审公告四个子栏目，其中案件查询可以通过证件号码、手机短信和案件编码进行查询。

关于庭审活动公开，主要体现为开庭公告与庭审直播。目前各法院对于在网站上公布开庭公告已经常态化，无论是高级、中级法院还是基层法院，均可以在网上查询到最新的案件开庭公告。值得一提的是庭审直播，与上一年度相比，全省法院网上庭审直播有了飞跃性的发展，所有法院都在贵州高院与最高法院庭审公开网相链接的网络平台上有庭审直播展示，其中六盘水中院、黔东南中院较为突出，累计直播案件均突破千件。

关于裁判文书公开，经过近年来最高法院和贵州高院的大力倡导和建设，全省各法院对于裁判文书公开工作均予以重视，各网站上均有裁判文书予以公开展示。裁判文书公开是司法公开的核心和枢纽，具有极其重要的意义。但从数量和内容来看，各法院对裁判文书公开的力度不一，有的法院较为全面及时，有的法院显然只是摘录少部分裁判文书公开，总体来说裁判文书公开力度还有待加大，还需要进一步全面公开。

关于减刑假释公开，减刑假释工作是法院办理刑事案件的重要组成部分，公示减刑假释案件具有积极意义。然而，根据评估情况来看，全省法院普遍对减刑假释案件公开重视不够，有的法院尽管设置有减刑假释公开栏目，但点击进去没有实际内容，只有贵阳中院、黔西南中院对于减刑假释公开工作做得比较扎实、全面。

3. 执行公开板块

执行信息公开板块测评的主要内容有：执行指南、执行拍卖公告、失信被执行人曝光、拒执制裁信息、终结本案件信息等5个指标。具体测评结果见表5。

表5　贵州省法院执行信息公开板块得分情况（总分：100分）

单位：分

法院	得分	法院	得分
贵州高院	44	毕节中院	25
贵阳中院	66	铜仁中院	33
六盘水中院	29	黔南中院	30
遵义中院	50	黔东南中院	26
安顺中院	43	黔西南中院	38

自2016年最高人民法院安排部署“基本解决执行难”工作以来，全省法院对执行工作高度重视，全力以赴打好执行攻坚战。2018年是“基本解决执行难”决胜之年，全省法院在执行公开方面加大力度，各法院网站均专门设有执行公开栏目，并下设执行指南、执行拍卖、执行惩戒及失信被执行人“黑名单”等。值得一提的是，各法院对于终结本次执行程序案件均在网上予以公布，这是进一步加强执行工作规范化和自觉接受社会监督的重要体现。此外，各法院还在网站其他栏目中重点突出执行工作，对执行典型案例、执行规范性文件以及执行工作新闻简讯等予以登载。贵阳中院更是在网站首页醒目位置，以图片滚动的形式对法院执行工作进行报道，具有较好的宣传效果。

4. 数据公开板块

数据公开板块测评的主要内容有：财务数据公开、司法业务数据公开 2 个指标。具体测评结果见表 6。

表 6　贵州省法院数据公开板块得分情况（总分：100 分）

单位：分

法院	得分	法院	得分
贵州高院	0	毕节中院	0
贵阳中院	45	铜仁中院	50
六盘水中院	45	黔南中院	10
遵义中院	0	黔东南中院	0
安顺中院	45	黔西南中院	25

数据公开板块是 2017 年评估增加的指标内容，本次评估继续沿用。整体来看，全省法院对于数据公开工作还是进展缓慢，财务数据公开比上一年度有所扩大，但司法业务数据还是没有公开。我们认为，在当前法院信息化建设不断加强的形势和背景下，同时也便于专家学者和社会公众从司法数据中获取有效信息进行分析研究，各法院应当对数据公开予以重视。

5. 司法改革板块

司法改革板块测评的主要内容有：司法改革专栏、员额制、领导干部办案情况 3 个指标。具体测评结果见表 7。

表 7　贵州省法院司法改革板块得分情况（总分：100 分）

单位：分

法院	得分	法院	得分
贵州高院	40	毕节中院	20
贵阳中院	48	铜仁中院	44
六盘水中院	40	黔南中院	48
遵义中院	24	黔东南中院	16
安顺中院	60	黔西南中院	56

司法改革板块是本次评估新增设的板块。随着我国司法改革的纵深发展，特别是2017年7月习近平总书记对司法体制改革做出重要指示以来，全国、全省的司法改革有了较大的发展。为深化司法改革，巩固改革成果，我们特别设置了司法改革作为本次评估的一级指标。从网站页面来看，各法院对于司法改革均较为重视，有的专门设置司法改革专栏，有的在网站各栏目对司法改革工作予以重点突出和详细体现。员额制是司法改革的重要内容，值得一提的是贵阳中院，在其网站上专门对员额法官信息进行公开，包括员额法官姓名、所在部门、最高学历、单独职务序列等级等。安顺中院、黔西南中院对于院庭长办案进行了专门公开报道。

三　对下一步提升司法透明度的意见与建议

（一）科学合理设置网站栏目，进一步促进司法透明度纵深发展

人民法院网站作为宣传和展示法院各项工作的信息公开平台，在内容上需要进行科学设置与广泛整合。网站栏目设置不是简单的板块划分，而是应当具有内在逻辑性与科学合理性。对此，各级法院领导及相关部门负责人应当深入研究和思考法院网站的栏目设置问题及其意义。在栏目设置上，各法院可以不必拘泥于最高法院或省高级法院的网站设置，应当根据自身法院工作的实际情况和特色亮点，设置具有实践意义和实用价值的栏目，对于司法公开的基本栏目必须设置，对于司法公开具有引导意义的栏目可以灵活设置，对于司法公开具有探索价值的栏目可以选择设置，而不必千篇一律。例如，近年来贵州省各级法院在开展信息化建设和司法改革方面取得的成效较为突出和显著，就应当在法院网站页面设置醒目的栏目，对相关内容予以展示，这不仅是对贵州省法院系统司法透明度的有力宣传，也是促进法院工作自身发展的有效途径。

（二）加强网站日常维护与管理，使司法公开能够“看得见，摸得着”

在评估中我们发现，有相当多的法院网站栏目是“僵尸网站”与“空白网站”，虽然有栏目名称，但打开之后是空白、乱码，或者内容长时期没有更新。我们认为，这些“僵尸网站”与“空白网站”的存在，一方面是对司法公开、司法透明构成矛盾与悖论；另一方面也反映了法院对于司法公开的漠视与忽略，对于广大希望通过互联网站多方面了解法院工作的网民、群众、当事人及其他人士具有较为消极的影响。司法公开绝不是口号，更不是形式，而是要切切实实地予以推进和落实。当前社会已经进入网络时代，上网了解信息已经成为人们日常工作和生活必不可少的部分。为此，各法院应当持续加强对自身网站的维护与管理，指派专人负责，相关部门要予以积极支持与配合，全面提供信息，只要网站上有的栏目，就要有相应内容予以体现，并且要对内容予以充实更新。当前各法院的日常工作都十分繁重，正因为如此，我们要通过网站公开展示的方式，让每一名法官及行政管理人员的工作都体现出来，并且形成相关司法大数据信息，这样可以使社会公众通过上网拉近与法院、法官的距离，使司法公开“看得见，摸得着”。

（三）增设司法改革效果相关栏目，继续加大司法改革力度

司法改革是全面推进依法治国和全面深化改革的重要内容，目前已经进入深水区和攻坚期。贵州作为首批全国司法改革试点省份之一，自 2014 年开展司法改革工作以来，在法官员额制、法官薪酬体系、司法责任制等方面走在了全国的前列，“以案定员”“以案定补”等改革措施对于解决法院“人案矛盾”突出问题取得了显著的成效，具有示范带头效应。但是，这些司法改革成效更多的是体现在官方文件、内部材料以及行业报刊中，在法院官方网站上较少体现或者没有体现。通过评估我们看到，只有贵州高院和贵阳中院在其网站专门设置了司法改革栏目，而在司法改革栏目项下的内容中，主要是对具体改革方案和改革措施进行介绍，没有对改革效果进行全面

的统计与评估。贵州开展司法改革至今已有五年时间，在此期间各级法院通过不断摸索与积极探索，“各庄的地道有各庄的高招”。司法改革也需要公开，需要透明，如果把这些司法改革的探索实践与宝贵经验发布在网上，将使司法改革更加深入人心，同时也更加有利于司法改革的不断深化。为此，我们建议全省法院下一步在网站建设中全面增设司法改革专栏，推广和交流司法改革经验，以司法改革促进司法工作大发展。

（四）数据公开应体现时效性与及时性，促进“智慧法院”建设

在本次评估中我们注意到，一些法院已经在其网站设置专门的数据公开栏目，并公布相应的司法数据。但是，总体来看数据公开还是很不全面的，很多数据显然是过时的，例如截止到 2018 年底，有的法院裁判文书数据是 2017 年的，失信被执行人数据是 2016 年的，院领导办案数据是 2017 年的。我们知道，当前已经是大数据时代，对于数据的统计、归纳与分析将极大地有助于社会治理各方面、各层次。司法数据也不例外，只有在全面、及时地掌握数据的前提下，才有可能对数据进行有效利用并深入挖掘。为此，我们建议各法院应当对司法数据（包括财务数据、人事数据）在不违反保密规定的原则下，在网上进行公开展示，并且这种展示应当是全面的、及时的。通过数据公开，既能够使法院对各项工作进行有效管理，也有助于专家学者对司法工作的实证研究，更方便人民群众对法院工作的实际认知，最终提升法院的治理水平，促进“智慧法院”的建设。

（五）审判公开与执行公开要“接地气”，内容形式更加丰富多样

经过近年来持续不断的司法公开建设，特别是“四大平台”的建设，贵州省各级法院的司法公开取得了显著的成效，人民群众对司法公开的认同感日益增加。然而，通过评估我们发现，在司法公开特别是审判公开、执行公开方面，还存在一定的形式主义，例如案件查询、执行信息公开等，只见栏目名称没有实际内容，或者难以操作无法登录。我们认为，司法公开是人

民法院对于自身工作的内在逻辑要求，也是人民群众了解和监督法院工作的重要窗口，必须高度重视，认真对待。司法是实务工作，日新月异，不断变化，各法院应当对审判公开、执行公开等司法公开的核心内容“接地气”，把自身已经做到的工作及时在网站上展示出来，审判与执行业务部门要与综合行政管理部门密切沟通，无缝对接，使法院网站内容更加丰富，形式更加多样，把提高司法透明度上升到一个新的高度。

B.22

贵州省贪贿犯罪量刑规范化实证研究

——以大数据为视角

贵州省高级人民法院刑二庭课题组 *

摘　要： 本报告以问题意识为导向，通过司法实务和案例分析，引入大数据思维模式及方法，总结和归纳贵州省三级法院自《最高人民法院　最高人民检察院关于办理贪污贿赂刑事案件适用法律若干问题的解释》实施以来在贪污、受贿、利用影响力受贿、行贿等犯罪案件量刑方面形成的特点和规律，梳理和分析实际裁量过程中存在的主要问题。针对存在的问题，以点带面，既研究问题本身，又对这些影响量刑的主客观要素进行科学的分析和合理的定位，试图构建以定性分析与定量分析相结合的量刑方法约束法官的自由裁量权，为形成系统性的指导规范提供参考和借鉴。

关键词： 贵州省　贪贿犯罪　量刑规范化　实证　大数据

最高人民法院施行的量刑规范化改革对部分常见犯罪的量刑及量刑情节适用提出了指导意见，但贪贿犯罪并未涵盖其中。《中华人民共和国刑法修

---

* 课题组成员：李豫贵，法学硕士，中共贵州省委政法委副书记；彭坤毅，贵州省高级人民法院审判委员会委员，刑二庭庭长；唐桂新，刑二庭副庭长，法学硕士；孔德伦，刑二庭审判员，法学硕士；王雄英，刑二庭助理审判员，法学硕士；李婷，刑二庭法官助理，法学博士；周玲，刑二庭法官助理；史炜灿，刑二庭法官助理，法学硕士。

正案（九）》［以下简称《刑法修正案（九）》］出台后，部分贪贿犯罪的定罪量刑情节有所变化，对法官自由裁量权的正确行使提出了更高要求。如何在贪贿犯罪中确立科学的量刑方法，约束和规范法官的自由裁量权，是亟待解决的一个司法实践难题。

本报告以问题为导向，通过司法实务解析，引入大数据思维模式及方法，总结和归纳贵州省三级法院自2016年4月18日《最高人民法院　最高人民检察院关于办理贪污贿赂刑事案件适用法律若干问题的解释》（以下简称《贪贿犯罪解释》）实施以来至2017年12月31日止在贪污、受贿、行贿等犯罪量刑方面形成的特点和规律，梳理、分析实际裁量过程中存在的主要问题。针对存在的问题，以点带面，对影响量刑的主客观要素进行科学分析和合理定位，试图构建以定性分析与定量分析相结合的量刑方法，为形成系统性的指导规范提供参考和借鉴。

一　现状考究：贪贿犯罪量刑现状及特征

（一）受贿罪

2016年4月18日至2017年12月31日，全省法院共判决生效受贿犯罪案件775件813人。

1. 审理现状

（1）案件审理概况

①被告人的职级情况。省部级2人，厅局级10人，共占1.48%；县处级104人，占12.79%；乡科级及以下659人，占81.06%；其他依法从事公务的人员38人，占4.67%。

②请托事项及案发领域。建筑领域378件，占48.77%；房屋征收拆迁、危房改造等民生领域112件，占14.45%；医疗卫生领域100件，占12.9%；旅游、电力、国家微型企业扶持、公司资金拆借、出版、环保等领域63件，占8.13%；农林畜牧业领域35件，占4.52%；

煤矿领域24件，占3.1%；教育领域18件，占2.32%；防疫、扶贫项目开发、移民项目审批及移民安置工程18件，占2.32%；行政执法13件，占1.68%；司法领域13件，占1.68%；另有1件系请托事项不明。

③涉案金额认定情况。涉案金额为1万元以上3万元以下，具备《贪贿犯罪解释》规定的“其他较重情节”的10人，犯罪总金额为24.44万元；涉案金额为3万元以上20万元以下的325人，犯罪总金额为2819.35万元；涉案金额为10万元以上20万元以下，具备《贪贿犯罪解释》规定的“其他严重情节”的9人，犯罪总金额为114.21万元；涉案金额为20万元以上300万元以下的443人，犯罪总金额为12008.09万元；涉案金额为150万元以上300万元以下，具备《贪贿犯罪解释》规定的“其他特别严重情节”的4人，犯罪总金额为997.1万元；涉案金额为300万元以上的22人，犯罪总金额为16515.7万元。

（2）量刑情节概况

①自首情节认定情况。认定具有自首情节的240人。其中，主动投案自首的145人，占60.42%；余罪自首12人，占5%；“准自首”① 83人，占34.58%。

②立功表现认定情况。认定具有立功表现的80人。其中，具有一般立功表现的77人，占96.25%；具有重大立功表现的3人，占3.75%。

③坦白情节认定情况。认定具有坦白情节的429人。其中，如实供述自己罪行的407人，占94.87%；如实供述司法机关尚未掌握的同种较重罪行

① 根据《最高人民法院　最高人民检察院关于办理职务犯罪案件认定自首、立功等量刑情节若干问题的意见》第一条“关于自首的认定和处理”规定：没有自动投案，但具有以下情形之一的，以自首论：（1）犯罪分子如实交代办案机关未掌握的罪行，与办案机关已掌握的罪行属不同种罪行的；（2）办案机关所掌握线索针对的犯罪事实不成立，在此范围外犯罪分子交代同种罪行的。即所谓的“准自首”。

的22人，占5.13%。[①]

④主、从犯认定情况。认定具有主犯或从犯情节的70人。其中，具有主犯情节的40人，占57.14%；具有从犯情节的30人，占42.86%。[②]

⑤当庭自愿认罪情节认定情况。认定具有当庭自愿认罪情节的189人，占全部被告人数的23.25%。

⑥退赃情节认定情况。具有退赃情节的731人，占89.91%；未退赃的82人，占10.09%。其中全部退赃的610人，占具有退赃情节总人数的83.45%。

⑦索贿情节认定情况。认定具有索贿情节的59人，涉案金额共计1103.87万元，占全部涉案金额的3.4%。其中，涉案金额全部为索贿的24人，占具有索贿情节总人数的40.68%；索贿金额小于涉案金额的35人，占具有索贿情节总人数的59.32%。

⑧前科情节认定情况。认定具有前科情节的7人。其中，受过行政处分的2人，占28.57%；受过刑事处罚的5人，占71.43%。

（3）刑罚判处概况

①主刑判处情况。判处免予刑事处罚62人，占7.63%；缓刑265人，占32.6%；拘役5人，占0.62%；三年以下有期徒刑156人，占19.19%；三至五年（不含五年）253人，占31.12%；五至十年（不含十年）53人，占6.52%；十年以上19人，占2.34%。

②附加刑判处情况。判处附加刑的750人。[③] 其中，罚金刑746人，占99.47%；没收财产4人，占0.53%。

① 本报告根据《量刑规范化实务手册》（南英主编，法律出版社出版）将坦白区分为“如实供述自己罪行”、“如实供述司法机关尚未掌握的同种较重罪行的”和“因如实供述自己罪行，避免特别严重后果发生的”三种情形。

② 根据法律规定及《量刑规范化实务手册》对常见量刑情节的规定可知，主犯并非加重或减轻处罚的量刑情节，本文为更好地进行区分，故将主犯在此予以引用。

③ 在统计的813名被告人中，因有62名被告人被免予刑事处罚，故未适用罚金刑。另有1人判处缓刑但未适用罚金刑。

2. 量刑特征

一是对索贿情节体现幅度较小或不予体现；二是对具有自首、立功、坦白情节的被告人从轻或减轻处罚的幅度较大；三是在对具有退赃情节的被告人从轻处罚时，退赃比例小于50%的体现幅度较小，退赃比例大于50%或者全部退清赃款的体现幅度较大。

（二）贪污罪

2016年4月18日至2017年12月31日，全省法院共判决生效贪污犯罪案件523件801人。

1. 审理现状

（1）案件审理概况

①被告人身份情况。国家机关工作人员340人，占42.45%；受委派从事公务人员110人，占13.73%；受委托经营和管理国有资产人员351人，占43.82%。

②被告人职务级别。厅局级2人，占0.25%；县处级11人，占1.37%；乡科级及以下474人，占59.18%；其他人员314人，占39.2%。

③犯罪行为方式。利用侵吞手段的93件，占17.78%；利用窃取手段的224件，占42.83%；利用骗取手段的206件，占39.39%。

④案发领域。贪污特定款物的89件，占17.02%；建筑工程领域的88件，占16.83%；农、林、水补贴领域的87件，占16.63%；土地补偿领域的45件，占8.6%；社会保障领域的42件，占8.03%；其他领域的172件，占32.89%。

⑤涉案金额认定情况。犯罪金额在1万～3万元，且具有《贪贿犯罪司法解释》规定的六种加重情节的14人，涉案总金额26.6万元；犯罪金额在3万～20万元的375人，涉案总金额3465.82万元；犯罪金额在10万～20万元，且具有《贪贿犯罪司法解释》规定的六种加重情节的28人，涉案总金额391.86万元；犯罪金额在20万～300万元的368人，涉案总金额22493.4万元；犯罪金额在150万～300万元，且具有《贪贿犯罪司法解

释》规定的六种加重情节的1人，涉案金额176.2万元；犯罪金额在300万元以上的15人，涉案总金额8914.6万元。

（2）量刑情节概况

①自首情节认定情况。具有自首情节的297人。其中，主动投案256人，占86.2%；余罪自首18人，占6.06%；“准自首”23人，占7.74%。

②立功表现认定情况。具有立功表现的41人。其中，一般立功40人，占97.56%；重大立功1人，占2.44%。

③坦白情节认定情况。构成坦白的341人。其中，如实供述自己罪行的332人，占97.36%；如实供述较重罪行的3人，占0.88%；如实供述较重罪行避免特别严重后果的6人，占1.76%。

④退赃情节认定情况。具有退赃情节的642人。其中，部分退赃135人，占21.03%；全部退赃507人，占78.97%。

⑤主、从犯认定情况。构成共同犯罪的524人。其中主犯322人，占61.45%，从犯202人，占38.55%。

⑥前科情节认定情况。曾受行政或刑事处罚人员4人。

（3）刑罚判处概况

①主刑判处情况。判处免予刑事处罚70人，占8.74%；缓刑246人，占30.71%；拘役18人，占2.25%；三年以下有期徒刑252人，占31.46%；三至五年（不含五年）176人，占21.97%；五至十年（不含十年）32人，占4.0%；十年以上有期徒刑6人，占0.75%；无期徒刑1人，占0.12%。

②附加刑判处情况。判处附加刑698人。其中，罚金刑694人，占99.43%；没收财产4人，占0.57%。

2. 量刑特征

（1）犯罪金额相对集中，且少数人犯罪金额占比较大。犯罪金额在20万~300万元的368人，占45.94%，贪污金额占总金额的63.41%；犯罪金额在300万元以上的15人，占1.87%，贪污金额占总金额的25.13%。

（2）免予刑事处罚、适用缓刑人数比例较高。免予刑事处罚 70 人，缓刑 246 人，缓免刑适用率 39. 45%。

（三）行贿罪

2016 年 4 月 18 日至 2017 年 12 月 31 日，全省法院共判决生效行贿犯罪案件共计 279 件 296 人。

1. 审理现状

（1）案件审理概况

案发领域为政府类工程项目的 160 人，占 54. 05%；道路交通建设、拆迁、医疗器械及药品销售的各 22 人，分别占 7. 43%；农产品购销的 10 人，占 3. 38%；廉租房租售的 8 人，占 2. 7%；政府扶持性补贴的 7 人，占 2. 36%；土地出让的 4 人，占 1. 35%；林木砍伐、户籍迁移、贷款审批、特性行业准入等其他领域的共 41 人，占 13. 85%。

（2）刑罚判处概况

判处免予刑事处罚 22 人，占 7. 43%；拘役 11 人，占 3. 72%；五年以下（不含五年）249 人，占 84. 12%；五至十年（不含十年）12 人，占 4. 05%；十年以上 2 人，占 0. 68%。

2. 量刑特征

（1）犯罪金额相对集中

行贿金额集中在 3 万元以上不满 100 万元区间内。行贿额 1 万元以上不满 3 万元，因有加重情节被追究刑事责任 1 人；行贿额 3 万元以上不满 100 万元 259 人，占 87. 5%；行贿额 100 万元以上不满 500 万元 35 人，占 11. 82%；行贿额 500 万元以上 1 人。

（2）法定从轻、从重量刑情节分布差异明显

①法定从轻情节分布广泛，坦白情节最为普遍。[①] 在 296 名被告人中，

---

① 本报告主要统计坦白、被追诉前主动交代、自首、从犯、立功等五个在行贿案件中普遍存在的法定从轻情节。

认定具有坦白情节的157人，占53.04%；认定具有自首情节的70人，占23.65%；认定被追诉前主动交代的63人，占21.28%，其中从轻处罚的60人，减轻、免除处罚的3人；认定具有立功表现的19人，占6.42%；认定为从犯的5人，占1.69%。

②法定加重情节类型较为集中①，疏漏认定现象普遍。《贪贿犯罪解释》第七条第（二）款规定了5种加重处罚情节，然而判决认定的只有两种：认定以违法所得行贿的1人，认定向三人以上行贿的2人。

二　数据分析：大数据视角下贪贿犯罪量刑的影响因子及其与裁量结果的相关性

为更好地对采集的数据样本进行统计分析，并在分析中发现问题，得出具有指导意义的结论，课题组主要采用了统计学所称的描述性统计、相关分析、回归分析、Logistic 回归分析等方法，通过 SPSS 软件与 Excel 工作表对上述分析方法进行建模分析，得出结论。同时，通过实证分析方法，对上述结论进行分析研究，以获得贪污、受贿、行贿三个罪名中各量刑因子与裁判结果的相关性。

（一）受贿罪

1. 描述性统计分析

如表1所示。

表1　描述性统计量

	均值	标准差	样本数 N
主刑判处年数	2.986	2.2639	548
量刑区间	3.62	1.625	813
缓判主刑年数	1.688	0.9013	265
缓刑年数	2.285	1.1744	265

① 鉴于职务犯罪中累犯率极低，且样本中无一例累犯，本报告未将累犯情节列入统计项，重点针对《贪贿犯罪解释》所规定的行贿犯罪特定加重处罚情节进行统计、分析。

续表

	均值	标准差	样本数 N
量刑处理年数	2.0205409	2.32047412	813
行政级别	1.16	0.403	813
曾处分	0.01	0.092	813
涉案金额	63.649	159.0492	813
案金区间	3.21	1.102	813
索贿	0.07	0.260	813
自首	0.67	1.150	813
立功	0.10	0.315	813
坦白	0.55	0.549	813
主从犯	0.12	0.426	813
认罪	0.28	0.448	813
退赃	1.65	0.656	813

从表 1 可以看出，主刑判处年数的均值为 2.986 年，涉案金额均值为 63.649 万元。

2. 相关分析

如表 2 所示。

表 2　Spearman 相关系数分析

项目		主判年数	量刑区间	缓判主刑年数	缓刑年数	量刑处理年数
行政级别	相关系数	0.328**	0.322**	0.145*	0.148*	0.330**
	Sig.（双侧）	0.000	0.000	0.018	0.016	0.000
	N	548	813	265	265	813
曾处分	相关系数	0.006	0.029	0.030	0.046	0.039
	Sig.（双侧）	0.895	0.406	0.630	0.454	0.273
	N	548	813	265	265	813
涉案金额	相关系数	0.901**	0.754**	0.837**	0.805**	0.832**
	Sig.（双侧）	0.000	0.000	0.000	0.000	0.000
	N	548	813	265	265	813
案金区间	相关系数	0.794**	0.640**	0.756**	0.670**	0.706**
	Sig.（双侧）	0.000	0.000	0.000	0.000	0.000
	N	548	813	265	265	813

续表

项目		主判年数	量刑区间	缓判主刑年数	缓刑年数	量刑处理年数
索贿	相关系数	0.019	0.050	0.077	0.085	0.066
	Sig.（双侧）	0.659	0.158	0.213	0.169	0.059
	N	548	813	265	265	813
自首	相关系数	-0.411**	-0.345**	-0.162**	-0.124*	-0.349**
	Sig.（双侧）	0.000	0.000	0.008	0.044	0.000
	N	548	813	265	265	813
立功	相关系数	-0.047	-0.046	0.003	0.042	-0.037
	Sig.（双侧）	0.277	0.186	0.963	0.496	0.294
	N	548	813	265	265	813
坦白	相关系数	0.319**	0.226**	0.127*	0.080	0.228**
	Sig.（双侧）	0.000	0.000	0.039	0.196	0.000
	N	548	813	265	265	813
主从犯	相关系数	0.026	-0.025	-0.082	-0.032	-0.034
	Sig.（双侧）	0.536	0.473	0.186	0.606	0.336
	N	548	813	265	265	813
认罪	相关系数	-0.081	-0.078*	-0.033	-0.063	-0.094**
	Sig.（双侧）	0.058	0.026	0.598	0.306	0.007
	N	548	813	265	265	813
退赃	相关系数	-0.357**	-0.454**	-0.006	-0.067	-0.483**
	Sig.（双侧）	0.000	0.000	0.924	0.279	0.000
	N	548	813	265	265	813

注：** 在置信度（双侧）为0.01时，相关性是显著的。
* 在置信度（双侧）为0.05时，相关性是显著的。

从表2可以得知，从单独变量逐一分析结果看，皆与行政级别、涉案金额、案金区间、退赃、自首、坦白等情况存在显著的线性关联。其中，“负相关”系数代表反向关系，如自首、立功、认罪、退赃，均与量刑存在反向关系。而从“认罪”变量来看，其对“量刑区间”与“量刑处理年数”的相关系数的显著性是有程度区别的，反映了变量是“连续”

还是“分类”处理，结果有别。①

3. 回归分析

此处采用逐步回归法，分别对因变量“量刑处理年数”和“量刑区间”进行分析。

（1）量刑处理年数之影响因素

表 3　量刑处理年数的回归模型系数

模型		非标准化系数	标准误差	标准系数		Sig.	共线性容差	VIF
1	（常量）	1.386	0.064		21.646	0.000		
	涉案金额	0.010	0.000	0.684	26.679	0.000	1.000	1.000
2	（常量）	3.287	0.149		22.050	0.000		
	涉案金额	0.010	0.000	0.651	28.091	0.000	0.990	1.010
	退赃	-1.135	0.082	-0.321	-13.830	0.000	0.990	1.010
3	（常量）	3.396	0.146		23.291	0.000		
	涉案金额	0.009	0.000	0.633	27.894	0.000	0.976	1.024
	退赃	-1.062	0.080	-0.300	-13.198	0.000	0.973	1.028
	自首	-0.318	0.046	-0.158	-6.907	0.000	0.967	1.034
4	（常量）	2.529	0.201		12.601	0.000		
	涉案金额	0.008	0.000	0.575	23.817	0.000	0.826	1.211
	退赃	-1.107	0.079	-0.313	-14.002	0.000	0.965	1.037
	自首	-0.299	0.045	-0.148	-6.629	0.000	0.962	1.039
	行政级别	0.848	0.138	0.147	6.137	0.000	0.835	1.198

从表 3 可以得知，涉案金额、退赃、自首、行政级别对量刑处理年数的影响权重分别达到 0.56、0.13、0.15、0.15。据此可以得知，该四项因子对量刑的最终确定能够产生一定影响。

① 需要指出的是，相关分析一般用于连续变量之间的研究与分析，而本报告收集的受贿数据样本主要为分类变量，故结果的有效性会受一定程度的影响。

（2）量刑区间之影响因素

表4 量刑区间的回归模型拟合度

模型	R	R 方	调整 R 方	标准估计误差	R 方更改	F 更改	df1	df2	Sig. F 更改
1	0.619a	0.384	0.383	1.277	0.384	504.830	1	811	0.000
2	0.683b	0.466	0.465	1.189	0.082	125.131	1	810	0.000
3	0.705c	0.497	0.495	1.155	0.031	49.585	1	809	0.000
4	0.723d	0.522	0.520	1.126	0.025	42.523	1	808	0.000
5	0.724e	0.525	0.522	1.124	0.003	4.564	1	807	0.033

注：a. 预测变量：（常量），案金区间。
b. 预测变量：（常量），案金区间，退赃。
c. 预测变量：（常量），案金区间，退赃，行政级别。
d. 预测变量：（常量），案金区间，退赃，行政级别，自首。
e. 预测变量：（常量），案金区间，退赃，行政级别，自首，立功。

如表4所示，量刑区间的回归模型最终纳入案金区间、退赃、行政级别、自首、立功共5项影响因子，模型解释度超过52%，效果显著，故该5项因子对量刑的最终确定均能产生一定影响。

表5 量刑区间的回归模型系数

模型		非标准化系数	标准误差	标准系数		Sig.	共线性容差	VIF
1	（常量）	0.691	0.138		5.002	0.000		
	案金区间	0.914	0.041	0.619	22.468	0.000	1.000	1.000
2	（常量）	2.218	0.188		11.826	0.000		
	案金区间	0.814	0.039	0.552	20.913	0.000	0.947	1.056
	退赃	-0.731	0.065	-0.295	-11.186	0.000	0.947	1.056
3	（常量）	1.728	0.195		8.860	0.000		
	案金区间	0.723	0.040	0.490	18.115	0.000	0.849	1.178
	退赃	-0.783	0.064	-0.316	-12.251	0.000	0.935	1.070
	行政级别	0.749	0.106	0.186	7.042	0.000	0.895	1.117
4	（常量）	1.954	0.193		10.108	0.000		
	案金区间	0.692	0.039	0.469	17.652	0.000	0.837	1.195
	退赃	-0.737	0.063	-0.297	-11.744	0.000	0.923	1.084
	行政级别	0.705	0.104	0.175	6.784	0.000	0.891	1.122
	自首	-0.229	0.035	-0.162	-6.521	0.000	0.954	1.048

续表

模型		非标准化系数	标准误差	标准系数		Sig.	共线性容差	VIF
5	（常量）	1.951	0.193		10.116	0.000		
	案金区间	0.695	0.039	0.471	17.751	0.000	0.836	1.197
	退赃	-0.732	0.063	-0.295	-11.681	0.000	0.921	1.085
	行政级别	0.715	0.104	0.177	6.889	0.000	0.889	1.124
	自首	-0.228	0.035	-0.161	-6.481	0.000	0.954	1.049
	立功	-0.268	.126	-0.052	-2.136	0.033	.994	1.006

表3、表4、表5主要解决的是各变量对量刑的显著性影响问题，且从表内数据可以得知，案金区间、退赃、行政级别、自首、立功对量刑区间均有显著影响，且影响大小（即权重）为：案金区间 > 退赃 > 行政级别 > 自首 > 立功。[①]

4. Logistic 回归分析

如表6所示。

表6　多元 Logistic 回归模型的似然比检验

	模型拟合标准		似然比检验	
效应	简化后的模型的 -2 倍对数似然值	卡方	df	显著水平
截距	1364.979a	0.000	0	.
行政级别	1394.257b	29.278	12	0.004
曾处分	751600000.000	751600000.000	6	0.000
案金区间	1603.707b	238.727	30	0.000
索贿	1378.585b	13.606	6	0.034
自首	1414.216b	49.236	18	0.000
立功	1395.152b	30.172	12	0.003
坦白	1375.040b	10.060	12	0.611
主从犯	1389.169b	24.189	12	0.019
认罪	1366.293b	1.313	6	0.971
退赃	1467.110b	102.131	12	0.000

① 由于本报告统计的数据以分类变量居多，因此，尽管相关分析、回归分析的系数显著性表现良好，但无法回避这些方法主要用于连续变量，而非针对分类变量的统计应用原则，故从严格的统计意义上来说，相关分析、多元回归分析的可靠性偏低。

从表6得知，最终进入模型的因素包括行政级别、曾处分、案金区间、自首、立功、退赃，而且最后一列显著性值表明，这些自变量（影响因素）对模型构成均有显著贡献，研究它们是有意义的。从索贿、坦白、主从犯、认罪的数据来看，其对量刑影响基本无较大影响，而曾处分、案金区间、自首、退赃、立功、行政级别等则对量刑有显著影响。

（二）贪污罪

1. 描述性统计分析。

从表7得知，贪污罪主刑年数的均值为2.804年，涉案金额均值为46.842万元。与受贿罪相比，其主刑年数相差不大，但涉案金额要低于受贿罪的涉案金额均值。

表7　描述性统计量

	均值	标准差	样本数 N
行政级别	0.63	0.526	801
曾处分	0.00	0.050	801
案发领域	0.22	0.417	801
涉案金额	46.842	113.5562	801
案金区间	3.01	1.083	801
自首	1.03	1.390	801
立功	0.05	0.229	801
坦白	0.44	0.547	801
主从犯	1.61	0.487	524
认罪	0.33	0.471	801
退赃	1.43	0.802	801
量刑区间	3.43	1.477	801
主判年数	2.804	4.7535	485
缓判主刑年数	1.501	0.8233	246
缓刑年数	2.075	1.0313	246
量刑处理年数	1.7043841	3.94081496	801

2. 相关分析

如表8所示。

表8　Spearman 相关系数分析

项目		量刑区间	主判年数	缓判主刑年数	缓刑年数	量刑处理年数
行政级别	相关系数	0.024	0.027	0.176**	0.153*	0.027
	Sig.（双侧）	0.503	0.558	0.006	0.016	0.440
	N	801	485	246	246	801
曾处分	相关系数	0.049	0.027	.	.	0.047
	Sig.（双侧）	0.165	0.550	.	.	.184
	N	801	485	246	246	801
案发领域	相关系数	0.031	-0.031	-0.024	-0.091	0.011
	Sig.（双侧）	0.387	0.494	0.705	0.157	0.766
	N	801	485	246	246	801
涉案金额	相关系数	0.548**	0.778**	0.737**	0.690**	0.650**
	Sig.（双侧）	0.000	0.000	0.000	0.000	0.000
	N	801	485	246	246	801
案金区间	相关系数	0.469**	0.698**	0.689**	0.639**	0.566**
	Sig.（双侧）	0.000	0.000	0.000	0.000	0.000
	N	801	485	246	246	801
自首	相关系数	-0.211**	-0.113*	-0.071	-0.027	-0.205**
	Sig.（双侧）	0.000	0.013	0.266	0.675	0.000
	N	801	485	246	246	801
立功	相关系数	-0.027	0.053	-0.060	-0.091	-0.024
	Sig.（双侧）	0.439	0.244	0.350	0.156	0.492
	N	801	485	246	246	801
坦白	相关系数	0.066	0.006	0.066	0.055	0.052
	Sig.（双侧）	0.061	0.891	0.302	0.387	0.142
	N	801	485	246	246	801
主从犯	相关系数	0.161**	0.139*	-0.255**	-0.127	0.138**
	Sig.（双侧）	0.000	0.013	0.001	0.115	0.002
	N	524	323	156	156	524

续表

项目		量刑区间	主判年数	缓判主刑年数	缓刑年数	量刑处理年数
认罪	相关系数	0.036	0.066	0.067	0.053	0.042
	Sig.（双侧）	0.303	0.147	0.295	0.408	0.231
	N	801	485	246	246	801
退赃	相关系数	-0.363**	-0.314**	-0.001	-0.041	-0.369**
	Sig.（双侧）	0.000	0.000	0.982	0.523	0.000
	N	801	485	246	246	801

注：** 在置信度（双侧）为0.01时，相关性是显著的。
* 在置信度（双侧）为0.05时，相关性是显著的。

从单独变量逐一分析结果看，无论是“量刑区间”（分类变量）还是“量刑处理年数”（连续变量），皆与“涉案金额”“案金区间”“退赃”“自首”“主从犯”等情况存在显著的线性关联。其中，“负相关”系数代表反向关系，如“自首”“退赃”表现越好，“量刑”越低。

3. 回归分析

（1）贪污案件量刑处理年数之影响因素

表9　量刑处理年数的回归模型（e）拟合度

模型	R	R方	调整R方	标准估计的误差	F	Sig.
1	0.662a	0.439	0.438	1.46155218	407.783	0.000a
2	0.694b	0.481	0.479	1.40667369	241.373	0.000b
3	0.723c	0.523	0.520	1.34981916	190.027	0.000c
4	0.734d	0.538	0.534	1.32957892	151.131	0.000d

注：a. 预测变量：（常量），涉案金额。
b. 预测变量：（常量），涉案金额，主从犯。
c. 预测变量：（常量），涉案金额，主从犯，自首。
d. 预测变量：（常量），涉案金额，主从犯，自首，退赃。
e. 因变量：量刑处理年数。

如表9所示，量刑处理年数的回归模型最终纳入涉案金额、主从犯、自首、退赃共4项影响因子，模型解释度超过50%，效果显著（Sig. 值均低于0.05）。

表 10　量刑处理年数的回归模型系数（a）

模型		非标准化系数	标准误差	标准系数	t	Sig.
1	（常量）	0.898	0.075		11.917	0.000
	涉案金额	0.015	0.001	0.662	20.194	0.000
2	（常量）	-0.451	0.219		-2.057	0.040
	涉案金额	0.016	0.001	0.676	21.369	0.000
	主从犯	0.825	0.127	0.206	6.521	0.000
3	（常量）	-0.403	0.210		-1.913	0.056
	涉案金额	0.016	0.001	0.676	22.255	0.000
	主从犯	0.969	0.123	0.242	7.861	0.000
	自首	-0.298	0.044	-0.208	-6.769	0.000
4	（常量）	0.147	0.247		0.596	0.552
	涉案金额	0.015	0.001	0.637	20.346	0.000
	主从犯	0.934	0.122	0.233	7.672	0.000
	自首	-0.272	0.044	-0.190	-6.223	0.000
	退赃	-0.323	0.078	-0.130	-4.117	0.000

注：a. 因变量：量刑处理年数。

根据表10，涉案金额、主从犯、自首、退赃对量刑处理年数的影响权重分别达到0.68、0.23、-0.19、-0.13。

（2）贪污案件量刑区间之影响因素

表 11　量刑区间的回归模型（e）拟合度

模型	R	R 方	调整 R 方	标准估计的误差	F	Sig.
1	0.471a	0.222	0.220	1.321	148.605	0.000a
2	0.533b	0.284	0.281	1.268	103.402	0.000b
3	0.593c	0.352	0.348	1.208	93.967	0.000c
4	0.608d	0.370	0.365	1.193	76.064	0.000d

注：a. 预测变量：（常量），案金区间。
b. 预测变量：（常量），案金区间，主从犯。
c. 预测变量：（常量），案金区间，主从犯，自首。
d. 预测变量：（常量），案金区间，主从犯，自首，退赃。
e. 因变量：量刑区间。

如表 11 所示，量刑区间的回归模型最终同样是纳入案金区间、主从犯、自首、退赃共 4 项影响因子，模型解释度接近 40%，效果基本显著，Sig. 值皆低于 0.05。

表 12 量刑区间的回归模型系数（a）

模型		非标准化系数	标准误差	标准系数	t	Sig.
1	（常量）	1.397	0.180		7.745	0.000
	案金区间	0.653	0.054	0.471	12.190	0.000
2	（常量）	-0.086	0.280		-0.307	0.759
	案金区间	0.722	0.052	0.520	13.766	0.000
	主从犯	0.783	0.116	0.255	6.747	0.000
3	（常量）	-0.029	0.267		-0.110	0.913
	案金区间	0.719	0.050	0.518	14.396	0.000
	主从犯	0.922	0.112	0.300	8.219	0.000
	自首	-0.289	0.039	-0.264	-7.351	0.000
4	（常量）	0.589	0.308		1.912	0.056
	案金区间	0.664	0.051	0.479	12.943	0.000
	主从犯	0.878	0.111	0.286	7.886	0.000
	自首	-0.268	0.039	-0.244	-6.842	0.000
	退赃	-0.269	0.070	-0.141	-3.853	0.000

注：a. 因变量：量刑区间。

根据表 12，案金区间、主从犯、自首、退赃对量刑区间的影响权重分别达到 0.48、0.29、-0.24、-0.14。

从回归分析的结果可以得知，贪污案件的量刑处理年数、量刑区间的两个回归模型皆有较高拟合度，涉案金额（案金区间）、主从犯关系、自首、退赃情况对案件的量刑处理年数（量刑区间）有显著影响，其中以涉案金额（案金区间）的影响权重最高，主从犯关系、自首情况的影响次之。

（三）行贿罪

1. 描述性统计分析

如表 13 所示。

表 13　描述性统计量

	均值	标准差	样本数 N
涉案金额	53.446	107.9215	280
案金区间	2.28	0.745	280
损失金额	6.794	93.0321	280
损失区间	0.01	0.133	280
五种情节	0.01	0.084	280
自首	0.23	0.421	280
立功	0.07	0.279	280
坦白	0.51	0.501	280
追诉前交代	0.25	0.436	280
主从犯	1.42	0.515	12
量刑区间	2.45	1.011	280
主判年数	1.723	2.1150	84
缓判主刑年数	1.465	0.8752	196
缓刑考验期	2.070	1.2001	196
量刑处理年数	0.53155968	1.393424860	280

如表 13 所示，从“量刑处理年数”和“涉案金额”来看，均值与标准差有显著差异，证明行贿金额与量刑年数之间的差异比较大。

2. 相关分析

如表 14 所示。

表 14　Spearman 相关系数分析

项目		量刑区间	主判年数	缓判主刑年数	缓刑考验期	量刑处理年数
涉案金额	相关系数	0.183 **	0.639 **	0.774 **	0.751 **	0.551 **
	Sig.（双侧）	0.002	0.000	0.000	0.000	0.000
	N	280	84	196	196	280
案金区间	相关系数	0.174 **	0.550 **	0.496 **	0.483 **	0.379 **
	Sig.（双侧）	0.003	0.000	0.000	0.000	0.000
	N	280	84	196	196	280
自首	相关系数	−0.064	−0.169	−0.078	−0.080	−0.117
	Sig.（双侧）	0.286	0.125	0.278	0.263	0.050
	N	280	84	196	196	280

续表

项目		量刑区间	主判年数	缓判主刑年数	缓刑考验期	量刑处理年数
立功	相关系数	0.053	0.100	0.033	0.046	0.071
	Sig.(双侧)	0.373	0.365	0.648	0.518	0.237
	N	280	84	196	196	280
坦白	相关系数	0.087	0.157	-0.009	0.006	0.079
	Sig.(双侧)	0.147	0.155	0.906	0.934	0.187
	N	280	84	196	196	280
追诉前交代	相关系数	-0.176**	-0.245*	0.135	0.106	-0.075
	Sig.(双侧)	0.003	0.025	0.060	0.138	0.213
	N	280	84	196	196	280
主从犯	相关系数	0.193	0.866	0.591	0.444	0.491
	Sig.(双侧)	0.547	0.333	0.094	0.231	0.105
	N	12	3	9	9	12

注：** 在置信度（双侧）为0.01时，相关性是显著的。

* 在置信度（双侧）为0.05时，相关性是显著的。

如表14所示，从单独变量逐一分析结果看，无论是“量刑区间”（分类变量）还是“量刑处理年数”（连续变量），皆与“涉案金额”“案金区间”存在显著的线性关联。而“追诉前交代”与量刑区间存在着“负相关”。从表14可看出，案件的量刑区间（分类）以及量刑处理年数（连续）两项因变量，皆与涉案金额、案金区间两变量呈显著正相关；追诉前交代与量刑区间存在显著的负相关；相对于自首、立功、坦白、追诉前交代、主从犯这几个自变量对于因变量的影响显著性，涉案金额、案件区间这两个自变量对于量刑区间、主判年数的影响是显著的。

3. 独立样本T检验与ANOVA分析

鉴于在相关分析中，仅有涉案金额、案金区间以及追诉前交代与量刑区间（分类）或量刑处理年数（连续）有显著关联性，过少的影响变量难以进行回归分析检验，故应用独立样本T检验或ANOVA分析，进一步核实自首、立功、坦白等因素对量刑是否存在显著影响。

（1）自首情况对量刑的影响

表 15 自首情况对量刑的独立样本 T 检验

		Levene 检验		均值方程的 t 检验		
		F	Sig.	t	df	Sig.（双侧）
量刑区间	假设方差相等	6.504	0.011	1.240	278	0.216
	假设方差不相等			1.389	125.268	0.167
量刑处理年数	假设方差相等	8.147	0.005	1.660	278	0.098
	假设方差不相等			2.317	210.131	0.021

如表 15 所示的 Sig. 显著性指标值得知，自首与否下的量刑区间无显著差异，但量刑处理年数存在显著差异，证明行贿案件中自首情况对量刑处理年数（连续）有影响。

（2）坦白情况对量刑的影响

表 16 坦白情况对量刑的独立样本 T 检验

		Levene 检验		均值方程的 t 检验		
		F	Sig.	t	df	Sig.（双侧）
量刑区间	假设方差相等	6.747	0.010	-1.552	278	0.122
	假设方差不相等			-1.556	274.567	0.121
量刑处理年数	假设方差相等	4.988	0.026	-1.395	278	0.164
	假设方差不相等			-1.400	264.898	0.163

如表 16 所示的 Sig. 显著性指标值得知，坦白与否下的量刑区间、量刑处理年数皆无显著差异，证明行贿案件中坦白情况对量刑无影响。

（3）追诉前交代情况对量刑的影响

表 17 追诉前交代情况对量刑的独立样本 T 检验

		Levene 检验		均值方程的 t 检验		
		F	Sig.	t	df	Sig.（双侧）
量刑区间	假设方差相等	32.434	0.000	3.025	278	0.003
	假设方差不相等			3.601	174.189	0.000
量刑处理年数	假设方差相等	19.036	0.000	2.485	278	0.014
	假设方差不相等			3.849	275.554	0.000

如表17所示的Sig. 显著性指标值得知，追诉前交代与否下的量刑区间、量刑处理年数皆有显著差异，证明行贿案件的追诉前交代能显著减少量刑。

（4）立功情况对量刑的影响

表18　立功情况对量刑的ANOVA分析

		平方和	df	均方	F	显著性
量刑处理年数	组间	1.188	2	0.594	0.304	0.738
	组内	540.527	277	1.951		
	总数	541.716	279			
量刑区间	组间	0.752	2	0.376	0.366	0.694
	组内	284.548	277	1.027		
	总数	285.300	279			

如表18所示的Sig. 显著性指标值得知，立功的不同情况下量刑并无显著差异，证明行贿案件的立功情况对量刑无影响。

三　问题透视：贪贿犯罪量刑中存在的主要问题

（一）共性问题

1. 非监禁刑适用率高

受贿罪犯的缓免率为40.22%，贪污罪犯的缓免率为39.45%，行贿罪犯的缓免率为76.69%，均高于同期其他刑事犯罪的缓免率。

2. 附加刑适用差别大

在对被告人判处附加刑罚金或者没收财产时，选择判处罚金刑的占绝大部分，极少数选择判处没收财产。

3. 量刑情节竞合时重复评价

判决存在多个量刑情节竞合的情形，如自首、立功、坦白、退赃等情节与仅仅具有形式意义的认罪态度、悔罪表现情节交织适用，有重复评价之嫌。

4. 量刑情节认定存在不规范现象

主要表现为：一是部分法院在对被告人认定自首情节时不按照法律规定执行，对部分不应该被认定为自首情节的认定为自首。二是部分法院在对共同犯罪中被告人主从犯地位进行评价时，或均评价为从犯，或均评价为主犯，或不区分主从。三是部分判决对赃款赃物的处理，体现幅度超过必要限度，有违法之嫌。四是对被告人的前科情节未评价现象较为明显。以受贿罪为例，在具有前科情节的 7 名被告人中，被从重处罚的仅为 2 人，另外 5 人的前科情节均未被评价。五是量刑失衡现象明显，部分法院对受贿罪、行贿罪量刑把握存在不当情形，存在同案不同判或者不同案同判的情况。

5. 量刑情节从宽适用功能最大化

部分判决存在对量刑情节从宽适用追求最大化的倾向，从而导致量刑畸轻现象，特别是在受贿罪和行贿罪中表现尤为明显。

（1）在受贿罪中，对受贿金额分别为 31 万元、40 万元、46 万元，均具有坦白、退清全部赃款情节的，均对被告人适用缓刑，进而导致量刑畸轻。

（2）在行贿罪中，以行贿额 100 万元以上的 36 份裁判文书进行分析得知，被判处五年以上有期徒刑的 9 件，占 23%；判处三年以上五年以下有期徒刑的 7 件，占 20%；判处三年以下并被宣告缓刑的 20 件，占 57%。在宣告缓刑的 20 件中，具有单独自首情节的 2 件，具有单独追诉前交代情节的 7 件，具有单独一般立功表现的 10 件，具有立功表现和追诉前交代情节的 1 件。可见，对于法定基准刑在五年以上并具有法定从轻、减轻处罚情节的被告人，在裁量时对量刑情节从宽适用追求最大化倾向明显。

（二）存在的个性问题

1. 受贿罪

部分法院对受贿数额在 300 万元以上即“数额特别巨大”的刑档量刑时，量刑偏轻现象明显。

2. 贪污罪

部分基层法院对《贪贿犯罪解释》规定的六种从重处罚情节的把握尺度不一致。

3. 行贿罪

（1）在缓免刑适用上未充分考虑司法解释的限制性规定

《最高人民法院 最高人民检察院关于办理行贿刑事案件具体应用法律若干问题的解释》第十条[①]对行贿犯罪被告人适用缓刑、免于刑事处罚作了限制性规定，但在具有向三人以上行贿情节的判决中有 11 名被告人被宣告缓刑。

（2）对追诉前主动交代情节的认定标准不统一

部分法院对于“被追诉前主动交代行贿行为”这一从轻情节认定的随意性较大，在是否认定为从轻情节、认定为何种从轻情节上标准不统一。如对行贿人在检察机关刑事立案前被动到案交代行贿犯罪事实的情形，有的认定为自首，有的认定为坦白。

（3）对“造成经济损失”的理解各异

《贪贿犯罪解释》第七条、第八条、第九条规定了“行贿数额在一万元以上不满三万元并造成经济损失数额在五十万元以上不满一百万元的”“造成经济损失数额在一百万元以上不满五百万元”“造成经济损失数额在五百万元以上的”三种情形，以“造成经济损失”作为入罪及量刑依据，但未对“造成经济损失”含义做进一步说明。因此，司法实务中对“造成经济损失”理解不同，进而造成量刑上的较大差异。例如，涉及行贿后违规获取拆迁补偿款且未退额在 50 万元以上的有 5 件，涉及行贿后违规获取政府扶持性补贴且未退额超过 50 万元的有 4 件，但仅有 2 件将上述未退款项认定为“使国家利益遭受损失”数额。

---

① 实施行贿犯罪，具有下列情形之一的，一般不适用缓刑和免予刑事处罚：（一）向三人以上行贿的；（二）因行贿受过行政处罚或者刑事处罚的；（三）为实施违法犯罪活动而行贿的；（四）造成严重危害后果的；（五）其他不适用缓刑和免予刑事处罚的情形。具有刑法第三百九十条第二款规定的情形的，不受前款规定的限制。

（4）对行贿后关联违法行为所得利益的处置方式不一

在对行贿人关联违法行为所得处置方式上，呈现五种不同的做法：一是在裁判主文部分对全部违法所得予以处理；二是仅处理已在案部分违法所得；三是仅在事实认定部分表述，不做处理；四是直接忽略该情节，在事实认定部分亦不作表述；五是对行贿人关联违法行为另作刑事评价，一并处置违法所得。

四　改善路径：完善贪贿犯罪量刑规范化的对策及建议

（一）在规范层面上，构建更加科学有效的量刑体系

1. 制定贪贿犯罪的量刑规范化指导意见

应尽快建立更加科学、有效且实践性极强的量刑体系，尤其是进一步规范贪贿犯罪缓免刑以及如“数额＋情节”等游离于犯罪边界问题的适用标准，有效地解决“同案不同判”等问题，使刑罚裁量的过程更加公正、透明，从而更好地实现罪责刑相适应原则及量刑均衡原则。

2. 加快贪贿犯罪的基本证据标准指引制定工作

应坚持诉讼规律和认识规律相统一的原则，深入研究如何运用大数据、人工智能等技术，制定贪贿犯罪的基本证据标准指引，引导法官及有关司法机关办案人员按照法律规定的证明标准、证据规则、办案程序收集、固定证据，切实解决证据标准适用不统一、办案程序不规范等问题。

3. 完善贪贿犯罪的量刑程序

一是保障控辩双方的有效参与。控辩双方的有效参与，是实现量刑公正的保障。法庭要充分听取控辩双方参与案件审理各个环节所提各项意见。二是保障他方对量刑的参与。由于贪贿犯罪的社会影响较大，且判处缓刑的案件占有一定比例，因此，量刑上要准确反映犯罪对社会造成的危害以及适用缓刑是否具备有关条件，还必须了解相关单位或社区等的意见。三是要确保

量刑程序公开。贪贿犯罪案件较为敏感，社会关注度高，稍有不慎，可能会影响案件的政治效果、社会效果，故对于贪贿犯罪案件，尽量做到“四公开”，即量刑标准公开、量刑过程公开、量刑结果公开、量刑理由公开。四是要确保案件审理快速高效。应在查明案件事实的基础上，快审快结，力争在法定审限结案，以回应社会的关切，也有利于营造“打虎”“拍蝇”的声势，有效地震慑潜在的腐败分子。

（二）在监督层面上，最大限度地制约量刑不公正或者违法现象发生

1. 充分发挥检察机关的监督制约作用

（1）运用量刑建议权对量刑裁量权进行限制。在职务犯罪案件的审判活动中，在事实和适用法律没有争议的情况下，对刑罚的具体裁量应该与起诉意见出入不大，法官如果做出与公诉人量刑建议有较大差别的量刑，法官就应当充分地解释。如果公诉人的量刑建议同法官的刑罚裁量总是出现较大的差别，就要分析是双方量刑尺度的掌握问题，还是存在司法不公、徇私舞弊等情况。

（2）运用抗诉权对自由刑裁量进行审判监督。检察机关应强化审判监督意识，完善刑事抗诉制度，细化刑事抗诉标准，加大对法院量刑，尤其是贪贿犯罪不当判决的监督力度，对明显量刑不当、判决畸轻畸重的，检察机关应及时提出抗诉，切实履行审判监督职责。

（3）运用出庭公诉对审判活动进行违法监督。检察机关出庭公诉也是履行检察监督职责的重要环节。检察机关通过出庭公诉活动，能够及时发现案件审理过程中出现的违法违纪问题，尤其是审判人员徇私舞弊、贪赃枉法、滥用职权等行为，并通过纠正违法通知书、检察建议书或立案调查的形式予以纠正，充分发挥检察机关的监督作用。对于被监督对象没有改善的地方，检察机关还可向上级院报告或通报给违法人员所在单位的监察部门；对于涉嫌犯罪的，还可移送相关部门处理。

2. 充分发挥审判职能的监督作用

一是要充分发挥二审程序的监督作用。二审法院通过上诉审和抗诉审程序，进一步对贪贿犯罪案件的事实和证据、定罪量刑进行全面审查，及时依法纠正可能存在的定罪量刑和法律适用方面存在的问题，确保公正裁判、公正司法；二是要充分发挥再审程序作用。对于已经做出生效裁判可能存在冤假错案的贪贿案件以及在上诉审程序中发现的适用免缓刑不当、量刑畸轻等贪贿案件，必须通过审判监督程序进行重新审理，及时纠正在案件事实认定、适用法律和量刑等方面存在的问题，确保司法公平公正。三是要充分发挥审判指导作用。上级法院对重大、疑难、复杂或可能判处缓免刑等贪贿犯罪案件，在犯罪事实的认定、法律适用、定罪量刑的把握上应加强对下指导，确保定罪准确、量刑适当、适用法律正确。

3. 充分发挥人民群众的监督作用

审判公开是刑事诉讼的一项重要原则。它不仅包括审判流程公开、庭审公开，还包括裁判文书公开。当前，贵州省各级法院基本能够做到将审判的各个程序完全置于人民群众的监督之下，但裁判文书公开的程度仍不尽如人意。为有效地实现司法公开，各级法院应切实加大对贪污贿赂犯罪案件裁判文书的公开力度，尤其是要切实做到公开裁判文书的释法说理部分，使人民群众充分了解案件具体犯罪事实和量刑情节，从而进一步提高司法公信力与司法权威。

（三）在统一裁判尺度层面上，结合贪贿犯罪审判实务加强调研指导工作

1. 加强重大理论问题研究

随着我国社会的快速发展以及打击贪贿犯罪力度的不断加大，贪贿犯罪出现了新情况、新特点，各级法院在加强审判工作的同时，要不断加强对新类型贪腐现象的研究，如雅贿、性贿赂、免除不正当债务、利益互换等问题，以便在定罪量刑上统一尺度，准确把握。

2. 加强调研指导

从全省近一年的贪贿犯罪审判数据统计来看，各地法院、各级法院对于贪污贿赂犯罪在定罪、量刑及自首等情节的认定上、刑事法律的适用上仍然存在认识不一致、标准不统一、量刑不均衡等问题。因此，必须对贪贿犯罪案件审理中发现的新情况、新问题，如免缓刑的适用条件、财产刑的把握、自首的认定、一般立功从宽的尺度等问题，尤其是重大、疑难、复杂的问题，及时调查研究，提炼出具有普遍适用性的裁判规则，从而统一裁判尺度，有效防止“同案不同判”现象发生。

3. 加强案例指导

各级法院应注重收集针对性、指导性较强的贪贿犯罪案例，汇编成册，供其他法官或法律工作者学习和参考。

结　语

“法者，平之如水，从水。”规范、合理、均衡的量刑对于有效地打击和预防职务犯罪意义重大。然而，规范合理的量刑受到法官的素质、自由裁量权的监督、上级法院的业务指导等多重因素的制约，而科学合理的量刑规范对于统一裁判尺度、规范量刑具有关键性作用。本课题组将根据法律的有关规定、司法实践的数据分析及影响量刑因子的相关性研究，拟订量刑指导意见，规范全省法院贪污贿赂案件的审理工作。

B.23

贵州省检察机关入额领导干部办案工作机制运行情况调研报告

贵州省人民检察院法律政策研究室*

摘　要： 本文就《全省检察机关领导干部司法办案管理办法（试行）》的执行情况进行了调研，并从细化行政事权范围、界定司法办案性质、完善司法亲历性事项等方面提出了完善入额领导干部办案制度的对策建议。

关键词： 贵州省　检察机关　入额领导干部　办案　调研

为落实中央入额领导干部应在一线办案的要求，贵州省检察院于2017年6月制定下发《全省检察机关领导干部司法办案管理办法（试行）》（黔检发研字〔2017〕6号）（以下简称《办法》）。《办法》从办案范围、办案数量、办案方式、办案考核、办案责任五个方面对检察机关进入员额的领导干部（主要为检察长、副检察长、检委会专职委员）提出了明确标准和要求。自《办法》出台以来，全省检察机关入额领导干部坚持带头办理重大、疑难、复杂、新型案件，各级院检察长出庭支持重大案件公诉成为司法办案“新常态”。在司法责任制改革中，《办法》所起的管理、监督、指引作用得到较好发挥。为进一步完善领导干部办案制度，本文就《办法》执行情况进行了摸底调研。

---

* 执笔人：范思力，贵州省人民检察院法律政策研究室主任科员。

一　全省检察机关入额领导干部办案基本情况

按照《办法》要求，全省检察机关入额领导干部应以独任检察官或主任检察官身份办理一定数量案件。为便于统计，《办法》将入额领导干部的办案行为分为直接办理案件和组织、领导、指导、审查、审批案件，同时将来源于检察工作统计报表的监督类事项也计入办案数作为考核依据。2018年1~6月，全省市县两级院入额领导干部共办理各类案件71381件，其中直接办理案件11442件，审批案件32913件，评查案件5541件。从各地执行《办法》情况看，当前全省检察机关入额领导干部办案呈现以下特点。

一是检察长、副检察长均纳入分案机制参与系统轮案。从各地反映情况看，目前检察长、副检察长均能以独任检察官或主任检察官身份在统一业务应用系统中参加所编入业务条线的轮案，所办案件数量在统一业务应用系统中得到较好体现。部分市级院、基层院检察长在普通员额检察官案件办理过程中发现案件属于重大、疑难、复杂的案件，还能及时进行职务收取和转移，亲自提办案件，列席审委会对该案发表意见。如安顺市院常务副检察长亲自列席审委会，对2件认识分歧案件发表意见，确保案件最终得到公正判决。

二是入额领导干部司法亲历性事项落实情况较好。按照最高检《关于完善人民检察院司法责任制的若干意见》和省院《办法》要求，检察官办理案件过程中需履行部分亲历性事项，如亲自讯问嫌疑人、询问证人、亲自到现场复核证据、亲自出庭支持公诉等。从各地执行情况看，全省入额领导干部在落实司法亲历性事项上认识较为统一，执行较为到位。如在办理公益诉讼案件过程中，入额领导干部亲自查找线索，亲临现场取证。贵阳市院、安顺市院检察长在办理公诉案件过程中，亲自草拟公诉意见书、亲自补充调查取证。

三是检察长、副检察长、检委会专职委员编入业务条线办案较为均衡。在完善司法责任制过程中，为解决哪些工作属于办案，哪些工作可以计入办案量的问题，《办法》将办案分为办理案件和办理监督类事项。其间部分同志担心检察长、副检察长、检委会专职委员集中编入公诉和侦查监督业务条线，会导致各业务条线入额院领导配置过于不平衡。从一年多的执行情况看，上述情况没有发生。检察长、副检察长、检委会专职委员配置大体均衡，在刑事执行检察、刑事申诉检察、公益诉讼、案件质量评查等业务条线中均承担一定数量的办案任务。

四是各级院副检察长成为办理重大、疑难、复杂案件的主力。根据《关于完善人民检察院司法责任制的若干意见》规定，副检察长受检察长委托，可履行部分办案事项决定权。目前贵州省市县两级院检察长除授权普通员额检察官外，还将部分专属办案事项决定权委托副检察长行使，使副检察长的办案事项决定权范围宽于普通员额检察官。从各地执行情况看，这一做法较为成功。虽然目前重大、疑难、复杂案件还缺乏统一标准，但实践中，涉案人数多、涉案金额特别巨大、省部级领导干部职务犯罪、全省首批公益诉讼等案件大多由各级院副检察长以独任检察官或主任检察官身份直接办理。副检察长带头示范作用明显，基本实现员额制改革初衷。

二　当前入额领导干部办案制度需要关注的重点问题

从调研情况看，强调入额领导干部应在一线办案能有效缓解基层院办案资源有限的压力，让领导干部的业务决策过程更符合司法规律。更为重要的是，将入额领导干部应亲自办案作为硬性指标，能在检察机关内部树立明晰的干部培养导向，让检察人员既做公正司法的“工匠”，又成为推进社会主义法治的“大师”，同时突出新时代检察机关作为专业办案机关的本质，为人民群众提供更优质的法治产品。为更好发挥“关键少数”带头作用，当前入额领导干部办案制度需关注以下问题。

（一）检察长的行政事务管理权和检察权如何适当分离

从调研情况看，各地普遍反映各级院检察长身份较多，事务性、管理性工作较多，需要花费大量工作时间协调处理行政事务。按照全面深化司法体制改革推进会的精神，下步要全面推行检察长出庭支持公诉制度，预计检察长的办案压力会更大。目前除审批、决定、指挥、指导、参与或直接办案外，检察长职责一般认为还包括以下方面：①组织学习党的路线、方针、政策和国家法律、法令，并主持研究、贯彻、实施；②组织分管院领导按职责分工开展工作，培养选拔后备干部，加强班子建设；③领导和主持党组会、检察长办公会、院务会，按照民主集中制原则，讨论决定重大问题；④根据地方党委和上级院的指示部署，领导制订本院的工作计划，并组织检查实施。全面了解和掌握全院的工作情况，随时提出加强和改进全院工作的意见；⑤组织领导全院的思想政治工作，不断提高思想政治工作水平，加强检察队伍建设；⑥深入实际，调查研究，注意发现和总结带有普遍意义的经验，解决带有倾向性的问题。加强信息宣传工作，扩大检察工作的宣传面、影响面；⑦负责向地方党委、人大和上级院报告工作；⑧依法向人大常委会提请任免副检察长、检察委员会委员和检察员。上述行政管理事项可否进一步细化，然后重新分配事权以减少检察长的事务性压力，更好集中精力投身业务。同时只有解决好了检察长的事权分配，才便于在此基础上分配副检察长、检委会专职委员的事权。

（二）入额领导干部的办案数如何计算

《办法》将组织、领导、指导、审查、审批、决定案件及监督类事项作为办案量计入。从2018年1~6月省院案管办通报的办案数据看，[①] 全省市县两级院检察长、副检察长、检委会专职委员的办案量基本没有空白。但从统计数据看，检察长、副检察长、检委会专职委员的办案数量主要体现在审批案件数，个别副检察长、检委会专职委员没有直接办案数。这种做法目前带来两个问题，一是办案基数计算问题。若将审批案件数、评查案件数纳入

① 参见《贵州省人民检察院关于市、县两级检察院入额院领导办理案件的情况通报（2018年1月1日~6月30日）》（黔检发案管字〔2018〕8号）。

全院办案基数，就会出现入额领导干部办案平均数大于普通员额检察官的现象，若不纳入办案基数，部分领导干部办案比例难以符合中央要求；二是办案统计问题。按统一业务应用系统设计，目前还没有相应统计项目对应入额领导干部的组织、领导、指导、审查行为，这使上述办案形态各地理解和执行情况很不统一，如领导与指导如何区别，如何体现。目前省院案管办也只能统计直接办案数、审批案件数、评查案件数。

（三）各业务条线办案的数量如何计算

目前各级院普遍反映，各业务条线统计口径差异较大，不同业务部门的办案量差异较大。在统一业务应用系统上办理受案、备案、审查、分流等业务的员额检察官，系统会自动将上述业务计入其办案量，导致其所属业务条线案件量远远高于其他业务条线。比如减刑、假释、暂予监外执行案件量、上级院控告检察的信访举报业务量，均远远高于同期本院公诉、民事行政检察的业务量。另外，司改版统一业务应用系统涉及上级院的部分事务性操作也被计入办案量。比较典型的就是上级院各业务条线的备案审查数量，除极少数需上级院跟踪督促的案件外，绝大部分案件的备案审查均是一种系统常规存档操作，不涉及需要履行最高检《关于完善人民检察院司法责任制的若干意见》和《办法》规定的亲历性事项。从调研情况看，各级院反映在接受改革督查中，易引发入额领导干部办案量是否达标，是否存在办简单案件或事项充数的质疑和争议。

三　下一步完善入额领导干部办案制度的建议

完善入额领导干部办案制度，应按最高检要求，将履行各项法律监督职责贯穿于检察办案中，在办案中监督、监督中办案。既要发挥好上级院的业务领导作用，又尽可能满足基层院工作的实际需要。从完善路径看，下步应主要从细化行政事权范围、界定司法办案性质、完善司法亲历性事项方面着手，进一步发挥好入额领导干部的带头示范作用。

（一）建议细化检察长的行政事权范围

客观看，适当减少检察长行政事务有助于将个人精力倾斜至办案。从任职经历看，大部分基层院检察长均曾属于业务骨干，只要给予一定时间适应，大多能很快在办案一线发挥独当一面的作用。所以只要处理好检察长的行政事权分配，就能在行政管理与司法办案上找到平衡点。首先，为便于坚持党对政法工作的绝对领导和落实党风廉政建设第一责任，目前检察机关检察长与党组书记应集于一人，涉及党组书记的相关职责不宜分离。其次，检察长作为检察机关的行政首长，涉及外部联系时需由其代表检察机关表达意志、履行职责，相关行政事务主要涉及列席参加会议、汇报报告工作、对外接待等。对这部分行政事务需要依靠地方党委、人大、政协、政府根据工作需要主动为检察机关“减负”，如不涉及检察工作的会议明确无须检察长列席或参加，会后抄送会议纪要。最后，检察长作为机关内部最高首长需要负责内部行政事务。如批转公文、后勤保障、队伍建设、干部人事、财务管理、组织宣传等。在这些内部行政事务中，可适当选取部分作“减法”。如参照各地政府“一把手不直接分管财务”的做法，[①] 将后勤保障、财务管理的事权分配给分管综合行政部门的院领导，由其直接负责和决定。检察长通过定期召开党组会、院务会的方式了解情况，提出意见和思路。相关重大事项由分管院领导提请检察长批准集体研究。条件允许还可以清单形式列明检察长无须直接管理的具体内容。

① 如山西省出台《关于党政主要领导不直接分管部分工作的若干规定（试行）》，明确党政主要领导不直接分管下列工作：干部人事工作；财务工作；工程建设项目；行政审批；物资采购。河南省洛阳市出台《全市党政主要负责同志不直接分管“五项工作”的规定》，明确党政主要负责同志（包括党的机关、行政机关和党组织关系在市本级的双重管理单位的领导班子主要负责人，人大机关、政协机关、审判机关、检察机关、人民团体、事业单位参照执行）不直接分管财务、人事、行政审批、工程建设和物资采购工作。

（二）建议不再将组织、领导、指导、审查行为单独作为司法办案活动

在办案数据统计中因统计口径导致最终数据的放大或缩小其实各有利弊。单就基层院实践情况看，由于将审批案件数（不限于必须由检察长决定的情况）纳入统计范围，造成的结果是各级院司法办案量较以往有大幅增加，这种增加一方面使员额检察官的工作量得到体现；另一方面也使检察长、副检察长、检委会专职委员的司法办案计算基数被放大。按照中央“谁办案谁负责，谁决定谁负责”要求，从落实司法责任制角度看，真正需要负责的案件或者监督类事项实际只有两类，一类是员额检察官根据权力清单授权能够自行决定的案件或监督类事项，另一类是必须由检察长、检委会或检察长委托授权的副检察长、检委会专职委员决定的案件或监督类事项。第一类属于办案目前没有争议，第二类相较而言更符合审批、决定案件或监督类事项。最高检张军检察长在2018年大检察官研讨班上要求：“各级检察长都要积极主动直接办案，从批捕到出庭支持公诉，从审查起诉、抗诉到列席审委会，在检察职责范围内完整地办若干案件，带头办疑难、复杂、有影响性案件。”从张军检察长列举的内容看，这里的直接办案应当是以员额检察官身份履行亲历性事项，对案件独立做出决定并负责。实际上在司法责任制改革前，组织、领导、指导、审查行为并没有单独作为司法办案行为，更多理解为一种司法办案活动的具体工作内容，目前司改版统一业务应用系统中也没有将上述行为作为单独统计项目。为便于理解和操作，建议不再将组织、领导、指导行为单独作为司法办案活动进行统计和管理。

（三）建议根据业务类别完善亲历性事项范围

从目前各地统计办案情况看，单纯将系统操作等同于司法办案会不利于正确理解检察机关司法办案与履行法律监督职责的关系。将部分司法办案活动纳入统一业务应用系统能够起到规范流程的作用，但并不是所有的司法办案活动都能在系统中体现，也并不是所有的系统操作都能等同于办案。如按

照《关于完善人民检察院司法责任制的若干意见》列举的检察官亲自承担事项，类似调取证据、出席法庭、组织现场勘验等工作，实际并没有完全在系统中体现。如果能够正确区分系统操作与司法办案，就能够较好地挤出各业务条线办案量统计的“水分”，让办案的司法规律得到更好体现。从系统操作内容看，部分系统操作之所以难以认为是司法办案，关键是该行为不具有司法亲历性，如备案存档、收案分案。反之具有司法亲历性的系统操作则没有争议，如审阅卷宗、草拟文书。因此下步应根据各业务特点，继续细化检察官应履行的亲历性事项。如检察官提出纠正违法意见，对有关被监管人死亡或伤残问题向控告人作答复的，应对涉及的法律文书进行说理。[①] 检察官应亲自调阅相关材料，向办案人员了解情况等。[②] 检察官应亲自下基层调查研究与检察工作有关的法律、法规、政策的执行情况，向有关领导和部门提出意见、建议。[③]

① 参见《最高人民检察院关于加强检察法律文书说理工作的意见》（高检发研字〔2017〕7号）。

② 参见《人民检察院案件质量评查工作规定（试行）》（高检发案管字〔2017〕7号）第20条。

③ 参见《人民检察院法律政策研究室工作条例（试行）》。

B.24

社区矫正人员收监执行调研报告

贵州省人民检察院刑事执行检察处

摘　要： 本文对贵州省2016～2017年社区矫正人员收监执行的情况进行了调研，通过搜集大量的数据和具体的案例，对社区矫正收监执行工作现状进行详细全面的概述。本文进而深入分析社区矫正收监执行工作存在的困难及其原因，主要是对怀孕、哺乳期届满后的女性罪犯收监执行难，社区矫正人员下落不明或在逃的追捕到案率低，异地收监裁决沟通难，被强制隔离戒毒人员收监执行难，检查监督难等问题。本文最后从立法设计、法律实施以及完善相关工作机制等三个方面对社区矫正收监执行工作提出了对策与建议。

关键词： 贵州省　社区矫正　收监执行

一　社区矫正人员收监执行工作现状

（一）收监执行提请情况

收监执行提请是指被执行缓刑、假释或暂予监外执行的社区矫正人员，由其居住地的司法行政机关向原裁判法院或作出暂予监外执行决定的监狱、公安机关等提出撤销缓刑、假释或收监执行的建议。

从图1可以看出，2016～2017年，司法行政机关共对401名社区矫正人员提请收监执行①，其中2016年提请收监执行176人，2017年提请收监执行225人，2017年较2016年提请收监执行人数上升了27.84%。从地区来看：近两年贵阳地区提请收监执行48人，遵义地区37人，六盘水地区35人，安顺地区36人，毕节地区86人，铜仁地区42人，黔东南地区30人，黔南地区35人，黔西南地区52人，其中毕节地区提请收监执行人数最多，占全省总数的21.44%。

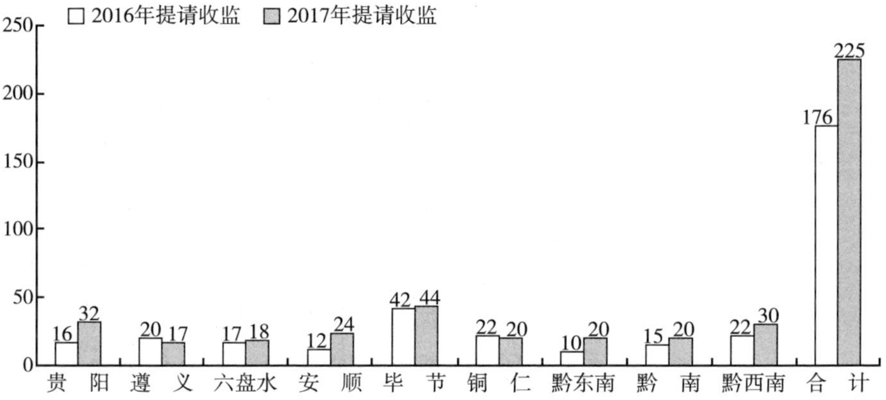

图1 2016～2017年收监执行提请地区分布

（二）收监执行情况

根据图2可以看出，提请收监执行人员中实际未能收监执行127人，占到应当收监执行人数的31.67%。其中下落不明或在逃81人，怀孕3人，哺乳期1人，系未成年人唯一抚养人5人，死亡2人，正在强制戒毒14人，未收到法院裁定等11人，其他原因导致未能收监执行10人。

① 根据贵州省司法厅提供的相关数据，截至2017年底，贵州省在册的社区矫正人员共有19509人。

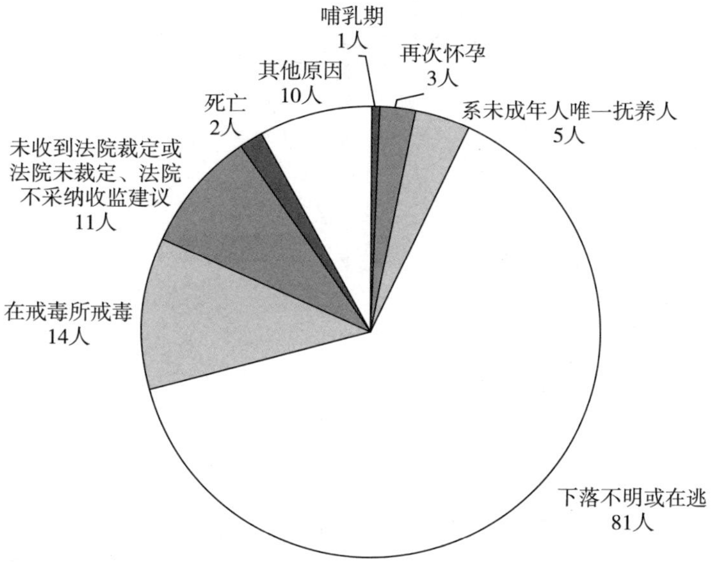

图2　收监执行未到位情况一览

（三）收监执行呈现的特点

（1）被提请收监执行人员多为青壮年男性。从统计数据得知，提请收监执行人员中男性328人，女性73人，年龄段主要集中在21～35岁，共计207人，占总数的51.62%；36～50岁的有119人，占总数的29.68%。

（2）被收监执行人员文化程度低，法律意识淡薄。被收监执行人员具有大专以上文化的只有4人，高中文化有24人，初中及以下文化被收监执行人员的共计373人（见图3）。尤其是被判处缓刑的罪犯，因犯罪情节较轻，判刑前多数未被采取强制措施，社区矫正约束性不强，罪犯没有从中受到深刻的法治教育，吸取教训，因而法治观念不强，不敬畏法律，不遵守法律，更不会运用法律手段来维护自身的合法利益。

（3）被提请收监执行的社区矫正对象类型大部分为缓刑。从图4可以看出，近两年来全省社区矫正人员中被提请收监执行的69%为缓刑罪犯，

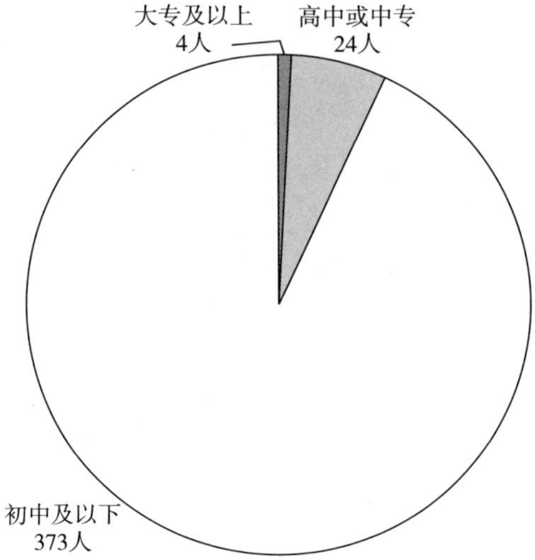

图 3　被收监执行人员文化程度

24%为暂予监外执行对象，7%为假释对象。一是原本社区矫正对象类型中缓刑人数占据比例最大，二是暂予监外执行对象在无违法违规情况下也存在法定收监执行情形。如调研中发现法院决定暂予监外执行后被收监执行的多。在审判环节因怀孕、哺乳期而被暂予监外执行的多，随着时间的推移，该类罪犯暂予监外执行情形消失后，刑期未满，需要被收监执行。

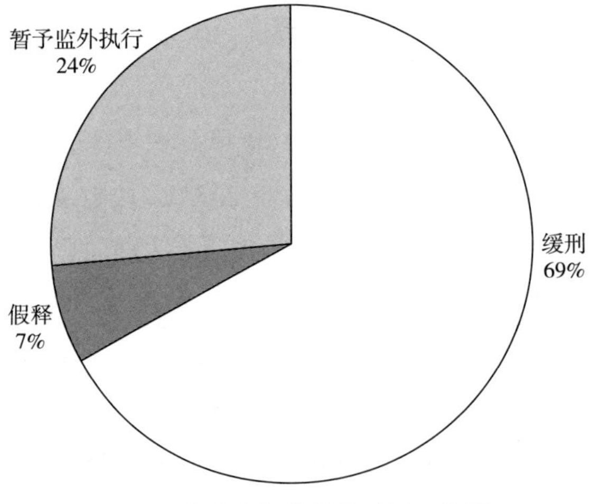

图 4　收监执行人员社区矫正类型

（4）收监执行原因相对较为集中，多为严重违反社区矫正管理的相关规定、漏管、重新犯罪以及暂予监外执行情形消失后，刑期未满。[①] 根据图5的数据分析，严重违反社区矫正管理的相关规定，被给予相应警告处分后提请收监执行84人，占收监执行提请总数的20.95%。如BY区社区矫正人员柴某在社区矫正期间多次违反《社区矫正监督管理规定》被司法行政机关书面警告三次，2017年3月9日被裁定撤销假释收监执行。漏管76人，占收监执行提请总数的18.95%。如YJ县社区矫正人员谭某某2017年11月10日因危险驾驶罪，被广东省新会市法院判处拘役4个月，缓刑4个月，其在法定时间内未到YJ县司法机关报到，造成漏管，2018年1月1日被裁定撤销缓刑收监执行。重新犯罪63人，占收监执行提请总数的15.71%。如SS县社区矫正人员杨某某因犯滥伐林木罪被法院判处有期徒刑三年缓刑三年，在接受社区矫正期间又犯同样罪行，2017年3月7日被裁定撤销缓刑，数罪并罚决定执行有期徒刑六年收监执行。

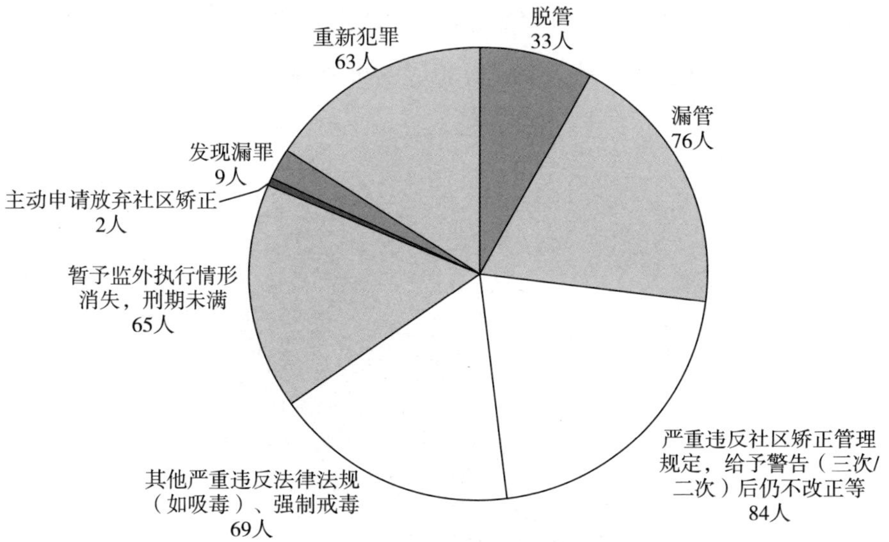

图5　收监执行原因一览

① 除暂予监外执行的情形消失后，罪犯刑期未满的属于法定收监执行情形外，其余的收监执行情况在理论上是可以避免出现的。

（5）漏管原因集中表现为未按规定时间期限报到，造成没有及时执行社区矫正而被司法行政机关提请收监执行。这点在 BJ 地区表现尤为突出。BJ 地区因贫困人口众多，外出务工人员较多，有的甚至举家外出常年在外务工。在外犯罪需要进行社区矫正时，异地法院在缓刑判决生效后，未委托调查或者对委托调查的结果不予理会，务工地司法行政机关一般以在务工地没有固定住所为由，不愿接受其在务工地进行社区矫正，异地法院直接将其执行文书寄回户籍地司法行政机关，要求罪犯回户籍地接受社区矫正。实际上很多人员因生计问题，法律意识淡薄，依然在外进行务工，不愿回户籍地接受监管，从而因未按期报到导致漏管被提请收监执行。从调研情况看，2016～2017 年 BJ 地区漏管的 36 人，基本全是属于异地法院判决后，社区矫正人员未回户籍所在地报到接受社区矫正而被提请收监执行。

（6）因涉嫌吸毒被给予治安处罚或强制隔离戒毒被提起收监执行的现象突出。从调研情况看，该部分人员在纳入社区矫正以前多为涉毒人员，各地均反映该部分人员在纳入社区矫正管理以后，难以进行监管，再次吸毒或为筹措毒资而从事贩卖毒品、盗窃等犯罪的可能性很大。这点在图 5 的数据

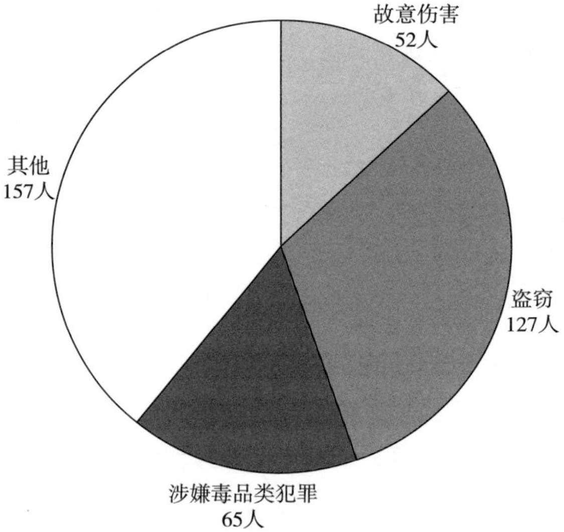

图 6　原判罪名情况

中也得到很好的印证。近两年来全省因吸毒被行政拘留或被强制戒毒的人员多达69人，占到提请收监执行的17.21%。

（7）涉案的原判罪名较为集中。多为盗窃、故意伤害以及毒品类犯罪。对图6的数据进行分析得知，因盗窃、故意伤害、涉毒等这三类犯罪人员共计244人，占到被收监执行人员总数的60.85%，其中原判毒品类犯罪又被提请收监执行的社区矫正人员占到16.21%。

二　存在的困难及原因分析

（一）对怀孕、哺乳期届满后的女性罪犯收监执行难

一是通过连续怀孕来逃避收监执行。《刑事诉讼法》规定判处有期徒刑或者拘役的妇女因处于怀孕、哺乳期可以暂予监外执行，但对这类罪犯怀孕次数等未有相应的限制性规定。《社区矫正实施办法》规定因严重疾病被暂予监外执行的罪犯应当每个月向司法所报告本人身体情况，每三个月向司法所提交病情复查情况，而对因怀孕、哺乳期暂予监外执行的罪犯却没有明确规定，此类罪犯利用法律的漏洞通过连续怀孕的方式逃避刑罚的处罚，或者重新犯罪或者外逃。二是对哺乳期已满，暂予监外执行条件消失，刑期未满，应当收监执行的，因其系未成年子女的唯一抚养人或者其他家人均不愿意帮助抚养其子女的，收监执行困难。如DF县李某收监执行案。李某因犯贩卖毒品罪于2016年11月17日被DF县人民法院判处有期徒刑十个月，因其怀孕被法院决定暂予监外执行，暂予监外执行期限自2016年11月28日起至条件消失之日止。在暂予监外执行期间，李某又涉嫌多次贩卖毒品，并被DF县公安机关查获，2017年3月9日DF县司法局建议DF县人民法院对其收监执行，因其处于哺乳期，DF县人民法院未做出收监执行决定。2017年10月11日DF县人民法院因李某再次涉嫌3次贩卖毒品罪，对其判处有期徒刑三年零三个月。因2017年2月10日李某又生育一子，处于哺乳期内，DF县人民法院于2017年10月24日对其决定暂予监外执行，暂予监

外执行期限自2017年10月22日起至2018年2月11日止。在罪犯李某暂予监外执行情形即将消失前，DF县检察院及时督促DF县司法局向DF县人民法院提出对罪犯李某收监执行的建议。2018年1月29日，DF县司法局向DF县人民法院提出对罪犯李某收监执行的建议，同年2月12日，DF县人民法院决定对李某收监执行。在对李某收监执行过程中，李某家人均不愿对李某的儿子进行抚养，想以此让李某不被收监执行。DF县检察院与县公安局、司法局及时将这一情况向本县政法委做了报告，最后，由县政府协调福利院对李某的儿子进行监护。2018年2月13日，李某被依法收监执行刑罚。

（二）社区矫正人员下落不明或在逃的，追捕到案率低

如上文所述，全省2016~2017年仍有81名下落不明或在逃的社区矫正人员未能收监执行。对这81人，已经协调公安机关对其中24人进行了网上追逃，还有57人是采取的其他抓捕措施。一是因为立法欠缺，司法行政机关没有对社区矫正人员采取强制措施的权力。根据《社区矫正实施办法》第二十七条规定，收监执行的主体应当是司法行政机关，公安机关只尽协助义务，协助收监到何种程度不明确。二是公安机关开展网上追逃难度大。在公安机关协助司法机关收监执行中，对于被决定收监执行的社区矫正人员下落不明或外逃的，需要进行组织查找或网上追逃。实践证明，公安机关人力有限，如果仅仅依靠采取布控、组织人员查找等其他抓捕措施来促使社区矫正人员被收监执行的效果不明显，网上追逃则是最行之有效的方法。2016年8月30日两高两部《关于进一步加强社区矫正工作衔接配合管理的意见》（以下简称《意见》）出台以前，公安机关网上追逃需要逮捕证或拘留证。《意见》出台后，第二十条虽然规定了“撤销缓刑、撤销假释裁定书和对暂予监外执行罪犯收监执行决定书，可以作为公安机关网上追逃依据”，但其同时还规定了“公安机关根据案情决定是否实施网上追逃”，这就导致在实践中部分公安机关仍旧只认可逮捕证或拘留证是网上追逃的依据。现行法律法规中没有明确规定，社区矫正罪犯裁定收监后应该

由哪个机关出具逮捕证或拘留证，导致网上追逃工作无法开展。实践中往往是通过协调的方式，让公安机关通过网上追逃的方式，将极少部分在逃的社区矫正人员抓捕到案。

（三）异地收监裁决沟通难

根据《社区矫正实施办法》第二十五条、二十六条规定，缓刑、假释、暂予监外执行罪犯分别“由居住地同级司法行政机关向原裁判人民法院提出撤销缓刑、假释建议”或者“由居住地县级司法行政机关向批准、决定机关提出收监执行的建议”。贵州省经济落后，贫困面广人多，外出务工人员较多，社区矫正机关与原判法院不在同一辖区的被判处缓刑的社区矫正人员较多。在收监执行过程中，区域跨度较大，相关法律文书只能通过书信邮寄方式寄达，导致案件办理拖延、滞后。两地对证据审查和法律的理解也可能存在偏差，沟通极其不便，部门对接难度大，会导致案件久拖不决。有的提请收监建议甚至石沉大海。

（四）被强制隔离戒毒人员收监执行难

从调研情况看，2016～2017 年裁定收监执行的社区矫正人员中，目前尚有 14 名在强制隔离戒毒所戒毒，未被收监执行刑罚，极大地损害了法院裁判的权威性。导致上述情形出现的原因有二。

（1）法律规定执行不到位，导致对强制隔离戒毒的社区矫正人员提请收监执行不及时。《意见》第十五条明确规定了“社区服刑人员被依法行政拘留、司法拘留、收容教养、强制隔离戒毒等或者因涉嫌犯新罪、发现判决宣告前还有其他罪没有判决被采取强制措施的，决定机关应当自做出决定之日起 3 日内将有关情况通知居住地县级司法行政机关和居住地县级人民检察院”，但在实际工作中，公安机关在决定对社区矫正人员强制隔离戒毒后，并未按规定将情况向司法行政机关反馈，往往是司法行政机关发现社区矫正人员未按期报到或未参加相应学习劳动等情况，组织人员查找的时候才发现其已被强制隔离戒毒，导致司法行政机关不能及时对社区矫正人员提请收监执行。

（2）关于收监执行刑罚和执行强制隔离戒毒如何进行衔接的法律规定不完善。从《中华人民共和国禁毒法》第四十条第二款规定来分析，强制隔离戒毒仅仅属于一种行政强制措施，根据《戒毒条例》第三十六条规定①，理论上当社区矫正人员在接受社区矫正期间因违反规定被公安机关决定强制隔离戒毒，被撤销缓刑、假释或暂予监外执行被决定收监执行时，应当先收监执行刑罚，而后执行行政强制措施。但在实践中，对于被强制隔离戒毒人员收监执行刑罚比较困难，主要表现为以下两种情况，一种情况是衔接机制不健全，惩戒机制不健全，有的戒毒机构不配合，导致戒毒人员未能被收监执行。第二种情况是收监执行刑满释放后，需要继续强制隔离戒毒的衔接不到位。《戒毒条例》第三十六条规定比较原则，解决了执行刑罚期间强制隔离戒毒时间如何计算的问题，即刑罚执行时间长于强制隔离戒毒时间（2 年），刑满释放后，不再执行强制隔离戒毒，刑罚执行时间短于 2 年的，刑满释放以后，强制隔离戒毒尚未期满的，需要继续执行强制隔离戒毒。但是对刑满释放时刑罚执行机关如何与强制隔离戒毒机构进行衔接并没有做出规定，贵州省也没有出台相关规定。如 QX 县社区矫正人员杨某因故意伤害罪被判处有期徒刑一年缓刑一年，社区矫正期限从 2017 年 6 月 19 日至 2018 年 6 月 18 日止，因在社区矫正期间，违反相关规定于 2017 年 7 月 21 日被公安机关决定强制隔离戒毒 2 年，2017 年 12 月 13 日，QX 县人民法院裁定对其撤销缓刑，收监执行。杨某刑罚执行完毕后，因其执行刑罚时间不满 2 年，需要继续执行强制隔离戒毒。杨某先期已经在公安强制隔离戒毒所执行强制戒毒超过 3 个月，根据《戒毒条例》第二十七条规定，刑罚执行机关是要与原公安机关的强制隔离戒毒所对接还是与其他司法行政部门的强制隔

① 《中华人民共和国禁毒法》第四十条第二款规定："被决定人对公安机关做出的强制隔离戒毒决定不服的，可以依法申请行政复议或者提起行政诉讼。"根据该规定，强制隔离戒毒应当属于行政强制措施。《戒毒条例》第三十六条规定："强制隔离戒毒人员被依法收监执行刑罚、采取强制性教育措施或者被依法拘留、逮捕的，由监管场所、羁押场所给予必要的戒毒治疗，强制隔离戒毒的时间连续计算；刑罚执行完毕时、解除强制性教育措施时或者释放时强制隔离戒毒尚未期满的，继续执行强制隔离戒毒。"

离戒毒机构进行衔接尚不明确。[①] 贵州省也未出台相应的实施办法或细则，因此，实践中，强制隔离戒毒人员被收监执行刑罚，刑满释放后有的就没有再执行强制隔离戒毒。

（五）检察监督难

1. 法律规定不完善，导致监督难

目前，检察机关对收监执行工作开展检察监督的法律依据是《社区矫正实施办法》第二十五条和第二十六条的规定，但也只是规定了司法行政机关撤销缓刑、假释的建议书和人民法院的裁定书或者决定机关决定对暂予监外执行罪犯收监执行的决定书要抄送给居住地同级人民检察院而已，具体检察机关开展监督的内容、程序、方式等均没有规定，造成检察机关开展监督工作难。如社区矫正实行居住地管辖原则，而撤销缓刑、假释裁定则实行“谁裁判谁撤销”原则，对于跨地区、跨级别的法院的裁决，是由居住地检察机关开展检察监督还是由审理法院的同级人民检察院来开展监督，没有明确的规定，造成监督难。如 FG 县社区矫正人员部某某在社区矫正期间，因吸食毒品，被 FG 县公安局决定强制隔离戒毒二年。FG 县司法局建议原判 ZA 县人民法院撤销部某某的缓刑判决。ZA 县人民法院认为，部某某的强制隔离戒毒虽为行政强制措施，但隔离戒毒场所有其封闭性，其人身自由受到严格限制，且强制隔离戒毒期限为二年，远比其因犯开设赌场罪被判处的有期徒刑八个月刑期要长，不同意撤销缓刑。鉴于此，究竟由 FG 县检察院还是 ZA 县检察院对法院不予裁定撤销缓刑的行为进行监督，法律规定不明确。

2. 检察监督工作滞后，导致监督效果不佳

检察机关开展收监执行检察监督是在收到行政机关的提请撤销缓刑、假

---

① 《禁毒条例》第二十七条规定了强制隔离戒毒由公安机关与司法行政机关所进行分段收治，即“被强制隔离戒毒的人员在公安机关的强制隔离戒毒场所执行强制隔离戒毒 3 个月至 6 个月后，转至司法行政部门的强制隔离戒毒场所继续执行强制隔离戒毒……在公安机关的强制隔离戒毒场所执行强制隔离戒毒的时间不得超过 12 个月”。现在贵州省的实际情况是公安机关的送戒和司法行政强制戒毒机关的收戒工作临时性政策性规定比较多，不满 3 个月或超过 6 个月的送戒以及即抓即送的现象还时有发生。

释或暂予监外执行收监执行建议书以后才启动，调研中发现，司法行政机关、人民法院或暂予监外执行决定机关不将有关法律文书抄送给检察机关的情况还不时发生，检察机关不知晓收监执行的事情，就更谈不上开展检察监督。2017 年统一业务应用系统执检子系统上线以后，要求收监执行工作作为案件来办理，既然作为案件来办理，就需要证据化、卷宗化、程序化，这就需要像办理公诉案件一样，由司法行政机关将有关提请收监执行的证据材料等移送给检察机关，这样才能开展同步审查，判断是否符合收监执行条件、启动程序是否合法，但是因为衔接机制不到位、法律规定不明确等原因，有的司法行政机关并不配合，检察监督效果理所当然的大打折扣。

三 对策建议

（一）立法方面

（1）推动《社区矫正法》的立法，并在立法中明确以下内容：一是进一步明确撤销缓刑、撤销假释裁定书和对暂予监外执行罪犯收监执行决定书是网上追逃依据。现在《社区矫正实施办法》和《意见》对社区矫正收监执行衔接配合等进行了相应规定，但对执行方式未做强制性规定，公安机关可以自行决定是否实施网上追逃，往往公安机关因受人力、财力、追逃率等影响，决定不进行网上追逃，从而导致规定在实践中操作性较弱。因此在制定《社区矫正法》时，应该明确对社区矫正人员脱逃，下落不明需要网上追逃的，公安机关必须依据撤销缓刑、假释裁定书或者暂予监外执行收监执行决定书开展网上追逃。二是在社区矫正立法时可以借鉴对因严重疾病暂予监外执行罪犯的管理方式，对因怀孕、哺乳期暂予监外执行的人员，应每三个月向司法所提交身体检查情况单，并明确排除通过连续怀孕（非计划生育内）和哺乳期获得暂予监外执行的刑期不计入执行刑期，从而避免通过连续怀孕和哺乳方式逃避刑罚执行。三是确立“就近提请、就近裁决、就近收监”原则。《意见》第十七条规定，实际已经确立了“就近收监”的原则，从有效节约司法成本、提高工作效率和降低执行风险的角度考虑，针对原裁判人民法院与社区矫正机关不在同一行政区域，需要对法院决定暂予监外执行的罪犯提请收监执行、非因漏罪、新罪被提请撤销缓刑、假释的，建议“由居住地县级司法行政机关向同级法院提出撤销缓刑、假释建议书或者对暂予监外执行的收监执行建议书并附相关证明材料①，在规定期限内做出新的裁定或决定后，将收监裁（决）定文书以及相关材料及时抄送原裁判机关”，以解决异地提请收监执行不到位、检察监督难等问题。四是确立检察机关对收监执行检察开展同步监督的机制。

（2）需进一步完善戒毒的相关法律法规。公安机关强制隔离戒毒转为司法行政机关强制隔离戒毒的衔接、社区矫正人员收监执行刑罚与强制隔离戒毒的衔接等均需要进一步立法予以完善。在立法完善前，检察机关应该充分利用检察建议，促进贵州省公安机关与司法行政机关进一步完善分段收治强制戒毒人员、强制戒毒人员收监执行刑罚等工作方面的衔接机制，让收监执行工作更加健康有序。

（二）法律实施层面

（1）规范调查评估，准确核实居住地，把好入矫关口。工作中要进一步规范入矫前的调查评估工作，准确掌握社区矫正人员的真实居住地。人民法院、监狱对拟适用社区矫正的被告人、罪犯，委托户籍地（或居住地）司法机关进行调查评估的，应当将核实居住地情况记录在案，县级司法行政

① 最高人民法院《关于适用〈中华人民共和国刑事诉讼法〉的解释》第四百三十三条规定由原做出暂予监外执行决定的人民法院做出收监执行决定。第四百五十八条规定社区矫正人员因发现新罪、漏罪以外的原因被提请收监执行时，由原作出缓刑、假释判决、裁定的人民法院做出撤销缓刑、假释的裁定。第四百五十七条规定：因发现新罪或漏罪时，由审判新罪的人民法院做出撤销原判决、裁定宣告的缓刑、假释。实际工作中因发现漏罪、新罪时一般不存在追捕难等困难，实际均能很顺利地进行收监执行。恰恰是因为在社区矫正期间，因严重违反相关管理规定被收监执行的，收监执行难，这点在上文的阐述中已经得到很好的印证。另外在社区矫正服刑期间发生的严重违法违规行为，作为提请撤销缓刑、假释的新的事实与原判刑罚关联性不大，原审法院不会因为熟悉原判事实而在审查撤销缓刑、假释的事由上具备优势。

机关应及时将调查评估意见送达决定社区矫正的机关，尤其是发现不在本辖区居住的，要及时反馈相应情况。如果委托机关对调查评估意见有异议的，可自行进行调查，对被告人、罪犯居住地进行审查后做出裁决，避免人户分离造成漏管，而后因漏管导致收监执行的问题出现。

（2）强化矫正管理，有效预防收监执行。社区矫正机关也应“从底线安全观向治本安全观转变”①，要进一步强化社区矫正管理，让矫正对象“不敢、不愿、不想”以身试法。一是强化法制宣讲，通过公布撤销缓刑、假释裁定书、暂予监外执行收监决定书、举办被收监执行社区矫正人员现身说法活动等方式，讲清法律规定、讲清违法违规的成本和后果，积极教育和引导社区矫正人员自觉遵守监管规定。二是创新矫正手段，引导社区矫正人员积极认真改造。学习借鉴山西省有关司法行政机关组织“社区矫正人员进监体验改造生活”等方式，让社区矫正人员进监狱进行收监执行体验，让其通过强烈的冲击对比，产生震撼、震慑作用，自觉遵纪守法，认真改造，珍惜非监禁所获得的自由。三是强化重点人员的监管，尤其是对有吸毒史的社区矫正人员的监管方式应该区别于一般的社区矫正人员，司法行政机关应联合强制戒毒所定期开展警示教育和毒瘾治疗。四是对于脱管、漏管的收监执行人员，要加大追捕力度，积极将其追捕归案并收监执行，形成震慑，让社区矫正人员不敢再违法犯罪。

（三）完善相关工作机制

（1）强化综合协调，加强各相关政法部门之间与民政部门、儿童福利机构的合作，协调儿童福利机构扩大接收儿童的范围，将父母需要被收监执行刑罚的情形纳入职责范围。

① 2017年5月，司法部提出将监狱体制改革纳入司法行政改革任务，并要求“从底线安全观向治本安全观转变，切实提高教育改造质量，要在改造罪犯成为守法公民上加大监管机制改革的工作动力”。本文认为监狱改造罪犯与社区矫正机构改造罪犯的目的一致，目前社区矫正工作的底线安全观应该是“看得住、不脱管、不漏管”，社区矫正工作也应该倡导“真正将罪犯改造成为守法公民”的治本安全观。

（2）加快推动贵州省建成社区矫正信息共享平台。充分利用社区矫正信息管理系统和定位管理系统，做好与检察机关统一业务应用系统执检子系统的对接，实现收监执行案件网上办案、网上移送、网上监管，发现问题及时沟通协调，通力配合，切实提高社区矫正各项工作的效率。

（3）建立协作沟通机制。检察机关要与司法行政机关、公安机关、人民法院就收监执行工作建立起相应的衔接机制，出台相应规定，明确办理收监执行案件的主体、条件、程序、职责、义务、惩戒等规定，为办理社区矫正人员收监执行工作提供相应依据。

B.25

遵义市近年交通肇事罪和危险驾驶罪调研报告

汪　燕*

摘　要： 危害公共安全罪是指故意或者过失地实施危害不特定多数人的生命、健康或者重大公私财产安全的行为。交通肇事罪和危险驾驶罪属于危害公共安全罪中的多发性犯罪，而保障公共安全是维护社会稳定、促进经济健康发展的基础。为降低公共安全风险，本文拟以遵义地区交通肇事罪和危险驾驶罪的犯罪数量、起诉情况、判决情况相关数据及趋势为选题切入点进行实证研究，链接检察机关公诉履职内容，从法律层面、社会层面、个人层面分析犯罪多发原因及判决量刑特点，提出防治犯罪对策，以期预防犯罪风险，防控犯罪多发态势。

关键词： 遵义　公共安全　交通肇事罪　危险驾驶罪　犯罪预防

交通肇事罪，是指违反交通运输管理法规，因而发生重大交通事故，致人重伤、死亡或者使公私财产遭受重大损失的行为。[①] 2000 年最高人民法院发布了《关于审理交通肇事刑事案件具体应用法律若干问题的解释》，就审理交通肇事刑事案件具体应用法律若干问题提供指引，进一步明晰了交通肇

* 汪燕，遵义市人民检察院工作人员。

① 张明楷：《刑法学》（第五版），法律出版社，2016，第 718 页。

事罪的构罪标准。

危险驾驶罪是指在道路上驾驶机动车追逐竞驶，情节恶劣，或者在道路上醉酒驾驶机动车，以及从事校车业务或者旅客运输，严重超过额定乘员载客或者严重超过规定时速行驶，或者违反危险化学品安全管理规定运输危险化学品，危害公共安全的行为。[①] 危险驾驶罪的增设及修正在一定程度上解决了对上述行为难以恰当处理的法律困境、弥补了法律空白。危险驾驶罪系2011年2月25日全国人大常委会《中华人民共和国刑法修正案（八）》第二十二条增设，其范围在2015年8月29日全国人大常委会审议通过的《中华人民共和国刑法修正案（九）》进一步扩大，增加了“从事校车业务运输或者旅客运输，严重超过额定乘员载客，或者严重超过规定时速行驶”和“违反危险化学品安全管理规定运输危险化学品，危及公共安全”两类行为。

交通肇事罪和危险驾驶罪的设立及修正为检察机关代表国家行使公权力、发挥检察职能、保障社会和广大人民群众生命、健康提供了法律依据，有利于发挥刑法的威慑力，实现刑法的正义和预防犯罪的目的。危险驾驶罪的增设和修正使危害公共安全罪的数据构成发生重大变化，而交通肇事罪和危险驾驶罪的多发和频发也从侧面反映出危害公共安全问题的严重性和对此类行为进行打击的必要性。

一　数据样本抽取

为尽力保证数据抽取样本的科学性和时效性，避免因年度差异和偶然性因素影响统计数据的代表性，本文采集2015～2017年全年及2018年1～8月的审查起诉部分情况作为数据分析来源，以更加准确地掌握犯罪数量及占比分布的规律。见表1。

---

① 张明楷：《刑法学》（第五版），法律出版社，2016，第725页。

表1　2015～2018年遵义市检察机关审查起诉情况

单位：人

年份	2015		2016		2017		2018年1～8月	
	受案数	起诉数	受案数	起诉数	受案数	起诉数	受案数	起诉数
危害公共安全罪	1009	783	1111	984	1468	1044	1294	839
其中：交通肇事罪	420	335	379	295	454	270	325	163
其中：危险驾驶罪	327	257	502	470	662	507	781	501
交通肇事罪和危险驾驶罪合计在危害公共安全罪中占比(%)	74.03	75.61	79.30	77.74	76.02	74.43	85.47	79.14

根据近几年遵义市县两级检察院交通肇事罪和危险驾驶罪的数据显示，两类罪名合计的受案数和起诉数在危害公共安全罪中占比均超过70%，说明交通肇事罪和危险驾驶罪属于危害公共安全罪中的多发性犯罪，而犯罪数量又基本呈现递增趋势［备注：2018年（1～8月）受案数为1294人，占2017年全年88.15%］。交通肇事罪和危险驾驶罪的各项指标能基本折射危害公共安全罪的犯罪情况走势，这也是本文抽取这两种罪名作为样本的初衷，以期通过结合遵义地区危害公共安全犯罪中多发性犯罪的分析对有效预防控制该类犯罪有所裨益。

二　受案及起诉数据变化趋势及占比分布

如图1所示，2015～2017年危害公共安全罪受案数量呈现递增趋势，危险驾驶罪受案数量也呈现递增趋势。值得注意的是，2018年1～8月受案数已超过2017年全年受案数，说明危险驾驶案在遵义地区态势较为严重，且防治效果差；而交通肇事罪（2015～2017年）受案数则呈现波浪式变化。

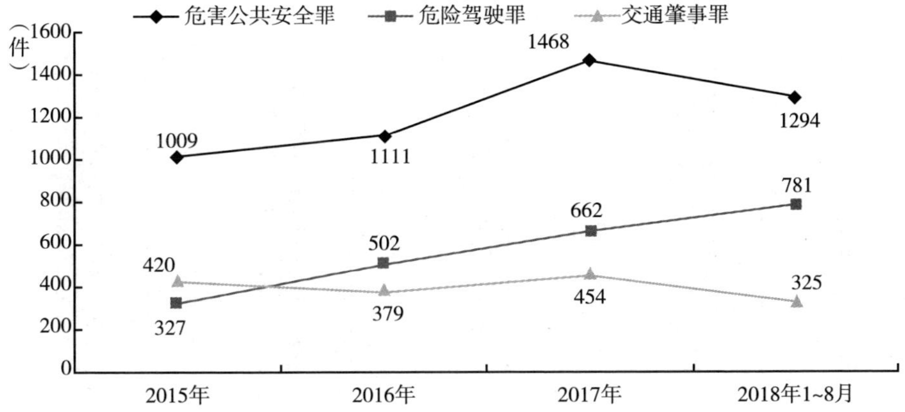

图 1　2015～2018 年 8 月受案数变化趋势

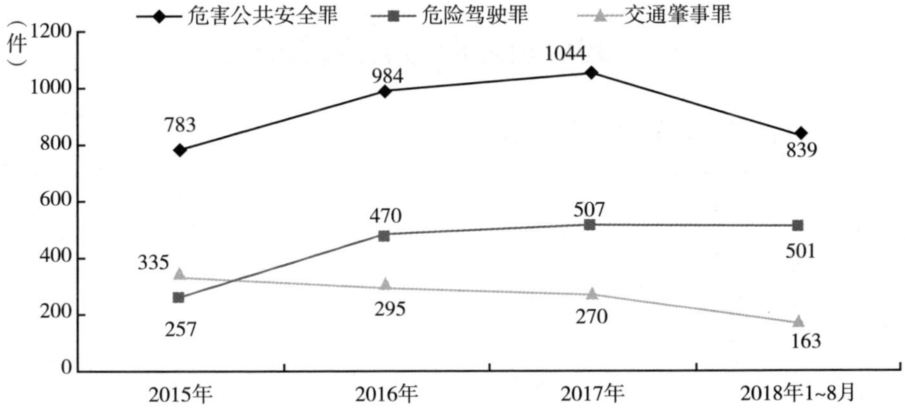

图 2　2015～2018 年 8 月起诉数变化趋势

如图 2 所示，2015～2017 年危害公共安全罪起诉数量呈现递增趋势，危险驾驶罪起诉数量也呈现递增趋势，而交通肇事罪起诉数量呈现递减趋势。

如图 3 所示，通过对比交通肇事罪和危险驾驶罪 2015 年和 2016 年的受案数量和在危害公共安全罪中的单独占比，可以发现自 2016 年度以来，危险驾驶罪受案数明显超过交通肇事罪，且占比也发生反差，自 2016 年以来，危险驾驶罪受案数在危害公共安全犯罪中占比均超过交通肇事罪。

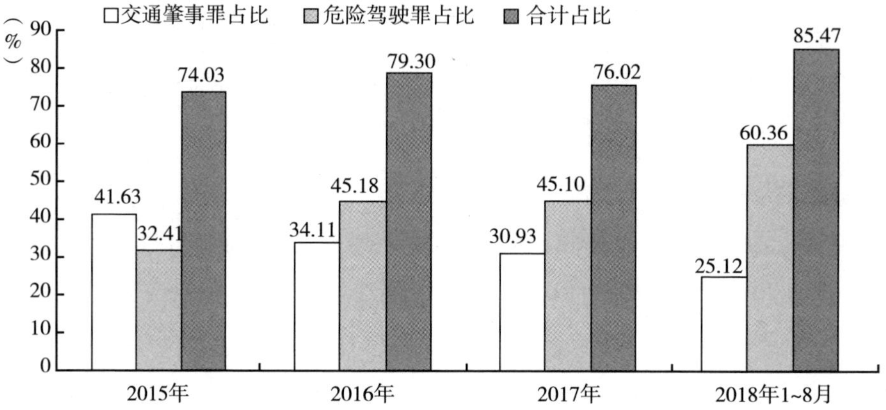

图3　危害公共安全犯罪中受案数占比分布

三　起诉及量刑情况实践分析

（一）起诉率情况综合分析

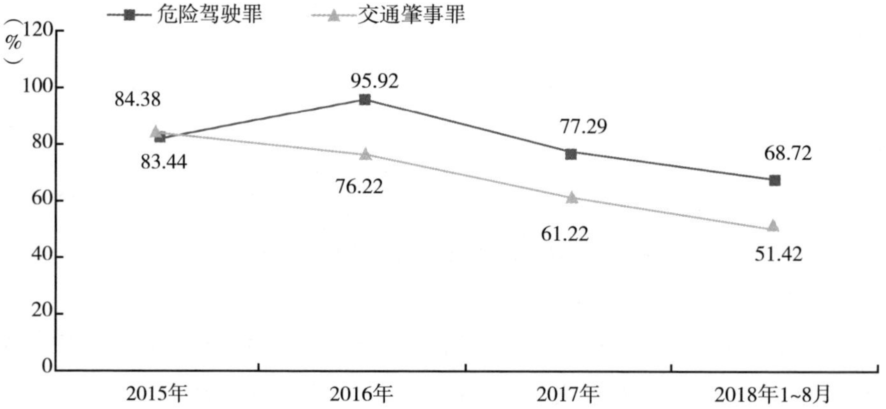

图4　2015~2018年8月起诉率[①]变化趋势

从图4可知，除2015~2016年危险驾驶罪起诉率呈上升趋势以外，2016年以后危险驾驶罪和交通驾驶罪的起诉率基本呈递减趋势，且递减幅

① 起诉率：起诉数除以审结数。

度明显。

起诉率偏低并基本呈现递减趋势原因分析如下。

（1）遵义地区作为司法体制改革试点地区，严格落实司法办案责任制，为保障办案效果，充分落实宽严相济的刑事政策，承办人在考量罪与非罪、此罪与彼罪时更加审慎，如对于交通肇事案件中犯罪情节轻微、社会危害性较小的案件严格审核是否符合起诉标准。

（2）交通肇事罪属于过失犯罪，在行为人具备自首、积极赔偿取得被害人谅解等情节时，行为人和被害人双方易达成刑事和解，最终做出不起诉决定。以 2017 年为例，遵义地区共审结交通肇事案 441 件 441 人，做出不起诉决定 171 件 171 人，不起诉率为 38.78%，其中因犯罪情节轻微不起诉 169 件 169 人，占比 98.83%，系做出不起诉决定的主要原因；其中因达成刑事和解不起诉 144 件 144 人，占比 84.21%，是犯罪情节轻微案件的重要表现形式及考量内容，也是做出不起诉决定的重要原因。

结合 2013 年两高一部《关于办理醉酒驾驶机动车刑事案件适用法律若干问题的意见》，明确了危险驾驶罪的构罪标准，而结合构罪标准，承办人在司法实践中综合考量犯罪情节和社会危险性等因素，严格把握入罪标准，因犯罪情节轻微做出不诉决定的占较大比重。以 2017 年为例，遵义地区共审结危险驾驶案 655 件 656 人，做出不起诉决定 149 件 149 人，不起诉率为 22.71%，其中因犯罪情节轻微不起诉 147 件 147 人，占比 98.66%，系做出不起诉决定的主要原因，而因达成刑事和解不起诉 24 件 23 人。

（二）判决量刑情况实践分析

1. 交通肇事罪

如表 2、图 5 至图 7 所示，交通肇事罪（2015～2017 年）一审判决人数共计 882 人，量刑主要以判处不满三年有期徒刑为主，共计 715 人，占比 81.07%，其中 543 人宣告缓刑，该种量刑幅度缓刑比例为 75.94%，比例较高；判处拘役人数为 33 人，其中 16 人宣告缓刑，比例为 48.48%；判处三年以上十年以下有期徒刑人数为 127 人，其中宣告三年有期徒刑缓刑 70 人，比例为 55.12%。综上，缓刑合计占比为 71.32%，缓刑适用率较高。

表 2 （2015 ~ 2018 年 8 月）交通肇事罪一审判决中缓刑占比情况

年度	判决数		缓刑合计	其中：拘役缓刑	其中：不满三年有期徒刑缓刑	其中：三年有期徒刑缓刑	缓刑率
	件	人	人				%
2015	336	339	251	8	215	28	74.04
2016	273	274	214	6	184	24	78.10
2017	267	269	164	2	144	18	60.97
2018 年 1 ~ 8 月	135	136	79	1	72	6	58.09

注：2015 年交通肇事案件起诉数为 335 人、判决数为 339 人，判决数比起诉数多 4 人的原因系法院对检察院以危险驾驶罪起诉（3 人）和过失致人死亡罪（1 人）起诉的案件以交通肇事罪判决。

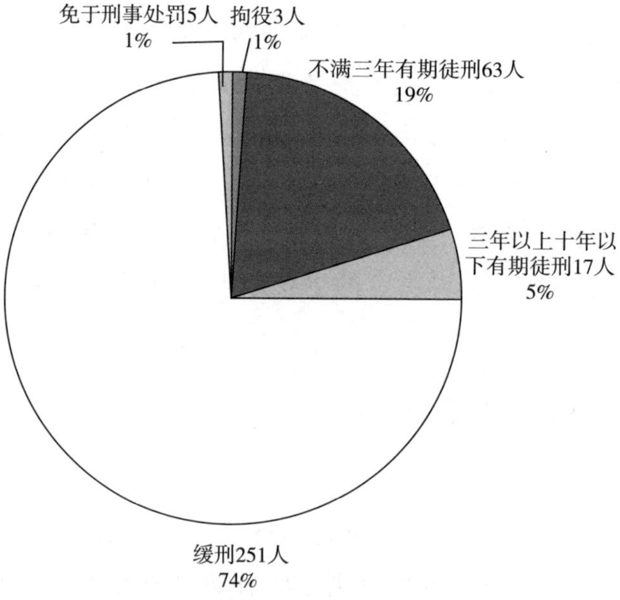

图 5 2015 年交通肇事罪一审判决情况

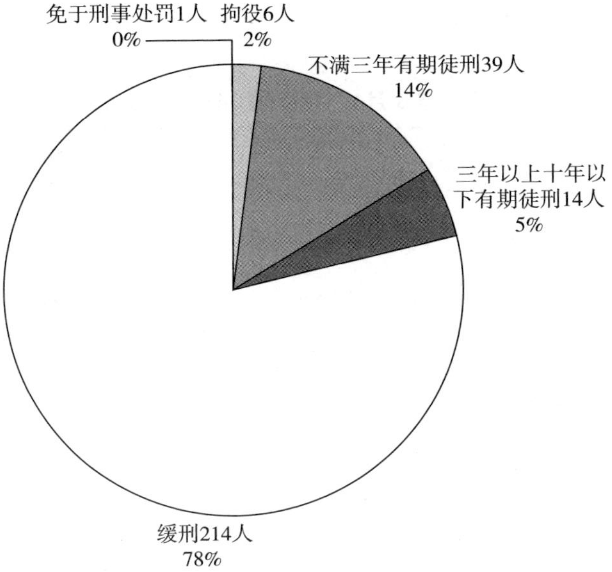

图6　2016 年交通肇事罪一审判决情况

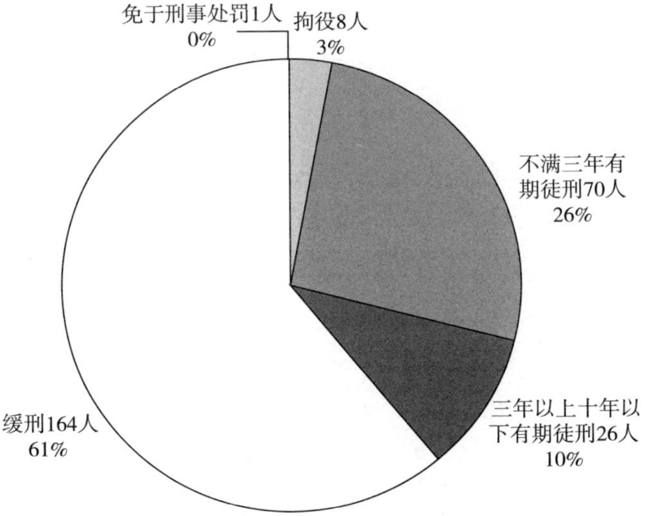

图7　2017 年交通肇事罪一审判决情况

2. 危险驾驶罪

表3 （2015～2018年8月）危险驾驶罪一审判决中缓刑占比情况

年度	判决数		缓刑合计	其中：拘役缓刑	其中：不满一年有期徒刑缓刑	其中：三年有期徒刑缓刑	缓刑率
	件	人	人				%
2015	261	262	114	112	1	1	43.51
2016	462	462	246	236	10	0	53.25
2017	485	485	189	186	3	0	38.97
2018年1～8月	444	446	157	156	1	0	35.2

注：1. 2015年交通肇事案件起诉数为257人、判决数为262人，判决数比起诉数多5人的原因系法院对检察院以交通肇事罪起诉（4人）和以危险方法危害公共安全罪（1人）起诉的案件以交通肇事罪判决。

2. 判处有期徒刑的案件系危险驾驶罪与其他罪名如妨害公务罪数罪并罚所致。

如图8所示，危险驾驶罪（2015～2017年）一审判决人数共计1209人，判处拘役1170人，宣告缓刑549人，缓刑率为45.41%，缓刑适用率低于交通肇事罪。

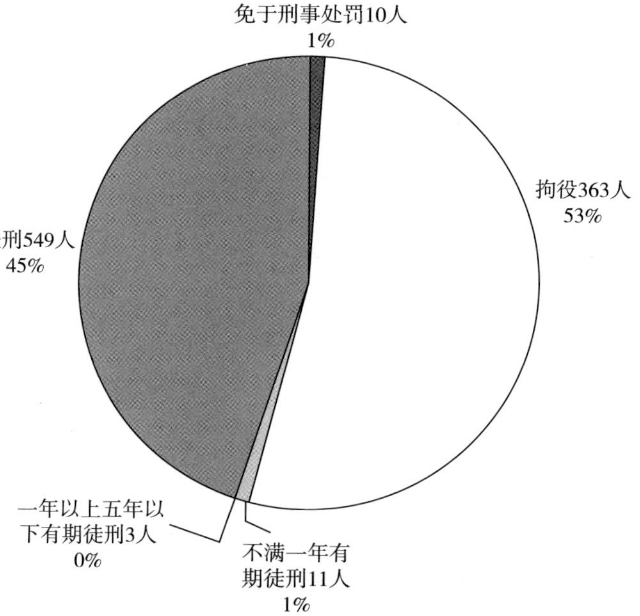

图8 2015～2017年危险驾驶罪一审判决情况

综合判决量刑数据可知，交通肇事罪和危险驾驶罪的量刑较轻，缓刑适用率较高，而犯罪数量总体却呈现上升趋势。同时，危险驾驶罪缓刑适用率低于交通肇事罪，与其较低的法定量刑幅度不匹配。判决中量刑的轻重及缓刑的适用是衡量被告人违法性与有责性匹配程度的重要指标，而罪刑法定、罪刑相适应原则是刑法的基本原则，量刑是对被告人所施行行为的法律评价、再犯罪风险和社会危险性的综合评估和体现，也是发挥刑罚裁量功能和实现预防犯罪效果的重要手段。

四　交通肇事罪及危险驾驶罪多发原因浅析

结合遵义地区交通肇事罪及危险驾驶罪的相关情况，笔者拟从以下几个角度分析。

（一）社会层面

一是遵义部分地区地形复杂、山路崎岖，事故多发地段较多，特别是农村道路弯坡道多，对驾驶技术要求较高。地区经济发展不平衡，区县和乡镇发展程度差异明显，交通不便，部分县区乡镇过往车辆少，导致超员载客的情况较多。二是法制宣传不到位，交通肇事罪及危险驾驶罪犯罪主体身份多为工人、农民、进城务工人员、无业人员，合计约占犯罪总人数的75%，部分犯罪分子表示不知道自己的行为已经构成犯罪，特别是对危险驾驶罪的认知不充分，学习法律知识途径及平台欠缺。三是随着经济社会的快速发展，驾驶员人数、机动车/非机动车数量和道路里程猛增。具体表现为：①驾驶人员驾驶技能参差不齐，培训力度不到位，而非法中介代办交通违章的不良现象也增加了驾驶随意性和风险性；②部分机动车辆使用年限长，机动性能下降，未定期年检，导致车辆“带病上路”，增加运行风险；③道路里程分布不平衡，部分地区临水、临崖路段多，道路狭窄，但波形护栏等安全设施未增设到位，存在“狭路相逢勇者胜”的畸形现象，新修城市道路未及时增设中央隔离设施，驾驶随意性大，增加驾驶风险。监控设施未及时更新、补充，违法行为无法及时查究，驾驶人员易滋生侥幸心理。

（二）个人层面

一是法律知识欠缺。从犯罪主体受教育程度情况来看，2015～2016年共受理交通肇事案799人，危险驾驶案829人，合计1628人，其中初中及以下学历者1293人约占79.42%，高中及中专学历者181人约占11.12%，专科及以上学历者占比不到10%，上述数据反映出受教育程度与犯罪概率成反比，受教育程度越低，实施犯罪行为的可能性越大。由于受教育水平不够，对法律的认知及掌握不够及时、充分，未充分认识到自身行为的违法性及危险性，是该类犯罪多发的重要原因之一。二是安全意识薄弱。在遵义地区，城区犯罪行为主要系酒后驾驶、超速等原因导致，而在县乡主要系开车不系安全带、酒驾、超载、交通工具如摩托车、三轮车等安全系数低等原因导致，未对自己和他人的生命、财产安全充分重视。三是自制力差且对自身驾驶技术过于自信。“中国第一酒镇”茅台镇地处遵义仁怀，是中国酱酒圣地，而整个遵义地区都深受国酒文化的影响，朋友聚会、亲戚宴请，基本是无酒不成席。部分人自制力差，面对他人劝酒不能坚持做到开车不喝酒、喝酒不开车，由于碍于情面、忙于应酬、追求刺激、对自身驾驶技术过于自信、存在侥幸心理等各种原因突破底线，最终酿成悲剧。

（三）司法实践层面

遵义市检察机关办理的交通肇事案和危险驾驶案起诉率偏低，刑事和解率高，缓刑适用比例高，说明检察机关严格落实司法办案责任制，保障办案效果，积极贯彻宽严相济刑事政策。但从犯罪数量总体呈现上升趋势的实际情况来看，轻刑化的量刑特点不利于发挥刑罚的积极功能。交通肇事罪量刑主要以判处不满三年有期徒刑为主，而适用缓刑比例高达75.94%；而危险驾驶罪的法定量刑幅度为拘役并处罚金，违法成本相对较低，犯罪数量日益增长，危险驾驶行为屡禁不止。轻刑化的量刑特点会使刑法的威慑力受到影响，不利于维护公共安全和人民群众生命财产安全。

五 交通肇事罪和危险驾驶罪防控之对策及建议

（一）以司法规范促危害公共安全风险化解

公共安全保障是维护社会稳定、提升公民安全感和幸福感的重要内容，而被告人和被害人均是公民的一部分，就被告人而言，依法追究犯罪行为和依法保障被告人诉讼权利，是检察机关的重要工作内容，也是规范司法办案程序的应有之义。从维护被害人合法权益不受侵犯的角度而言，如何准确把握犯罪行为的情节和社会危害性，保障被害人和不特定多数人的合法权益不受侵犯，是实现刑法一般预防和特殊预防的重点和难点，也是考量检察机关是否准确适用法律的重要标准。检察机关应当遵循法律思维，秉承以人为本的司法理念，严格依照法律程序办案，使人民群众在每一个司法案件中都感受到公平正义，提升司法公信力，化解危害公共安全风险。在对交通肇事和危险驾驶案件提起公诉时也应将犯罪情节、认罪态度、是否取得被害人谅解、社会危险性、再犯罪风险等因素综合考量，把好事实关、证据关、程序关和适用法律关，科学提出量刑意见，防止轻刑化趋势，有效发挥检察职能，提升公诉案件质量。

（二）单位联动打击预防交通肇事和危险驾驶犯罪

公安机关应加大对交通肇事和危险驾驶犯罪打击的力度，加强对多发事故重点区域和路段的执法，科学均衡布置检查点，重点查处机动车辆无牌无照、超载、超速等违法、违规现象，将打击和教育相结合，形成防控犯罪行为高压态势，其中交通管理部门可拓宽各线路视频监测，将路面运行情况、交通违章处理情况与大数据分析等手段充分链接，对于经常超速、违章操作的驾驶人员进行备案，加强宣传和预防教育，驾驶技能和交通规则培训，不定期对已取得驾驶资格的人员进行道路交通安全法规教育和检查测试，从严审核资格。法律宣传部门应加强法律知识的宣传，着重强调罪与非罪的界限，特别是针对与公民日常生活息息相关的法律条文的修正，搭建法律宣传平台，多开展“送法进社区、校园、乡村”活动，也可以通过推广法律知识微信公众号宣传典型案例，从正反面养成公民正确法律认知和意识。

（三）增强法律和安全意识，合力营造公共安全保障社会氛围

公民个人应充分利用微信、微博、网络等平台增强法律知识学习，提高对交通运输管理法规的认识，养成规范驾驶习惯，杜绝开车不系安全带、接打电话、疲劳驾驶、醉酒驾驶、追逐竞驶等不良行为，做到安全出行，避免因超速、超载等行为带来的不良后果。守好法律底线，在参加朋友聚会、同事聚餐时，坚持做到喝酒不开车、开车不喝酒，也可结合现代网络优势，预约酒后代驾服务，朋友之间做到文明劝酒。通过公民对自身不良驾驶行为的纠正，堵好犯罪源头，合力营造安全规范的驾驶氛围，为保障公共安全贡献力量。

B.26

贵州省铜仁市民事行政检察职能维护民营企业及企业家合法权益调研报告

宋勤学*

摘　要： 民营经济是我国社会主义市场经济的重要组成部分，它在维护社会稳定，促进国民经济的发展中起着积极作用。随着市场经济的日益发展，民营企业权益保护问题越来越突出，甚至影响到民营企业的健康可持续发展。2017 年 9 月，中共中央、国务院就依法保护企业家合法权益提出了一系列明确的要求。2017 年 10 月，党的十九大又提出要激发和保护企业家精神。检察机关作为国家的法律监督机关，对于弘扬企业家精神，促进经济持续健康发展有着重要意义。民事行政检察作为检察机关法律监督职能的重要组成部分，对维护司法公正、司法权威，营造企业公平竞争的法治环境，维护企业及企业家合法权益发挥着重要作用。本文考察了贵州省铜仁市企业权益保护情况、民事行政检察部门办案情况，拟从司法实践视角，就如何充分发挥民事行政检察职能作用维护民营企业、企业家合法权益谈几点见解。

关键词： 铜仁市　民事行政检察　民营经济　企业家　合法权益

* 宋勤学，铜仁市人民检察院法律政策研究室主任、四级高级检察官。

一　民事行政检察工作在维护企业合法权益中的作用

在检察机关，民事行政检察部门又素有“小民行、大格局”的说法，其特有的职能职责在维护企业、企业家合法权益方面具有不可替代的作用，能够满足企业对稳定和谐发展环境的需求、满足企业对抵御法律风险能力的需求，满足企业对平等司法保护的需求。

（一）能够督促政府职能部门依法行政，最大限度地减少因违法行政给企业带来侵害

行政权与人民生活息息相关，与企业及企业家更是密不可分。实践中，因为执法主体执法理念、业务素质等因素，会出现一些有法不依、执法不严、执法违法的行为，侵犯了企业及企业家的合法权益，在一定程度上限制和阻碍了民营经济的可持续健康发展。笔者通过调查发现，受访者认为企业外部发展环境不好因素中，有法不依、执法不严占65.85%。要改变这种状况，就必须加强监督，防止行政权力错位和越位。人民检察院对行政机关及行政人员进行监督是宪法赋予的职责，2015年5月1日修改后的《行政诉讼法》更是将检察机关行政诉讼监督的范围扩大，使检察机关能更加全面、专业、刚性地监督行政机关依法行政，从而最大限度地减少违法行政给企业及企业家带来损害。2015年1月1日至2018年1月1日，T市检察机关民事行政检察部门共受理涉及具体行政行为的案件17件，占受理总件数125件的13.6%，涉企案件4件，占行政诉讼案件的23.5%。2018年1～6月，受理涉及企业或企业家的行政案件32件，涉案金额1亿余元，为企业挽回经济损失600余万元。对相关部门违法行政、不作为、乱作为造成企业或企业家合法权益遭受损害的行为，发出检察建议224份，提起公益诉讼2件5人，切实维护了企业及企业家的合法权益。

（二）能够监督审判机关严格规范司法，最大限度地减少因司法不公给企业带来的侵害

人民法院的审判权有较大的自由裁量空间，同时，由于每名法官的价值取向、认知判断能力、知识业务水平及社会阅历的不同，有可能过度行使自由裁量，出现“同案不同判”的结果，个别法官甚至滥用手中的审判权，徇私枉法，如果错误裁判、错误执行的一方当事人是企业、企业家，那么企业及企业家的合法权益必然会遭到侵害。对于出现的错案，笔者认为由检察机关的民事行政部门监督不失为一种非常有效的途径。一是检察机关是法定的法律监督机关。因为法律赋予了检察机关对已经发生法律效力的民事判决、裁定、调解等行为进行监督的权力，而这些权力在检察机关均由民事行政检察部门行使。二是检察机关是刚性的监督。通过审查，一旦认为人民法院的判决、裁定确有错误，便可通过审判监督程序提出检察建议或提出抗诉。相对于审判机关内部监督，发挥的作用显然是不可替代的。三是只有加强对审判权的监督制约，才能防止法官权力的滥用，才能最大限度地减少因司法不公给企业、企业家带来的损害，才能最终实现“让人民群众在每一个司法案件中都感受到公平正义”的目标。2015 年 1 月 1 日至 2018 年 1 月 1 日，T 市检察机关民事行政检察部门共办理各类案件 125 件，其中涉及企业的有 51 件，占比 39.8%，51 件涉企案件中，侵权类 3 件，合同类 25 件，劳务用工类 10 件，融资类 8 件，其他 5 件。经民行部门调查处理，51 件涉企案件中，提请抗诉 19 件，不支持监督申请 24 件，促成和解 5 件，审查终结 3 件。2018 年 1 ~6 月共办理 36 件 72 人，其中涉及企业或企业家民事案件 7 件 8 人，涉案金额 300 余万元。

（三）能够帮助企业依法依规实施管理，最大限度地减少因民事法律风险给企业带来的侵害

企业运行中无处不存在法律风险，无论是在企业的设立之初，还是

在企业的经营管理过程中，甚至是在企业的终结之时都存在法律风险。在民事法律风险、行政法律风险和刑事法律风险中，与企业日常运营活动关系最为密切、风险最多也是最容易转化为刑事法律风险的是民事法律风险。民事行政检察部门在帮助企业防范法律风险上有两个优势条件，一是绝大多数民行部门的检察工作人员均有深厚的法律理论功底和丰富的办案经验，有专业的业务知识为企业提供法律服务；二是检察机关的调查核实权能够让民行部门的检察人员在第一线，及时发现企业更多在法律管控方面存在的各种问题，并通过以案释法、检察建议等方式，帮助企业完善内控机制，提高法律风险意识，避免因法律风险防控不力而带来不必要的损失。仅 2018 年 1 ~ 6 月，T 市检察机关就走访调研企业 111 家，进行送法进企 50 次，为企业提供法律咨询服务 24 次，提供意见建议近 100 条，切实帮助企业解决生产经营中遇到的法律难题和实际困难。

二 企业法制建设及合法权益保护情况

2018 年 6 月，笔者通过问卷和实地走访的方式，对 T 市民营企业家、企业管理人员开展了一次问卷调查。大多数受访者对企业的外部发展表示满意（见图 1），同时，也指出了存在的问题。

（一）企业法律意识淡薄

大部分企业及企业家的法律风险意识非常淡薄，不太重视身边存在的潜在法律风险，只有在出现了纠纷时才会想到找律师或懂法律的朋友。调查显示，有 50% 的受访者表示企业不重视法律工作，只有遇到问题再咨询。在企业制定经营目标、发展战略时是否考虑法律风险，有 43% 的受访者表示考虑过但是没有进行过分析，有 24% 的受访者表示没有考虑。企业或企业管理者合法权益受到侵害时，希望的维权手段中，通过诉讼解决占 51. 22%，向上级主管部门或政府部门申诉的占 43. 9%，向有关媒体反映占

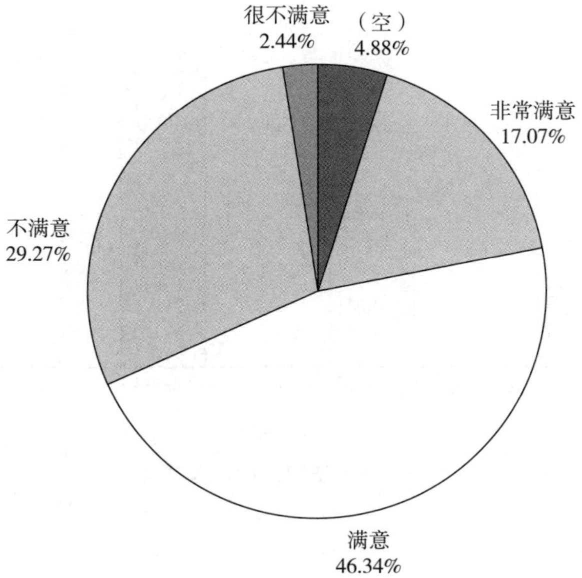

图 1　企业发展外部法制环境

14.63%，找行业组织解决占 24.39%，找关系占 19.15%，选择忍气吞声的占 7.32%。

（二）企业法制建设薄弱

一些企业家在法律风险防范上投入的精力和金钱较少。受访企业中有 53% 没有聘请法律顾问，在企业是否设置独立的法律部门中，有 12% 受访者回答已经设立独立的法律部门，26% 回答安排有专职人员，56% 的受访者回答没有独立的法律部门或安排专职法律人员（见图 2）。当问到企业没有法律顾问、不设法律部门的原因时，受访者回答没有产生法律问题或法律纠纷的占 39%，回答没有经费支持的占 29%，回答没有必要的占 10%，没有填报的占 29%（见图 3）。如笔者走访的一位服务行业企业家，明确表示请法律顾问没有必要，是浪费，是摆设。

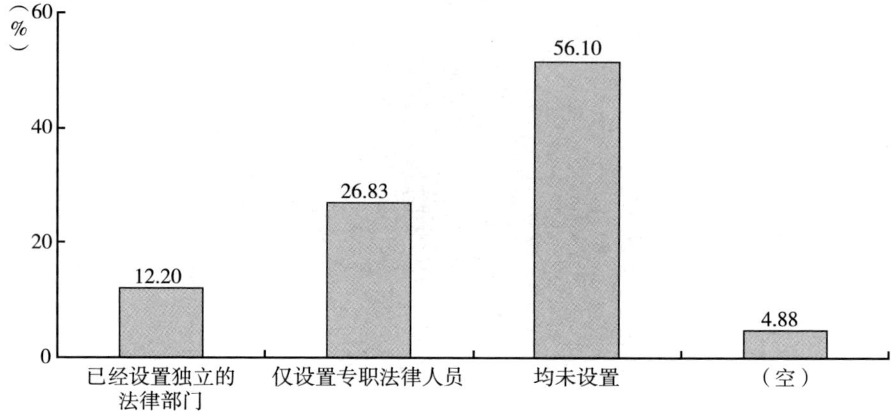

图 2　企业法律部门设置情况

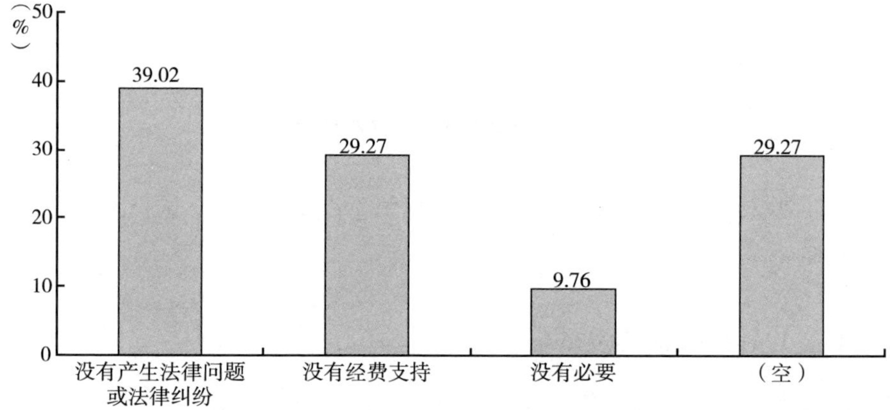

图 3　企业不设置法律部门的原因

（三）企业或企业管理者合法权益偶有遭受侵害

认为企业管理者合法权益基本不受侵害的占 58.54%，偶尔受到侵害的占 34.15%，经常受到侵害的占 2.44%（见图 4）。认为企业合法权益基本不受侵害的占 51.22%，偶尔受到侵害的占 34.15%，经常受到侵害的占 7.32%（见图 5）。

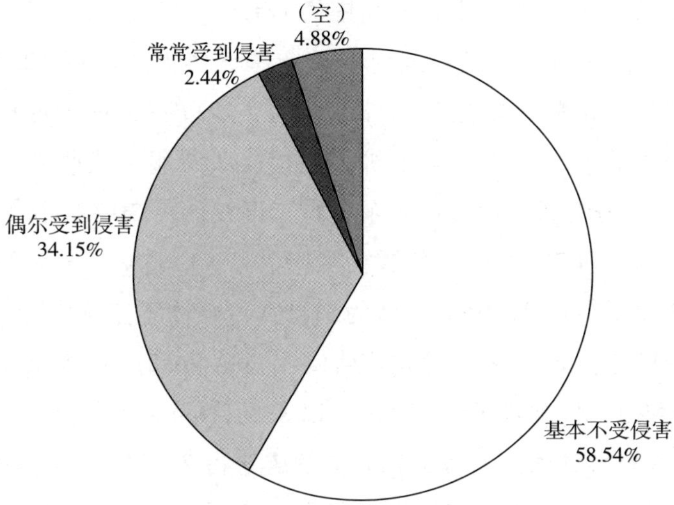

图4　企业管理者受到侵害情况

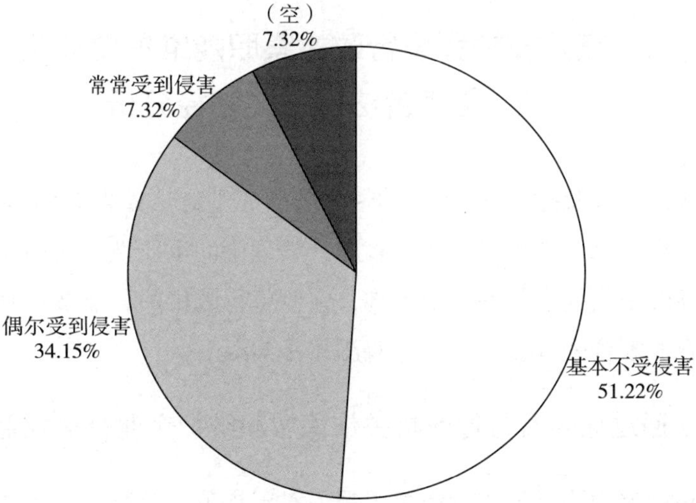

图5　企业合法权益受到侵害情况

（四）企业权利被侵害的形式种类较多

认为来自政府职能部门不合理摊派的有9.76%，干预生产经营权的有7.32%，干预自主用工的7.32%，干预工资、奖金分配的2.44%，干预物资采购的占4.88%，干预产品销售的有7.32%，认为没有以上行为的占68.29%。认为企业场地或财务被非法无偿占用的有12.2%，认为企业遭受强拉乱拉赞助的有7.32%，认为企业以不合理的低价或无偿提供产品或服务的占9.67%，企业被强制接受收费服务或收费性标准认证占7.32%。认为受到来自公司股东、职工侵权的占30%。认为来自其他公司不正当竞争占29.27%，假冒伪劣产品占14.63%，侵犯知识产权占9.76%，恶意诋毁占21.95%。认为来自宣传媒体不正确曝光占7.32%，不良记者的讹诈占2.44%，逼迫广告支出占9.76%。认为来自消费者过度维权占15%，恶意消费占12%，以公司名声要挟达到个人目的占14.63%。认为来自社会上违法犯罪中的盗窃占7.32%，诈骗占9.76%，毁坏公司财务占4.88%，破坏生产经营活动及场所占19.51%，强买强卖，强拉工程占4.88%。

三 充分发挥民事行政检察职能维护企业及企业家合法权益之路径分析

最高人民检察院党组书记、检察长张军基于对法律监督特性的深刻把握，在不同场合反复强调树立双赢多赢共赢理念的重要性。我们要落实好最高人民检察院张军检察长的讲话精神，在监督行政机关、监督审判机关，维护企业和企业家合法权益中，实现双赢多赢共赢。

（一）通过加强监督行政机关依法履职维护企业合法权益

加强对行政违法行为实行法律监督，对于规范行政行为、规范市场交易行为、商标侵权、虚假广告等乱象，切实维护企业、企业家合法利益具有深远的现实意义。

1. 运用检察建议监督行政机关正确履行职责

对于未进入诉讼程序的行政行为，运用检察建议的方式，向有关单位发出纠错、改正、处置和移送犯罪案件建议等。在当前“两反”转隶之后的背景下，为增强检察建议权威性，笔者建议，一是注重检察建议的制作质量。明确建议格式标准，标明事实证据，法律依据，再由分管领导审核把关，确保建议不粗制滥造，敷衍了事，而是一篇有理有据说理充分的优秀法律文书。二是抄送行政机关的上级主管部门和同级人民政府，让其上级主管部门和同级人民政府监督执行。三是与同级纪委监察机关建立联系制度、追责制度，对于确认行政行为违法、不回复检察建议并调整其违法行为的，在发出纠正违法通知书的一定期限内，将相关情况报纪检监察机关，由纪检监察机关启动问责程序，如果能够进入诉讼程序的，采取诉讼行为。四是在公开送达和回复检察建议时，不但要求被建议单位代表参加，同时邀请人大代表、政协委员、特邀检察员等作为第三方代表参加，当场发表对检察建议的意见和建议，既监督检察机关所提建议合理性，又对被建议单位的整改落实进行监督评议。五是通过办理行政诉讼审判监督案件，对行政机关违法行政进行监督，对发现的行政执法人员权钱交易、滥用职权等违法犯罪行为，第一时间向纪检监察机关移送案件线索。

2. 应用督促起诉、督促履职等新型监督手段

针对行政机关怠于行使职权或者由于其不作为，检方不仅运用检察建议手段督促行政机关积极履职，还可以向人民法院提起诉讼，通过诉讼的手段督促行政机关依法履职。在履职中发现质监、工商、卫生等市场监管部门违法行政或者慢作为、乱作为、不作为，给企业及企业家合法权益造成侵害的，应积极运用督促起诉、督促履职等新型监督手段，督促市场监管部门依法履职。

3. 建立联席机制，形成监督合力

建立内外协助机制，使监督形成合力。在检察系统内，整合民行、控申、侦监等内设机构的力量和资源，发挥综合监督作用，特别要发挥好侦监部门的“两法衔接”平台作用，严格监督行政执法违法行为。在检察机关外部，会同人大、纪检监察机关、政府法制部门，组成联合行政执法监督小组，采取联合执法检查、召开联席会议等方式，发现违法行政线索，对行政执法进行有力监督。

（二）通过加强监督审判机关严格司法维护企业合法权益

民事检察监督是我国宪法和法律赋予检察机关的一项重要职能，对于保障法律的统一正确实施、维护司法公正、维护企业及企业家合法权益具有重要意义。工作中，民事行政检察部门可以充分运用抗诉、再审检察建议、纠正违法等手段，强化审判机关对涉企案件民事裁判、民事调解、虚假诉讼、民事执行等方面的监督，全力维护企业合法权益。

1. 加强对民事裁判的监督

经常与企业、法院对接，仔细分析本辖区内企业、企业家经济纠纷的特点、原因、规律，找到破解方法。成立专门的民事办案团队，专门办理涉企民事案件，加强对企业合同纠纷、债务纠纷、股权分配、劳动争议、工伤赔偿、破产清算等案件审判活动进行监督，一旦发现确有错误的裁判情形，依法及时予以监督纠正。

2. 加强涉企虚假诉讼的监督

一是加大对涉及企业、企业家参与虚假诉讼、恶意诉讼的监督力度，重点审查民间借贷纠纷、合伙企业连带责任纠纷、以离婚诉讼一方当事人为被告、以资不抵债企业为被告的劳动争议等案件。对于查证确实的虚假诉讼案件，应当及时予以纠正。二是通过抗诉或者再审检察建议的方式建议法院再审纠正。三是及时移送违纪违法线索。对于构成参与虚假诉讼，且涉嫌犯罪的当事人、代理人移送公安机关，尚未涉嫌犯罪的，依法向行业主管部门、律师协会及行业协会提出检察建议。

3. 加强对民事调解的监督

针对法院“和稀泥”，在双方纠纷事实还未查清的情况下就做出调解、违反自愿原则的强制调解、程序内容违法的调解、损害第三人利益的虚假调解，坚决通过抗诉、再审建议等方式予以监督。

4. 加强涉企执行案件监督

一是选定监督重点。开展涉企业执行案件专项监督活动，重点监督错误采取执行措施、错误处置执行标的物等，致使当事人、案外人等财产权受到侵害的案件。二是拓展案源渠道。摒弃坐等办案的思想，强化依职权发现案件线索的能力，主动到有关单位、到基层、到案发一线获取案件线索，如主动到法院调取已超期的执行案件归纳列表，从中筛选需要启动监督程序的案件，主动与人大代表、政协委员及有关行业协会沟通联系，多渠道获取监督线索。三是与人民法院会签文件。对于实践中经常遇到，但是法律、司法解释又还没有做出明确规定的，争取与法院会签文件，将检察机关监督执行案件来源、方式等内容通过协议固定下来，便于实务操作。

5. 多措并举强化监督效果

一是积极开展民事行政检察宣传活动。通过微信、微博、门户网站、电子邮箱、户外广告、宣传手册等，全方位、多渠道宣传民事行政检察职能、受案范围、立案条件和抗诉标准等，努力拓展民行监督案件线索来源。二是努力提高办案质量和效率。在抗诉文书、检察建议论证说理上狠下功夫，努力提升法律文书的质量。注重运用大数据技术，整合有限资源，减少办案环节，缩短办案周期；注重对抗诉案件的跟踪监督，努力提高抗诉案件改变率。三是探索建立检察长列席涉企抗诉再审案件审判委员会机制，通过列席审判委员会加强对法院审理涉企案件的监督。

（三）通过延伸民事行政检察职能，维护企业合法权益

1. 协助企业“法律体检”，着力提升企业抵御法律风险能力

采取访谈、实地考察、查阅文件、问卷调查方式，为企业开展“法律体检”活动，帮助分析存在的法律风险和解决问题困难途径，协助企业建立健全财务、采购、合同管理等制度，堵塞企业在管理方面的漏洞和薄弱环节，提高企业抵御风险的能力。积极组织民事行政检察部门工作人员深入企业开展调研，了解企业合法权益受损情况及当前存在的主要问题和困难。同时，注重调研成果的转化运用，对于体制性、政策性、策略性、方向性等重大问题，及时向党委报告，提出解决的建议；对于机制性、管理性以及政策执行中存在的问题，及时向相关职能部门通报。

2. 送法进企业，着力提升企业依法规范经营意识

一是不定期地向企业通报检察机关办理涉企刑事、民事、行政案件，对相关案件进行一案一剖析，深刻分析发案原因、特点和规律，查找企业家及企业法律风险和管理漏洞，及时向企业提出堵漏建制的建议。二是通过举办法制讲座、法律咨询、发放宣传资料等形式，开展对企业家及企业重要部门、重点岗位、关键环节管理人员的法制宣传教育，重点传递合同订立和履行、企业融资、劳务用工方面的法律知识及注意事项，提高企业家及其干部职工的法治意识。三是推送一组法治微信公众号。向企业家及其管理人员推送有关法治建设、企业依法经营等方面的微信公众号，如《中国普法》《长安剑》《企业法律顾问》等微信公众号，引导企业家遵纪守法、规范经营。四是将涉企典型案例解读、各项服务企业的法制政策等编印成册子，或为企业量身定做专题“小贴士”，企业家及其管理人员只要翻一翻小册子，就能一目了然风险所在。

（四）重自强，努力提升民行检察的监督能力和水平

打铁还需自身硬，民事行政检察部门要通过监督行政机关、审判机关，维护企业合法权益，如果自身能力水平跟不上、不如人，就不能有效履行法律监督职责，维护企业权益的效果也不会明显。所以，还必须解决好民行检察人员不愿监督、不敢监督、不善监督及监督不到位的问题。

1. 提高对民事行政检察工作的认识

检察机关是营造良好法治环境的重要参与者和实践者，对于营造保护企业家合法权益、促进企业家公平竞争的法治环境具有重要意义。民事行政检察工作作为检察工作的一部分，必须以党和国家大局为重，融入大局、服务大局、保障大局。必须充分运用以抗诉为中心的多元化监督手段，为企业家健康成长和事业发展营造宽松环境，切实加强企业家人身财富安全感，增强和激励企业家创业信心。

2. 加强对民行队伍的素能培训

高素质的民事行政检察队伍是民行检察监督工作良性开展的保障。可以

通过引进具有丰富司法实践经验的法官、律师和具有深厚理论功底的学者，充实激活民行检察队伍；可以通过轮训、岗位练兵、以老带新、再教育等形式，不断提高现有民行检察人员的综合素质，不断增强法律监督的业务能力。

3. 加强与法官、学者的沟通交流

建议与法院、高校科研机构多沟通交流，积极推进检察官与法官轮岗交流和法学学者挂职制度，让检察官、法官和学者站在不同角度认识和思考问题，推动问题认知达成共识，促进问题公正合理解决。

结　语

法治是现代文明的基石，营造一个适合企业家创业经营的法治环境，才能让企业家更好地创业、创新、创富，为我们的城市和国家做出更多的贡献，创造更大的奇迹。检察机关的民事行政检察职能是法治的缩影，法治的载体，充分发挥好民事行政检察职能，就是深化法治建设，维护企业及企业家合法权益，保护经济健康可持续发展的具体实践。

B.27
黔南法院为优化营商环境提供司法服务及保障调研报告

王亮海*

摘　要： 营商环境已成为各国、各地区经济发展竞争的重要因素。营造良好的营商法治环境是必备条件，法院作为输出公平正义司法产品的国家机构，是优化营商环境的重要力量。黔南法院在参与优化营商环境中依循能动司法的发展思路，主动作为，从审判职能出发，找准切入点，为地方经济社会发展营造一个公开、透明、可预期的法治化营商环境。

关键词： 优化营商环境　司法服务　司法保障

随着我国社会主义市场经济的日趋完善，营商环境的重要性在党的十八届三中全会上首次提出，《中共中央关于全面深化改革若干重大问题的决定》指出，要"建设法治化营商环境"。党的十八届五中全会又提出，"要形成对外开放新体制，完善法治化、国际化、便利化的营商环境"。营商环境是指商事主体从事商事组织或经营行为的各种境况和条件，是一个国家或该地区有效开展交流、合作以及参与竞争的依托，体现该国或该地区的经济软实力。① 当今世界经济竞争越来越激烈，对一个地区或国家的营商环境评

* 王亮海，黔南布依族苗族自治州中级人民法院党组书记、院长。

① 董彪、李仁玉：《我国法治化国际化营商环境建设研究—基于〈营商环境报告〉的分析》，《商业经济研究》2016 年第 13 期。

价日益突出，目前，由于世界银行发布的年度《营商环境报告》覆盖范围广、评估指标全面、数据详细，成为各国、各地区评价营商环境优劣的权威参考。

本报告重点调查少数民族地区黔南法院为优化营商环境提供的司法保障现状，以世界银行营商环境评估指标为参照，检视其在优化营商环境上所做的努力，查找存在的问题和制约因素，提出进一步优化营商环境的司法对策，以更优质的司法服务为黔南州经济发展提供强有力的司法保障。

一　法院参与优化营商环境的切入点

法院作为国家机构设置的最原始功能就是解决社会冲突，定分止争。但随着社会的全面发展，社会分工越来越细化，价值诉求趋向多元化，矛盾冲突高频发生，且表现得变化无常，新问题、新形态层出不穷。法院作为审判机关也在顺应着社会经济发展而变化，延伸审判职能，促进经济发展，以满足公众诉求和社会发展需求。

（一）法院的功能定位

2009 年，最高人民法院提出“能动司法”的理念，强调法院要主动回应社会司法需求，主动延伸审判职能，充分发挥司法职能作用，更好地服务经济社会发展大局。尽管理论界有的学者对此持否定态度，批判能动司法是对司法规律性的背离以及法治的倒退。[①] 但经过司法实践表明，法院延伸审判职能，对解决转型时期的中国社会突出问题和矛盾起到了积极作用，赢得了人民群众对法院工作的肯定。本文不参与司法理论界与实务界关于“能动司法”的争论，只对司法实践中显现的法院功能做实践性划分。

1. 解纷功能

依法化解社会矛盾纠纷，解决社会冲突，定分止争，维护社会稳定，这是人民法院的主要功能。

---

① 陈金钊：《“能动司法”及其法治论者的焦虑》，《清华法学》2011 年第 3 期。

2. 服务功能

法院作为审判机关，向社会提供的是司法公共服务，以回应社会公众需求，服务大局发展为基本要求，这是人民法院审判职能的延伸功能。

3. 正义功能

实现社会的公平正义是人民法院工作的价值目标，法院的使命就是要实现“让人民群众在每一个司法案件中感受到公平正义”，这是人民法院的核心功能。

（二）法院服务经济发展的重要性

市场与法治是现代文明的两大基石，我国改革开放四十年来，已建立了具有中国特色的社会主义市场经济体系。自由交易的市场经济，通过法治的规则约束，为市场交易主体构建一个安全稳定、利益可期的交易环境。法院作为社会公平正义的维护机关和纠纷解决的最终机构，能为市场经济发展提供井然有序的环境。

1. 创造良好的法治环境

经济的发展离不开稳定的社会环境，法院在审判中贯彻“宜调则调，当判则判”的原则，调判结合化解矛盾纠纷，通过降低当事人诉讼成本，做好诉前答疑与判后释法的工作，进行诉讼风险防控，减少不稳定因素，为经济建设提供稳定保障。

2. 创造更优的投资环境

司法状况的优劣是投资者选择的重要因素，法院通过对个案公开、公平、公正的审判，给投资者一个可信赖的营商环境，为招商引资提供司法保障。

二　世界银行营商环境评估中国司法的现状

世界银行从2003年开始发布世界各国或经济体的《营商环境报告》，

由于该项报告是对一个国家或者地区商业竞争能力的描述，在实践中对投资者具有很强的引导作用。可以说该报告已成为一个国家或地区经济社会发展的重要“生产力”。

（一）世界银行营商环境评估的关注点

世界银行每年确定一个主题，对全球经济主体营商环境进行评估。目前，已发布了16个《营商环境报告》，2019年中国营商环境的排位从2004年的91位上升至48位，提升了43位（见表1）。

表1　历年世界银行营商环境评估报告关注的主题

年份	主题	中国排名
2004	企业生命周期的环境	91
2005	消除增长障碍	91
2006	创造就业机会	93
2007	如何改革	83
2008	办理许可、雇佣工人与执行合同	83
2009	在困难时期进行改革	89
2010	在困难时期进行改革	79
2011	改进企业家的营商环境	91
2012	在更透明化的环境里经营	91
2013	对中小企业进行有效监管	96
2014	了解针对中小企业的法规	90
2015	监管效率与质量并重	84
2016	衡量监管质量和有效性	78
2017	人人机会平等	78
2018	改革以创造就业	78
2019	改革与培训	48

资料来源：世界银行营商环境评估报告关注的主题数据，本报告根据人大经济论坛中文翻译版本整理而来。

（二）中国法院在世界营商环境评估报告中的排位

世界银行营商环境评估指标是以企业周期为角度来设置，涉及法院的指标重点体现在“执行合同”指标上。该指标被誉为“法院竞争力指标”，2019 年报告在 190 个经济体中，我国法院排在第 6 位（见图 1）。[①] 根据发布的报告来看，2016 年以来，我国法院排名均在世界前 10 位，法院在优化营商环境上贡献了力量。

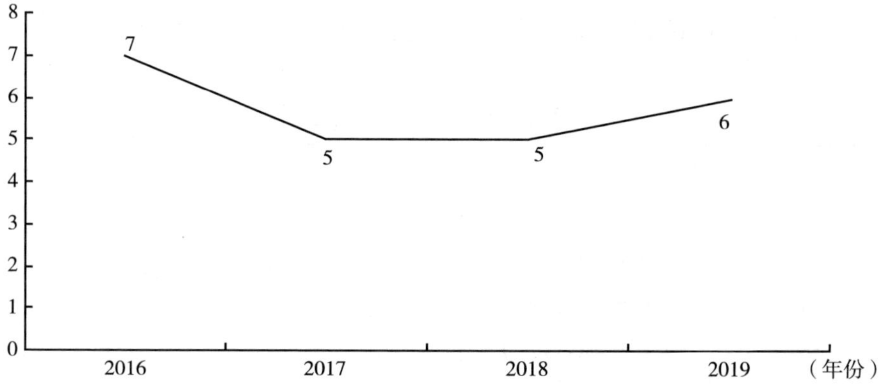

图 1　中国法院在世界营商环境评估中的排位（2016～2019 年）

执行合同领域考察涉及了司法效率、司法成本、审判组织、司法程序、信息化程度、司法改革举措等方面。我国化解商业纠纷的时间为 496.3 天，诉讼化解纠纷的成本占索赔额的 16.2%，司法程序质量指数评 15.5 分（此项满分为 18 分），位列第一位。[②]

三　法院参与优化营商环境的黔南实践

人民法院要“为经济社会发展提供有力的司法服务和保障”。[③] 黔南法

① 司法程序质量指数世界银行在中国抽取的调研样本是上海法院和北京法院。

② 资料来自世界银行发布 2019 年世界营商环境报告。

③ 参见最高人民法院院长周强在广东调研时的讲话，《法制日报》2016 年 1 月 19 日。

院一直以来从大局出发，重视审判服务地方中心工作建设，尤其是党的十八大以来，两级法院深入推进司法体制改革，解决制约法院发展的深层次问题，提升司法服务水平，延伸审判职能，围绕黔南州“一圈两翼”区域经济发展规划的发展需求提供司法保障。① 黔南州2017年全年地区生产总值完成1160.59亿元，同期相比增长12.1%，一般公共预算收入119亿元，增长13%。主要经济指标位居全省前列。② 黔南州的经济总量稳步提升，社会经济健康发展。③

（一）以司法政策宏观指导保优化

黔南州中级人民法院④（以下简称“黔南中院”）不待扬鞭自奋蹄，深刻理解司法权具有的政治性、人民性、法律性三方面的本质属性，⑤ 主动将审判工作融入黔南州经济建设发展大局中，出台系列支持经济建设的政策性文件，为构建营商环境注入“法治元素”。2014～2018年，黔南中院共出台7个保障地方经济发展的政策性文件（见表2）。

文件从刑事审判、民商事审判、行政审判和执行工作等方面，有针对性地为优化营商环境提供司法保障。

（1）发挥刑事审判职能，维护社会平安稳定。通过依法审理各类严重危害社会治安和群众安全感的暴力犯罪案件，为市场主体提供安全、安定、安心的投资环境。

---

① “一圈两翼”是指黔南州对区域经济发展的规划方案，以州府所在地都匀为中心，建经济板块，环贵阳城市圈（北翼）融入贵阳、贵安新区，南部特色功能圈（南翼）建成生态绿色发展典型地区和全国原生态旅游目的地。

② 引自黔南州人民政府关于印发《政府工作报告》及其决议的通知（黔南府发〔2018〕2号）。

③ 从2017年2月15日，黔南州代理州长吴胜华在州十四届人民代表大会第一次会议上做的政府工作报告体现，黔南地区生产总值达到1023.39亿元，是2011年的2倍，年均增长14.4%；经济总量在全国30个自治州排第5位，全面小康实现程度预计达93.5%，经济发展群众满意度全省排第一位。

④ 黔南州中级人民法院在以下表述为“黔南中院”。

⑤ 王胜俊：《把握司法规律，坚持能动司法，努力推动人民法院工作科学发展》，《人民法院报》2010年5月6日，第1版。

表 2　黔南中院 2014～2018 年出台优化营商环境的政策性文件

年份	文件名称[①]
2014	关于进一步为黔南茶产业发展提供司法保障的意见
2015	关于为民营企业健康发展提供司法保障的实施意见
	关于为黔南州建设现代物流业提供司法保障的指导意见
2016	关于充分发挥审判职能,为黔南州"十三五"规划实施提供司法保障的指导意见
	关于为黔南打造全国民族地区创新发展先行示范区提供优质司法保障的实施意见
2018	关于在开展保护企业家合法权益进一步优化营商环境工作中加强协作配合的工作办法(试行)(与检察院联合行文)
	关于开展司法环境专项整治行动实施方案

注：列表中所列文件名称均省略了"黔南州中级人民法院"的表述。

（2）发挥民商事审判职能，营造公平有序的市场环境。妥善审理各类民商事案件，尤其谨慎审理破产案件和环境资源类案件，不仅为市场主体营造公平公正的市场交易环境，还引导市场主体遵循市场经济规律和可持续发展要求，有秩序退出市场经营。

（3）发挥行政审判职能，建立规范的行政管理体系。加大对行政行为的监督，依法纠正行政机关不当的行政行为，促进政府完善公共服务职能。

（4）强化执行工作力度，依法维护市场主体合法权益。穷尽各类执行措施，依法维护市场主体的既判权益。慎用查封、扣押、冻结措施，最大限度降低对正常生产经营活动的不利影响；主动服务，帮助企业构筑预防纠纷和防范风险机制，促进企业健康发展。

（二）以司法改革为动力助优化

党的十八大召开以来，黔南法院深入推进司法体制改革，先后进行了24 项改革，不断完善审判工作方式、工作机制等，提高审判质效（见表3）。

表 3 黔南中院 2014 ~ 2018 年推进改革工作，为提升司法能力出台的文件

2014 年	关于在部分基层法院开展试点工作的通知（该文件涵盖了审判权运行机制改革、调判分离改革及多元化纠纷解决机制改革、民事法律文书简化改革等内容）
2016 年	关于防范和治理虚假诉讼行为的指导意见
	关于审判权运行机制改革的指导意见
	关于推进以审判为中心的诉讼制度改革的指导意见
2017 年	司法改革试点工作实施方案及其 20 个配套制度（试行）（该项改革涵盖了人员分类管理、员额法官选任、司法责任、案件质效监督管理等内容）
	关于全面推进适用小额诉讼程序审理民事案件的指导意见
	关于跨域立案工作的若干规定（试行）
2018 年	关于案件繁简分流优化司法资源配置的实施办法（试行）
	关于进一步落实院庭长审判监督管理职责的办法（试行）
	关于进一步规范发回重审司法行为的意见

特别提出的是，黔南法院在深入推进司法改革过程中，一是建立多元化纠纷解决机制的福泉“112”模式。探索出以司法确认为切入点的多元化矛盾纠纷解决机制，在地方综合治理中发挥了重要作用。该模式整合了各级各类调解资源，有效发挥基层人民调解组织熟悉民情民意、群众工作经验丰富和第三方调解组织具有行业资质水平的特点和优势，将一般性矛盾纠纷化解时间控制在 3 日内，重大疑难案件化解时间控制在 15 日内，30% 以上的矛盾纠纷实现当日调解结案，比诉讼方式节约 90% 以上的时间成本。

二是探索在中级法院推行案件繁简分流机制。在中级法院层面进行案件繁简分流改革，有效地缓解实行立案登记制后中级法院的审判压力。通过与第三方合作开发一套自动分案系统，系统根据案件繁简分流甄别条件，自动识别案件的繁简，按照分案原则，把案件直接分至法官。自 2018 年 7 月中级法院启动自动分案系统以来，分案 1921 件，其中，简单案件 613 件，占 31.91%，简单案件平均审理天数为 36 天，同期相比缩短了 12 天。

（三）以立足审判职能推优化

习近平总书记指出，“法治化环境最能聚人聚财，最有利于发展”。人民法院充分发挥司法能动性，用公正高效的审判，防止因为裁判不公、审理效率低给营商环境造成不良的影响。

1. 案件的办理情况

（1）涉营利性法人治理类型案件。2016～2018 年 10 月，黔南两级法院办结与破产有关的纠纷 6 件，合伙企业纠纷 8 件，与企业有关的纠纷 23 件，保险纠纷 86 件，与公司有关的纠纷 403 件。

A. 与公司有关的纠纷办结情况。抽样调查了占经营性法人治理类型案件中比重较大的与公司有关的纠纷办结情况。2016 年，两级法院共审结与公司有关的纠纷 43 件，2017 年 187 件，2018 年 1～10 月 173 件（见图 2）。

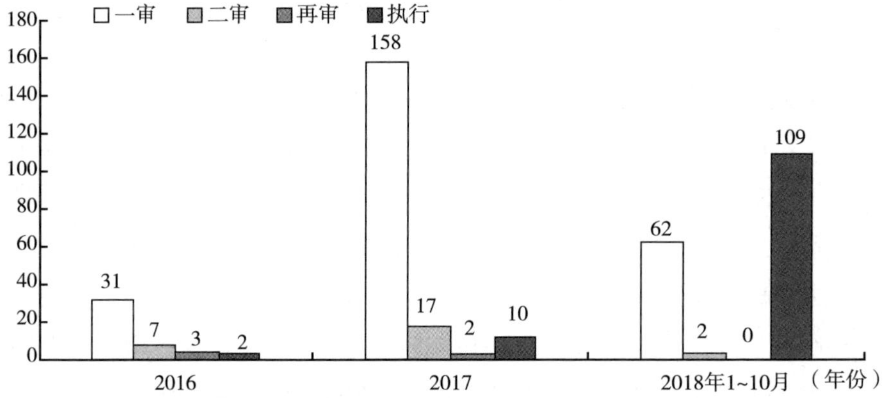

图 2　办结案件数

从办结案件效果来看，三年来办结案件息诉情况良好。上诉案件为 24 件，其中改判 13 件，发回重审 2 件。申请再审案件仅有 5 件，其中驳回再审 1 件，维持 3 件，发回重审 1 件。

B. 案件当庭裁判情况。2016～2018 年 10 月，当庭裁判案件数，2016 年 15 件，占审结案件的 36.5%；2017 年 125 件，占审结案件的 70.6%；2018 年 1～10 月 38 件，占审结案件的 59.3%（见图 3）。从当庭裁判案件的情况来看，法院越来越重视裁判结果的及时性。

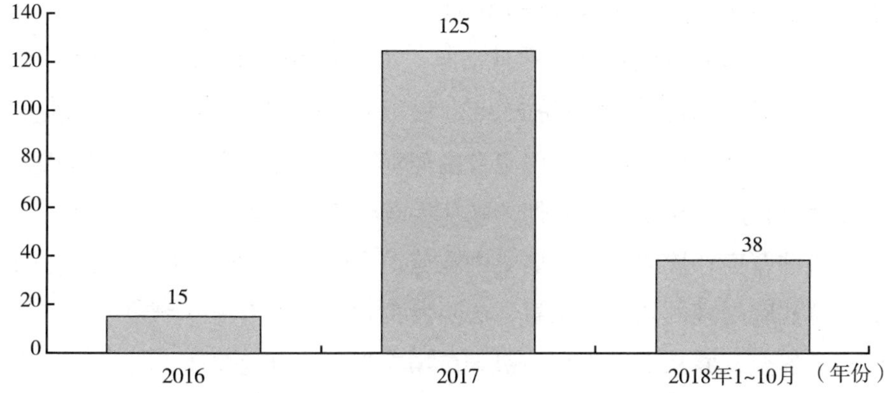

图3　当庭裁判案件数

C. 案件平均审理天数。2016～2018 年 10 月，随着各项改革措施的落地，审判效率得以提高，审理案件的平均期限越来越短，从 154 天下降到 70 天（见图 4）。

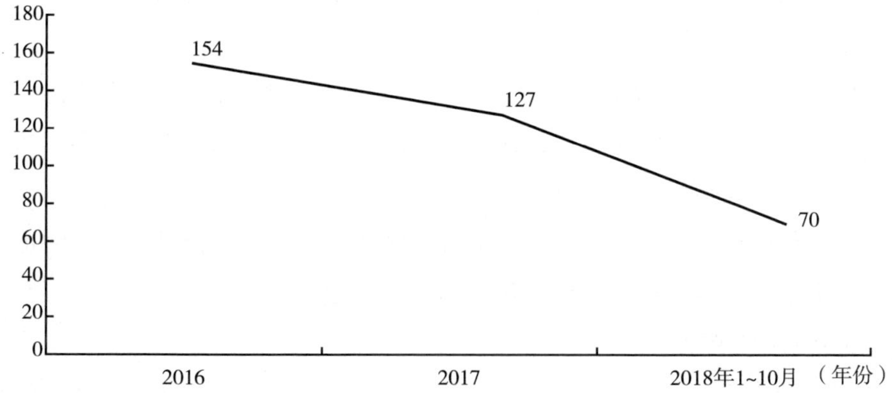

图4　案件平均审理天数

（2）涉营利性法人劳动关系案件。2016～2018 年 10 月，劳动合同纠纷审结 1683 件，其中系列案件 431 件，以调解方式结案共计 406 件，被告身份是法人的有 1359 件。另外，还审结拒不执行劳动报酬案件 2 件。

涉劳动合同纠纷的执行案件共计 1008 件，其中执行完毕 514 件，终结本次执行程序352件，终结执行128件。

（3）办理其他涉营商环境案件情况。2016～2018年10月，审结买卖合同纠纷5266件，借款合同纠纷23383件，知识产权纠纷5件；审结涉及工商行政管理6件、生产许可、侵犯自主经营案件3件；审结打击破坏社会主义市场经济秩序犯罪案件446件，破坏生产经营案件3件。

黔南涉营商环境的纠纷主要集中在劳动合同、买卖合同以及借款合同三大类，从法院处理的效果上来看，法院发挥审判职能作用，维护契约自由，保障交易安全，并从个案审理中引导市场参与主体自觉规范行为。

2. 案件受理方式

（1）加强诉讼便民建设。完善诉讼服务中心建设，两级法院按照标准化要求，完善诉讼服务中心功能作用，做到一站式、全方位为当事人和律师以及来访群众提供诉讼服务。

（2）实行跨域立案服务。在州内实行跨域立案服务，当事人可在任何一家法院提交诉讼材料，由法院转至有管辖权法院立案。2018年1～10月，全州跨域立案45件。

（3）实行“线上立案”服务。当事人可通过法院网站、官方微博、微信公众号、法院热线等平台咨询法律，并能在网上一步到位进行立案。2018年1～10月，全州法院网上立案294件。

从案件受理方式来看，便捷式的诉讼服务得到进一步提升，但同时也存在便民诉讼服务方式知晓率低、惠及面窄的问题。

3. 特色司法服务

（1）定期发布审判白皮书。黔南中院每年向社会公众发布民事审判、刑事审判、行政审判以及执行工作白皮书。

（2）设置园区法官工作室（或产业园区巡回审判点）。法官主动走进工业园区、产业园区宣讲法律，引导企业做好风险防控。自2013年开始，黔南12个基层法院根据本地司法需要，先后都成立了法官工作室（或巡回审判点），针对企业需求开展司法服务。

（3）设置旅游审判庭。法官在旅游景点按照“无诉状立案→免收诉讼费→当庭调处→现场兑付”的工作流程，快速调处旅游类矛盾纠纷。荔波县法院旅游审判庭从2016年4月成立至2018年10月，共审结154件纠纷，接待旅游群众咨询近4000余人/次，发放宣传资料近20000份，引导游客、商户、企业正确维权。

（4）设置大数据审判庭。为保障大数据产业发展，在惠水县法院设立大数据审判庭，将大数据与审判双向互动，利用信息化手段，打破地域限制，采用微信、QQ进行送达、调解纠纷和开庭审理案件。大数据审判庭从2017年1月正式受理案件至2018年10月，共审结涉互联网民商事案件405件。

（四）以人才培养保障优化

2016～2018年，黔南法院政法编制干警共有965名参加培训，聘任制人员465名参加培训，整体上实现培训内容多样性和受训人员的全覆盖。

1. 审判业务培训

两级法院2016～2018年选派537名法官和法官助理参加上级法院安排的审判业务培训89期次或自办审判业务培训班29期次（见表4）。

表4　2016～2018年审判业务类培训情况

年份（年）	民事审判（期次/人次）	刑事审判（期次/人次）	行政审判（期次/人次）	执行工作（期次/人次）
2016	11/217	20/127	6/42	3/97
2017	20/305	13/103	5/35	3/74
2018	17/241	8/121	6/40	6/102

2. 政治思想培训

加强法院干警理想信念的政治教育，从思想上树立服务大局的司法理念。黔南法院积极选派干警尤其是法官和法官助理参加上级法院或州委组织的党性教育培训，并以党组书记和党支部书记上党课的形式，自办党性教育培训班（见表5）。

表5　2016～2018年，政治思想教育培训情况

	外部安排培训[①]	自办培训班[②]
举办期次	32	8
参训人次	1837	3982

注：①外部安排培训是指上级法院或州委、州政府以及州直部门安排的培训。
②自办培训是指黔南中院针对每年法院工作需要，开办为期1天左右的培训班。

3. 办公技能培训

派员参加智慧法院建设、大数据、新媒体宣传等培训班参训，拓展干警视野。除此之外，黔南中院每年举办办公信息化应用、规范案件归档、电子签章等办公技能的培训，提高全体干警办公效率（见表6）。

表6　2016～2018年，办公技能培训情况

	外部安排培训	自办培训班
举办期次	32	31
参训人次	216	4773

四　黔南法院参与优化营商环境的努力方向

（一）法院参与优化营商环境难点问题分析

对照《2019年营商环境报告》“执行合同”指标，检视黔南法院参与优化营商环境的探索实践，在为优化营商环境提供司法服务和保障上，要解决诸多理念、机制以及能力上的问题。

1. 优化营商环境的思想认识有待提高

主要表现为：少数法官认为，法院是被动化解纠纷，对能动司法理解有偏差，在办理案件上存在着就案办案，机械办案，不能敏锐地从审判数据中提炼出有效信息，对经济发展未能提出可行的司法政策予以应

对。如，从发布的审判白皮书内容来看，仅反映本年度审判工作的基本概况，未对案件审理进行深入态势分析和案件审理折射出的经济社会问题进行预警提示。

2. 优化营商环境的工作机制有待完善

主要表现为：在推进提高司法效率改革上，力度不够。案件繁简分流机制改革推行缓慢，辐射面不够，改革效果不明显。在优化审判组织上，聘任制书记员队伍不稳定，影响审判团队办案效率，同时缺少对专业化审判组织的培育。信息化建设上，存在着重研发轻应用，应用系统用户体验感不够，系统之间融入性有待改进，信息化手段提高司法效率的效果不明显。

3. 优化营商环境的司法能力有待提升

主要表现为：在经济下行，供给侧结构性改革的大背景下，大多数法官知识背景、知识体系单一，面对新形势下表现出的复杂经济样态，法官的司法能力面临着极大挑战。法官司法能力培训上，存在着时间短、针对性不强、系统性不够等问题。如在破产案件、知识产权纠纷的审理、非法集资案件的执行等新类型案件上，出现了司法能力支撑不足。

（二）法院参与优化营商环境的对策措施

法院作为参与建设法治化营商环境的重要主体，应当充分发挥审判职能作用，积极参与到优化营商环境的工作中，营造一个公开、透明、可预期的法治化营商环境。2018 年 1 ~9 月，黔南州引进省外 500 万元以上投资项目 636 个，引进 1 亿元以上外省投资项目 255 个，3 亿元以上项目 100 个，5 亿元以上项目 55 个，10 亿元以上项目 18 个，黔南州招商引资工作有了新突破。[①] 面对良好的经济发展势头，黔南法院应当进一步改进工作、完善不足，为优化营商环境提供优质司法服务与有力司法保障。

① 资料来自黔南州投资促进局。

1. 进行类案式裁判改革

一是组建固定合议庭。按照集约式理念，整合审判资源，对辖区内高发的民商事纠纷，相对性成立劳动纠纷合议庭、借款纠纷合议庭、买卖合同纠纷合议庭等专司某一类案。二是进行标准化裁判。对案件裁判提炼标准化规则，法官以统一裁判思维和方式在辖区内形成共识，类案审理上实现相对统一。通过此举措实现类案同判，裁判结果即形成规则性指引，提高通过以案释法的媒介作用，为经济发展提供权威性的指引性规则。

2. 进行案件集中管辖改革

借鉴大数据审判庭的实践经验，对于出现的新类型案件，专业性强的案件，实行一审程序集中管辖。在经济发展较好的县市法院成立金融法庭，集中管辖涉金融类的一审案件。在中级法院层面，指定固定的合议庭办理上诉案件。通过此举措实现规范上下级法院案件审理指导关系，并便于一、二审法院在裁判思路上实现共识。为市场主体诉讼提供预判，进行诉讼风险评估，在节约诉讼成本同时，也降低司法资源的浪费。

3. 进行个性化教育培训改革

一是提升服务大局能力。围绕营商环境优化和黔南州经济发展需求，有针对性地对法院干警进行经济建设方面的培训，从国内外经济形势的变化思考审判工作，提高法官主动加强研判和司法应对的能力，确保人民法院工作始终与经济社会发展相适应。二是提升公正司法能力。根据审判业务工作需求，有针对性地选派人员参加培训，并实现脱产培训（即法官在培训期间不进行分案）。自办培训不搞以会带训，而是根据干警知识结构，举办拓展知识面的培训，尤其是干警短板领域的培训，如对金融、破产、互联网、大数据等新知识培训。

4. 进行智能化工作方式改革

深入推进智慧法院建设，提高信息化应用能力。一是设立专项资金，加大智能审判的软件系统开发应用，提供各系统的融合度，辅助法官办案，提高办案效率。二是加大对司法大数据的利用。转变审判管理与司法研究工作思路，要强化信息化应用意识和能力，运用好司法大数据研究方式，加强对营商环境专项审判分析，及时发现苗头性、趋势性问题，形成专题审判工作报告，为党委政府决策提供有价值的参考。

法治是市场经济发展的保障，在优化营商环境上，黔南法院立足审判职能，能动司法，进行了一些探索实践，是顺应社会发展的需要，也是回应人民群众的关切。

附　录

Appendices

B.28
2018年贵州省法学学术会议

大数据经济与法治高峰论坛

5月20日，为依法推进国家大数据战略的实施，加强京贵两地及全国大数据法律服务合作，整合大数据法律服务资源，加强大数据应用实务与理论研究，深入推进以大数据为代表的经济领域与法律服务的融合，切实为相关经济领域的发展提供法治保障，在京贵两地律师行业协会及有关单位的大力支持下，北京市北斗鼎铭律师事务所、贵州贵达律师事务所和贵州贵达（北京）律师事务所成功举办了大数据经济与法治高峰论坛。最高检察院原副检察长、国务院法制办公室原副主任、国务院反垄断研究中心主任张穹，十二届全国政协委员、贵州省政协原副主席、贵州省企业联合会/企业家协会会长武鸿麟等相关领导出席会议，政界、大数据企业、大数据研究专家、律师界、知名媒体等相关行业代表共150余人参加了此次论坛。论坛邀请到国家发展和改革委员会大数据中心实验室主任、博士易成岐，贵州省大数据发展管理局政策法规处处长焦德禄，零点有数社会与法治大数据事业部总经理、博士张慧，阿里研究院副院长杨健出席并就大数据与政府治理创新初探、贵州大数据发展与探索、大数据智能的公共决策能力、数字经济等问题共同探讨交流，为大数据行业的未来发展做主题演讲。

《监察法》理论与实务专题研讨会

6月28日下午，“《中华人民共和国监察法》理论与实务”专题研讨会在贵州师范大学花溪校区召开。会议由贵州省纪检监察学会主办，贵州省廉政文化理论研究基地（贵州师范大学廉政文化理论研究中心）承办。参会人员包括省纪委省监委领导、省内外专家学者、部分高校纪委负责同志、部分省纪委省监委派驻纪检监察组负责同志、各市州纪委监委及部分县区纪委监委有关负责同志、部分廉政文化研究机构、省纪检监察学会理事会成员及工作人员，共计120余人。研讨会由省纪委副书记、省监委副主任朱江华同志主持。中国纪检监察学院原副院长李永忠，北京航空航天大学教授任建明，贵州师范大学教授李运才，贵阳市纪委常务副书记、监委副主任王军等16位专家学者、实务界人士就监察法与监察体制改革、监察对象、监察对象与职务犯罪主体的“法法”衔接等主题做了研讨发言。最后的总结讲话里，省纪委常务副书记、省监委副主任黄文胜同志突出了纪检监察工作的政治性，强调从全面从严治党的高度出发，小处着手防微杜渐，着重过程监管，预防和杜绝党员干部从“好同志”到“阶下囚”的断崖式滑落。

生态文明贵阳国际论坛“法官与生态文明”分论坛

7月6日，贵州民族大学承办的生态文明贵阳国际论坛2018年年会“法官与生态文明”分论坛在贵阳国际生态会议中心成功举行。来自世界各地的法官、专家学者以实现公平正义和执行环境法律、推动环境法制体系的完善为己任，分享交流经验，论道生态文明。专家学者指出，各国法官应加强交流，并以实现公平正义和执行环境法律、推动环境法制体系的完善为己任，通过司法裁判回应民众关切，保障民众环境权益，以最严格的法制保护良好的生态环境。本次会议对增进相互了解、深化交流合作、促进中国环境司法完善具有十分积极而重要的意义。

新时代社会主义民族法治体系建设学术研讨会

10 月 13 ~14 日，由中国法学会民族法学研究会、国家社科基金重大项目“建设社会主义民族法治体系，维护民族大团结研究”课题组主办，贵州省社会科学院法律研究所、贵州民族大学法学院承办的“新时代社会主义民族法治体系建设学术研讨会”在贵州省社会科学院召开。来自中央民族大学、浙江财经大学、西南民族大学、云南大学、广西民族大学等的民族法学专家，来自省委宣传部、省人大民族宗教委员会、省政府法制办、省法学会、《贵州民族研究》杂志社，《贵州民族报》相关部门的领导，贵州大学法学院、贵州师范大学法学院、贵州民族大学法学院、贵州财经大学文法学院、中国社科院法学研究所·贵州省社会科学院博士后科研工作站、西南政法大学·贵州省社会科学院博士后科研工作站等高校、科研单位专家，“建设社会主义民族法治体系，维护民族大团结研究”课题组成员，共计 50 余人参加此次研讨会。

“铸牢中华民族共同体意识与民族法治建设”专题会议暨第八届法律人类学高级论坛

11 月 17 ~18 日“铸牢中华民族共同体意识与民族法治建设”专题会议暨第八届法律人类学高级论坛在陕西师范大学召开。这是中国人类学民族学 2018 年年会的专题会议之一，参会代表 17 日上午参加中国人类学民族学 2018 年年会的开幕式和大会主旨报告，17 日下午进行本专题会议（论坛）研讨，18 日上午在中国人类学民族学 2018 年年会的大会交流发言阶段，贵州民族大学副教授刘俊代表本专题（论坛）就本专题会议（论坛）研讨情况交流发言。本专题会议（论坛）由中国人类学民族学研究会法律人类学专业委员会、贵州省社会科学院民族法学重点学科、陕西师范大学哲学与政府管理学院法学系主办。本专题会议（论坛）由中国人类学民族学研究会副会长、法律人类学专业委员会主任、贵州省社会科学院院长、民族法学重点学科带头人吴大华研究员主持。来自中央民族大学、西北民族大学、陕西师范大学、中南民族大学、西南政法大学、广西民族大学、内蒙古民族大学、湖北民族大学、贵州省社会科学院、贵州师范大学、贵州民族大学、中南财经政法大学、河南理工大学等13个高校及科研院所的近30位专家学者和硕士、博士研究生参加了会议。会议收到20多篇参会论文，10多位专家学者在会上进行了论文主旨发言，参会专家学者围绕会议议题“铸牢中华民族共同体意识与民族法治建设”进行了学术交流。

贵州省法学会犯罪学研究会2018年年会

11月30日下午为推动犯罪学研究会工作，繁荣贵州省犯罪学研究，发挥犯罪学研究会在犯罪预防与控制、维护社会和谐稳定、保障经济社会快速发展中的积极作用，由贵州民族大学法学院、贵州听君律师事务所主办的贵州省法学会犯罪学研究会2018年年会在贵阳召开。会议的主题是：贵州毒品犯罪预防与治理对策。会议由贵州省法学会副会长兼犯罪学研究会会长、贵州民族大学法学院院长宋强教授主持，贵州省听君律师事务所主任王克春致欢迎词，贵州省社会科学院院长、贵州省法学会副会长兼学术委员会主任吴大华研究员讲话。研究会各副会长、常务理事、理事和有关实务部门、部分高校博士生、硕士生100余人参加了会议。

2018年贵州省法学会公司法学研究会学术研讨会暨年会

12月22日，贵州省法学会公司法学研究会学术研讨会暨年会在瓮福集团（有限）公司隆重召开。贵州省法学会专职副会长兼秘书长徐文山、刘鹏副会长，瓮福集团（有限）公司党委副书记罗永留、贵州省法学会公司法学研究会会长、贵州圣伦达律师事务所主任徐永忠莅临会场，出席会议的还有贵州省法学会公司法学研究会副会长肖宇、刘学、刘诚以及研究会的常务理事、学院专家、公司法务及各律所律师150名出席本次会议。瓮福集团（有限）公司党委副书记罗永留致欢迎词，贵州省法学会专职副会长兼秘书长徐文山讲话，贵州省法学会公司法学研究会会长、贵州圣伦达律师事务所主任徐永忠作研究会工作报告。本次会议分为两部分，上午举行贵州省法学会公司法学研究会年会，下午举行学术研讨会。

不良资产处置法律论坛暨贵州省法学会金融法学研究会2018年年会

12月23日下午，由贵州省法学会和贵州财经大学主办，贵州省法学会金融法学研究会承办，北京隆安（贵阳）律师事务所、贵州中黔金融资产交易中心有限公司、贵州财经大学文法学院协办的不良资产处置法律论坛暨贵州省法学会金融法学研究会2018年年会在贵州中黔金融资产交易中心会议室隆重召开。出席本次论坛的领导嘉宾有贵州省社会科学院院长、贵州省法学会副会长吴大华，贵州省法学会专职副会长徐文山，贵州省金融法学研究会会长胡甲庆教授，贵州省银保监局刘毅华处长、金泳龙副处长，省银行业协会邵宪毅副秘书长，贵州财经大学文法学院常务副书记陈玉梅教授，贵州省高级人民法院民二庭段建桦庭长等贵州省金融法领域领导、专家、学者、金融机构、法律服务工作者等共100余人出席本次论坛。

“改革开放再出发　法治贵州新征程”研讨会暨贵州省法学会应用法学研究会2018年年会

12月29日下午，“改革开放再出发　法治贵州新征程”研讨会暨贵州省法学会应用法学研究会2018年年会在贵州省社会科学院召开，本次年会由贵州省社会科学院“贵州省法治研究与评估中心”、贵州省法学会学术委员会、贵州省法学会应用法学研究会共同主办，由贵州行泰律师事务所、贵州省社会科学院创新工程“法学理论与应用研究”团队承办。会议由贵州省社会科学院法律所所长王飞研究员主持，贵州行泰律师事务所主任陈建新致辞，贵州省法学会专职副会长兼秘书长徐文山宣读开会批复并讲话，贵州省社会科学院院长、贵州省法学会副会长兼学术委员会主任、贵州省法学会应用法学研究会会长吴大华研究员讲话。

B.29

2018年贵州省法治发展大事记

一月

1月1日 贵州省第十二届人民代表大会常务委员会第三十二次会议通过《关于修改〈贵州省建筑市场管理条例〉》等二十五件法规个别条款的决定正式生效。

1月3日 贵州省人民政府第112次常务会议通过《贵州省机关事务管理办法》。

1月9日 贵州省禁毒委在黔西南州兴义市召开全省青少年毒品预防教育“6·27”工程推进会，对新的历史起点上推进“6·27”工程进行再动员、再部署、再安排。

1月12日 贵州省人民检察院会同省食安办、省委宣传部、省公安厅、省质监局和省药监局等12个部门印发通知，建立食品和药品重大案件查办过程中信息通报与信息发布评估会商制度，规范全省食品药品重大违法犯罪案件查办过程中信息通报与信息发布工作。

1月16日 黔西县文化综合执法大队获中共中央宣传部、文化部、国家新闻出版广电总局联合表彰，获得第七届“全国服务农民、服务基层文化建设先进集体”称号。

1月31日 贵州省委常委会召开会议，传达学习习近平总书记对政法工作的重要指示和中央政法工作会议精神，研究贵州省贯彻落实意见。省委书记、省人大常委会主任孙志刚主持会议并讲话。省委副书记、省长谌贻琴，省政协主席刘晓凯，省委常委，省人大常委会、省政府、省政协有关负责同志，省法院院长、省检察院检察长参加会议。

二月

2月2日 贵州省司法厅与省住房城乡建设厅联合制定了《关于在全省推进“律师参与城市管理执法”试点工作的方案》，明确在贵阳市南明区等16个县区作为开展律师驻队参与城市管理执法工作的试点地区，并鼓励未纳入试点的其他县（区）结合实际开展这项工作。

2月7日 贵州省委常委会召开会议，传达学习习近平总书记在中共中央政治局第三次集体学习时的重要讲话精神，听取贵州省深化国家监察体制改革试点工作进展情况汇报，审议试点工作有关制度规定，研究部署下步工作。省委书记、省人大常委会主任孙志刚主持会议并讲话。省委副书记、省长谌贻琴，省政协主席刘晓凯，省委常委，省人大常委会、省政府有关负责同志，省法院院长、省检察院检察长参加会议。

2月8日 贵州省委政法工作会议在贵阳召开，省委书记、省人大常委会主任孙志刚做出批示。会议以习近平新时代中国特色社会主义思想和党的十九大精神为指导，深入学习贯彻中央政法工作会议和全国扫黑除恶专项斗争电视电话会议精神，总结工作，分析形势，安排部署2018年全省政法工作。省委常委、省委秘书长、省委政法委书记唐承沛出席会议并讲话。副省长、省公安厅厅长郭瑞民主持，省法院院长韩德洋、省检察院党组书记傅信平出席。

2月8日 贵州省第四届“我最喜爱的人民警察”颁奖典礼在贵州省公安厅举行，副省长、省公安厅厅长郭瑞民出席颁奖仪式；10位民警荣膺“我最喜爱的人民警察”称号，20位民警获提名奖。

三月

3月13日 贵州省委政法委、省综治委召开专题会议，研究部署进一步推进扫黑除恶专项斗争和打击整治枪支爆炸物品违法犯罪专项行动，省委常委、省委秘书长、省委政法委书记唐承沛出席会议并讲话，副省长、省公安厅厅长郭瑞民主持会议。

3月30日 贵州省第十三届人民代表大会常务委员会第二次会议召开，会议决定：废止《贵州省流动人口服务管理条例》，修改《贵州省人口与计划生育条例》等地方性法规个别条款；贵州省实施《中华人民共和国归侨侨眷权益保护法》办法。

四月

4月16日 贵州省人大常委会副主任李飞跃率省人大民宗委到黔东南自治州调研民族立法工作。调研组听取了黔东南州人大地方立法、执法检查等各项工作汇报，协调了将黔东南自治州人大常委会作为省人大民宗委民族立法工作联系点的相关事宜。

4月20日 为贯彻落实2018年法治政府建设工作总体要求，贵州省政府近日印发《贵州省2018年法治政府建设工作要点》，要求各地各部门结合实际认真贯彻执行。

4月24日 贵州省扫黑除恶专项斗争领导小组印发通告，向全社会广泛征集涉黑涉恶违法犯罪线索。

4月25日 贵州省人大教科文卫委员会召开座谈会，听取起草小组关于《贵州省全民阅读促进条例（草案）》起草情况的汇报，省人大常委会副主任何力，省人大教科文卫委员会组成人员以及省人大常委会法工委、省新闻出版广电局和省政府法制办有关负责同志参加了座谈会。

五月

5月8日 黔西县司法局荣获司法部表彰为“全国人民调解工作先进集体”。

5月11日 贵州省首批合作制公证机构试点之一——遵义市法信公证处正式成立。贵州省人大常务委员会委员、内务司法委员会主任吴跃出席成立仪式，贵州省司法厅党委委员、副厅长李京强出席仪式并讲话，贵州省司法厅、遵义市委政法委、市中级人民法院、市司法局、福建省厦门市司法局有关负责同志，以及来自全国多个省（区、市）公证协会和公证处的负责人出席成立仪式。

5月24日 贵州省委常委、省纪委书记、省监委主任、省委反腐败协调小组组长夏红民主持召开省委反腐败协调小组会议，传达学习全国反腐败国际追逃追赃工作培训会精神，研究贯彻落实工作，省委常委、省委组织部部长、省委反腐败协调小组副组长李邑飞，省法院院长韩德洋、省检察院检察长傅信平等省委反腐败协调小组成员出席会议。

5月28日 贵州大数据联盟协会从参展的336家企事业单位提名20家参与贵州省大数据发展管理局与新浪网联合举办的“贵州省大数据与实体经济十大融合推介案例”评选，“法院云”荣获“贵州省大数据与实体经济十大融合推介案例”奖杯。

六月

6月4日 贵州省八篇裁判文书获第二届环境资源优秀裁判文书奖项。其中，刑事类文书2篇、民事类文书4篇、行政类文书2篇，遵义市播州区人民法院（2017）黔0321刑初120号刑事判决书斩获环境资源审判刑事类裁判文书特等奖。

6月5日 全国普法办公室颁布了《关于表彰第四批“全国法治县（市、区）创建活动先进单位”的决定》，表彰全国422个县（市、区）为第四批“全国法治县（市、区）创建活动先进单位”，贵州省7个县（市、区）入选，分别是：贵阳市花溪区、赤水市、黔西县、雷山县、贵定县、兴义市、关岭布依族苗族自治县。

6月14日 贵州省副省长、省反恐怖工作领导小组副组长郭瑞民出席全省反恐怖工作电视电话会议并讲话。会上，郭瑞民对国家反恐办“9·29”视频会议精神进行传达学习，并提出了三点贯彻落实意见：一是进一步提高政治站位，坚持用习近平新时代中国特色社会主义思想引领贵州反恐怖工作；二是进一步采取过硬措施，坚决确保全省反恐怖工作社会大局平稳；三是进一步强化责任担当，扎实推进反恐怖工作落地、落小、落实。

6月26日 贵州省禁毒办在贵阳市筑城广场举办“健康人生 绿色无毒6·26国际禁毒日”宣传活动，副省长、省禁毒委主任、省公安厅厅长郭瑞民出席活动。贵州省禁毒办在“6·26国际禁毒日”期间，面向全省广大群众、学生、教师和禁毒工作者，组织开展了多项以禁毒为主题的系列评比活动，收到各类参赛作品共3000余件，受到广大群众的喜爱和好评。参加当天宣传活动的有贵州省禁毒委各成员单位的负责人和代表，各市州禁毒办的负责人和代表，以及贵阳市的群众、学生代表共1400余人。

七月

7月2日 全省法院“雷霆风暴”执行行动正式启动。贵州高级人民法院决定2018年7～10月在全省法院开展“雷霆风暴”执行行动。

7月13日 司法部、民政部联合发布《关于表彰第七批“全国民主法治示范村（社区）”的决定》。毕节市金海湖新区金海湖办事处常丰社区、金沙县五龙街道办事处古楼社区、黔西县杜鹃街道办事处大兴社区受到表彰，被评为第七批“全国民主法治示范村（社区）”。

7月26～28日 由公安部主办、贵州省公安厅和贵州警察学院承办的第一届中国—东盟及周边国家大数据警务国际合作交流论坛在贵阳成功举行。来自13个国家和地区的38名海外嘉宾和来自国内的200余名代表出席论坛。

八月

8月2日 贵州省第十三届人民代表大会常务委员会第四次会议通过《贵州省林木种苗条例》，该条例于2018年10月1日起施行，2004年9月

28日贵州省第十届人民代表大会常务委员会第十次会议通过的《贵州省林木种苗管理条例》同时废止。

8月13日 最高人民法院发布了中国社会科学院法学研究所对全国法院庭审公开工作进行第三方评估的结果，织金县人民法院在此次评估中获得全国基层法院第九名的好成绩。

8月27日 来自北京、山西、湖北、浙江、安徽5个代表团的37位全国人大代表来到贵州省高级人民法院，开启了为期5天的对贵州法院工作的视察活动。

8月28日 贵州省委组织部、省委政法委、省委党校联合举办的全省政法领导干部学习贯彻习近平新时代中国特色社会主义思想专题研讨班在省委党校正式开班。

8月30日 贵州省禁毒委召开全省禁毒工作电视电话会议，副省长、省禁毒委主任郭瑞民出席并讲话。

九月

9月14日 贵州高级人民法院召开新闻发布会，发布全省各级法院自2018年7月启动“雷霆风暴”执行行动以来，所取得的成效。

9月26日 贵州省委政法委召开全省执行工作联席会议，研究部署贵州省执行工作。省委政法委常务副书记李宏亚出席会议并做讲话。

十月

10月11日 贵州省人大民宗委作为立法项目提案单位，联合省民宗委组织召开了面向全省性宗教团体的《贵州省宗教事务条例（修改）》征求意见座谈会，旨在推动《贵州省宗教事务条例》修改工作开展，进一步推进科学立法、民主立法。

10月12日 贵州省全省法院举行新任员额制法官颁证暨宣誓仪式，为新任职的400余名员额制法官颁发证书并组织宣誓。

10月16~17日 省人大民族宗教委员会主任委员金安江一行，就《贵州省宗教事务条例》的贯彻落实情况、《贵州省宗教事务条例》修改完善的意见建议及制定《贵州省少数民族文化保护发展条例》《贵州省清真食品管理条例》的意见建议赴毕节市开展调研。

10月26~27日 省人大常委会法工委主任路良一行赴关岭县就《关岭布依族苗族自治县关岭牛发展条例（草案）》开展实地调研。

10月31日 贵州省检察院机关巡视工作动员部署暨巡察工作推进会在国家检察官学院贵州分院召开。

十一月

11月10日~11月14日 澳门特区终审法院院长岑浩辉率澳门特区法院代表团一行到贵州参访，参访期间与遵义、黔南两地法院干警进行了深入交流。

11月16日 在最高人民检察院的组织下，由贵州检察机关首倡并提议召开的渝川滇黔四省市检察机关赤水河乌江流域生态保护联席会议在赤水市召开，会议的一个重要成果是四省市共同签订了《关于赤水河乌江流域跨区域生态环境保护检察协作机制的意见》，开启了四省市检察机关对“两河流域”齐抓共管的先河，凝聚了检察合力共筑长江上游生态环境保护司法屏障。

11月20日 贵州省法院召开全省法院扫黑除恶专项斗争工作（视频）会。省法院党组成员、副院长李豫贵出席并讲话，会议由省法院审判委员会专委欧枝凡主持。

11月23日 贵州省律师服务民营企业发展座谈会在贵阳召开，贵州省政协副主席、贵州省工商业联合会主席李汉宇，省司法厅党委书记、厅长孙学雷出席会议并做重要讲话，省司法厅党委委员、副厅长、省律师行业党委书记周全富主持会议。

11 月 25 ~ 29 日 最高人民法院副院长、全国扫黑办副主任姜伟率调研组到贵州，就深入推进扫黑除恶专项斗争工作进行调研。

11 月 29 日 贵州省第十三届人民代表大会常务委员会第七次会议通过《关于修改〈贵州省大气污染防治条例〉等地方性法规个别条款的决定》，《关于省人民政府机构改革涉及省地方性法规规定的行政机关职责调整问题的决定》《贵州省国有林场条例》。

11 月 30 日 贵州省 2018 年“宪法宣传月”活动启动暨“贵州省宪法宣传教育基地”授牌仪式在黔东南州举行。

十二月

12 月 3 日 由贵州省委宣传部、省司法厅、省法宣办主办的贵州省首届“我与宪法”微视频征集展播获奖作品展映式在贵阳举行。

12 月 4 日 由贵州省委宣传部、省司法厅、省法宣办联合主办，贵阳市委宣传部、市司法局、市文广新局、市法宣办承办的贵州省 2018 年“12·4”国家宪法日法治宣传活动在贵阳筑城广场举行。此次活动以“尊崇宪法、学习宪法、遵守宪法、维护宪法、运用宪法”为主题，旨在普及宪法知识，进一步弘扬宪法精神，维护宪法权威，提高公民的法律素养，增强全社会的宪法和法治意识，为贵州省经济社会发展营造良好的法治环境。

12 月 26 日 “2018 年度政法新媒体峰会”在北京召开，“贵州省人民检察”荣获“全国检察新媒体阵地建设奖”。

B.30

2018年贵州省新地方性法规、地方政府规章

一　地方性法规

《贵州省人民代表大会常务委员会关于废止〈贵州省流动人口服务管理条例〉的决定》

2018 年 3 月 30 日贵州省第十三届人民代表大会常务委员会第二次会议通过。

《贵州省人民代表大会常务委员会关于修改〈贵州省人口与计划生育条例〉等地方性法规个别条款的决定》

2018 年 3 月 30 日贵州省第十三届人民代表大会常务委员会第二次会议通过。

《贵州省人民代表大会常务委员会关于废止〈贵州省个体工商户私营企业条例〉的决定》

2018 年 5 月 31 日经贵州省第十三届人民代表大会常务委员会第三次会议通过，自公布之日起施行。

《贵州省人民代表大会常务委员会关于废止〈贵州省酒类生产流通管理条例〉的决定》

2018 年 5 月 31 日经贵州省第十三届人民代表大会常务委员会第三次会议通过，自公布之日起施行。

《贵州省林木种苗条例》

2018 年 8 月 2 日，贵州省第十三届人民代表大会常务委员会第四次会

议通过，自2018年10月1日起施行，2004年9月28日贵州省第十届人民代表大会常务委员会第十次会议通过的《贵州省林木种苗管理条例》同时废止。

《关于修改〈贵州省大气污染防治条例〉等地方性法规个别条款的决定》

2018年11月29日贵州省第十三届人民代表大会常务委员会第七次会议通过。

《关于贵州省人民政府机构改革涉及省地方性法规规定的行政机关职责调整问题的决定》

2018年11月29日贵州省第十三届人民代表大会常务委员会第七次会议通过。

《贵州省国有林场条例》

2018年11月29日贵州省第十三届人民代表大会常务委员会第七次会议通过，自2019年1月1日起施行。

《施秉喀斯特世界自然遗产保护条例》

2018年1月9日黔东南苗族侗族自治州第十四届人民代表大会第二次会议通过，2018年8月2日贵州省第十三届人民代表大会常务委员会第四次会议批准，自2018年10月1日起施行。

《沿河土家族自治县古茶树保护条例》

2018年1月9日沿河土家族自治县第八届人民代表大会第二次会议通过，2018年8月2日贵州省第十三届人民代表大会常务委员会第四次会议批准，自2019年1月1日施行。

《务川仡佬族苗族自治县龙潭古寨保护条例》

2018年1月16日务川仡佬族苗族自治县第八届人民代表大会第二次会议通过，2018年3月30日贵州省第十三届人民代表大会常务委员会第二次会议批准。

《关岭布依族苗族自治县森林资源保护管理条例》

2018年2月4日关岭布依族苗族自治县第十届人民代表大会第三次会议通过，2018年5月31日贵州省第十三届人民代表大会常务委员会第三次会议通过，自 2018 年 8 月 1 日起施行。

《黔南布依族苗族自治州民族医药保护发展条例》

2018 年 2 月 8 日黔南布依族苗族自治州第十四届人民代表大会第三次会议通过，2018 年 5 月 31 日贵州省第十三届人民代表大会常务委员会第三次会议批准，自 2018 年 8 月 1 日起施行。

《安顺市亚鲁王非物质文化遗产保护条例》

2018 年 4 月 28 日安顺市第四届人民代表大会常务委员会第十次会议通过，2018 年 8 月 2 日贵州省第十三届人民代表大会常务委员会第四次会议批准，自 2019 年 1 月 1 日起施行。

《贵阳市人民代表大会常务委员会关于废止〈贵阳市蔬菜基地建设保护办法〉的决定》

2018 年 5 月 9 日贵阳市第十四届人民代表大会常务委员会第十二次会议通过，2018 年 8 月 2 日贵州省第十三届人民代表大会常务委员会第四次会议批准，2018 年 8 月 17 日公布。

《毕节市百里杜鹃风景名胜区条例》

2018 年 8 月 23 日毕节市第二届人民代表大会常务委员会第十二次会议通过，2018 年 9 月 20 日贵州省第十三届人民代表大会常务委员会第五次会议批准，自 2018 年 12 月 1 日起实施。

《黔南布依族苗族自治州水书文化保护条例》

2018 年 8 月 23 日经黔南布依族苗族自治州第十四届人民代表大会常务委员会第十次会议通过，2018 年 9 月 20 日贵州省第十三届人民代表大会常务委员会第五次会议批准，自 2019 年 1 月 1 日起施行。

《贵阳市健康医疗大数据应用发展条例》

2018 年 8 月 29 日贵阳市第十四届人民代表大会常务委员会第十五次会议通过，2018 年 9 月 20 日贵州省第十三届人民代表大会常务委员会第五次会议批准，自 2019 年 1 月 1 日起施行。

《铜仁市梵净山保护条例》

2018 年 8 月 30 日由铜仁市第二届人民代表大会常务委员会第十三次会

议通过，2018 年 9 月 20 日经贵州省第十三届人民代表大会常务委员会第五次会议批准，自 2019 年 1 月 1 日起施行。

《黔东南苗族侗族自治州锦屏文书保护条例》

2018 年 8 月 30 日黔东南苗族侗族自治州第十四届人民代表大会常务委员会第十二次会议通过，2018 年 11 月 29 日贵州省第十三届人民代表大会常务委员会第七次会议批准，自 2019 年 3 月 1 日起施行。

二　地方政府规章

《贵州省机关事务管理办法》

2018 年 1 月 3 日贵州省人民政府第 112 次常务会议通过，自 2018 年 3 月 1 日起施行。

《贵州省人民政府关于调整一批行政许可事项的决定》

2018 年 1 月 3 日贵州省人民政府第 112 次常务会议通过，自公布之日起施行。

《贵州省人民政府关于公布省直部门继续实施的行政许可事项目录的决定》

2018 年 1 月 3 日贵州省人民政府第 112 次常务会议通过，自公布之日起施行。

《贵州省人民政府关于修改和废止部分省政府规章的决定》

2018 年 9 月 27 日贵州省人民政府第 12 次常务会议通过，自公布之日起施行。

皮书起源

“皮书”起源于十七、十八世纪的英国，主要指官方或社会组织正式发表的重要文件或报告，多以“白皮书”命名。在中国，“皮书”这一概念被社会广泛接受，并被成功运作、发展成为一种全新的出版形态，则源于中国社会科学院社会科学文献出版社。

皮书定义

皮书是对中国与世界发展状况和热点问题进行年度监测，以专业的角度、专家的视野和实证研究方法，针对某一领域或区域现状与发展态势展开分析和预测，具备原创性、实证性、专业性、连续性、前沿性、时效性等特点的公开出版物，由一系列权威研究报告组成。

皮书作者

皮书系列的作者以中国社会科学院、著名高校、地方社会科学院的研究人员为主，多为国内一流研究机构的权威专家学者，他们的看法和观点代表了学界对中国与世界的现实和未来最高水平的解读与分析。

皮书荣誉

皮书系列已成为社会科学文献出版社的著名图书品牌和中国社会科学院的知名学术品牌。2016 年，皮书系列正式列入“十三五”国家重点出版规划项目；2013~2019 年，重点皮书列入中国社会科学院承担的国家哲学社会科学创新工程项目；2019 年，64 种院外皮书使用“中国社会科学院创新工程学术出版项目”标识。

中国皮书网

（网址：www.pishu.cn）

发布皮书研创资讯，传播皮书精彩内容
引领皮书出版潮流，打造皮书服务平台

栏目设置

关于皮书：何谓皮书、皮书分类、皮书大事记、皮书荣誉、皮书出版第一人、皮书编辑部

最新资讯：通知公告、新闻动态、媒体聚焦、网站专题、视频直播、下载专区

皮书研创：皮书规范、皮书选题、皮书出版、皮书研究、研创团队

皮书评奖评价：指标体系、皮书评价、皮书评奖

互动专区：皮书说、社科数托邦、皮书微博、留言板

所获荣誉

2008年、2011年，中国皮书网均在全国新闻出版业网站荣誉评选中获得“最具商业价值网站”称号；

2012年，获得“出版业网站百强”称号。

网库合一

2014年，中国皮书网与皮书数据库端口合一，实现资源共享。

S 基本子库
SUB DATABASE

中国社会发展数据库（下设 12 个子库）

全面整合国内外中国社会发展研究成果，汇聚独家统计数据、深度分析报告，涉及社会、人口、政治、教育、法律等 12 个领域，为了解中国社会发展动态、跟踪社会核心热点、分析社会发展趋势提供一站式资源搜索和数据分析与挖掘服务。

中国经济发展数据库（下设 12 个子库）

基于“皮书系列”中涉及中国经济发展的研究资料构建，内容涵盖宏观经济、农业经济、工业经济、产业经济等 12 个重点经济领域，为实时掌控经济运行态势、把握经济发展规律、洞察经济形势、进行经济决策提供参考和依据。

中国行业发展数据库（下设 17 个子库）

以中国国民经济行业分类为依据，覆盖金融业、旅游、医疗卫生、交通运输、能源矿产等 100 多个行业，跟踪分析国民经济相关行业市场运行状况和政策导向，汇集行业发展前沿资讯，为投资、从业及各种经济决策提供理论基础和实践指导。

中国区域发展数据库（下设 6 个子库）

对中国特定区域内的经济、社会、文化等领域现状与发展情况进行深度分析和预测，研究层级至县及县以下行政区，涉及地区、区域经济体、城市、农村等不同维度。为地方经济社会宏观态势研究、发展经验研究、案例分析提供数据服务。

中国文化传媒数据库（下设 18 个子库）

汇聚文化传媒领域专家观点、热点资讯，梳理国内外中国文化发展相关学术研究成果、一手统计数据，涵盖文化产业、新闻传播、电影娱乐、文学艺术、群众文化等 18 个重点研究领域。为文化传媒研究提供相关数据、研究报告和综合分析服务。

世界经济与国际关系数据库（下设 6 个子库）

立足“皮书系列”世界经济、国际关系相关学术资源，整合世界经济、国际政治、世界文化与科技、全球性问题、国际组织与国际法、区域研究 6 大领域研究成果，为世界经济与国际关系研究提供全方位数据分析，为决策和形势研判提供参考。

法律声明